我父親韋恩・龐培歐（Wayne Pompeo）於2020年4月30日在COVID-19大流行期間去世。和許多美國人的悲傷經歷一樣，由於封城措施，我無法參加他的葬禮。正如我當時寫下的〈悼文〉，我父親教導我勤奮工作、如何投擲曲球，以及不論做什麼事都要保持競爭力。

龐培歐家族提供

2019年6月30日，川普總統在韓國首爾郊外的烏山空軍基地講臺上喊出「美女與野獸」（伊凡卡和我），給觀眾帶來驚喜和娛樂。你來猜猜我們誰是美女，誰是野獸？

白宮官方照片／謝拉・吉雷格黑德（Shealah Craighead）攝

我擁有夢寐以求的摯友，他們實在太優秀了，能和他們結交，我何德何能。布萊恩·布拉陶、烏利奇·布列克布爾和我已經認識了40年。我們結識於西點軍校入學第一天，一起在軍中服役，也一起創業。我擔任中情局局長時，布萊恩擔任首席營運官；後來，他在國務院擔任了同一職位。烏利奇也加入國務院擔任顧問一職。86屆畢業生勇往直前，永不言棄！

龐培歐家族提供

我找不到比摩薩德局長約西·科恩更好的合作夥伴了。右圖是我和他在2020年9月15日《亞伯拉罕協議》簽署後於白宮合影。這張照片是伊朗政權的噩夢。

白宮提供

這裡我已經走得熟透透了，但我每一天依然兢兢業業、盡心盡力。

白宮官方照片／謝拉．吉雷格黑德攝

希臘總理總理基里亞科斯．米佐塔基斯和我在克里特島巡視一艘美國海軍中型特戰艇。我們正建立兩國之間的戰略關係一然後一起享用了巴克拉瓦（baklava）酥皮點心。

國務院官方照片／羅尼．普里蘇查（Ronnyny Przysucha）攝

君士坦丁堡普世牧首巴爾多祿茂一世（His All-Holiness Bartholomew I of Constantinople）是全球東正教基督徒的精神領袖。他是一位虔誠的宗教領袖，在土耳其和俄羅斯政府的龐大壓力下，展現了道德勇氣。

國務院官方照片／羅尼．普里蘇查攝

我們和波蘭人一起完成許多有益的工作，他們在2018年慶祝了獨立100週年。也正是在華沙舉行的中東和平與安全會議上，我們意識到《亞伯拉罕協議》這樣的協議是可行的。在2020年的這次訪問中，我會見莫拉維茨基總理，還簽署了一份加強國防合作的協議。

國務院官方照片／羅尼．普里蘇查攝

儘管因為時間限制的關係往往不允許，我還是很喜歡在每次出訪時跟到訪國家的普通公民見面。圖中是我在二次世界大戰中解放皮爾森鎮（Pilsen）的美軍紀念碑前向捷克朋友們致意。我的到來經常讓當地民眾感到驚訝，而他們給我們的反饋也往往令人出乎意料。

國務院官方照片／羅尼．普里蘇查攝

我們攜手團結在白宮戰情室與國安威脅辛苦纏鬥。我一刻也沒有忘記這個地方的歷史以及擔任公職的特權所伴隨而來的責任。

白宮官方照片／謝拉．吉雷格黑德攝

擁有私人維安團隊意味著無論我去哪裡都有人會跟著我，包括在白宮開會、去監理所和雜貨店。圖中是2020年5月某個陽光明媚的星期六，我的隨扈抱著我們家的黃金獵犬休．梅瑟將軍，小名「梅西」。牠經常在門口等候牠最喜歡的維安人員前來執勤。

龐培歐家族提供

2018年8月16日的內閣會議上，我負責開場祈禱。我選擇朗讀我那本破舊的「美國軍事學院號角筆記」裡的〈西點軍校生祈禱文〉（Cadet Prayer）。

奧立佛．康崔拉斯（Oliver Contreras）攝，UPI 提供

基輔暨全烏克蘭都主教埃皮法尼烏斯（Metropolitan Epiphanius of Kyiv and All Ukraine，烏克蘭東正教主教）、烏克蘭外長瓦季姆・普里斯泰科（Vadym Prystaiko）和我一起紀念在頓巴斯地區因俄羅斯侵略而喪生的人。

國務院官方照片／羅尼・普里蘇查攝

川普總統慷慨邀請威奇塔州立大學男子籃球隊、教練和工作人員到橢圓辦公室與他見面。這將是這群年輕人畢生難忘的記憶。

白宮提供

身為中情局局長，能夠與中央情報局總部同名的老布希見面（中情局總部大樓被命名為George H. W. Bush Center for Intelligence），對我來說是莫大光榮。這張照片攝於2017年9月15日緬因州肯納邦克波特鎮。

龐培歐家族提供

照片中，瓦特斯博士和行動醫療團隊正前往武漢協助美國公民撤離。除了協助這項英勇的撤僑行動，國務院醫療團隊在新冠疫情期間仍不知疲倦地為世界各地的美國大使館醫療單位提供設備與支援，同時還照常處理其他業務。

威爾・瓦特斯博士（Dr. Will Walters）攝／龐培歐家族提供

作為國會議員、中情局局長和國務卿，我希望透過正式和非正式的管道聽取員工意見。我在中情局和國務院的「與麥克有約」活動上接受各式各樣的提問。

國務院官方照片／麥可・葛羅斯（Michael Gross）攝

我一直很感激有機會向身穿制服的人致謝。照片中，我在德國格拉芬韋赫爾（Grafenwöhr）向美國軍人致意，這裡也是我年輕時擔任少尉駐紮過的基地。

國務院官方照片／羅尼・普里蘇查攝

蘇珊和我喜歡主辦每年的「無人陪伴家庭節日」聚會，邀請那些父母有一方或雙方都在海外服役、無人陪伴的孩子們參加。這些午後時光總是充滿活動、美食和樂趣。照片中，孩子們很配合地長時間立正站好以拍攝一張快照！

國務院官方照片／弗萊迪・艾弗瑞特（Freddie Everett）攝

看到馬杜洛政權把委內瑞拉人民推向極端苦難，我的心都碎了。2019年4月，我與哥倫比亞總統伊萬・杜克訪問了一處難民接待中心。作為美國最高外交官，我親臨現場總是能發出強而有力的聲明。

金・布瑞爾（Kim Breier）提供

中情局家庭日那天，我兒子尼克登臺向團隊簡短說了幾句話。他後面站著的有我妻子蘇珊、吉娜・哈斯柏、布萊恩・布拉陶和我。在他們助攻之下，我們一起為美國做出偉大貢獻。

中情局提供

我和蘇珊參與了川普總統與第一夫人舉辦的兩次國宴。第一屆國宴在2018年4月24日舉行，以表彰法國總統馬克宏與第一夫人碧姬・馬克宏。圖中是我們在2019年9月20日出席表彰澳洲總理史考特暨夫人珍妮・莫里森的第二屆國宴。蘇珊看起來和往常一樣美麗（我覺得我看起來還OK啦）。

龐培歐家族提供

我總是說蘇珊是我的得力助手，這一點在她陪我出訪時最為明顯。她在當地的活動包括與美國大使館工作人員家屬會面，探訪醫務部門、維安團隊和社區聯絡官，以及參觀宿舍和學校。

國務院官方照片／羅尼・普里蘇查攝

在訪問法國紀念第一次世界大戰結束100週年之際，我有機會向那些活著的英雄致敬—這些士兵和水手們在二戰期間以解放者之姿改變了世界。這張照片攝於法國敘雷訥美軍公墓（Suresnes American Cemetery）。

國務院官方照片／羅尼·普里蘇查攝

2018年10月7日，北韓最高領導人金正恩和我步入會議室。金正恩對隔絕在北韓以外的世界很是好奇。

國務院官方照片／羅尼·普里蘇查攝

我參加了川普總統和越南總理阮春福在河內開會休息時的午宴。一如我當時（和現在）的每一場活動，我周遭總有外交安全勤務處的特勤人員。這張照片中沒有拍攝到的還有負責預先部署的特勤，他們會檢查每個地點是否有潛在威脅。外交安全勤務處還負責保護世界各地的美國大使館和外交人員及其家屬，並與海軍陸戰隊使館警衛隊以及當地執法和維安團隊密切合作。外交安全勤務處的任務運作不分黨派而且百分之百保密。他們會盡量減少受保護者的不便，同時始終維持最高安全標準。在中情局和國務院，我都配有一組極其細心的專家和維安團隊，我和家人永遠不會忘記他們。在此向麥特・貝克（Matt Baker）、隆恩・費爾柴德（Lon Fairchild）、羅伊・史提爾曼（Roy Stillman）、尼克・馬松尼斯（Nick Masonis）以及其他多位人士致敬。

國務院官方照片／羅尼・普里蘇查攝

只要時間允許，就算只有幾分鐘，我都想見見使館員工和他們的家屬，向他們表示謝意、回答他們的問題並合影留念。跟使館的孩子們見面向來是最有趣的環節。

國務院官方照片／羅尼・普里蘇查攝

我母親桃樂絲・梅瑟・龐培歐是厄爾・梅瑟（Earl Mercer）和葛瑞絲・梅瑟（Grace Mercer）的十名子女之一。厄爾和葛瑞絲是堪薩斯州人，為人勤奮、關懷社區。厄爾是治安官，開了一間梅瑟撞球館，它的附設酒吧有一道辣肉醬搭冰啤酒很有名。葛瑞絲是共和黨選區主席，她一邊當志工、一邊上班，即便很忙，她還是確保子女得到良好照顧。我母親在成長過程中受到外婆薰陶，奉行勤奮工作、遵守對家庭的承諾與重視家庭觀念，並以相同方式養育我和我的兄弟姐妹。不論是計劃下一次全家去堪薩斯州拜訪親戚、開車載我們去參與政治活動、確保我們放暑假時都有讀書或是參加我們的學校活動，她都盡心盡力；我之所以高度重視我做的每一件事，都是因為她。我遵循的價值觀、我對家庭和教育的重視，以及我為他人服務的渴望，都深受她的影響。我母親做的巧克力軟糖全世界最好吃了，毫無疑問！

龐培歐家族提供

我成為第一位和以色列總理在耶路撒冷哭牆一起祈禱的美國國務卿。這是我和班傑明・納坦雅胡總理的合照。

國務院官方照片／羅尼・普里蘇查攝

這張美麗的夜景照是從直升機駕駛艙往外拍攝的，當時我們正接近伊拉克巴格達（從機場開車進城太危險了）。我在2019年5月7日緊急前往巴格達，會見伊拉克總統巴爾哈姆・沙勒和總理阿迪勒・馬帝，以表達我對伊拉克放任自己成為伊朗對美國人進行敵對行動的溫床很是不滿。

國務院官方照片／羅尼・普里蘇查攝

2018年7月8日，美國駐越南大使康達（Daniel Kritenbrink）和我在河內熙熙攘攘的街頭漫步。

國務院官方照片／羅尼・普里蘇查攝

作為中情局局長和國務卿，我曾多次前往阿富汗，每一次都會和軍中的兄弟姐妹見面。在阿富汗議題方面，我的首要任務是確保美軍在那片飽受戰火蹂躪的土地上20年來的犧牲，能夠讓世人銘記在心，而我們做到了。

國務院官方照片／羅尼・普里蘇查攝

絕不讓步

龐　培　歐　回　憶　錄

NEVER GIVE AN INCH

FIGHTING FOR THE AMERICA I LOVE

MIKE POMPEO
麥克·龐培歐
——親撰——
季晶晶、吳國卿、王惟芬、拾已安
——合譯——

致吾妻蘇珊，
她為了所愛之人，
她的主、我們的家庭以及美國奮戰時，
寸步不讓。

我們必須做好準備，敢於為國家承擔一切。
歷史不會長久將自由託付給弱者或膽怯之人。
我們必須要有防衛的能力，展現追求目標的毅力。
我們必須有意願，無論個人還是國家，接受也許必要做出的犧牲。

——美國總統艾森豪（Dwight D. Eisenhower）
第一任就職演說，一九五三年一月二十日

目次

國外好評

「麥克好比現實生活中湯姆．克蘭西（Tom Clancy）筆下的美國英雄，他的貢獻使我們國家變得更美好。世局變幻無常，本書對此深入分析，道清當中的來龍去脈。」

——馬克．安德里森（Marc Andreessen）／矽谷創投a16Z（Andreessen Horowitz）共同創辦人

「我們全家永遠感激有機會見證龐培歐國務卿的勇敢作為，他捍衛了美國人民和每個國家人民的信仰與自由，無論他們的宗教為何。面對詆毀和危險，國務卿仍堅持己任，保護我們大家；他締造了歷史，是美國唯一一位領導過中情局和國務院的人。」

——凱西．艾爾蘭（Kathy Ireland）／凱西．艾爾蘭國際（Kathy Ireland Worldwide）董事長暨執行長

「麥克是美國愛國者和真正有天賦的領導者，帶領中情局度過美國史上最重要也最具挑戰的時期之一。他以高度成功的形式組建並領導團隊來應對複雜的策略挑戰，能力卓越超群。麥克的一切行動始終著重於為美國人民取得絕對最好的結果。」

——湯姆．希金斯（Tom Higgins）／中央情報局退休官員

「我曾和麥克在第二裝甲騎兵團擔任陸軍軍官，一起在『自由前線』度過許多個寒冷、潮溼的不眠之夜。大家都知道麥克有兩個特質：他始終將職責和使命擺在第一位，對自己的同僚和戰友非常忠誠。這本書對每個美國人來說都是一本重要讀物。」

——傑夫．布巴爾（Jeff Boobar）／前陸軍軍官、美國緝毒局退休特務

「軟弱會找招致攻擊，沒有人比國務卿麥克．龐培歐更明白這個道理了；他是一位愛國者，面對強權無所畏懼。龐培歐先生在《絕不讓步》中記述美國的現狀和我們所面對的敵人，內容引人入勝、耐人尋味，時而動魄驚心，讓我讀得欲罷不能。如果你關心美國在這個危機看似永無休止的時代的立足之地，我強烈建議你閱讀這本書。」

——阿亞安．希爾西．阿里（Ayaan Hirsi Ali）／史丹佛大學胡佛研究所（Hoover Institution）研究員

「龐培歐國務卿為世界各地不同信仰的人努力爭取宗教自由，給許多人帶來希望。」

——紐約總主教多蘭樞機（Timothy Cardinal Dolan）

「這是一本貨真價實的傑作，讀來宛如驚悚小說，充滿重要的見解；文筆詼諧風趣，儘管內容有時令人感到不安，但作者以一種獨特且正面的方式傳達了這些資訊。每一頁都可以看到作者深深熱愛國家，以及他如何為美國立國基本文件所載的原則做出貢獻。這本扣人心弦的回憶錄總結了美國在當今日益危險的世界所面臨的挑戰，極具說服力。」

——瑪麗·安·格蘭登（Mary Ann Glendon）／哈佛大學法學榮譽教授、前美國駐聖座大使

致臺灣讀者序

二〇二二年五月，我以民間人士身分訪問臺灣，當飛機降落在桃園中正國際機場跑道的那一刻，內心湧上的激動令我至今難忘；縱然我擔任美國第七十任國務卿期間，時常提到這座令人嘆為觀止的島國，卻未曾有幸親身造訪。同時，我也深刻體認到，僅僅能夠安全降落在臺灣，就足以揭穿中國共產黨最愛掛在嘴邊的謊言：臺灣是共產中國的一部分，並非獨立國家。在我擔任川普政府的職務之後，便遭到中共制裁，被禁止進入中國。然而我現在卻能自由自在地踏上這座美麗且生氣勃勃的民主之島，即便中國宣稱這片土地屬於其領土。這次單純的訪問凸顯了一個重要的事實：當我們選擇不妥協於敵人，絕不退讓分毫地捍衛自由，如此才能守護真正重要的價值。

我撰寫這本書的目的不只是述說我任職美國國務卿時期的經歷，更要一同探討美國和自由世界所面臨的各種挑戰與機會。在這樣的故事中，臺灣是不可或缺的存在。

我擔任美國國務卿期間，深深感動於臺灣人民為自由所做的奉獻，並且極為欣賞他們無與倫比的敬業態度和勇氣。這些特質造就了整個國家取得卓越的成就：其自由經濟躋身於全世界最興旺之列，更是過去五年來經濟持續成長的少數國家之一。另外，我們日常使用的每一個電子裝置幾乎都含有臺灣的台積電製造的零件。這些成就可歸結於一個簡單的事實，即臺灣在全世界的經濟地位十分重要和強大。

然而臺灣的優勢不僅僅在於經濟層面，它也是華人所指望的具體象徵，是自由世界的模範。臺灣的成功有力地證明了自由民主的普世價值，能夠在使用中文的社會裡蓬勃發展並戰勝一切挑戰。同樣地，中共聲稱中文世界的人們唯有在馬克思—列寧的獨裁政權下才能富足繁榮，信奉「中國特色的社會主義」才是他們幸福茁壯的歸宿，這等謊言已被臺灣人民的成功所駁斥。只要臺灣保持堅定與自由，所有中文世界裡的人民，尤其是生活在中共統治下的人們，都可以清楚看見自己的未來不必受制於中共失敗的領導。

川普政府正是基於這些理由，將美國與臺灣的關係視為應對中國挑戰並促進整個印太地區繁榮的基石。有鑑於此，我們消除了美國外交官與臺灣外交窗口會面的所有障礙，制訂了鼓勵兩國擴大科學和科技交流的政策。牽涉到美國行政部門與臺灣官員來往的「臺灣接觸指南」，該荒謬的規條在國務院行之有年，旨在安撫偏執的中共當局，剝奪臺灣官方代表的外交尊嚴，現在我們已經廢除了這些方針。此外，我們亦深為關切臺灣的自衛能力，因此向這座島國提供價值逾二百億美元的軍售。

儘管我們是因重視與臺灣的情誼，持續將其視為我們的關鍵盟友而採取這些措施，但這些支援行動實際上屬於我們宏觀使命的一部分，除了對抗中共的威脅之外，我們亦致力於阻止自由的敵人，例如俄羅斯、伊朗、北韓或其他國家。眼下明顯可見的是，那些反和平與自由的勢力正在加深彼此勾結的力道，這些國家政府希望重塑世界，使其成為與他們理念相符的樣貌，從俄羅斯入侵烏克蘭的行動來看，這已經成為一個不容忽視的現實。

堅信民主精神並珍視自身生活方式的自由國家，務必正視這種根本性的轉變並採取相應行動。這本書闡述了川普政府如何代表美國人民實踐這項使命，同時我也為我們與臺灣等夥伴並肩努力，推動彼此共同的自由、和平和繁榮願景感到無比驕傲。然而，仍有許多需要努力的地方，我深信全力以赴持續捍衛臺灣的自由，必然是我們未來政策的核心議題。

踏上臺灣的土地，體驗到那難以忘懷的時刻後，我有幸向臺灣人民概述美國的承諾。卸下外交官身分的我，決定直言不諱：美國政府應立即採取必要且早該實施的作為，以外交承認臺灣是自由主權國家。當然這會惹惱某些人，特別是海峽對岸的政府，但唯有正視現實並展現出我們不再姑息敵人的謊言，我們才能真正守護自由。

正如各位接下來將在書頁中讀到的，身為美國首席外交官，必然會面臨許多需要妥協的事務——相較於擔任中央情報局局長的經歷，這種情況更為頻繁。無論是與夥伴攜手或是聯合敵對者為各方人民謀求好結果，有時自然需要相互妥協，但本書的重點不在於此。我想於書中強調的是，在根本原則上絕不可讓步，因為這些原則才是真正有利於保障自由的價值。我們確立威嚇模型來制止敵人，支持我們的夥伴與盟友的主權，並且守護我們人民的繁榮；在這些和其他更多的議題上，我們絕不退讓分毫。

——麥克．龐培歐

推薦序

偉大美國的實驗（Great American Experiment）從一七七六年起開展。那時，成功機會渺茫，但我們終究取得勝利。此後，美利堅合眾國一直為人民謀福祉，而人民也團結互助。縱觀美國歷史，不管農民、印刷工、商人、木匠或是機械廠操作員，所有的平民百姓都願意為了捍衛重要之事物挺身而出。

我們的第四十五任總統和每位前總統一樣，面臨數不盡的挑戰。他不太像總統，行事作風與他組建的團隊一樣獨特。唐納・川普（Donald Trump）以前是紐約房地產商；麥克・龐培歐（Mike Pompeo）曾在堪薩斯州經營機械廠，這個不尋常的組合承擔起領導美國國安團隊的責任。

他們不僅領導有方，而且成績斐然。本書敘述並提供川普政府四年來代表美國老百姓所做工作的幕後故事。你會聽到地緣政治挑戰、這個團隊如何將「美國優先」轉化為政策，當然，還有一些很精采的故事。最棒的是，這是從麥克・龐培歐的角度敘述的，他擔任過美國中央情報局局長和國務卿。他也正好是我父親。

我在堪薩斯州由一對了不起的父母撫養長大。我母親從任職很久的地方銀行退休後還是很忙——她在教堂做志工、開車送我參加活動、督促我的功課，照料林林總總的事。我父親孜孜不倦地工作，經營兩家小型製造公司，但我所有的籃球比賽和學校活動，他都設法到場。我們是一個普通家庭，過著單純的中西部生活。然後，父親突然失心瘋，決定在二〇一〇年競選國會議員。和許多男孩子一樣，我一直都很崇拜父親。他是個特別的人，跟我說信仰、家庭、誠實、勤奮的重要性，以及寸步不讓的意義。

我展開成年生活時，是個典型的二十出頭的年輕人：沒耐心，認為自己很瞭解世界，並渴望做出一番成績。我在父親面前長吁短嘆，抱怨事業進展或成績不如期待，或我獲得的回報未能體現我真正的價值。父親每次都是一樣的答覆：「埋頭苦幹，好事自然跟著來。」我使勁翻著白眼，他在電話那頭恐怕都感受到了。但事實證明，還是父母懂得多。

我看到父親在他人生中無數次身體力行。從商時，他把一切奉獻給他經營的公司和他的團隊。身為執行長，肩負起保護員工及其家庭生計的重任，知道萬一失敗會辜負他們。必要時，他會做出艱難大膽的決定，但始終顧及手下員工的最佳利益。

他競選國會議員，我知道不是為了名與利；若想爭名奪利，不如去唱歌演戲當明星。他並非為了參加華府菁英的雞尾酒會；時至今日，我從未見過父親二十四小時內喝超過兩杯的山姆亞當斯淡啤酒（Sam Adams）。他的所做所為是覺得我們國家正偏離根本原則，堪薩斯州第四選區值得更好的。準總統川普提名他擔任中央情報局局長時，我們都很驚訝。但父親沒猶豫，這是上帝的計畫，他當下就回應召喚報效國家，後來又升了國務卿。我的人生，看到父親一直勤奮專注於手頭任務：為團隊、人民或者他代表的國家服務。他從不考慮往後怎麼辦，只是埋頭苦幹，而且，絕了，好事真的接踵而來。

雖然人無法事先規劃去獲得總統提名以領導美國的情報和外交團隊，但我父親早已為這個機會準備充分。我之所以這麼認為，原因有很多，不過在我小時候，從很多細微之處都能察覺到這一點。我們和我朋友一起看年度陸海軍美式足球賽時（我們從未錯過），父親都會教我們辨識螢幕中一閃而過的軍團臂章。我們在車庫前玩射籃的時候，他會在跳投之間問我對中東和平等問題的看法。有天晚上，我請朋友史蒂芬（Stephen）過來吃晚餐。我父親突然問他：「你知道漢斯．布利克斯（Hans Blix）是誰嗎？」布利克斯時任聯合國武器檢查員，負責核查伊拉克的武器庫。我朋友當然不認識這號人物——畢竟我們才小六。我向史蒂芬道歉，然後教他答案，因為這不是老爸第一次出題問到漢斯．布利克斯。

高中時，老爸經常突然來個由他出題的快問快答，通常是在週六上午八點左右。記得有一次他遞給我一張歐洲、中東和亞洲的空白地圖，他說：「如果連地圖上的國家都認不出來，你不可能理解全球議題。」多虧了他，我知道孟加拉和烏克蘭的差異。在我十一、二歲的時候，發生了一件事，很邪門地預示父親將來會當上美國間諜首腦；如今看來，這個預兆再明顯不過了。當時我問他夢想的工作是什麼。他回答：「中情局副局長。可以管間諜，卻不必理會官僚主義。」我想他實現的夢想工作比預期的還要好一點點——而且不出所料，他最終還是得應付一堆繁文縟節。

當然，知道漢斯．布利克斯是何許人物，或是能在空白地圖填出國名，還不夠格當中情局局長或美國國務卿。但這些事例——不管當時對我這名少年有多麼尷尬和煩人——能看出來父親對全球事務與美國處境充滿熱忱且認識深刻。我崇拜他鍥而不捨和努力不懈的工作態度，無論是經營公司、代表堪薩斯州問政，還是在教堂教導小五學生。我聽他談論在西點軍校和陸軍的時光——他對美國的愛顯而易見，我能看到這份愛如何將他塑造為今日的出色領導人。

我一直知道，父親強力捍衛偉大美國的實驗，以及美國開國元勛立國的根本原則。我也一直知道，要為他所愛的美國而戰，他絕對是寸步不讓。

現在，全世界也都知道了。

——尼克．龐培歐（Nick Pompeo）

二〇二二年九月

「你們務要警醒，在真道上站立得穩，要作大丈夫，要剛強。」

——《哥林多前書》第十六章十三節

金學成的話

二〇一七年五月六日，我離開平壤前往中國丹東時遭北韓當局逮捕。在平壤時，我做了三年平壤科技大學實驗農場的經理。他們指控我汙衊最高領導人，這是北韓最嚴重的罪行。我的苦難即刻開始，不斷接受審訊和精神折磨。這種無望和可怕的情況持續了一年。二〇一八年五月九日上午，一名獄所巡檢員叫我收拾東西。我不知道前因後果，收好行李等著，就像等著被送往屠宰場的牲畜。直到晚上六點左右，他們把我拖進一家旅館的會議室，在那裡宣布：「應美國政府要求，我們驅逐反北韓罪犯金學成！」

聽到驅逐令，我不禁懷疑自己的耳朵。一切太出乎意料，感覺就像一場夢。我走出房間坐上北韓警用廂型車時，認出同遭拘留的美籍韓裔同胞金東哲先生和金相德先生，他們已經坐在車上。

不久之後，警用廂型車抵達平壤順安國際機場，停在一架漆有美利堅合眾國大型標誌的飛機底下。直到那時，我才相信這是現實不是夢。我們很快走向登機梯。梯子旁站著一位身材高大、長相斯文的白人男子，與我們擁抱並握手。我永遠不會忘記他當時說的話：「美國從沒忘記你們！」

聽到這句話讓我潸然淚下。我是美國人所以倖存了下來，儘管英語不好。我把他的話當成上帝的聲音。是的，美國沒忘記我們。因為美國站在上帝那一邊！

飛抵華盛頓特區的安德魯斯空軍基地（Andrews Air Force Base），我才發現前一天在平壤順安國際機場擁抱我們的人是國務卿龐培歐。他冒著風險，擔任上帝的使節，前來拯救我們！他是給我第二次生命的恩人！

同時，美國是真正給我自由的國家！哈利路亞！

——金學成／牧師，曾遭北韓扣押的人質

2018年5月10日凌晨約二點鐘，藍白相間的美國飛機從北韓平壤飛回馬里蘭州安德魯斯空軍基地。川普總統夫婦、彭斯副總統夫婦前來迎接我們。我和我團隊很高興能回家，但當時的焦點是金東哲、金相德和金學成——北韓釋放的美國人質。這是我這輩子最快活的日子之一。我手裡拿著他們寫給我的卡片，上面是《詩篇》第126篇：「耶和華為我們行了大事，我們滿心歡喜。」

前言

一九八〇年代末，我是一名年輕的騎兵少尉，跟我的坦克排在德國格拉芬沃爾（Grafenwohr）受訓。有一天，我把M1A1艾布蘭（Abrams）坦克開到炮兵靶場，練習操縱和射擊。我的炮手是四級專業兵（Specialist 4）馬丁內茲（Martinez）。他坐主炮位，我在他後上方。坦克在發射一〇五公釐口徑炮彈的同時，高速轆轆行駛。第二次發射時，馬丁內茲在不到五公里的距離內，連續發射打到兩輛移動中的木製坦克目標。炮塔裡瀰漫火藥味，而這輛野獸戰車的萊康明（Lycoming）AGT1500HP渦輪發動機呼呼作響。在雜音很大的坦克對講機裡，馬丁內茲大喊：「長官，美國真他媽的棒！」從美國戰車炮塔中傳來這聲毫不掩飾的美國主義（Unapologetic Americanism）。

一言以蔽之，美國確實了不起。每次有機會為國效力，我都有同感。由於上帝的恩典，在川普政府期間，我成為史上唯一同時擔任過美國最高階外交官和最重要情報機構首腦的人。我母親來自堪薩斯州、父親來自新墨西哥州，以前從未夢想過這樣的前程。

向總統建言、領導美國情報人員和外交官，以及和世上最強硬的領導人談判，沒有不難的時候；除去這些挑戰，還有國內政治氛圍惡化，包括兩次彈劾總統、發生「黑人的命也是命」（Black Lives Matter）維權活動而官員置之不理的暴亂，以及一個進步派社運人士主掌的媒體謊話連篇，甚至說川普勾結俄羅斯。噢，還有，在我任期最後一年，中國共產黨害全球感染一種病毒，導致一百多萬美國人喪生，全球最大的經濟體也隨之癱瘓。事態發展改變了世界看美國的眼光，以及我們對自己的看法。川普政府的外交決策受到不小影響。但最要緊的是，事關重大，涉及美國理念，我絕不讓步。

儘管有這些挑戰，一路走來，我擁有一些能提供助力的優勢。我母親桃樂絲．梅瑟．龐培歐（Dorothy Mercer Pompeo）是品格高尚的女士，充滿了能在內人蘇珊身上看到的母愛。我小時候，家裡不富裕卻很有愛，父母把我們教得很好。一九八二年六月，他們負擔不起陪我去大學報到的機票，所以母親在我離家去紐約西點軍校前，把我拉到跟前講話。我猜她不想讓父親聽到她交代的事。她像往常一樣喊我的全名「麥克」（Michael），她說：「我知道你吃苦耐勞。絕對不要讓他們磋磨壓垮你。你要磨垮他們。」

接下來的日子，我穿上公家發放的軍靴，邁出成年生活的第一步。和許多軍校生一樣，我既驚訝又感恩，一個沒人脈、沒送禮、沒家世的無名小子居然能錄取世上最厲害的領導力培訓機構。這個體悟是我畢生相信美國是人類文明史上最偉大國家的關鍵因素之一。在美國，沒有任何特殊背景或特權的人，只要肯吃苦耐勞也出得了頭。

美國的偉大靠的不只是了不起的美國人。拜《獨立宣言》和《憲法》之賜，我們的國家比史上其他任何國家都更推崇人性尊嚴、不可剝奪的權利和法治。我們利用無可匹敵的實力和資源，成為世上的正義力量，即便偶有失誤。我們是漆黑夜空裡最耀眼的明星，昭告世人，生活在自由社會，強過在共產主義和伊斯蘭主義的邪惡衛士之下或以強權即正義的歪理執政的竊位強人底下過活。但如果我們的領導人不把美國放在第一位，遵奉立國原則和歷史，那麼一切都是空。

★ ★ ★

我這輩子的經歷，因著神的恩典，為我作好準備，接任中情局局長和美國第七十任國務卿，繼續捍衛這種了不起的美式生活。我就讀加州橘郡洛斯阿米戈斯高中（Los Amigos High School）時，當上一支非常平庸的籃球隊的隊長，同時是一家31冰淇淋（Baskin-Robbins）門市的副理。這些都是職責不大的領導角色，但如果你學會在小事上盡心，大事也做得到。

隨著時間推移，我有愈來愈多的機會領導別人。在全美首屈一指的領導力養成學府當了四年軍校生，作為一名指揮坦克和偵查排的年輕少尉，我有數不盡的機會見識到嚴苛選擇。我學會追隨與領導，並且理解，儘管經常失敗，但絕不能被阻擋了前行。唸法學院時，我有機會廣泛閱讀談論權力、法律和人性尊嚴的著作，體會到教授這些概念的人和負責執行的公職人員行事有別。作為堪薩斯州兩家小型企業的高階領導人，我肩負經營複雜組織的責任，必須確保手下團隊嚴格執行既定的商業計畫。員工家庭的福祉有賴於此。

然後，我堅信美國變得茫然無措，我失心瘋決定重新投入公共服務領域。二〇一〇年，在共和黨保守派浪潮下，選民送我進了美國眾議院，加入眾議院情報常設委員會（House Permanent Select Committee on Intelligence）和班加西特設委員會（Select Committee on Benghazi），提高我對世界、美國國務院和美國情報圈的認識，這些知識後來有助於我的行政決策。領導美國情報鬥士是我人生最棒的經驗，帶領國務院則是，嗯，很有意思。

我最直接的挑戰和日常工作的重心，是我們所面對的世界。那時，即將卸任的美國總統以持平對待道德水準差異極大的國家並且為美國道歉而聞名。全球新聞媒體，包括英國廣播公司（BBC）和美國有線電視新聞網（CNN）則進一步強化了他的不當表述，在螢幕上向國際觀眾散播對美國的仇恨。用來引發戰爭、挑起混亂、進行勒索的更新更便宜也更強大的網路工具，現在不僅國家，連販毒集團、恐怖分子，甚至朱利安·阿桑奇（Julian Assange）和愛德華·史諾登（Edward Snowden）這種惡徒的手上都有。美國進行全球反恐戰爭近二十年，阿富汗戰略已經不管用。此外還有習近平和中國共產黨。危險的巨無霸橫行於世，這種情況史上少見。

我很慶幸在一位願意打破束縛、承認現實和接受風險的總統麾下直面這些挑戰，讓我這個做過騎兵團軍官、機械廠執行長和堪薩斯州眾議員的人有實現願景的職權。倒不是金正恩委員長、習近平、伊朗大阿亞圖拉（Grand Ayatollah）阿里·哈米尼（Ali Khamenei）、委內瑞拉總統尼古拉斯·馬杜洛（Nicolás Maduro）或俄羅斯總統弗拉迪米爾·普丁（Vladimir Putin）對我的背景有意見。事實上，在二〇一七年之前，我懷疑他們從沒聽過龐培歐這個名字，除非有人是電視劇《實習醫生》（*Grey's Anatomy*）女主角艾倫·龐培歐（Ellen Pompeo）的粉絲（我和她並不沾親帶故，但她曾經稱我為「瘋子」，我就當作好萊塢名人的讚美收下了）。

今天，仇美領導人知道我是誰了，不因為我是龐培歐，而是因為我擔任高階外交官，為文明史上最偉大的國家效力了整整一千天。我已經被伊朗、俄羅斯和中國制裁，意味我沒有去德黑蘭、莫斯科或北京度假的計畫。好的一面是我對這個世界及其風險的認識大有長進。這本書的目的不僅是提供消遣，雖然我希望它做得到；它同時也是對抗惡人陰謀、確保美國未來自由安全繁榮的藍圖。

四年來，我的任務是聽令川普總統以及美國民眾的期待，然後將這些需求轉化為完整的情報和外交計畫。我組建出能為總統和我們國家堅持不懈且使命必達的團隊。因為我的戰略方針是一套毋庸置疑的原則，執行我的任務變得比較容易：把美國放首位，捍衛我們的價值觀，以及絕不為美國道歉。堅守這三件事不僅是尊重我們的憲法秩序，也為美國人和世界帶來好結果。然而，最重要的是主不斷賜予我和手下團隊的恩典與智慧。

儘管我經歷這裡寫到的一切，但這本書最終的重點不是我，是我們的團隊。我們引領風潮，努力幹活，刻苦努力，打敗了對手——我已過世的母親會感到驕傲。我們對伊朗伊斯蘭共和國施加了莫大壓力、開展精明外交扭轉北韓核危機、比美國歷任政府都更推崇宗教自由。我們向以色列提供無與倫比的支持，並在亞伯拉罕的土地上擴大和平。而且，在我認為的最重要使命上，推動了迫切需要的美中關係轉型。我的基督教信仰、我致力維護的美國生活方式，以及我相信每個人的尊嚴都重要的信念，驅動我的每日決策。最終，我們的團隊讓美國在世上更安全、更受尊敬——即使不總能更受愛戴。我們做到這些成績，儘管面對一個痛恨吾人理念的政治機關。很可悲，這個機關經常厭惡它所代表的公民，還尋求破壞美國的猶太教—基督教立國之本，以及其留給後人的一切。

人們老問，我服務川普政府期間，是否曾經想辭職。答案很簡單，從來沒有過。為什麼呢？一位傑出的美國人說了讓我備受啟發的話。

★ ★ ★

我就讀哈佛大學法學院時，克拉倫斯・湯瑪斯（Clarence Thomas）被提名最高法院大法官，他的任命聽證會幾乎是整個學期的熱議話題。每個左派學生都穿上「阿妮塔有理」（Anita Is Right）的T恤*。對我來說，鬧哄哄的過程裡，有個尖銳時刻我永遠忘不掉。以喬・拜登（Joe Biden）為首的民主黨議員激烈質詢，想逼他退出任命確認程序。由於他是非裔又是保守派，受到無情不公的抨擊。湯瑪斯大法官直視控訴他的參議員說：「我打死不退。我不怕。我從來不躲惡霸。」

我對湯瑪斯大法官的瞭解不多，但我無法告訴你，過去幾十年間，他在漫天砲火下展現出來的勇氣，有多少次在我面臨壓力時帶給我勇氣。確實如此，每當我與金正恩、習近平和普丁等人會晤時堅持強硬立場，我經常祈禱自己能擁有湯瑪斯大法官那樣的力量。

每當我看到內閣成員辭職、左派媒體誹謗我是史上最糟國務卿，或政府單位裡某個不入流的蠢蛋爆料我不夠支持川普的施政理念，我都會想到湯瑪士大法官說的，「打死也不退」。我想到西點軍校一九八六年班的同學，他們當中有人在伊拉克沙漠和阿富汗山區為國捐軀。如果我因為想保護自己的名譽、因為累了或因為「完成了我的義務」而辭職走人，我要如何告訴他們我有恪遵當年訓條「八六班勇往之前、永不退縮」？那不符合美國精神。我也將愧對內人蘇珊和我兒尼克。

有幸生為美國人，其意涵和因此獲得的一切，都要求我戰鬥下去。放棄千載難逢的主事職責，以及為國效力成就大事的機會，既不道德也不忠貞。我不是每次都能把事處理好。那是份重責大任。但最重要的，我寸步不讓，重新再來過一次也不會猶豫。而我可能再來一次。

——麥克・龐培歐
維吉尼亞州
二〇二二年八月

＊湯瑪斯的女助理阿妮塔・希爾（Anita Hill）指控他性騷擾。

Chapter 1
尋找敢冒險的人

那個復活節週末完全在我計畫外。二○一八年三月三十日耶穌受難日（Good Friday），我從安德魯斯空軍基地起飛，赴北韓平壤展開一項祕密任務。我的目的地是地表最黑暗的國度之一，而我要見這個暗黑國度裡最暗黑的住民，金正恩委員長。這次任務保密到家，知道的人寥寥可數，此行是為了匡正以往的做法，先前的努力不但沒有清除北韓的大規模毀滅性核武，還導致當前威脅高升。川普總統之前告訴我，他有放手一搏的打算，而我作為中情局局長，也願冒險一試。

我們的座機一進入北韓領空，他們的戰機就尾隨在側。一般來說，這意味對方有敵意，可能即刻發動攻擊，但機組人員和我相信，這是標準的北韓式恫嚇。不過，此次專機的機長還是告訴我，萬一北韓真有蠢動，一支美國救援小組會很快趕來打撈我們的屍首。我猜這大概是空軍會對陸軍說的笑話，這個黑色幽默還挺好笑的。

臨下降之前，我看到散落在朝鮮民主主義人民共和國（Democratic People's Republic of Korea）首都周邊黯淡陰沉的混凝土國宅。這個國家的名字本身就是個謊言：它既不民主，也不共和，當然也不為了人民的福祉而存在。機輪觸及跑道後，我從機艙窗戶向外張望，看到平壤順安國際機場，它落後的結構只比先前看到的那些行將傾頹的集合住宅好上一點。機場根本空空如也——沒人、沒車、沒有別架飛機、也沒有地面設備，好在看起來很乾淨。

飛機一停住，一整列哩程數極低的黑色賓士轎車、兩輛軍用卡車還有幾輛廂形車，開到我們飛機旁邊停下。等他們整隊之後，我的維安組長下機去跟對口的北韓人員接洽，他們透過翻譯談了很久，維安組長回到飛機上跟我說：

「局長，他們不讓我們帶武器進市區。」

他說完這句話的瞬間，我們爆笑了出來。同時我們意識到：要是碰上最糟狀況，帶武器會讓情節多點意思，但頂多讓我們的最後英姿延長個幾分鐘。我完全不介意把槍留在飛機上。既已賭上一便士，不如賭一英鎊（一不做，二不休）——雖說這裡賭的是不值錢的北韓圜。

我朝飛機出口走去，在登機梯底下等我的，一如我所料，是金英哲，我交手過的大惡人之一。金英哲是退役將領，時任朝鮮勞動黨（北韓共產黨）副委員長，他也執掌統一戰線部，也就是北韓的對外宣傳機器。更早之前，他曾是朝鮮人民軍總參謀部偵察總局局長，亦即北韓最重要的情報部門。他履歷表上的重大事蹟包括在二〇一〇年擊沉一艘南韓海軍艦艇，造成四十六名艦上官兵喪命。

我們一照面，金英哲顯然就想給我來個下馬威。這次任務，我只帶了中情局最高階北韓專家安迪．金（Andy Kim，韓國姓名是金成賢）做助手，金英哲和我們打招呼，身邊兩側站了一整排軍事衛隊。我伸手與他相握，在握手時，他透過翻譯表示：「我們已經吃草五十年了，再吃五十年也不是問題。」沒有一聲招呼，沒有歡迎的字眼——只有他想傳達的個人訊息，那就是這個政權有超強的存活意志，即使北韓人民必須挨餓也在所不惜。當然嘍，金英哲才沒吃草。跟其他有竊盜癖的北韓菁英一樣，他喝的是最高級的好酒，吃的是頂級和牛。吃草是老百姓的事。我心裡明白金英哲不是這個遁世王國的主宰，就酸他：「將軍，幸會，我等不及要吃午餐了，我的草要蒸的。」他沒笑，但安迪笑了，我這席話跟這趟任務一樣，風險是精算過的。

我跟安迪被送上一輛黑色賓士，我們爬進後座，不知道究竟會被帶到哪裡，我腦海閃過一個念頭，說不定會被當成人質。事實上，當時北韓也正非法拘禁三名美國人。除了期望任務有進展之外，我最擔心的是組員安危。還好，我知道我要見的金正恩委員長迫切希望此次會晤順利成功。

我還擔心北韓會用我這次的行程大肆宣傳，我和安迪真的有可能獲得所謂的「歐布萊特海豚待遇」。二〇〇〇年，國務卿瑪德琳．歐布萊特（Madeline Albright）來見金正恩委員長的父親，金正日，被不情不願地安排了一個漫長的觀光行程，包括看海豚秀——我猜北韓想利用一張西方領袖對動物雜要特技嘖嘖稱奇的照片來作宣傳。在我到訪之前進行的磋商，我們明確表示，如果有海豚秀之類的行程，或者逼我們去向金正日或金日成銅像鞠躬獻花，我們會立刻走人。我才不在乎北韓海洋世界長什麼鬼樣子。這整個國家早已經是一座經營不善的動物園。我們一心一意只想阻止北韓核武計畫，並說服北韓領導人全面地、可驗證地拆除他們所有的大規模殺傷性武器。

以往美國政要到訪，美方總是屈服於北韓錙銖必較的勒索要求，在停機坪以現金支付「降落費」跟「燃料費」。我事先明白告知組員：「他媽的一毛錢也不付。如果他們要現金，叫他們來跟我本人拿，同時提醒他們，是我們該為來看這個鳥不拉屎的蕞爾小國開發票跟他們索取燃料費。」這麼說不太圓滑，但我又不是正式外交官——至少當時還不是。而且問題不在錢，我們要北韓人搞清楚，我們跟他們以前打交道的美國人不同。我後來才知道他們什麼也沒要求，因為他們知道我們這個團隊不一樣。

車隊飛快開進平壤市區，穿過管制路段進入市中心，經過平壤最漂亮的建築——當然是以低標來看——沿路，我們的司機從沒回過頭或從後照鏡看看他載的中情局領導人。我試著揣摩這名可能比我兒子尼克還年輕幾歲的北韓軍人可能在想些什麼。平壤政權對這個年輕人說了些什麼關於美國的謊話？

最後我們轉進一座隧道，駛進某個入口，後來才知道那是金委員長在朝鮮勞動黨的一個辦公室，偶爾用來辦公或開會。沿著最後約四百公尺的路，一排階級嚴明、手握大型機關槍的士兵肅然而立。我相信我應該見到了北韓所有身高超過六呎三吋（約一九〇公分）的男性了——在北韓肯定為數不多吧。由於普遍且嚴重的營養不良，北韓男性的平均身高不到五呎半（約一六七公分）。

車子停下來，一名北韓彪形大漢打開我的車門。站在那兒等著領我們入內的是金委員長的妹妹金與正。據我們所知，她在金氏政權裡是一名權臣，但她在這次會議現身引起我們注意。金氏家族的歷史不乏骨肉相殘之事，我們事先沒法確定到底會見到誰。

在久久不停的軍樂聲中，我們走過好幾扇高聳的大門，穿過好幾個挑高極高的房間，瞧見一大堆乏善可陳的共產黨藝術作品。

然後我們看到他。

永遠愛出風頭的金委員長站在長長紅地毯的另一端，身穿他的招牌黑色中山裝，立在一堵亮橘色的牆壁前面。各種顏色跟燈光照下來在他頭上形成一圈光環——明明他是這世上最不配擁有光環的人。這種史詩般的布景和戲劇張力，讓我回想起川普總統二〇一六年在共和黨代表大會盛大登場，也是運用了逆光和煙霧機，直到他介紹夫人梅蘭妮亞（Melania Trump）上臺。權力和包裝的語言舉世共通，民主國家跟獨裁國家的領導人都極度重視。世上最壞的獨裁者笑著迎接我，我鐵了心不報以微笑，四面八方都是北韓攝影機呢。

這名個頭矮小、滿身大汗的邪惡男人企圖用殺人魔都具備的魅力來化解僵局。他開口說：「局長先生，真沒想到你會來。我知道你一直想除掉我。」我跟團隊成員雖然有備而來，但暗殺的笑話不在「對手打招呼可能用的辭令」列表清單上。但畢竟我是中情局局長嘛，或許他的妙語也不無道理。

我決定也展現自己的小小幽默，便說道：「委員長先生，我還是想殺你啊。」

這段交流後我們合照，金正恩仍舊面帶微笑。他似乎相信我只是在開玩笑，隨後攝影師很快被帶走。除了一些安全人員之外，只剩金委員長、金安迪、金英哲、金委員長的口譯員以及我留下。世上幾乎沒有人知道有這麼一場會晤正在進行。它大有可能以悲觀失望和不相往來告終，或甚至升級為美國和世界的核武災難。但有鑑於金委員長一直在發射飛彈、威脅恫嚇，這場會晤值得冒險。

領導意味冒險

對美國領導人來說，風險如影隨形，無所遁逃。正如我就任國務卿時所言「這世界卑鄙齷齪」，美國的三軍統帥必須為美國人民降低風險。有時候，這表示承擔其他風險，知道要接受哪些風險，要靠勇氣、意志、智力，以及上帝的眷顧。

成為中情局局長時，我決心要幫國安團隊瞭解核武威脅，並幫川普總統降低這些風險。我們服公職恰逢其時。川普當選總統，美國才有了長期以來需要的總冒險師——尤其是外交政策的冒險師。在川普之前，美國外交政策的優先事項是氣候變遷、LGBTQ權利*），以及為疑似逾距之事乞求他國原諒。套句歐巴馬政府官員的話，「美國的領導一直是後勤式領導」。

沒錯，在歐巴馬－拜登任期即將結束之際，美國在世上的地位讓人振奮不起來。雖然我們仍是世界唯一超強大國，但自從第一次波灣戰爭（Gulf War）以來，絕少有真正的外交捷報。我們的領導人似乎無能解決當代地緣政治問題，讓敵人漸居上風。核武庫愈來愈充實的北韓只是其中一個問題。中國悄悄蠶食掉我們的權力、影響力和經濟實力優勢，我們卻還一廂情願地寄望它朝民主自由演進，和我們發展出真正的友誼。世上最大的恐怖主義資助國伊朗，更處心積慮地尋求中東霸權，還昭告要把以色列從地表抹去的意圖。俄羅斯二〇一四年進軍克里米亞，華府卻連吭都沒吭一聲。與此同時，我們被困在阿富汗的泥沼裡近二十年，傾注所有資源打擊恐怖主義，而非對抗來自潛在大國的軍事威脅。我們未能調整戰略應付涉及科技、貨幣控制、經濟強權和網路戰的衝突，因循苟且無以打破上述任何趨勢。我們再也不能視而不見。

歐巴馬在任的最後幾年，我們在很多方面失去了風險容忍度。伊拉克和阿富汗戰爭的高昂代價讓美軍無心插手世局，甚至不想成為阻嚇的力量。美國外交官員和企業領袖憂心，要是改變無條件與中國往來的政策，會摧毀美國經濟。而國會政客也逃避做艱難選擇，只是一直把錢花在老舊的武

＊LGBTQ是指同性戀者、雙性戀者、跨性別者與酷兒族群。

器和計畫上。最嚴重的是，國安專家為了保護自己名聲，根本不願意主張有違美國外交單位傳統智慧的行動——比方說與最危險的對手會晤——即便傳統智慧有誤。

人總是安於現狀，認為這是「最安全」的選擇。然而逃避風險往往比正視風險的傷害更大，不管是交戰、外交、經商或其他領域，都是如此。道理很簡單，不入虎穴，焉得虎子。讓敵人認為你不能或不會像他們那樣追擊目標，對你絕對百害而無一利。要是你的對手知道你至少有能力不按牌理出牌，就會逼他們重新衡量是否還能僥倖脫逃。

被動尤其是情報業務的致命傷。美國必須在蒐集情報的能力上保有質的優勢，以便我們的軍事和外交盤算能獲得最佳情資導引。如果害怕承擔風險，那就會一寸寸棄守陣地，一回一回地敗退。這樣的失敗幾乎每次都靠空洞辭令「下次會大膽一些」加以合理化。

我很愛中情局裡渾身幹勁的人，他們不在乎小賭一把，特別是因為我們有最多的籌碼。國務院就不好說了。我故意說是「賭一把」，隱含姑且一試的意思。玩擲骰子的人，或者骰子快手（Yahtzee）好手都知道，擲骰子會有一組固定的結果。骰子是可預測的，你算一下就知道。很多時候，完善的分析和精準的執行也能出現一組已知概率。如果你事先知道概率，而且對你有利，就賭一把。我們就是這麼做的。

我為川普政府效力，受益於我是一個從經驗裡學會冒險的人。我愛冒險多半是因為軍旅歲月。進行每項任務都從分析得與失開始——而且軍人被訓練到有在真槍實彈裡受傷掛彩的覺悟。在任務開始時，都要先假設情勢發展不順利。但這種可接受的危險，對於每次都想在爭戰中毫髮無傷全身而退的領導人來說，不免心生不喜。

我碰上人生中的大難關時，願意冒險也證明極其有效：我和三位西點軍校的摯友合作創業，這家公司後來叫塞爾航太（Thayer Aerospace）。一九九六年，我在威廉斯—康納利法律事務所（Williams & Connolly）擔任初級律師，多半都在代理美國大企業打複雜的刑事案。有一天，我接到跟我同樣於一九八六年畢業的麥克・史特拉汀格（Mike Stradinger）來電。

「龐，」他喚我小名說，「打官司煩死了，我們一起創業吧。」

「史特小子，你想的是什麼樣事業，錢哪裡來？」

他回我，「你要是一直糾結於細節，就永遠成不了事。」

我跟他說好，我加入。

風險大嗎？也許吧。但我們說服另外兩位同學加入，烏利奇・布列克布爾（Ulrich Brechbühl）和布萊恩・布拉陶（Brian Bulatao）。後來我們買下一家座落在我母親家鄉堪薩斯州威奇塔（Wichita）北百老匯七三三〇號的小型機械行。我們大部分的開業資金是借來的，心知有一大筆銀行貸款等著還，感覺挺恐怖的，然而那縱身一躍的創業精神得到的卻是滿滿的回報。冒險犯難是美國人性格的一部分，我們絕不能失去這項優勢。

擔任公職，我也常受到先輩冒險犯難的啟發。我們都聽過「不入虎穴，焉得虎子」這句老話。美利堅合眾國是由一群敢放膽去做的人所建立並且守護得來的。簽署《獨立宣言》的先烈誓言，彼此奉獻「生命、財產，以及神聖名譽」，因為他們知道如果起義失敗，他們就都會被當作罪犯和賣國賊處以絞刑。非凡的勇氣促使吉米·杜利德上校（Jimmy Doolittle）在二戰期間勇敢執行空襲東京的任務，一如海軍少校巴奇·歐海爾（Butch O'Hare）為保住航空母艦列新頓（Lexington），單槍匹馬迎戰一整群日軍轟炸機。二〇〇四年在伊拉克，傑森·敦漢（Jason Dunham）下士為救同袍，趴在一枚手榴彈上，英勇事蹟為他贏得一枚榮譽勛章。在川普政府任職的我們不能與這些大無畏勇士相提並論，但我們明白，接受風險是唯一方法，以免美國一路悠哉，卻付出高額代價向二流強權沉淪。國家地位下降對每個美國人來說都不是件好事。

所幸我們選出一位願意採取大膽舉措、扭轉外交政策劣勢的總統。他為此打造了一支拒絕被傳統思維束縛的團隊。我們的前進動力是想堅守住開國元勛的精神，他們瞭解行政部門的難處：要領導，但要克制；要展現權力，但別找麻煩。要明白我們國家極其優秀，但並不完美。把美國放在第一位有風險嗎？每天都有啊。但我們國家值得冒這樣的風險，我孜孜不懈，為的就是我愛的美國。

從國會到中情局

二〇一〇年十二月，我跟眾院議員麥克·羅傑斯（Mike Rogers）在一場「海陸大戰」美式足球賽碰頭，一起喝啤酒，壓根沒想到自己有一天會帶領這麼重要的復活節外交任務奔赴平壤。我那時甚至還沒正式成為國會議員，要到二〇一一年一月三日，才宣誓代表堪薩斯州中南區選民，就任眾議員。身為前陸軍軍官，我覺得自己很適合加入情報委員會處理國安議題，所以就跟當時眾院情報常設委員會主席羅傑斯議員說，我能勝任這項工作。麥克十分委婉禮貌地回覆我說：「對，你或其他的人都行。」

儘管遭到回絕，我在第一任內仍然努力瞭解相關議題爭取出線。很幸運地，二〇一三年情報委員會開了一個共和黨的缺，眾院議長約翰・貝納（John Boehner）就把區區在下我填進去了。有時人們對約翰的評價不好，但他愛國、愛他的家鄉俄亥俄州，而且他駕馭複雜政治環境的天賦無庸置疑。我永遠記得，有一回貝納議長認為十分重要的某個法案，我跟三、四十位共和黨議員決定不投票支持。投票日當天凌晨大概一點半的時候，我接到一通電話把我叫去國會山莊；約莫半小時後，我抵達議長的大辦公室，約翰正窩在後方的一個角落，他平常喜歡在那裡對大家指點江山，邊喝紅酒邊抽菸。

「麥克，」他嘆了口氣說，「我知道你要投票反對我。」

「不是的，議長先生，不是反對你，我反對的是支出法案，這法案很爛，我們花太多錢了。」

對我的狡辯他不買帳，問我：「麥克，你覺得我為什麼讓你進情報委員會？」

我還算夠聰明，知道他不是在問問題，而是要講話。我促狹地笑道：「約翰，想必是因為我又帥又聰明。」

他笑出來：「我需要你這一票。滾出去啦。」

我謝過他撥空見我，沿著走廊往回走。我感謝他傳達了訊息，但沒有施壓強迫我。結果，我隔天還是投了反對票，但這件事讓我更清楚領導有多難，以及要在複雜政治環境中取得成果有多費勁。

我投下反對票的法案，因為眾院席次結構使然還是過了，而且滿堂叫好。議長運籌帷幄很不容易，我這種新進議員相對來說不需要應對眾多的複雜情勢。

縱然那次沒照約翰的意思投票，我覺得他並不後悔讓我進入情報委員會，因為後來他又把我放進班加西特設委員會。我真的是鞠躬盡瘁，多半也把中情局和其他情報單位都給逼瘋了，因為我總是跟他們要更多的東西：更多簡報、更多文件、更多資料。我加班待在國會山莊地下的安全辦公室閱讀機密情報，目的是通盤瞭解美國面臨的挑戰，以及最有效的應對方法。同樣重要的是更深入理解決策如何形成，不只美國，還有盟友與對手的決策。我要知道如何能有效降低並管控對美國人生命安全的威脅。那些日以繼夜的苦讀，讓我學會辨別出色的情報分析，體會到並不是每份分析都能保持政治中立或立論精闢。當時我完全沒想到，這樣的理解有朝一日會變得異常重要。

可這樣的經驗在我二〇一六年十一月八日星期二、第四度連任眾議員時，也就是川普當選總統的同一天，突然就變得舉足輕重了。只有內人蘇珊跟我知道，我希望這是最後一次參選。我跟她早在多年前就同意，如果我幸運地贏得第一場選戰，那在國會待上六至十年也就差不多了。所以二〇一六年我們本來是打算參選後做完這一任，就回堪薩斯老家過真正的生活，回我們在威奇塔的教會跟那兒的親朋好友重聚，並再一次回到自由市場世界靠經濟冒險犯難掙錢。

十一月十三日星期日，我接到副總統當選人麥克・彭斯（Mike Pence）的電話，我和彭斯在他還擔任國會議員期間相識，他最後一個任期和我第一個任期重疊，他的辦公室幾乎就隔著走道在我辦公室對面。有時候，坎農一〇七號（Cannon 107）眾院辦公大樓鈴響後，我們會一起走去投票。

他是印第安那州資深議員，而我是代表堪薩斯州的後座議員（backbencher），我倆的太太曾是同一個聖經研讀班的學員。雖然我們不是很親近，但他總樂於給我一些睿智的建議，而且我們都來自中西部，對美國同樣抱持保守派看法。他後來選上印第安那州長，所以我一直到二〇一六年夏天才又跟他講上話，因為他的團隊要求我去向他簡報國安議題，好幫他準備跟民主黨總統候選人希拉蕊・柯林頓（Hillary Clinton）競選搭檔、維吉尼亞州參議員提姆・凱恩（Tim Kaine）的辯論會。

他劈頭就問：「麥克，如果我們給你找個合適的位子，你可願意入閣？」

我真是受寵若驚。

「準副總統先生，你應該記得我先前大力為參議員魯比歐（Marco Rubio）爭取總統候選人提名吧，而且我才剛花了一百五十萬美元連任眾議員。」

彭斯打斷我的思緒，又重覆了同樣的提問：「如果我們給你找個合適的位子，你可願意入閣？」這答案顯而易見。「當然願意，準副總統先生，這是我莫大的榮幸。」

他謝過我，然後掛上電話。對這段三分鐘的電話對談，我幾乎什麼也沒想。當時，每個高階官位都有一堆名字被拿出來討論，雜音那麼多，根本難以分辨哪段對話是認真的，哪段又只是走一下形式。同一天晚上，我接到後來成為川普總統第一位白宮幕僚長瑞恩斯・蒲博思（Reince Priebus）的電話，他問的話幾乎一模一樣。

「麥克，如果我們找到適合你的機會，你可願意入閣？」

我說好，他道謝後掛了電話。雖然我跟蘇珊講過我接到這些簡短致電，但那時沒多想什麼。

到星期一早上，彭斯又打了一次電話：「麥克，中情局局長怎麼樣？」

我沒聽錯吧？

我記不清楚自己確切是怎麼回覆他的，但我相信中情局局長超級適合我。中情局亟需好的領導層。當時的局長約翰・布瑞南（John Brennan）糟糕透頂，而且實際比我當時知道的還糟糕。那通電話談不到兩分鐘，我對彭斯說我非常樂意深入討論這個機會。我對蘇珊說，上頭可能考慮讓我帶領中情局。我們笑著，完全明白即使開始審查了，還有十多個人會打電話爭取這個讓人垂涎的美缺。我都不知道如果要打電話該打給誰哩。

很難說清楚川普考慮起用我當中情局局長這回事有多怪。首先，我從來沒見過總統當選人川普。其二，初選期間我一直都支持佛州參議員魯比歐，我與魯比歐相識多年，十分尊敬他，認為他會是個很棒的總統，也深信他能贏得大選。其三，我是堪薩斯來的白人，川普政府任用我並沒辦法在種族多元化方面獲得加分。其四，還有好幾個比我有情報經驗的幹才可以出任領導。最後，總統當選人川普對整個聯邦官僚體系，尤其對情報單位，充滿不信任感，而我認為要有健全的美國國安領導就要充分授權高風險間諜活動和祕密行動，他會選擇我這樣的人嗎？

我唯一一回跟川普同處一室是在初選期間，當時要代表魯比歐參議員在威奇塔的共和黨黨團發表演說。那個星期六早上，川普在對街舉行造勢大會後，有數千人擠進會議中心。依照前一天晚上抽籤決定，我應該第三個出場，排在泰德・克魯茲（Ted Cruz）和川普後面。我到場時，州黨部主委大汗淋漓跑來跟我說：「麥克，你要第一個上臺演說。」

「怎麼會？我抽到第三。」

「沒錯，但是川普說，如果不是他壓軸，他就不上臺了。」

我一下就聽懂這個玩笑了，回答「意思是他不用說了？」後來，我最先演說，而且火力全開。川普贏得黨提名後，我全力替他輔選，也把票投給他，直至今日我仍然深信，他總統任內帶領美國的表現，比希拉蕊能做的好得多。

兩年後，川普站在橢圓辦公室裡對我說（他頭一次提到那時的事）：「麥克，你那天真是個卑鄙的大混蛋。」

「總統先生，我打仗時是全心投入的，而我已為您也為美國全心投入了兩年。」

「你的確是的，我的麥克，你的確是」，這已是最高讚譽了，我也很高興得了個暱稱：總統經常叫我「我的麥克」。我到現在還不完全明白他為什麼用這個不尋常的詞，他也用過其他稱呼。但總比川普賜給很多人的暱稱好得多。說不定有一天我會得個新綽號。

我在二〇一六年初選時的角色，使總統每次碰到我倆意見相左時就說：「好啦，你是魯比歐的人啦。」而因為他以前曾經數度捐競選經費給希拉蕊，我也常回他：「對啦，你是希拉蕊的人。」每每讓他莞爾一笑。

不過這些都是後話。回到二〇一六年，成為中情局局長的渺茫機會著實有很多事該好好考慮，但我那時還有其他事情要處理。我才剛連任成功，和手下團隊繼續準備年終該履行的各項國會職責，以及即將在一月展開的新任期。那是我職涯裡，共和黨頭一次同時掌控立法和行政部門，有機會能有些新作為。

然而星期二早上，來自總統交接團隊一位年輕女士的電話，讓我回頭注意到這個節奏很快的面試過程。「議員先生，我打電話來問，您是否有空在星期六到貝德敏斯特（Bedminster）和總統當選人川普見面？」那時我還不知道貝德敏斯特是川普在紐澤西州的高爾夫俱樂部。

我可能過於急切了，壓根沒去想星期六的行程就脫口而出，「當然可以」。

「太棒了，請您當天上午較晚的時候到貝德敏斯特來。」

我說：「我會到，但要有人告訴我貝德敏斯特在哪裡。」

她給了我一個完美的回覆：「如果找不到貝德敏斯特在哪兒，我想您就不適任要來面試的那份工作了。」

「說得好，我會找到的。」我們哈哈大笑。

這的確很讓人興奮，但我沒抱太大的希望，雖然能有機會面談我很開心，但還是覺得川普會選擇別人。而且我也相信這會是個好機會，能跟他分享我對中國和伊朗這兩個非常重要議題的看法，這兩個議題在我們兩人接下來的四年間陰魂不散。

可以肯定的是：人事小組真的很趕。川普當選不到兩個星期，媒體就問為什麼他還沒宣布任何內閣人選。這些問題或許促使交接團隊負責排行程的人當天又打了通電話給我：「如果您在東岸，川普先生希望您明天去川普大樓見他。您到得了嗎？」

「我找得到川普大樓，」我開玩笑地說，「我會去的。」

於是乎，我跟蘇珊隔天一大早搭火車去紐約市，在一個朋友的辦公室混了幾小時。在那之前，我們打電話給在紐約工作的兒子尼克，傳給他一則加密訊息：「你母親和我要去紐約，跟川普先生談談可能在他團隊任職的事。見面細說。」下午不到二點，我抵達五十七街跟第五大道的那個街角，就像一名好士兵或探員般偵察自己的哨點。蘇珊去聖派翠克大教堂（St. Patrick's Cathedral）祈禱。我們都就定位了。我走過那擠滿媒體、鑲金邊的知名粉紅色大理石大廳時，沒人認出我來。

一名助理引領我到川普集團的行政套房，這裡現在也充作神經中樞，供即將成為世上最有權勢者辦公。我在接待區等候時，小唐納・川普（Donald Trump Jr.）、史蒂芬・班農（Stephen Bannon）以及凱莉安・康威（Kellyanne Conway）各自經過時都跟我打了招呼。他們都說：「你會表現得很棒的。」呃……一副好像我已經獲選入閣了一樣。

過了好一會兒，我被領到內室，這位左右兩側是賈瑞德・庫許納（Jared Kushner）和班農的總統當選人並沒有從位子上起身，他正對著電話那頭的彭斯發表意見。看到我進來，他衝口說：「麥克，你對俄羅斯的看法怎麼錯得這麼離譜？我們應該對他們好一點！或許因為你是陸軍出身的。」他在公開場合講過無數次這類關於美俄關係的言論。

顯然他聽過一些關於我的簡報，所以我回答：「先生，我對俄羅斯的看法沒錯。普丁是個非常聰明的壞蛋。」對於可能成為你新老闆的人，反駁他的看法是挺冒險的。但那樣的玩笑交流卻大有益處。其實我們都同意，普丁是個壞蛋，但我們應該找到與俄羅斯和平共處之道。那時我們壓根不知道，希拉蕊的抹黑行動，後來演變為「俄羅斯騙局」（Russia Hoax），會讓此一努力近乎不可能實現。

接下來討論國安議題還算順利，但總統當選人要我說出我喜歡的將軍時，整個對話才變得有意思起來。我立刻告訴他：「我是堪薩斯來的，所以我最喜歡艾森豪將軍。」

班農忍不住插嘴：「好爛！那你最喜歡內戰時期的哪個將軍？」

我很快又回答說：「這個簡單，薛曼，我們還把自家的狗命名薛曼將軍哩。」一八六四年，北軍的威廉・特庫姆賽・薛曼（William Tecumseh Sherman）將軍在喬治亞州進行非常出名的焦土戰，從亞特蘭大至薩瓦納（Savannah），燒毀所經之處一切可能資敵的物資，以瓦解南軍鬥志，那很殘酷。薛曼此舉風險極高，但事關大局，他沒有讓步。

此刻，至少從班農的眼裡，我看出他有屬意的人了。班農說川普的競選策略，就是基於他寫的一紙有關薛曼的報告，主張達到讓美國重返榮耀的戰略目標，必須有盡付一炬的覺悟。川普先生應該也喜歡我的回答，我拿出手機，秀給他們看一兩張我的黃金獵犬的照片，好凸顯我的論點。川普說：「我們要很快再見面談。」

那個週三下午，我走出川普大樓，心想還會有其他人受邀面試，要等上一兩個星期才能聽到回音。當晚我們跟兒子聚餐，想到可能得到的重責和機會，三人心裡都有些飄飄然。不過，我們還是沒把去面試的這件事告訴任何人。

隔天早上，我回到眾院辦公室與選民晤談。正談到農業政策時，我的手機亮起，有一通紐約市區域號碼二一二的電話進來。和平常不同，我很沒禮貌地跟大家致歉，退到辦公室後頭一個小衣櫃裡接聽電話。在這之前的五年議員任期，我不曾打斷跟選民的談話。

「哈囉，我是麥克。」

「嗨，麥克，我是唐納・川普。你想不想當我的中情局局長？」這不是詢問而是在確認。

「長官，能夠出任該職為美國效力是莫大榮幸。」

「傑夫！」川普顯然對著跟他一起坐在川普大樓的傑夫・塞申斯（Jeff Sessions）大叫，「我們提出邀請，他接受了；現在他不能黃牛了！」接著他回過頭來繼續跟我說話。

「麥克，待會兒會有人打電話給你。接下來會很棒但很混亂！」然後他掛了電話。

我打電話給蘇珊，跟她說我們接下來似乎真的會面臨一段很棒、很重要但很瘋狂的日子。我即將成為中情局局長提名人——這件事我提醒她，只能告訴尼克，不能告訴其他人。我回到辦公室把會開完，然後吩咐我非常能幹的國會議員辦公室主任吉姆・理查森（James "Jim" Richardson）盡可能取消當天行程。那天晚上，交接團隊的媒體公關組跟我要一份他們能夠用的生平簡介，因為他們計劃隔天早上八點宣布，我們傳給他們一份不過一到兩頁的文件。

消息傳出後，我致電一位律師朋友，他的事務所曾幫助其他共和黨提名人通過國會確認程序。不到半小時，我就接到他的律所合夥人回電，這人會引導我通過這個程序。他問我的第一個問題是：「你能不能把傳給交接團隊進行盡職調查的文件也傳給我檢視一下？」我說我早把傳給交接團隊的整份文件傳給他了——也就是我公開可查的傳記。他問我是不是在開玩笑，我告訴他不是，他問：「那他們至少有問過你關於性、毒品和私生活方面的問題吧？」

「沒。」

交接團隊幾乎沒怎麼審核我。我彷彿聽到律師的冷汗在滴，他說：「我現在過來找你，我需要跟你談幾個小時。你在哪兒？」交接團隊動作之快，似乎單單靠我在堪薩斯第四選區的得票數以及我在情報委員會的經驗，來評估我提名通過的機率。面試後不到四十八小時，跟彭斯頭一次講話不到五天，我就成為總統當選人屬意的中情局局長。雖然我不是那麼肯定，但我覺得這個職位只有我一個人來面試，真不知是誰愛冒險啊。

我快速計算了一下參院的票，滿心認為只要我沒搞砸任何事，提名就可以通過。我還重拾軍事訓練，開始擘劃要如何領導中情局。走筆至此，也讓我憶起那任務之艱鉅。我讀過中情局歷史，在情報委員會時見過數百位中情局官員，而且特愛諜報電影；然而，領導世界頂尖情報單位卻完全是另一回事。我著手開始蒐羅有關瘋狂比爾・唐諾文（Wild Bill Donovan）的書，他創立了戰略情報局（Office of Strategic Services），這個在二戰期間成立的單位是中情局前身，從事在世界各地搜集傳遞重要資訊並執行間諜行動的核心任務。我開始思忖著要建立一支對美國忠心耿耿、一心追求卓越的團隊。透過採取經過分析的冒險行徑，幫美國擊垮對手。

布瑞南領軍下，規避風險的中情局

我的候任聽證會（confirmation hearing）在二〇一七年一月十二日開始，比川普總統就職早八天。這是美國體制的一項優點，我們盡力保持國安體系能持續運作，因為美國的敵人總是虎視眈眈，伺機而動。我很感激已退休的參議員鮑伯．杜爾（Bob Dole），堪薩斯州最受推崇的人物之一，把我介紹給他以前的同僚。在我的提名公布後，他和夫人伊莉莎白是最早一批致電祝賀的人。隔著電話，他們聽起來彷彿兩個興高采烈的阿公阿嬤：「又有一個了不起的堪薩斯人要來帶領我們國家；我們衷心為你和蘇珊感到開心！」他們溫情洋溢，是我所見過最可愛的公僕。我和蘇珊也一直以他們夫妻作為我們的榜樣。

杜爾參議員在我第一次當選眾議員後就成為我的朋友。即使在二〇一六年，高齡九十三歲的杜爾仍請我陪他參加堪薩斯州博覽會，好幫一幫州裡各地來的候選人。就算是高溫溽暑，也沒讓他放棄要握到每一雙愛國軍人的手。在整整花了八小時歡迎支持者之後，杜爾說：「麥克，我們去找一下募兵攤位。」一直到嚥下最後一口氣，杜爾總是孜孜不倦，始終相信美國以及美國人民是良善力量。

真希望每一位在提名候任聽證會當天質問我的參議員都像杜爾一樣親切。我被問到有關保護國家安全與尊重人民自由的種種難題。搜集美國人民情資應該要有哪些限制？聯邦政府是否可以藉國安名義取得加密資訊？中情局是否會遵守美國陸軍野戰手冊（US Army Field Manual）規定的合法偵訊技巧？這是我頭一次聲明川普政府根植於美國傳統的外交政策，我告訴參議員，我會永遠尊重憲法賦予美國人民的權利，謹守國家法律，如果覺得某些法律未能服務人民，會請求國會修法。

有些問題則很愚蠢。參議員賀錦麗（Kamala Harris）沒問我要怎麼對抗敵國這種有料的問題，卻先問了媒體會喜歡的俄羅斯影響大選的問題。然後她又引用我反對同性婚姻的投票紀錄，試圖把我塑造成守舊頑固的人，假裝很擔心我會歧視局裡的彩虹族（LGBTQ）同仁，我一句話就把她堵回去：「我無法想像會實施任何針對個別員工的歧視性政策。」接著她用沒那麼冗長的話，想知道我是否會把氣候變遷助長動亂的分析作為重點。其實她就只是想擦亮自己的綠色標籤。我回答她：「我的角色應該會截然不同吧，我會跟戰士並肩，確保美國安全。」讓她在一個致力於保護美國的委員會占有一席真是太浪費了。

有些參議員宣稱我經驗不足，試圖把我拔掉，奧勒岡州參議員榮恩・魏登（Ron Wyden）企圖以據稱我支持「刑求」來終結我的提名。不過聽證會後十一天，也就是川普政府就任兩天後，我的提名以六十六票對三十二票、兩票棄權的結果獲得確認。說實話和堅守憲法原則從不曾讓我失利。我覺得以後也不會。

作為情報委員會的一員，讓我見識到維吉尼亞州蘭利（Langley）總部以及遍布全球、才華洋溢且盡忠職守的中情局團隊。然而上任一陣子之後，我最早得出的一個看法卻是，這個全世界最有能力也最來無影去無蹤的情報單位實在是太不愛冒險了。布瑞南雖然是中情局情報分析員 身，卻公開宣稱：「我們不竊取祕密。」這說的是什麼話？他也不喜歡「間諜」這個詞。我告訴你吧：如果你是地下情報人員，任務是潛入某個中東國家的檔案庫以揭發致命核武計畫，我很肯定那個你要取走資料的國家會認為你是「竊密」的「間諜」。我意識到，如果全世界最精銳的情報單位都怯於使用眾所周知的詞彙來描述我們的工作，那麼整個團隊在一些不會有人知曉的行動上肯定過於保守了。糾正這個毛病對美國至關重要。按照東岸菁英偏好的優雅有序和《昆斯貝利拳擊規則》（Marquess of Queensberry Rules）*來運作，對間諜組織而言太危險了。在邪惡勢力橫行之際膽怯軟弱，無疑是怠乎職守。

問題還不僅止於此。我當上局長的時候，布瑞南剛完成對局裡的大改造，由麥肯錫顧問公司（McKinsey & Co.）主導的改造，對，就是把中國共產黨當客戶，也為某些製藥公司提供銷售建議導致鴉片類止痛藥濫用危機的那家顧問公司。麥肯錫的報告讓布瑞南據以拔掉全球最棒間諜機構的獠牙。為了賺取來自納稅人的巨額費用，麥肯錫在局裡同意之下，花了快兩年時間重新規劃組織架構，以確保召開跨部門會議前一切平安無事。雖然還有一小部分戰略情報局時代那樣的鬥士和冒險家，他們大多被放逐到蘭利總部大樓的地下室去檢討中情局過往的挫敗。我下定決心要讓他們重返外勤崗位。

說到底，布瑞南本人帶頭的這個由上而下的意識型態運動，把民眾焦點和各種資源浪費在錯誤的事情上了。布瑞南已公開承認他曾投票給美國共產黨（Communist Party USA），而身為局長的他實際上是前進運動的一名委員。彩虹識別證帶？有的。每份投影簡報都包含多元共融內容？有的。支持巴勒斯坦恐怖分子？有。將氣候變遷升高為情報搜集的第一要務？有。布瑞南雖是中情局的人，卻是不折不扣的政客。

諷刺的是，他們只因我原是共和黨眾議員，就指控我出任局長太政治化。多元化這一項可要

＊《昆斯貝利拳擊規則》是近代業餘拳擊規範奠基的一套準則，規定拳賽每回合為一分鐘，一回合之間休息一分鐘；若一方倒地，在裁判讀秒至十仍未站起者，視為擊倒。

加上我，因為我希望起用來自各地的卓越人才；我想僱用那個阿帕拉契山來的心靈手巧小夥子，還有那個芝加哥市中心出身、天不怕地不怕的女摔角冠軍。但中情局的大文化早已從內部開始腐化，悖離它的使命，必須要加以整頓。這不是一黨之私的想法。民主黨籍的里昂・潘內塔局長（Leon Panetta）跟我一樣曾擔任眾議員，是中情局有史以來最受愛戴和高效率的局長。他管理中情局有明確的目標，也總是力挺任務超棘手的情報團隊。這才是蘭利七樓中情局局長最要緊的事，我向他請教要怎麼做到高效率。正如潘內塔專心為總統跟國家效力一樣，我也會這麼做。

使中情局轉變，接納風險

總統擔憂我們的敵國已經認為美國不能拿他們如何，而我們的盟友不知道我們要找他們合作什麼事，這點我深有同感。冒險意謂著會有失敗。我努力不懈，確保那些無可避免的失敗歸咎於我，不波及總統。事情出錯時，我可以被炒魷魚，被責難，但不能是他的錯，否則美國就群龍無首了。我們必須培養對風險有更高的容忍度。我明白如果方法對了，美國人民會尊重這種做法。美國人民才剛把總統大位交給了一位保證事情會改頭換面的人。在歐巴馬總統執行了八年「道歉優先」的外交政策之後，美國人民要求「美國優先」，他們授權政府積極任事、毋需歉疚地追逐美國的利益。

首先，我知道中情局裡的愛國同仁需要總統指引方向。在我還是局長提名人的時候，主流媒體的論調是川普討厭情報單位。我知道不是這樣。川普會很愛中情局的祕密行動，他或許不喜歡布瑞南、前國家情報總監詹姆斯・克萊佩（James Clapper）或前聯邦調查局（Federal Bureau of Investigation）局長詹姆斯・柯米（James Comey）——我附議——但他一定超愛在世界各地替美國進行祕密行動的探員。我希望我們的戰士也知道這點。

所以，十二月初某一天，我在川普大樓告訴總統當選人他會很愛中情局，還有他應該在就職日去參訪中情局總部。他很愛這點子，馬上說「敲定了」。我告訴班農，他也覺得這樣很好，然後我告訴掌管總統行程的蒲博思。他不太高興：「你做了什麼？他不能在就職日去蘭利！」很顯然我太失禮了，沒跟內定幕僚長報備就直接問了總統當選人本人。無論如何，我們達成妥協，同意川普總統在星期六上午，也就是就職隔天去蘭利視察。然後我跟局裡講這個計畫，他們很抗拒：「星期六沒人在啊……你怎麼能叫我們來？你還是眾議員心態。」哇啦哇啦的講一大堆。

總統就職前一天，出了個問題。參議員魏登明顯想要以程序問題讓我沒辦法在週五下午宣誓就職中情局局長；那表示，總統星期六去蘭利的時候，我仍不過是堪薩斯眾議員。我把這件事告訴梅洛・朴（Meroë Park），她是中情局的三把手，被安排在星期六代理局長，她說我們必須取消總統視察。我說，「太遲了」，她又說沒辦法要中情局人員在週末來蘭利。我說：「妳可能是對的，但請妳寄封電郵邀請任何想跟總統會晤的人出席。先報名的先贏。」她寄了，結果好幾百位中情局人員報名要來。我就知道川普跟中情局機密部門是天作之合——他們都是即便有風險也不怕大幹一場的性格。星期六的安排對美國和我們團隊都極富成效，總統與高階領導私下會談，對他們說：「麥克是我的人。有什麼需要儘管告訴他。我會替他和你們爭取到的。」

這樣的態度跟歐巴馬近乎對立且嫌惡風險的態度截然不同，歐巴馬透過他的黨羽國安顧問（National Security Advisor）蘇珊・萊斯（Susan Rice）戕害了數十項重要的行動。事實上，人在白宮小辦公室的萊斯，早就成為中情局的影子局長，沒有她首肯，什麼行動也推展不了。她對情報工作的反射性反感在中情局幹員之中衍生出一個動詞，每次提出什麼有風險的事，就有人說：「不行，沒法做的，一定會被『蘇萊』掉。」蘇萊當然就是蘇珊・萊斯，大家別忘記，在她主事期間，兩名中情局幹員在班加西事件中丟了性命，而關於那個悲劇夜晚和美國英雄的事蹟，她卻不斷對美國民眾撒謊。

川普總統在他就職後的第一個星期六踏入中情局大廳，那裡的地板上印有中情局標誌，齊聚一堂的幹員大聲歡呼。他們愛川普。聽到如雷掌聲還看到難以計數的相機，川普總統有點把它當成選舉造勢的場子。媒體抨擊他，說他在中情局的無名烈士牆前面演說，羞辱了這些因公殉職的英雄。如果他真的因此冒犯了他們，那也是我的錯，因為總統的團隊選擇在紀念牆前的地點。但川普和我們從事祕密行動的團隊從一開始就意氣相投，卻是瑕不掩瑜的事實。

總統強調了是我們再次承擔風險的時候了，他致辭說：「我們被束縛住了，未能發揮原本的實力。美國要再次贏得勝利，而你們將在前頭衝鋒陷陣。」他明顯地發號施令，對美國的敵人們宣戰。我的工作就是把他的願景透過數千人的官僚單位轉化成行動。

我深知我需要人幫忙，將這個願景貫徹整個組織。中情局遠比我先前領導的那兩個製造業公司大多了，更別提我以前的坦克班或偵察排。所以我開始尋找肯冒險的合適人選。我第一個僱用的是老朋友布萊恩．布拉陶。以「朋友」形容布萊恩其實不精確，他比較像我的兄弟。我倆初識於一九八二年七月一日，搭同一輛巴士，共赴西點軍校作弄新生的迎新會。他後來在第八十二空降師待了六年。我們在軍校的日子還打過一場拳擊賽。我不會告訴你那時候誰贏了，但我是從親身經驗知道布萊恩不怕出重拳。

我獲提名擔任中情局局長的消息一宣布，布萊恩就打電話來了。除了家人跟兩名幕僚人員之外，我完全沒透露那幾天的事。就像老朋友才會互虧一樣，他劈頭就問：「麥克，有什麼新鮮事啊？」

我向他道歉，解釋這一切發展得太快。他笑著說：「我真替你高興，你會做得很好的。」我回他說：「還沒哩！對你來說有好有壞。好處是，如果我的提名通過了，你可以炫耀說你是下任中情局局長最要好的朋友。壞處是你就得當我的營長。」

布萊恩問我：「中情局有營運官哦？」

「不知道。但我要有一個。而且就是你來當！」

通常對這種胡鬧要求的正確反應是掛斷電話。但是布萊恩停了兩拍，回覆我：「好啦，讓我考慮到中午行嗎？我要思量一下。」幾個鐘頭後，他回電給我說他願意。我叫他準備好在總統就職日上任。

這可不是容易問出口的事。布萊恩有家要養，在德州還有大好工作，必須馬上放棄。然而他卻同意了，甚至不知道會有什麼後果。他全心全意信任我，但這跟他超級愛國有比較大的關係。每次我聽到有人說，沒人比得上最偉大的世代（Greatest Generation，生於大蕭條時代且參加第二次世界大戰的人），我就舉布萊恩為例。我倆當天的對話讓我想起電影《竊盜城》（*The Town*）裡的一段臺詞。班·艾佛列克（Ben Afleck）和傑瑞米·雷納（Jeremy Renner）在片中飾演一對游手好閒的搭檔，艾佛列克飾演的角色對雷納飾演的角色說：「我要你幫忙，但不能告訴你為什麼，事後你不能問，而且這件事還會傷害人。」雷納只是淡淡地回答：「要偷誰的車？」我跟布萊恩就是這樣的關係，不發問，無一絲懷疑，完全明白如果我開口就一定是要緊事。他後來成了中情局超棒的營運長。

我還需要一位副局長，套《聖經》裡的觀念，最好是這個官僚體系裡面的人卻不官僚。我想起先前在眾院的一趟歐洲參訪行程中，見過一名很犀利的幹員，名叫吉娜·哈斯柏（Gina Haspel），她積極進取、富愛國心，而且聰慧過人。一直到今天，我都還會開玩笑說全世界我只怕兩個女人：我老婆蘇珊和吉娜。

我很清楚吉娜的來歷：她在中情局服務三十載，都在從事祕密任務。而且，在局裡陷入刑求逼供爭議的麻煩時，她始終力挺中情局，甚至盡心報效國家拯救美國人的性命，還受到處罰。我想改弦更張，讓局裡的人明白，為美國全心付出不會遭到貶謫，而是會獲得回報。我挑吉娜出任副手意在向內部傳達一個訊息：「我們重返間諜工作了。」我還從吉娜的人生觀和使命感瞭解到，她可說是保守派裡的保守派。我挑副手面試了六個人，她比其他人適合川普政府。我頭一次帶她去拜見總統，總統也很喜歡她。敢於承擔風險的團隊集結起來了。

Chapter 2

從失敗中迅速轉向

「局長，科恩局長必須立即與您通話。」有次我飛往歐洲某國首都，才剛下飛機，以色列情報機構「摩薩德」（Mossad）負責人約西・科恩（Yossi Cohen）就打電話來了。我轉身回到機上，那裡有適合與科恩進行機密對話的通訊設備。

另一端的聲音沉靜嚴肅：「麥克，我們有個小組剛完成一項非常重要的任務，現在要把人撤出來，碰到了一些麻煩。你會幫我嗎？」科恩打電話來，我都會接。他對我也一樣。在我心裡，我們就像班・艾佛列克和傑瑞米・雷納一樣的搭檔。我幫朋友的忙，不問問題，不管風險大小。我手下的人在全球各地迅速行動，聯絡上他的團隊，二十四小時內就將他們引入安全的接頭點，兩天內有史以來最重要的祕密行動之一大功告成，而全世界渾然不覺。來自美、以兩國的小組成員各自平安返家，與家人為伴，並準備再次行動。

這是歐巴馬政府時期永遠不可能聽到的故事，因為不會發生。美國和以色列能夠完成這樣的行動，反映出精算過的風險、緊密的夥伴關係，以及從各式政策失誤迅速轉向的意願。

修補歐巴馬在中東地區的失誤

二〇一七年一月二十三日，我宣誓就任中情局局長，此後提倡精算過的風險，大力拔擢願意承擔風險的人。我也立即開始評估哪些領域必須與過去的惡習一刀兩斷。時間絕對是關鍵。我無法保證能在這份工作上堅持多久，我也知道要在中情局和聯邦官僚機構推動新政策有多艱鉅。一些政策在經過仔細評估後，證明有效，便予以保留，但若收效甚微，我們不得不停損並繼續向前行。

我一再學到教訓，如果做錯決定，不要在糾正前錯的重大決策上畏首畏尾，或陷入無法抉擇的「分析癱瘓」（analysis paralysis）。這是許多企業倒閉的原因——他們浪費時間鑽研問題和避免尷尬，而不是接受沉沒成本（sunk cost）並勇往直前。與此同時，他們的競爭對手日以繼夜迅速行動，搶奪市占。

我想起我喜愛的一支美式足球隊，洛杉磯公羊隊（LA Rams）。二〇一六年選秀時，他們讓名叫賈瑞德．戈夫（Jared Goff）的四分衛成為新科選秀狀元。他相當出色——甚至將公羊隊帶進超級盃，但管理高層判斷，儘管戈夫地位高，而且球隊在他身上既花了大錢又砸下信譽，但他並不是能帶領公羊隊奪冠的人。二〇二一年，球隊做出艱難的決定，將馬修．斯塔福德（Matthew Stafford）升為四分衛，結果公羊隊下一個賽季就捧走超級盃冠軍。

有必要從失敗之中迅速轉向——在這個案例裡是歐巴馬政府的失敗——馬上適用於我們的中東政策。新政府上臺的頭幾天，除了北韓之外，我手上最大的任務就是協助團隊，在歐巴馬政府從中東抽身留下來的權力真空中，重新確立美國的影響力。美國支持二〇一五年《伊朗核協議》，在該地產生連鎖反應，增強了對手的話語權。核協議給以、美帶來重大危險，以色列人覺得美國背叛了他們，而伊朗甚至分不清楚，是該對制裁解除後的經濟成長或者他們的核武幾年後就能獲綠燈放行更感開心。

這還不是全部。伊朗支持的敘利亞獨裁者巴夏爾．阿薩德（Bashar al-Assad）引進俄羅斯打內戰，並對自己的人民使用化學武器，而歐巴馬軟弱未堅守紅線，向美國的敵手發送出不當訊號。半數的敘利亞人不是變成難民，流入土耳其、黎巴嫩、伊拉克和德國，就是在國內流離失所，對歐洲和該地區造成大威脅。伊拉克和葉門成為伊朗的附屬。黎巴嫩也是：伊朗的傀儡民兵真主黨（Hezbollah）已在以色列北部邊境研製和部署數千枚能精準打擊的伊朗飛彈。波灣國家雖然試圖表現得泰然自若，但也被美國支持伊朗嚇到了。他們對美國的信心降到空前低點，處於全面的避險模式。因此，我們的中東戰略有幾個關鍵支柱：制定能反映出基本事實的政策——伊朗是中東最大的麻煩製造者；恢復美國與以色列的關係；並且，建立波灣國家與以色列新的安全夥伴關係。透過這些目標，我們試圖降低伊朗政權和聖戰恐怖分子威脅美國民眾的風險。我們尋求穩定中東，為美企提供新市場並降低能源價格，以便給美國人創造經濟機會。最關鍵的是，新的安全關係將減少不得不在中東血腥沙地冒生命危險執勤的美國駐軍人數。

由於累世仇怨、部落衝突、信仰差異、蠻力權術以及獨裁統治，角力對抗在那裡就像沙子和鷹嘴豆泥球一樣普遍。美國參與中東多場衝突，大部分都代價高昂且執行不力。我們的政府不想讓美國陷入另一場曠日持久的戰事，而我們也做到了。作為中情局局長，我決心積累知識和能力，讓總統毋須增兵就能達成美國的中東安全目標。我們不會重蹈覆轍。

需立即關注的中東任務是對伊斯蘭國（ISIS）建立的哈里發國進行致命打擊，它的前身是蓋達組織（al-Qaeda）在伊拉克的分支。儘管自九一一恐攻事件以來，美國的戰士、外交官和情報機構奮力阻擋，但包括利比亞和巴基斯坦以及其他許多地方，激進伊斯蘭組織依然活躍。歐巴馬二〇一一年自伊拉克撤軍，伊斯蘭國趁虛而入壯大起來。二〇一四年，伊斯蘭國攻城掠地之際，歐巴馬將其貶低為「二軍」（JV team）。他說的話展現出愚昧無知、智力不過關且狂妄自大。

伊斯蘭國絕不是無能的業餘人士，它由經驗豐富的死忠聖戰士（jihadist）組成，到二〇一五年時已經建立一個伊斯蘭政權。其領土面積與英國差不多，在那裡管理學校、課稅並執行伊斯蘭律法（Sharia law）。伊斯蘭國極端分子砍基督徒的頭，強奸非穆斯林女子。波灣地區領導人深怕哈里發擴張到他們境內，或煽動他們的人民造反。

伊斯蘭國也襲擊美國人和歐洲人，他們的成員上網宣傳激進訊息，並協助策劃致命攻擊。多場大屠殺，例如巴黎（二〇一五年殺害一百三十人）、布魯塞爾（二〇一六年殺害三十二人）和奧蘭多（二〇一六年受伊斯蘭國理念啟發的槍擊事件有四十九人喪生）的駭人場景，證明這個恐怖組織有能力煽動並進行襲擊。伊拉克和敘利亞戰區則是招募易受影響且窮途末路的穆斯林男子加入戰鬥行列。

我經常聽到情報人員說，恐怖主義的根源是「幻想破滅的穆斯林」。行，但為什麼心灰意冷的穆斯林會建立龐大的聖戰組織並以宗教之名犯下大規模暴行，而心灰意冷的佛教徒和錫克教徒卻很少這樣做？伊斯蘭極端主義的網絡不乏年輕人加入，為的是聖戰士團體提供的緊密情誼，甚至是穩定的工資。但以伊斯蘭為名實行恐怖主義，動機不是概念模糊的「幻想破滅」，而是激進形式的政治伊斯蘭。

歐巴馬政府最終意識到伊斯蘭國的問題，但採取的措施不足以擊退哈里發。二〇一七年一月，伊斯蘭國仍然掌控伊拉克和敘利亞的大部分地區。川普總統上任後第一個完整工作日就與中情局團隊談及這個問題，他定下新基調：「我們必須擺脫伊斯蘭國。激進的伊斯蘭恐怖主義……必須從地球上徹底根除。」

這幾句話確定了政策走向，迅速與過去的失敗分道揚鑣——起點是川普願意冒險放權，相信為他工作的人能做出正確決定。二〇一七年三月，川普總統授權中情局，我們能讓聖戰組織的領導階層早死早超生，不僅僅是更快地除去伊斯蘭國的殺手。川普主政期間，我個人估計，在政府監督下翦除了包括西非伊斯蘭後衛（Jama'a Nusrat ul-Islam wa al-Muslimin）在內的三十多個蓋達組織和類似聖戰士組織的領導人。這些經過證實的殲滅行動有許多來自我手下團隊的出色工作。

至於美軍，總統知道速度至關重要，下放了更多權力給指揮將領，以便更積極追擊我們在戰場上的敵人。日復一日，美國和全球反制伊斯蘭國聯盟（Global Coalition to Defeat ISIS）的盟友努力奪回伊拉克和敘利亞的土地。在美國持續提供情報、訓練和軍事建議以及空中支援的同時，庫德族（Kurds）戰士在前線戰鬥以保衛他們的家園。靠這個方式，我們和盟友一起輾壓對手。從失敗中迅速轉向的做法成功達陣。

在中情局對抗伊朗

在鐵腕打擊伊斯蘭國的同時，我們也邁出第一步，調整歐巴馬—拜登失敗的綏靖政策，正面對抗伊朗政權。作為中情局局長，我的首要任務是確保我們擁有對付阿亞圖拉及其爪牙所需的工具。

雖然川普總統明示，政權更替不是我們的任務，我也遵循此一指示，但我知道，對政權施壓將大幅增加它崩潰的可能性，伊朗人民將有機會真正管理自己。我在中情局的任務是搜集完整情報，得知什麼事有助於推動那樣的變化，找出如何反制中東地區伊朗代理人，並制定顛覆該政權影響力的方法。

讓我的任務蒙上陰影的是政府內部爭議。川普總統競選時承諾取消歐巴馬二〇一五年簽署的《伊朗核協議》，其正式名稱是《聯合全面行動計畫》（Joint Comprehensive Plan of Action，JCPOA）。遺憾的是，我們沒能儘早迅速掙脫過往的失敗。

總統的國安團隊——國防部長吉姆．馬提斯（James Norman "Jim" Mattis）、國務卿雷克斯．提勒森（Rex Tillerson），以及國安顧問赫伯特．麥馬斯特（H. R. McMaster）——都主張留住核協議。馬提斯和提勒森辯稱，即使核協議不夠好，退出太過冒險了，我們可能陷入戰爭。對我這個中情局局長來說，這聽起來像是民主黨的約翰．凱瑞（John Kerry）、約翰．布瑞南和喬．拜登講的話。

我的本能是絕不讓步。國務院和國防部長久以來習慣「一路把罐子往前踢」（一拖再拖），推遲做出艱難的決定，每次讓一寸，同時誓言下次會有所不同。但 JCPOA 不完善就該退出，不能逆來順受，承諾到時候再退（目標就算存在，也會因為規則不斷改變而無法達成）。我是國會議員時，曾拚命阻止這項協議，現在有了更多情報能理解全貌，我更加確信必須掙脫。

反擊伊朗核威脅的第一步是解散中情局蘭利總部絕大多數支持核協議的分析員，成立一個「伊朗共和國任務中心」（Iranian Republic Mission Center，IRMC）。這支全新的專案小組取名時，特意要與伊斯蘭革命衛隊（Islamic Revolutionary Guard Corps，IRGC）差一個字母。伊斯蘭革命衛隊是伊朗的菁英軍事組織，但野蠻暴虐且腐敗操控伊朗經濟。這也是某種國家黑手黨。我要求中情局優秀老練的中東特務領導ＩＲＭＣ，那傢伙叫做邁克，我知道他每天上工都抱著堅定無畏克服挑戰的決心。

我把挑中邁克的決定告訴副手吉娜時，她提醒我，許多人認為他「混蛋」、「腦殘」、難以共事。我在眾院情報委員會時認識了邁克，我明白她的意思。但我相信他甘冒適當風險對抗伊朗，正是伊朗小組需要的那股勁。布瑞南一直不肯重用他，我覺得不妥且有反效果，而邁克等不及能再有表現的機會。我知道他為美國做過什麼。我已下定決心。

當我和他面談、告訴他專案小組的任務時，他眼睛亮了起來，證實他是能帶領快速修正路線的合適人選。但我也想就我聽到的傳言與他對質，因為他必須組建團隊：「他們告訴我你是個混蛋、腦殘且難以共事。」他笑了笑，給出完美回覆：「局長，我沒那麼難相處。」我當場用了他，而且不曾後悔。我們給專案小組加進老練的特務，他們曾在伊拉克、阿富汗和俄羅斯執行艱難任務。我們找出伊朗政權的弱點，建立起川普總統和未來三軍統帥保護美國所需要的能力。我祈禱工作順利進行。

科恩與我

反擊伊朗的第二步是建立國際合作。其中莫過於美國與以色列及它的情報機構摩薩德曾有過且必須繼續保持的關係。科恩局長是透過層層升遷，登上該機構最高職位。他與我不同，是真正的間諜，精采職涯始於一九八〇年代初。他大無畏、創意十足又深具魅力，當過班傑明・納坦雅胡（Benjamin Netanyahu）總理的國安顧問。我知道他和納坦雅胡的深厚關係很重要。我也知道他渴望會晤：對中情局來說，伊朗政權是眾多問題之一；對摩薩德來說，它是核心問題。

我們第一次見面是二〇一七年二月在耶路撒冷具傳奇色彩的大衛王酒店，那是我擔任中情局局長的首次海外行程。內人能證實，科恩局長很俊——他甚至因為外表俊美被稱為「模特兒間諜」。因此，我走進會議室出席早餐會議時，開玩笑跟他打招呼：「你比我們跟監拍到的照片還好看！」他大笑起來，回答說我似乎比他想像的更聰明。我立刻就知道自己會喜歡和他合作。我們很快以「約西」和「麥克」互稱，而不是「科恩局長」和「龐培歐局長」。

我們擬定一份計畫，透過通力合作為雙方取得出色成果。中情局和摩薩德之間彼此也有些猜疑，優秀的情報機構就是這樣。間諜活動很艱難。即使是最好的朋友也想知道對方在盤算什麼，這可以理解。但約西和我同意，在擊潰伊朗的分工上，我們必須百分之百相輔相成。

那次行程結束之前，我和約西見了他的資深伊朗團隊。他告知他們，我們將進行史上最緊密的合作：不妄自尊大、不藏祕密、全力配合。他說，他將解僱任何不合作的人。然後我們飛回蘭利，他和我站在中情局團隊前，傳達同樣的訊息。雙方的專案小組都很亢奮，因為我們打破官僚主義，讓他們明確理解指揮官的意圖，並開了綠燈讓他們進行真正的間諜活動。我們定下的基調是歡迎承擔風險。大幅重塑歐巴馬政府時期的以美關係很有必要。

幾個月後，約西和我在中情局的一個培訓機構，花了一個週末策劃更多戰略。第一天早上，我們列舉各自推動的伊朗相關計畫，以及願意投入的資源。我們的團隊已經制定出行動藍圖，加以推敲並分配執行是我們的責任。接著在下午進行龐德式的間諜活動：飛車追逐和撞擊，以及發射各式武器。這很有趣，但也叫人慚愧，因為我這輩子都在當坦克指揮官和機械廠執行長，不像約西是有街頭智慧的特務，他在車道和訓練場的表現全面輾壓我。在我自尊心輕微受挫的情形下，我們利用剩餘時間規劃方案。那兩天為四年深富成效的合作奠定了基礎。

信仰深刻也鞏固我們之間的關係。約西和他的妻子艾亞（Aya）是正統派猶太教徒。蘇珊和我則是福音派基督徒——我們的傳統不只是基督教，而是猶太－基督教（Judeo-Christian）。

約西和我都明白以色列在我們各自信仰裡的重要性，以及為什麼這片美好的土地值得為之奮戰。與約西的談話有助於我理解，公開我的信仰並不會毀了我代表美國所做出的努力，反而會加以強化。我們討論了不完美的人生旅程，盼望能榮耀主，對彼此生出敬重。我和約西一塊喝波旁酒、一起抽雪茄的深夜，變得很特別。在我服務川普政府期間，沒遇到比約西更厲害的夥伴；事實證明，世上沒有比約西更好的朋友。

儘管約西和我做的許多工作必須保密，但我可以告訴各位，我們發展出來的模式拯救了無以計數的美國人和以色列人。我們搭起橋梁，促成川普總統與納坦雅胡總理能夠和我們在該地區的盟友及夥伴合作，並且承擔如果少了祕密工作恐怕就無法接受的風險。這和川普政府之前的做法有一百八十度的轉變。

北韓：全力以赴，不惜冒險

北韓是川普政府必須擺脫過往失敗並迅速做出改變的議題。我們打破四分之一世紀以來未能取得任何有意義進展的常規外交戰略，時機並不過早，因為金正恩委員長以核子災難相要脅。一路走來，曲折不斷。

在我擔任局長之前，一九四八年以來統治北韓的金氏政權已經進行過數十次核試爆，並建立愈發精確且遠程的核彈頭運載系統。這使得北韓有了新的信心，能脅迫世界接受其核能力以及它開出的經濟和政治要求。北韓核計畫的國安威脅包括發射核武、不當處理核武釀災，以及在黑市散播材料和技術以換取急需的現金。

北韓有個相當新的年輕領導人，金正恩委員長，他是朝鮮勞動黨總書記兼國務委員會委員長。儘管相對年輕，但他殘酷無情和野心勃勃的程度非比尋常。他父親金正日二〇一一年十二月去世時，時年二十七歲的金正恩能否勝出北韓政權殘酷內鬥姑且不能定論。然而他在幾週內就鞏固了國內權力。這人不是軟柿子。

每當被問及外國領導人有多聰明或多厲害，我會提醒大家，不管哪個國家或怎樣的政府體系，一個人能上位，通常是厲害的演說家、思想家、政治家、戰士或官僚鬥爭的好手。以金正恩來說，他要脅住軍方將領，北韓在他父親去世不到兩個月就舉行閱兵對他表達效忠。二〇一三年，金正恩以叛徒名義處決姑丈。而他同父異母的哥哥金正男，有些西方人士以為會是金正日的接班人，在逃亡五年後於二〇一七年馬來西亞機場遭北韓間諜暗殺。顯然，金正恩已經精通肅清對手以鞏固權力的藝術。他還確保每個人都知道是他做的。

我迫不及待想見到這名有為青年。

由於北韓軍事能力日益增長以及金正恩冷酷無情，和北韓進行核對抗的威脅耗費川普總統大量的時間精力。他專注此事，有一部分是因為歐巴馬總統在閉門會議給的警告，即北韓將發動「首場測試」，川普總統很重視這番話。我很快理解到，我的核武簡報比其他議題更能吸引他的注意力，也極有道理。他經常說，一個坦克師能給美國帶來糟糕的一天，但核武帶來嚴重程度和複雜程度完全不同的風險。

總統和他的國安團隊設下雄心萬丈的目標，即北韓最終要達到全面、可驗證的無核化。我把建立隱密能力視為我的任務，在總統發現外交和常規軍事力量不足時可進行部署。我非常擔心情報圈鬆懈下來，沒努力去瞭解北韓以及整個亞洲地區。我們需要兩樣東西：首先，情蒐和運作，有能力向三軍統帥提供可靠訊息和可行選項。第二，重新分配資源以追蹤中國人——不僅在中國境內，還有他們派員活動的每個國家。經濟制裁北韓的努力能否成功，中國至關重要。利用與北韓的關係當棋子來反制美國的亞洲布局，對他們有切身利益。

我需要一個厲害角色，盯著把二千五百萬北韓人和四名美國人當人質的平壤小惡魔。我四處打聽，發現了最佳人選安迪．金，他是四個月前剛剛退休的北韓王牌。我請他回來，答應由他領導建立大規模行動。我承諾他能直接與我和副局長哈斯柏說上話。當然，這項任務意味安迪不得不延後退休，再次為國效力。我講得口沫橫飛，安迪居然死皮賴臉要求：「你去跟我太太說？」

有了安迪執掌韓國任務中心，中情局一些優秀主管、行動人員和分析師得出能與全世界分享的情報，以支持一項新的外交倡議。北韓在二〇一七年頭幾個月發射了一連串導彈，川普政府決定給他們施加未曾感受過的最沉重政治和經濟壓力，逼北韓上談判桌——我們知道只有美國領頭才做得到。日本只在一定程度上支持施壓，至少私下是如此；南韓則不停地強調要給甜頭，不要棍棒。一切都要靠我們了。

因此，我們扔了舊的遊戲規則，開始對金氏政權鎖緊螺絲。二〇一七年春天起，拜國務卿提勒森組織的外交行動，包括俄羅斯和中國在內，聯合國無異議地同意實施制裁，剝奪北韓從石油、煤炭和海產品出口等獲得的收入。我們也限制北韓沒收海外工人工資的能力。

中情局的工作是提供美國能與其他國家分享的資訊，讓他們知道北韓在做什麼，以及各國需要在哪些地方改進制裁的執行。得知已憔悴不堪的北韓人民會因為制裁活動受到影響，很讓人沮喪，但在平民百姓挨餓的同時，平壤小偷政權的菁英幾乎攫取了所有外部收入來維持奢華生活。如果北韓領導人因為缺少法國灰雁伏特加和寶馬汽車而痛苦，那很好。我們知道，如果給足壓力，北韓的領導人會求饒。這也是衡量習近平是否願意解決北韓問題、與美國在核武禁擴議題上合作的大好機會。我們最終耗費了許多外交精力敦促中國堵住制裁漏洞，並不教人意外。

二〇一七年六月，北韓給了我們更多求成的動力。一個名叫奧托・溫畢爾（Otto Warmbier）的美國青年，在北韓遭囚禁十七個月，送回俄亥俄州家人身邊時已是植物人，不到一週就斷氣了。當我發現北韓竟敢向美國收取奧托的醫療「照護」費時氣壞了。我召集中情局韓國任務中心的主管開會，群情激憤，我們誓言為他復仇。這是他的家人和美國應得的。

與此同時，此事公開升溫。二〇一七年八月，川普總統發表著名聲明，如果北韓繼續威脅美國，將「遭世上不曾見識過的烈焰與怒火回敬」。北韓揚言考慮攻擊美國領土關島，以回應「烈焰與怒火」的說法。那週稍晚，川普再加碼：「（金正恩）如果在關島輕舉妄動，那是前所未有的，北韓也會有事發生。」

一個月後，總統在聯合國大會發表精采演講，繼續強悍批判：「火箭人在執行自殺任務，危及了他自己和他的政權。」他在演講臺上表示。簡潔、明確、實際，不是好戰。第二週，總統去了阿拉巴馬州亨次維（Huntsville），重申他的立場：「我們不能讓瘋子到處射火箭。」金正恩二〇一八年元旦講話時回應：「整個美國都在我們的核武射程之內，我桌上一直有個核按鈕。這是現實，不是威脅。」這是實打實的威脅，而總統對於被公開威脅一點也不開心。就像黑夜跟隨白天，他在推特貼文反擊：「北韓領導人金正恩剛剛宣稱，『他桌上一直有核按鈕』。麻煩那個資源匱乏、忍飢挨餓的國家有誰來告訴他，我也有核按鈕，比他的大得多、威力也強得多，而且我這顆按鈕是管用的！」

儘管國務卿提勒森敦促保持冷靜，但我認為對金正恩煽動性言論還以顏色的策略非常英明。沒有其他政府做過。我們能看到北韓高階領導人對此大感訝異，它確實起到讓金正恩安靜下來的作用——在聯合國大會之後的幾個月，北韓僅進行了一次飛彈試射。我們的發言也不僅僅衝著金正恩。習近平、阿亞圖拉和普丁也必須知道，美國重回戰局，願意承擔風險。借用我最喜歡的電影《守護者》（*Watchmen*）的一句臺詞，就是我們要傳達的訊息：「不是我被困住和你們關在一起，是你們被困住和我關在一起。」

但在口頭交鋒之際，我們也為談判敞開了大門。總統永遠願意為國家利益打破常規，他對親自會晤金正恩抱持開放態度，這是美國總統從沒做過的事。國安團隊有些成員不贊成，擔心高級別外交接觸會讓一個流氓政權合法化。但全世界都知道金正恩是一隻饞血的蟾蜍。如果給一點「合法性」能降低核攻擊或核事故的可能性，那麼這個風險是值得的。我相信大多數美國人有一樣的看法。

民主黨和外交政策機構自稱菁英者，也酸言酸語，覺得總統和他火力四射的推文沒什麼外交手腕。川普總統和我經常讀到這些批評，並笑話批評我們的國安菁英，有許多正是最初沒搞好外交而讓北韓發展出核計畫的那群人。比方說曾經是小布希政府（George W. Bush）國務院政策規劃主任、如今擔任外交關係協會（Council on Foreign Relations）主席的理查・哈斯（Richard Haass）。小布希政府與北韓的「六方會談」（Six-Party Talks）沒有取得任何成果，但那也沒有阻止哈斯（雖然我不認同他的外交政策，但還是很欣賞他）貶低我們的努力，他不屑表示：「效率不是我想到的詞彙。」然而，連續三任政府都採用他偏好的由中階外交官進行無休止談判的方式，卻讓北韓的威脅像野草一樣生長。現在是時候擺脫過去的失敗了。如果因外交不走正統路線而橫遭指責，是我們試圖為美國人民獲致成果必須揹負的十字架，那就這樣吧。我隨時受教，那比可敬的平庸好。

二〇一七年將近年底，有一天，橢圓辦公室的簡報結束後，總統要求我單獨留下來，問我，「我們有辦法和北韓溝通嗎？」他在問有沒有管道可以傳訊給金正恩？我說有。他說：「好，打電話說你想去見他們。」

我發出訊息並等候回覆。幾週後，我通知川普總統，北韓考慮讓我到訪，但提出幾個前提條件：只帶一個小團隊，到訪完全保密，並提前說我們要談什麼。我們滿足了前兩個要求，沒滿足第三個，基本上只回應「你們會喜歡我們的構想」。

此一任務的行政作業異常複雜。國務院在北韓沒有派駐人員，無法為此做準備，一旦到了當地，我們就必須聽從北韓的安排。倒不是我們想尋求國務院協助。這是機密任務，不能洩露給媒體，而內閣成員出行不被報導並不容易。因此，安迪和我很早就決定，除了出發前幾天向國安顧問麥馬斯特做簡報外，瞞著國安團隊的其他成員。我告訴川普總統我們打算怎麼做，但問他是否該讓國務卿提勒森知道這次行程。他反問「為什麼要告訴雷克斯？他能做什麼？他已經搞砸了溫畢爾的事。」直至我起飛之前都尊重他的指示，因為我確信提勒森和他的好兄弟馬提斯可能已經知道了。畢竟是馬提斯的部門為我的團隊安排飛機，讓我能去平壤。

隨著後勤計畫完成，我們把日期訂在二〇一八年的復活節週末，我在那個冬天和初春花了很多時間建立談判策略。安迪提供有關金正恩以及過往談判功敗垂成的所有資訊，我來者不拒。我們知道，金氏政權將近七十年都在合理化極權統治、全球孤立和大規模貧困，金正恩會需要可信的理由向軍方高層推銷大規模變革，那些人堅信核武是政權生存的必要條件。

當南韓代表團在二〇一八年三月訪問白宮，向川普總統傳遞金正恩想與他會晤的消息，我意識到自己很快就要踏上北韓土地，而我能否訪問成功，將是實現這場峰會的第一步。不要有壓力喔。

終於，大日子到了。我在耶穌受難日一早起飛，我們開玩笑說「第三天就能回來」。這是第一次，但不是最後一次，耶穌基督的死亡和復活將為行動提供掩護。我離開前最後一次面見川普總統，我提醒他這是一次非常機密的行程，留意啊。他預言消息會像其他事情一樣洩露出去。但令我非常驚訝的是，這是我四年間親自參與但沒被媒體報導的極少數任務之一。

我轉身走出橢圓辦公室時，川普總統又問了我一件事。

「你和丹尼斯．羅德曼（Dennis Rodman）聊過金正恩嗎？」

我回頭看他，兩個人都笑了。我說我沒有，但我為此次任務做了充分準備。他說：「噢，你該打電話給他！他喜歡我，而他很瞭解金委員長！」川普當然認識這位前美國職籃明星，他們一起上過實境秀節目《誰是接班人》（*The Apprentice*），而羅德曼曾多次造訪北韓推廣籃球。我把和羅德曼交流的指令當命令，開始往外走。就在我要步出房間時，總統喊：「一定要中午之前打！他通常在那之後就醉了或茫了。」

很遺憾我離開之前都聯繫不上羅德曼先生。

但事實證明他和金委員長相處的時間比任何其他美國人都多，在我們搜集的有關金委員長的資訊中，他提供了最多細節，包括對金正恩個性的觀察。另外，在此做個備注，總有一天我要公開表演，模仿川普總統模仿羅德曼模仿金委員長的模樣。沒錯，這事真的發生過。

在川普執政期間的某個時點，我超過「小蟲」羅德曼，成為與金委員長相處時間最久的美國紀錄保持人。從小愛打籃球的我一直夢想能夠打破美國職籃巨星的紀錄，儘管這和我的想像不完全相同。

與獨裁者對話

搭乘長途飛機跨越太平洋後，我在平壤與金正恩委員長面對面。我們談了好幾個小時，每隔四十五分鐘左右就被打斷，因為獨裁者要接一通「重要電話」，那其實是萬寶路牛仔（Marlboro Man）打來的——金正恩有嚴重菸癮。

金正恩一開始就說，他完全知道我為什麼去。他說他打算讓北韓的重心轉向經濟發展和人民福祉，超越軍事開支。有史以來第一次，北韓領導人試圖讓北韓較能自給自足。他還想讓我知道，金英哲是他和美國會談的聯絡人，北韓外交部不參與討論。顯然全球各地的外交官都不被自己的領導人信任，不只是美國。

金正恩說，他研究過我，推斷川普總統選我做中情局局長是因為我強韌、忠心、粗暴。我不會打消他的看法，希望這種觀念能在未來的談判提供優勢。我與他分享了川普總統給我的任務，要消除北韓大規模殺傷性武器，包括鈾濃縮和鈽加工，並在南北韓之間建立更廣泛的和平。我明確表示，當這些行動完成，我們將解除對北韓的經濟鎖喉，並且努力讓日本和南韓進行大規模投資。金正恩對川普極為好奇，跟我說他相信川普是第一位北韓能信任的美國總統。我說，川普總統和我都是和平使者，金正恩有短暫機會可以改變歷史進程。

這次會面有很大一部分需要我這輩子最賣力的推銷表現。安迪和我知道，金正恩必須相信北韓有另一種也將他的利益考慮在內的願景。除非金正恩委員長相信三件事，否則不會有完全的無核化：

首先，他必須相信，北韓從核武國家戲劇性轉型為無核國家，他還能存活得下來；伊拉克的薩達姆．海珊（Saddam Hussein）和利比亞的穆安瑪爾．格達費（Muammar Gaddhafi）等獨裁者都沒能做到。第二，他必須要能向軍方將領保證，無核的北韓能夠繁榮昌盛，高層腐敗得以繼續。在這一點，我向金正恩描述引進投資用於他的夢想計畫，比如在元山興建美麗的國際旅遊度假村。有點幽默的是，金委員長一度告訴我，他喜歡上好的雪茄；我提醒他，如果我們完成協議，我會在邁阿密最漂亮的海灘接待他，抽世上最好的古巴雪茄。他告訴我，「我跟卡斯楚家族已經打好關係」。當然了，這還用說。

第三點保證涉及到中國。金正恩需要保護，而我低估這對他的重要性。中國過去統治朝鮮半島，深入北韓人心，時至今日，在一千四百二十公里長的有爭議邊界，中國仍維持相當規模的軍力。我們討論時，金正恩提出美國與南韓舉行例行聯合軍演的問題。我暗諷他在意這些演習有點虛偽，因為他的戰機和火箭幾分鐘或甚至幾秒鐘內，就能將南韓首爾夷為平地，那裡有一千萬人口，距離非軍事區僅幾十公里。我還告訴他，中國共產黨一直告訴美國，美軍撤離南韓會讓金委員長很高興。聽了這話，金正恩大笑拍桌，說中國扯謊。他說他需要美軍駐南韓，保護他不受中共干涉，中共則想要美國撤軍，以便像對待西藏和新疆一樣對待朝鮮半島。政策制定者注意了：擴充美國在朝鮮半島的飛彈和地面能力，根本不妨礙北韓人。

最後，金委員長對我做了三項承諾。他承諾徹底放棄核武，說那是龐大的經濟負擔，使他的國家在世上成為異類。他還承諾暫停核武和飛彈發展計畫。他同時承諾與川普總統會晤。我們商定，等雙方團隊就兩位領導人見面的可能性交換下一步措施後，我會再來。我最後提醒他，溫畢爾的死仍是我和美國民眾心頭的刺，而他還在扣留美國人質，這讓川普總統很難安排峰會。金正恩沒回應，只做手勢指了門。走時，他告訴我，他喜歡海灘，我應該「參觀北韓的美麗海灘」。我告訴他，我在加州杭廷頓海灘長大，等時機合適我很樂意去。

見過金委員長之後，金英哲堅持我們在平壤多待一會兒。我已經完成此行目的，想給這位顯擺自己的老將軍一個下馬威，我要求立即走人。這明顯讓他縮了回去。他走開時，掏出手機，但只能雙手顫抖地盯著它。他的一名助理不得不走近為他撥電話。在那一刻，我告訴安迪，北韓的軍事能力可能被高估了，它的高階將領在壓力下甚至無法操作自己的手機。安迪笑了。

那天，我離開平壤時，幾乎在所有目標上都取得進展。迅速從過往失敗的外交策略轉向，讓美國人更安全。我們的冒險得到回報。

奇怪的是，金正恩給我臨別贈言時說，這一天「希望是我最後一次見到美國中情局局長」。我不確定他指的是我本人，還是希望下次再見時我已經換了工作。無論如何，我確實認為這很可能是我以現職身分見到他的最後一次。畢竟，川普總統剛剛邀我擔任他的國務卿。

Chapter 3

「這世界卑鄙齷齪」

「週一，你必須入座。沒有你，總統不肯聽簡報。」我擔任中情局局長才幾天，班農二度打電話，要求我出席總統的每日情資簡報。第一次，我拒絕他：「史蒂芬，我還在學著上手。我會確保給他做簡報的團隊很厲害。」

但這一次，我知道我必須露面——而如果不是習慣了出席簡報，我說不定當不上國務卿。在新政府剛上臺的頭一年，我和總統相處的時間可能比其他內閣成員都要多。

不管是出於對中情局的不信任，或是對我的信任，總統顯然想要他的中情局局長代言情報圈專為他開發出來的產品。所以，大多數工作日，我都會從維吉尼亞州跨越波托馬克河（Potomac River），向總統提交中情局的調查結果和行動建議。我們的對話開放不受限，重點是美國優先，同時深受我倆都認知的現實影響：外頭的世界卑鄙又齷齪。

我並非單獨做簡報。兩位能力優秀的專業情報官員承擔了最沉重的任務。和藹可親的美國國家情報總監丹．柯茨（Dan Coats）也經常加入。其他聽簡報的高階幕僚時有變動，但幾乎都有國安顧問，副總統彭斯和總統的幕僚長也經常在。

我們很少帶來好消息。大多數時候，我們都在決定優先報告哪些壞消息。柯茨總監和我指示團隊以「每日新聞」開場。然後，我們會根據即將發生的事，例如有某位世界領導人來訪，呈報總統應該知悉的資料。接著，我們會針對長期議題提供更深入的情資，從而為應對重大挑戰做出艱難的決定。

有一天早上，總統要求我留下來。那天，我們剛簡報過，有個流氓國家想切斷另一個國家的糧食供應。這讓他心情沉重。他明白，正如工地的每個包商都會保護自己的利益，美國也必須捍衛我們自己的權益，不受到盼望美國衰 的國家影響，例如中國和伊朗。

他搖了搖頭說：「麥克，外頭的世界很卑鄙齷齪。」

★ ★ ★

我成年後一直都知道這世界陰險又醜陋。一九八三年十月二十三日星期天，我在美國軍事學院（US Military Academy，即西點軍校）讀大二，現實第一次教會我感受傷痛。新聞故事在哈德遜河上似乎刮起一陣寒風：黎巴嫩貝魯特美國兵營遭到恐怖襲擊，海軍陸戰隊員死傷數百人。這些人有很多可能與我同齡，有些還更年輕。身為畢業後將佩掛少尉軍階的軍校生，我預計會派駐到危險地區。有一天，這會是我的命運嗎？

這件事也使我心理浮現出許多遠比我自身福祉更重要的問題。

誰會這樣對付美軍官兵？他們的動機為何？

美國在世上扮演何種角色，以致於有必要讓美軍置身危險境地？派駐貝魯特？有多少美國人知道貝魯特在哪裡？

要付出什麼樣的代價才能保證美國人的安全？

我們很快得知，幹下那次爆炸案的是伊朗支持的恐怖組織真主黨的前身，二百四十一名美軍因此喪生，另有一百二十八人受傷。我從未忘記伊朗人殺害美軍的那一刻，以及這一切對於美國和派遣美軍的意義。

時間往前快轉到一九八六年，我已經畢業，被派駐在西德。在一個叫做巴德伯內克（Bad Berneck）的地方，某個凍到不行的夜裡，電話在凌晨三點四十五分響了。那頭的聲音告訴我，蘇聯即將大舉進軍歐洲。我抓起裝備，快跑鑽進我的綠色二手車，那是一輛士兵間轉售的一九七四年BMW5系列，我踩滿油門往總部急駛而去。

開車時，我的心思轉得比時速表還快。

這一定是一場演習吧？

我們準備好了嗎？

一到那裡，我和單位會合：陸軍第二裝甲騎兵團第一中隊B連第二排。我到達定點時，發現這只是一場演習——到處都是評鑑人員——但我們認真演練：在調車場集合、在快速反應待命地點整軍、給坦克和布雷德利（Bradley）戰車裝填彈藥、就初始戰鬥位置。這是我作為小分隊隊長經常進行的演習。我們的任務是在當時稱為東德和捷克的邊境地區進行偵察巡邏。執勤時，我們透過鐵幕看到東德狼犬、邊防警衛，以及米格-24雌鹿武裝直升機（Mi-24 Hind）掩護他們的戰友。

一九八九年十月，柏林圍牆倒塌的前幾週，我換防離開。一起在德國服役的同僚傑夫・布巴（Jeff Boobar）少尉在圍牆塌下後對我說：「麥克，你該多待幾個星期。我們過去封鎖的道路現在門戶大開，我們當交警為成千上萬輛的衛星（Trabants）*指揮交通。」停頓了一下，他不假思索地說：「麥克，這些車都駛向同一個方向，奔往自由！」

貝魯特恐怖襲擊和我駐紮德國服役期間，軍伍生活讓我深刻理解，美國的敵手老想傷害我們，程度輕重不計。幸好我那時的三軍統帥雷根總統也明白這一點。他在冷戰時期強化軍備，讓我們的訓練和備戰都不缺彈藥燃料；如果那些共黨混球膽敢穿越德國平原，就把他們碾成渣。總統稱讚美國是自由和良善的堡壘，我鼓掌叫好，同時執行粉碎極權主義蘇聯的任務。他在一九六四年談及美國所說的話常常縈繞在我心頭：「如果這裡失去自由，我們無處可逃。這是最後一片淨土。」

建國先烈是對的：世道艱難

美國建國先烈也影響了我評估威脅的方式。我仍然留著軍校時期讀的《聯邦論》（*The Federalist Papers*）。因為經常翻閱，書頁有折角捲邊，而且發黃了。這本在一七八七至一七八八年間為鼓吹《美國憲法》獲批准生效而出版的論證集，使我對自己的美國觀和世界觀更具自信。建國先烈知道這個世界是殘酷的，歸根結柢並不是因為特定的意識形態或政策——儘管有些政策比其他政策糟得多——而是因為人性。他們的看法很大程度根植於猶太－基督教的世界觀，承認人類墮落作惡：《羅馬書》（Romans）第三章二十三節說，「因為世人都犯了罪，虧缺了神的榮耀。」在《聯

*「衛星」是東德製的一款簡陋小汽車。

邦論》第六篇，舉例而言，亞歷山大．漢密爾頓（Alexander Hamilton）說，「人皆有野心、會懷恨、強取好奪」；他不是針對特定族群，例如微軟國家廣播公司（MSNBC）的編輯部，他是在說全人類。這是美國實驗的偉大之處，建國先烈創建出一個政府體系，防範權力集中於一人並用於邪惡目的。

但是，先烈也相信，人類有與生俱來的尊嚴，以及上帝賦予的不可剝奪的權利，其中包括《獨立宣言》描述的「生命、自由和追求幸福」的權利。正如曾任國務卿的湯瑪斯．傑佛遜（Thomas Jefferson）形容的，「全能的上帝創造自由的心靈」。因此，先烈讓政府進行一項大膽實驗，提供公民前所未有的自由，至今還在順利推動。但全然不受約束的自由容易形成無政府狀態和不公不義——警察預算被削減時，可以看到犯罪率扶搖直上——先烈也知道有些法律制度必不可少。如同憲法之父詹姆斯．麥迪遜（James Madison）在《聯邦論》第五十一篇的總結：「假使人都是天使，也就不需要政府了。」

人非天使，其中還有一些是魔鬼。我領導中情局時認清了這個現實。日復一日，我詳閱世上最機密的情報，那能證實地球很是混亂，充滿邪惡狂徒。最用心良苦或執行良好的政策也不能感化或消除人的本性。以為人性本善，注定要失敗，尤其是面對那些有非人道和侵略紀錄的專制領導人時。民主領導人和其盟友用於處理狀況的計較和做法，對無賴政權和恐怖分子起不了作用。因此，進步主義以為，多商談、多寬容、多讓步、聯合國開展更多專案、美國少在世界各地出現，戰爭就能消停，和諧就會出現，根本太天真。那反而讓惡人有機可乘，例如金正恩、習近平和普丁。

我很驕傲地說，川普政府務實面對世界，不以理想主義行事。我們知道保護美國人很少有簡單容易的選擇。我想起川普總統第一次海外出訪，是赴沙烏地阿拉伯的戰略訪問，部分用意在於鞏固穆斯林國家對我們反恐努力的支持。左派媒體強力抨擊總統與沙烏地阿拉伯國王沙爾曼（Salman bin Abdulaziz Al Saud）以及埃及總統塞西（Abdel Fattah El-Sisi）合影，因為他們的過往紀錄與美國的價值觀格格不入。但我們知道，和這些反恐戰士合作以保護美國人民的生命，重要性大於討人厭的華府政治術語「觀感」；在卑鄙齷齪的世界，會做出這樣的權衡，道理很簡單。總統指出，美國如今會「根據現實世界會有的後果做出決定，而非僵化的意識形態」，他告訴美國的中東夥伴，「如果要打敗恐怖主義，使其邪惡意識形態灰飛煙滅，穆斯林國家必須扛起責任」。

「你會是下一任國務卿」

整個二〇一七年，我繼續向川普總統做簡報，評估美國面臨的威脅和機會。他和我在北韓及伊朗等議題上的看法一致——不能讓獨裁者不勞而獲。我們也就粉碎伊斯蘭國的重要性達成共識。關於這個世界和情報運作，總統提出令人深省的問題。如果我有足夠好的理由，他就會一直提供我要求的資源。而且我們都愛喝健怡可樂。

從一開始，我就挺能讀得懂總統。前司法部長威廉．巴爾（William "Bill" Barr）在他的書中聲稱，每當川普總統對我或房間裡的某個人生氣，我就會提起「俄羅斯騙局」來轉移他的注意力。關於我和總統的互動，他說的並不正確。我只是靠經驗，知道該在何時以及該如何引導話題，以幫助總統和我們團隊獲致圓滿結果。

二〇一七年初的某天，例行簡報過後，我與川普總統單獨在橢圓辦公室。

「麥克，我的本事就是摸清楚別人的副業。但我想不透你的。」

我不確定他是什麼意思。「總統先生，我不認為我有副業。」

「每個人都有，我知道他們每個人的。但我搞不清楚你的。」

我微笑，不知道這是好是壞。我告訴他真相：「沒搞副業。我不過是個辛勤工作的美國人。」

他笑了。

鑒於他的圈子裡有很多人想搭順風車成就自己，我說我全是為了美國，他一定認為不太真誠。但這是實話。我沒想過有幸能在政府最高層級任職，所以從沒把這份工作視為理所當然，也不認為自己是任務成功的不可或缺因素。我們能夠告捷，在下的作用遠遠不如篤信美國例外主義（American exceptionalism）以及我們的猶太－基督教傳承。

國務卿雷克斯．提勒森和川普總統不合拍。我覺得雷克斯正派聰明，是嫻熟的外交官。但他不接受總統的風格和領導。他始終和馬提斯部長同一陣線，想挽救《伊朗核協議》，拒絕上媒體為我們的政策辯護。二〇一七年夏天，在一場氣氛緊繃的戰略會議後，據報這位自負的德州人一怒之下罵總統「他媽的白痴」，成為壓死駱駝的最後一根稻草。「白痴」事件爆發兩天後，我在《紐約》（*New York*）雜誌二〇一七年十月六日刊出的專欄，第一次讀到有關國務卿龐培歐的謠言。我以為那只是八卦，大家胡謅——華府經常有這種事。但竊竊私語聲似乎愈來愈大。幾週後，副國家安全顧問迪娜・鮑爾（Dina Powell）告訴我：「老闆受不了雷克斯，大勢已定。你會是下一任國務卿。」

我通常會忽略這件事，保持低調並竭盡所能管理中情局。當上局長是難以置信的殊榮。我已經建立了一個很不錯的團隊，而且正努力使它更加卓越，目標是打造成有史以來最棒的團隊。我喜歡來這裡工作，殲滅恐怖分子，讓美國的敵人日子難過。我這個人很簡單。

二〇一八年二月初，幕僚長約翰・凱利（John Kelly）告訴我，川普總統正考慮讓我當國務卿。他給我那種「聽起來一定很棒，但你也許要先想清楚再接」的表情，這使我猶豫了。凱利是個嚴肅的人，我慢慢發現他的好，到現在都還很喜歡他。沒記錯的話，我第一次見到他是在二〇一四年德國慕尼黑一場安全會議上。他穿著海軍陸戰隊制服站在吧檯那邊。時任眾議員的湯姆・科頓（Tom Cotton）和我決定上前跟這位我們沒見過面的將軍打招呼。凱利很有才幹，對於一個在波士頓布萊頓區（Brighton）長大的人來說，也很幽默。我們花了半小時解釋兩名眾議院資淺議員將如何改變世界，而他不過是簡單描述了自己的服役時間，就讓我們知道他已經做到了。誰想得到幾年後，他會告訴我，我可能成為美利堅合眾國的下一任國務卿？

我尊重他的判斷，想聽從他的警告。中情局局長能安靜工作，而在國務院，花在處理媒體追逐的時間高出很多。在那裡，應付記者是日常工作。我不會喜歡。

兩天後，總統要求我做完簡報留在橢圓辦公室。他說他正考慮開除提勒森，問我願不願意接替他。我給出了幾十年來被要求效力時會有的答案：「這會是一種榮幸，總統先生。」川普總統說，我會表現得很好，我該開始思考由誰取代我在中情局的工作。

考量中情局長人選時，川普總統問及蓋瑞・科恩（Gary Cohn），他是前高盛集團總裁和營運長，當時帶領白宮經濟團隊。我已經建議拔擢我的副手吉娜・哈斯柏，便再次推薦她，並補充說，我認為湯姆・柯頓（Tom Cotton）──現為阿肯色州參議員──也會很出色。我想總統已經厭倦在媒體上讀到高盛校友執掌白宮的報導，因為他回應說：「太多高盛人了。吉娜有膽量。就這樣吧。」

二〇一八年三月九日，總統打電話告訴我，他正「扣動扳機」解僱此刻出訪非洲的提勒森。他說：「我的麥克啊，大部分的人都說我該等他從非洲回來。我說，去他媽的。」不久之後，三月十三日，一條推文出現了：「中央情報局局長龐培歐將是我們的新任國務卿。他會做得非常出色！感謝提勒森的服務！哈斯柏將成為新任中情局局長，也是首位女性局長。恭喜所有的人！」

我沒想過能成為國務卿。我並未刻意爭取，只是盡所能地做好當前工作。至今，我仍然抱持與高中時贏得31冰淇淋公司每月優秀員工的相同理念：認真工作；說實話；堅持信仰。如果你能出色地完成每一項任務，誠正行事，跌宕起伏都信任上帝，幾乎肯定會有好事降臨。

候任聽證過程艱辛

在成為國務卿之前，我對政策的想法並不特別重要，我是「只提供事實」的情報主管。但現在，身為國務院主事者，我將處於政策制定中心，為總統效力。總統不僅給我升職，又寫了一則推文公開表揚我：「麥克・龐培歐很出色。他在西點軍校是全班第一名，在哈佛法學院也名列前茅。無論做什麼都很成功。我們需要參議院儘快核准麥克的任命。他將是很棒的國務卿！」

總統的信任很重要，但不單單是為了動員通過任命案；參議員各有自己的政治立場，這將決定他們如何投票。此事極端重要，是因為世界各地的領導人會看到，我將作為總統的首席外交官，代表他和美國。國務院的團隊也看著，還有川普外交政策圈的其他人。我知道人生沒有什麼事是永恒的，尤其是在華府的狂亂世界。但在那一刻，我有了「影響力」。而且，我知道我必須日日努力以贏得它。在這個卑鄙齷齪的世界，能代表總統發言，將是我維護我所愛的美國最重要的資產之一。

值得稱道的是，提勒森國務卿在過渡期表現得很親切，而且很有幫助。他和我都知道，國務院的職業外交官視他為戰利品，他們之中有許多人也巴不得我失敗。他還知道，我學會在川普底下工作，有更大的機會能成功。媒體把提勒森逼得心煩意亂，他擔任埃克森美孚（ExxonMobil）執行長時並不需要面對這些。此刻，我想起過去在德國有位連長給我上過精采的一課：「少尉，務必接手最差勁的一個排。你肯定能看起來像天才。」國務院差不多是最差的一排，所以如果想出辦法，用相對而非絕對的績效標準來評量，我應該沒事。

我也很感謝所有在世的共和黨和民主黨籍國務卿，與我分享智慧。我有些意外前國務卿希拉蕊・柯林頓接聽我的電話。她上次與我交談是二〇一五年班加西事件聽證會期間，因為利比亞伊斯蘭武裝分子蓄意向美國人行凶，我們對歐巴馬政府的行動——或是缺乏行動——起了意見衝突。我以被提名人的身分致電是一次友好得多的交流。我敬重她願意分享經驗。現在回想起來，她願意幫我著實令人驚訝，因為我們都知道，她是俄羅斯騙局的中心，她的競選團隊委託的調查報告「史蒂爾檔案」（Steele dossier）謊話連篇，而她親自批准爆料未核實資訊，指稱一家俄羅斯銀行和川普集團（Trump Organization）暗通款曲。

我和前國務卿的交流，最重要的是吉姆・貝克（James “Jim” Baker），他曾在老布希（George H. W. Bush）手下任職。他希望見面談，我說我去找他，他說，「不，你比較忙」。他來到我在蘭利的辦公室，提出三點寶貴意見。首先，他告訴我：「國務卿與總統的關係必須無縫——無論是在外頭，還是總統圈子的其他人眼裡。如果被察覺到你倆不一致，你很難為總統辦事。」他提醒我，他做了老布希總統一個女兒的教父，這很有好處。至於我要如何與川普總統複製這種關係，他開玩笑說，「你自個兒想辦法」。

貝克接著談第二點：「國務院主要是執行機構，不創建或制定外交政策，它依總統的指示辦事。」他指涉的是一般官員，對於提供總統建議，我顯然還是有一些發言權。這在理論上聽起來很好，但我相信，在實務上，一萬多名外交官員裡極少人會同意這個看法！最後，他敦促我：「珍惜每一分鐘。你有很大的權力。善加利用——為了你的團隊、為了川普總統，也為了美國。」

不是每個人都像貝克國務卿那樣希望看到我當國務卿。我不得不再次闖關參議院確認過程，這比十五個月前第一次確認任命要難得多。參議院外交關係委員會的民主黨人想方設法打擊我。左派參議員鮑勃・梅南德茲（Bob Menendez）的砲火尤其猛烈，但若不是腐敗案的陪審團沒辦法達成一致看法，他早已下獄——明明有證據，這個結局真是不可思議。我猜他們沒被我的開場聲明打動，其中提及我很愛黃金獵犬、百老匯音樂劇，以及我父親包肉丸子的祕方——多加麵包粉，並在熬煮時倒入大量伏特加。

聽證會是我人生最重要的時刻之一，但全世界都不知道我那天有多努力要保持專注。就在聽證會開始前，我得知在阿富汗的一場行動，恐怖分子朝中情局一名幹員的頭部開槍。這位英雄當時正被醫療後送到德國蘭斯坦空軍基地（Ramstein Air Base）。

他的預後不確定。我想到了他的妻兒，以及手下團隊為了抵禦這個艱難世道的風暴，每天要面臨的風險。在有空調的參議院聽證室裡回答問題，旁聽席上有眾多隨行人員和保全護衛，突然矛盾地感覺既微不足道又十萬火急。我們的外交政策不能出錯，以便減少美國人——包括已在阿富汗服役很久的那些人——被置於危險境地。

我還必須熬過來自黨內同志的抨擊。參議員蘭德·保羅（Rand Paul）認為川普總統和他一樣傾向孤立主義，所以每個月偶數週末會一起打高爾夫。與此同時，眾所周知的鷹派參議員林德希·格拉漢姆（Lindsey Graham）在奇數週末打高爾夫，從而為川普總統提供全方位的外交政策觀點。有些人揣測，我需要保羅參議員的同意票以獲得確認。總統說，他可以打電話，請他在委員會投票支持我，這是送交全院投票的必要步驟。總統致電時我也在，他告訴保羅：「你必須投票給龐培歐。他當國務卿會比你當總統候選人厲害。」不得了。保羅最後改變心意，在委員會中投票給我。

媒體當然也想看到我倒下。我現在笑話當時的許多頭條，四年多後被證明大錯特錯。《紐約客》（*New Yorker*）擔心，「隨龐培歐入主國務院，超級鷹派贏了嗎？」同樣地，《金融時報》（*Financial*

Times）宣稱，「政權更迭使美國外交政策鷹派崛起」。但在我擔任國務卿期間，沒有新的戰爭開打。而且，我們離開時，裁減阿富汗駐軍到二千五百人。這算鷹派嗎？

我任職的四年間，關於我和手下團隊，政治新聞媒體《政客》（*Politico*）主跑國務院的娜哈·圖西（Nahal Toosi）是助長錯誤論述的記者之一。她體現了許多記者面對工作的懶散思維和黨派意識。容我剖析她對我的候任聽證會的一些報導：

> 被問及川普與龐培歐以及國家情報總監柯茨私下開會，據傳川普那時抱怨競選團隊遭調查與俄羅斯有否勾結，但龐培歐不肯提供和總統閉門會的細節。
>
> 龐培歐對梅南德茲說：「我不記得他那天確切問了什麼事。」但他補充表示，川普「從未要求我做不當之事」。批評人士立即抨擊此一矛盾及其一再拒絕分享細節。

首先，這很可能是批評者的質疑；但加上後面那句，就是打著「平衡雙方報導」的幌子注入偏見。加入反論述，卻沒有記錄任何一位批評人士的名字。讀到這篇文章的人要小心，新聞報導現在常以「批評人士說……」來表達社論立場。這樣寫只是為記者打掩護，躲避不中立的指責。

對於我「不肯分享細節」，也存在偏見。圖西將此歸結為壞事。當然，她是一名記者，想從私密談話挖出醜聞，看我駁斥總統。她有沒有想過，拒絕分享與美國領導人的私密談話，比起以新聞透明度名義張口就來，其實對美國的憲法秩序表達了更大的尊重。

最後，她指我自相矛盾並不合邏輯。對於與無數次類似會議沒什麼區別的一次會議，一個人可以記不清具體細節，但也還是能肯定沒被要求做違法之事——有良知的人會記住這種事。

儘管許多人竭力想扳倒我，但在二〇一八年四月二十六日，參議院以五十七票對四十二票，確認了我的任命案，差距比上次中情局局長確認案小很多。我兒子開玩笑說，下滑軌跡表明，這將會是我最後一次被確認任何職位。

入伍服役、四度競選國會議員，加上管理中情局，我已九度宣誓效忠美國。第十次首獲最高法院大法官主持。我的朋友山繆・艾里托大法官（Samuel Alito）負責監誓。在他的辦公室裡，蘇珊和尼克相伴，我成為美國第七十任國務卿。幾週後，我們在國務院舉行就職儀式，總統和副總統都參加了。我和家人那天穿過靠近國務卿辦公室、因木質裝飾而得名的「桃花心木走道」，牆上掛有歷任國務卿畫像。他們每天都激勵我，但也如尼克提醒蘇珊和我的那樣，令人心懷謙卑。當我們走過這些歷史人物的面容，他大聲唸出他們的名字：「傑佛遜、亞當斯、韋伯斯特……」然後他停頓了一下，「龐培歐」，又停了下來，「爸，不熟吔」。真的很搞笑。

推動北約做得更多

我沒時間慶祝任命。北大西洋公約組織（NATO）的外交部長排訂第二天在比利時布魯塞爾開會，所以我上班第一天通勤就要跨越大西洋。全力以赴與會也是為了傳遞一個重要訊息；我們力促這些國家增加國防開支，他們必須理解這對川普政府來說多麼要緊。對他們而言，我人親自到場和我的發言同等重要。

就職儀式結束後，我匆匆趕向等待中的美國政府專機。向國務院新團隊做過簡短介紹後，我趕他們走，埋首於簡報資料。這架飛機——通常是波音C－32型，七五七的變體——在我擔任美國最高外交官的一千多個日子裡，成了我另一個家。每次踏上旅途，我的團隊和我在停機坪看到機身側面的「美利堅合眾國」字樣，都無比自豪。順便一提，這些字體與《獨立宣言》某些版本裡用的字體相同。

北約會議在很多層面上具有重要意義。總統直言不諱指出，所有北約盟友都必須履行他們對共同防禦做出的承諾。身為二戰後領先的軍事強國，美國在反共鬥爭中為歐洲提供安全保護傘，合情合理——事實上，在歐洲從斷垣殘壁中重建的那些年，我們是唯一能提供適當財政和軍力支援的國家。但是，自美國總統哈利．杜魯門（Harry Truman）和國務卿喬治．馬歇爾（George Marshall）時代以來，世界變化很大。歐洲各國——尤其是西歐——現在是世界上最富裕國家之一。他們貢獻數十億美元造就臃腫不堪的福利國家，卻拒絕支付足夠的資金，捍衛自己的人民免於俄羅斯、恐怖主義和網路攻擊？中國的威脅甚至不在他們的考慮範圍之內。不公平分攤就想搭美國便車，還糟踏川普總統，這是行不通的。

我的退伍軍人經歷也影響我對國防承諾的看法。我曾是在歐洲服役的北約部隊成員，知道錢很重要。同等重要的是，歐洲國家有必要以自家兒女組建自己的部隊。納稅是一回事；派你的兒子女兒搶灘，破門攻堅恐怖分子巢穴，或揹起步槍，是另一回事。在關注資金問題的同時，我提醒他們，我們的結盟需要他們捧在手心的子女承擔起責任。

儘管氣氛緊張，這些外長還是熱情接待我，其中一些人後來成為非常好的合作夥伴。但外交禮節沒讓我忘記該說的話。我與他們平起平坐，表明美國新任國務卿將直言不諱敦促合作夥伴面對危險世界的種種現實。我在公開場合也做出明確表示。在我的第一次新聞發布會上，一位《華盛頓郵報》記者問我，對於北約國家二〇一四年承諾，要拿出國內生產毛額的百分之二用於國防，德國是否做得夠好。我直截了當回答：「不夠。」

我是笑著說的，但我施加的外交壓力很嚴肅。普丁及其黨羽一直想削弱我們的防禦，分裂我們的聯盟。川普政府通知西方盟友，會要求他們兌現為共同防務出資的承諾。在這個殘酷無情又卑鄙齷齪的世界，我們仰賴聯合力量相抗衡。最終，我們達標了：北約盟國同意二〇二〇年底前增加一千三百億美元的開支，二〇二四年前增加四千億美元。要證明我們堅持北約加強防禦的合理性，只要看看二〇二二年俄羅斯入侵烏克蘭就行了。

修復伊朗問題的失誤

我的飛機離開布魯塞爾，並沒有回頭向西飛越大西洋，而是前往中東。現在該加強美國的另一個盟友群，迎接眼前挑戰了。在這個世上最難搞的區域，最嚴峻的挑戰來自伊朗伊斯蘭共和國。

自一九七九年伊斯蘭革命以來（那其實是一群激進分子發動並被宗教狂熱分子劫持的政變），伊朗及其人民一直由什葉派（Shia）伊斯蘭政府統治。一九八九年以來，在大阿亞圖拉阿里・哈米里（Ali Khamenei）的領導下，這個殘忍無情的神權國家在國內外推行所謂的「伊斯蘭革命」。這就是為什麼前國務卿亨利・季辛吉（Henry Kissinger）一度表示，「伊朗必須決定它是想成為一個國家還是一項事業」。早在一九七九年就有證據足資證明該政權世界觀扭曲，在前任最高領導人何梅尼（Ruhollah Khomeini）的指揮下，暴徒襲擊美國駐德黑蘭大使館，劫持五十二名人質，長達四百四十四天。時至今日，伊朗政權是一個恐怖組織網絡的幕後主使，想建立伊朗控制的「什葉派新月帶」（Shia crescent），不只伊朗，也包括伊拉克、黎巴嫩、敘利亞和葉門。

這個政權視美國人為狙擊目標：深遠影響我人生觀的貝魯特軍營爆炸案，就是伊朗最重要傀儡民兵組織真主黨的雛形所策劃。伊朗的其他惡行還包括一九九六年在沙烏地阿拉伯霍巴塔（Khobar Towers）爆炸案造成十九名美國飛行員身亡，以及歐巴馬執政期間，十名美國水兵遭羞辱和扣押。

在我們的時代，什葉派伊朗政權甚至與遜尼派（Sunni）蓋達組織找到共同目標。忘掉你以為遜尼派和什葉派對立會阻礙合作的看法吧。正如我在二〇二一年一月明確揭露過的，德黑蘭如今是蓋達組織高階領導層的大本營。沒錯。蓋達組織的行動總部不在阿富汗東部的托拉博拉（Tora Bora）或巴基斯坦，也不在敘利亞或伊拉克，它在伊朗首都。伊朗的阿亞圖拉窩藏了在九一一事件謀害近三千名美國人的犯事組織頭目。奧薩瑪・賓・拉登（Osama bin Laden）在二〇一一年遭海豹突擊隊擊斃的幾年前，曾寫下：「伊朗是我們資金、人員和通訊的大動脈……除非迫不得已，沒必要與伊朗作戰。」

伊朗政權實質上是恐怖組織。但和大多數恐怖組織不同，在伊斯蘭革命衛隊保護下，這個政權擁有一切治國工具：國際公認的邊界、駐聯合國外交官、法定貨幣，以及全面控制大量油田、銀行以及伊朗經濟的其他部門。企圖在全球各地襲擊猶太人，慣常發表摧毀以色列和美國的可惡言論——我希望推特（Twitter，現已改稱X）醒著的審查員會像審查普通保守派人士的言論一樣，花同樣多的時間審查阿亞圖拉的種族滅絕論。總統問：「我的麥克，為什麼你向我匯報中東問題時，總是在說『伊朗』？」我自信地告訴他：「總統先生，因為問題就是伊朗。」他的任務指示很明確：「讓我們解決它，麥克。不派兵，但解決掉它。」

在川普政府，解決問題的意思是，先取消歐巴馬政府荒謬的核協議所造成的損害。本世紀初，伊朗開始為生產核武鋪奠基礎——這是美國、以色列以及波灣地區（許多美國人在那裡居住與工作）遜尼派君主制國家的噩夢。二〇〇六年開始，國際社會採取制裁和監督行動，嚴厲限制但並未終止伊朗核計畫。後來，歐巴馬政府裡不懂強權政治的高學歷自由派認為他們懂得更多，想和伊朗談成協議。他們相信，可以將頑固的伊斯蘭教徒轉變為負責任的和平夥伴，有朝一日甚至能變盟友。簡直是瘋了。

抱著這種幻想，二〇一三年，歐巴馬政府開始協商全面減免伊朗制裁，交換條件充其量就是推遲伊朗核進展。二〇一五年，協議達成。國務卿約翰・凱瑞，加上其副手溫蒂・雪曼（Wendy Sherman）和羅伯特・馬利（Robert Malley），用美國和以色列的安全換到一袋神奇的伊朗蠶豆。在戰略層面，《聯合全面行動計畫》在許多方面都愚蠢得叫人心驚。取消制裁意味伊朗政權有更多的錢可以壓迫自己人民並製造彈道飛彈，後者在新協議之下完全不受限。解除制裁也意味這個政權將獲得大筆現金，可透過武力推進伊斯蘭革命，為真主黨、哈瑪斯（Hamas）、巴勒斯坦伊斯蘭聖戰組織（Palestinian Islamic Jihad）和葉門青年運動（Houthis）之類的組織等提供資金。伊朗革命衛隊領導人卡西姆．蘇雷曼尼（Qasem Soleimani）是此一險惡計畫的主謀，他將是我們堅決挫敗伊朗盤算的焦點人物。稍後會再談他，以及他為什麼對每個美國人都很重要。

但最愚蠢的舉動是，西方國家允許伊朗坐享其成、數鈔票、濃縮裂變原料，耐心等待核限制十至十五年後到期，它就能合法恢復核武研發。這也是在出賣美國國家安全。國務卿凱瑞本人二〇一三年曾說過，「我們不承認（伊朗）鈾濃縮權利」。然而，他最終不計代價達成協議，將外交目標由南土克特（Nantucket）一路轉移至瑪莎葡萄園島（Martha's Vineyard）也在所不惜。這個慘痛教訓，川普政府在與金正恩委員長或其他暴君打交道時，誓言絕不重蹈覆轍。

JCPOA起草期間，我還是國會議員。那段時間，我使勁擂桌抗議，呼籲關注這個天大的錯誤。我在院會演講、撰寫評論，並在二〇一四年夏天，致電眾議院全體同事——總共四百三十人。我告訴他們，協議將導致伊朗擁核，有飛彈能力，資金多到可以擴大這兩個項目。時至今日，我很自豪迫使國務院承認，這份「協議」其實不是條約，甚至不是行政命令，而是美國和其他國家共同撰寫出來的一紙新聞稿。國務院負責立法事務的國務助卿茱莉亞．佛萊菲爾德（Julia Frifield）在拖延數月後正式回函答覆我：「JCPOA並非條約或行政協議，也不是已簽署的文件。JCPOA

反映伊朗、P5+1（美國、英國、法國、德國、俄羅斯、中國）以及歐盟之間的政治承諾。」

那封信還聲稱，歐巴馬政府沒有和伊朗進行「祕密交易」。那個政府在撒謊。二〇一五年夏天，JCPOA出爐沒幾天，我與我眾院同僚科頓飛往維也納，拜會國際原子能總署（IAEA）——負責檢查伊朗核設施的組織。我們的期望很低。首先，我們很訝異IAEA官員竟然同意會見力駁《伊朗核協議》的兩個人；我們滿心以為歐巴馬的國務院會從中作梗。我們抵達時，IAEA禮賓小組的一位成員首先致歉：「很抱歉，天野之彌總幹事今天沒辦法見你們。」湯姆和我苦笑搖頭，以為飛行七千一百公里將一無所得。但當工作人員往下解釋，我們才意識到自己誤會了天野之彌無法見我們的原因：「他騎自行車出事，現在進了醫院，已指示副手向你們做簡報。」

在兩小時會議過程中，我們無意中發現，IAEA和歐巴馬政府沒告訴世界有關該協議的全部真相。IAEA和伊朗敲定了兩份祕密附錄，規定如何管理在伊朗軍事基地的核查驗措施。而這兩份附錄並不提供公眾審查。這令人相當震驚。

我要求知道：「哪些美國人真正看過這些附帶協議？」

對方的答覆說明一切。「我們沒被允許回答這個問題。」

我們的國務院聯絡人嚇得跑出房間，很可能是去通知上級我們已經得知這些額外條款。我們向一位中情局站長求助，問他能否幫忙讓我們看到這些文件。但他只是聳聳肩：「這遠遠超出了我的層級。你們得去問國務院。」事實上，無論國務院還是其他美國人，都未能獲准查看這些祕密的附加協議。歐巴馬政府不知道伊朗合規情況會如何核實，就做出同意協議的粗暴決定。你可以覺得我瘋了，但我不想把核戰的賭注壓在阿亞圖拉的可信度上。

沒幾天，湯姆和我宣布，我們發現《伊朗核協議》的祕密附加協議，儘管借閱受阻。一旦協議生效，騙局就啟動了。雖然 JCPOA 擁護者聲稱，伊朗早已關閉核計畫，但它一直在祕密推動。他們將核設施分散於全國各地，在艱險山區修建更深的隧道，把核子科學家藏進學校和軍事專案，擴展其「太空」計畫以發展飛彈能力，並由最高階核子科學家穆赫辛・法赫里扎德・馬哈巴迪（Mohsen Fakhrizadeh Mahabadi）主導。經伊朗情報與國家安全部（Iranian Ministry of Intelligence）構建，JCPOA 還允許伊朗利用「雙重用途」的民用核技術，在不踰越法律界線的情況下悄悄發展核武。

幸好，不只我知道伊朗作弊。我的朋友，摩薩德負責人科恩也知道。他的團隊最終完成了一次驚人的機密行動。他們從存放在極安全設施的伊朗核檔案竊得重要文件。有一天，歷史會揭露他們發動這次非凡突襲令人頭皮發麻的細節。但更重要的是，二〇一八年四月，以色列總理納坦雅胡向全球揭發從這一大膽行動得知的資訊。取得的文件顯示，伊朗從未按照 JCPOA 的要求放棄核武。整個協議構築在謊言之上。我先前聲稱此事，科恩加以證明。現在全世界都知道了。

二〇一六年總統大選期間，我聽到候選人川普嘲笑 JCPOA 是給阿亞圖拉的慈善專案，他們用四名美國人質足足換取了四億美元現金，作為達成協議的誘因。我欣賞他看出該協議和政權的本來面目，而不是被擺弄出來的樣子。我成為中情局局長後，迫不及待想幫忙扭轉這個外交大婁子。

然而，讓美國擺脫這個愚蠢協議，說起來容易做起來難。首先，我在中情局內部遇到阻力。我擔任局長的前兩年，幾乎整個伊朗分析小組都在為JCPOA辯護。這個小組精心編寫一份聲明，後來在公開簡報時散發，聲稱JCPOA的查核制度加強了檢驗，我們更能瞭解伊朗的動作，防範他們提高離心機的能力。但這份分析未曾充分說明JCPOA植基的謊言或伊朗的作弊記錄，後者能使蘭斯・阿姆斯壯（Lance Armstrong）看起來像業餘選手＊。

履行總統競選承諾退出JCPOA，還面臨他內閣裡兩位最高階國安成員的強力反對：國務卿提勒森和國防部長吉姆・馬提斯。兩人都認為我們不該直接槓上伊朗。馬提斯部長警告，「麥寇（Michael），這會為戰爭創造條件」，我不懂他為什麼老是直呼我的全名（而非小名麥克），但這是他的習慣。JCPOA的事吵了好幾個月。這份協議的一個條件是，總統每六個月要簽署豁免書，不對伊朗重新實施經濟制裁。提勒森國務卿和馬提斯部長會跟時鐘一樣準時，聯袂進入橢圓辦公室，遊說總統簽署那份豁免書。這讓總統非常不滿。

退出核協議的國際後果也很嚴重。會惹惱整個歐洲，說不定還會引發伊朗的侵略——一開始，阿亞圖拉的表現並不像德蕾莎修女。川普政府誠心誠意想說服盟友，一起重談協議，對伊朗核活動及其他事項施加永久性限制。遺憾的是，英國、法國和德國不感興趣。他們的企業和伊朗有生意往來，牽扯到太多金錢；對於促成此一無用協議的天真外交官和領袖人物而言，此事攸關尊嚴。和馬提斯一樣，他們也被退出協議就意味戰爭的恐懼所俘虜。但我們不能接受植基於不切實際的假設——

＊蘭斯・阿姆斯壯是美國自行車名將，因被查出使用禁藥導致身敗名裂。

伊朗政權可以改造成較仁慈溫和的政權——而做出的錯誤決定。

重振中東聯盟

有一群盟友理解其中利害，鼓勵我們正確行事。幾十年來，以色列及其阿拉伯鄰國清楚認知伊朗的毀滅行徑。一年多來，提勒森和馬提斯施壓川普總統留在此一邪惡協議，我想讓這些盟友知道，美國現在有了對情勢的看法與他們相同的國務卿。當我表達我憎惡《伊朗核協議》，想修改或最好能完全退出時，我是在代表總統說話。

因此，在布魯塞爾開完北約會議之後，我的第一站是沙烏地阿拉伯的利雅德，會晤沙國外長阿德爾・朱貝爾（Adel al-Jubeir），他不是皇室成員，但深具影響力，我在國會時就認識他。他明確告訴我，如果美國向波灣國家保證不再同意豁免制裁伊朗來支持伊朗政權，那麼波灣國家可以如何配合。這次交流順暢，我還有機會與過去對等的沙國情報部門主管見面——他們人很棒，瞭解黑暗間諜世界以及如何在其中運作。我推薦吉娜接替我的工作也給了他們信心，他們很高興看到同類獲得升遷。美沙關係證明對美國國安至關重要。

沙烏地阿拉伯之後，我很開心前往下一個站特拉維夫，與以色列總理納坦雅胡會面。他和我都曾抨擊《伊朗核協議》。我也很高興見到我的朋友科恩。川普－納坦雅胡－龐培歐－科恩四人組，可能只有一個人是高爾夫好手，但全都決心建立舉足輕重的安全聯盟，不認為部署美軍能解決所有問題。

逐漸認識納坦雅胡後，我看出他跟我的老闆一樣是天縱之才，但性格和背景各不相同。他的綽號叫 Bibi，是政爭和實戰老兵。一九七六年，他的哥哥約納坦（Yonatan）在烏干達恩德培國際機場（Entebbe International Airport）營救以色列人質時殉職。私底下，Bibi 沉穩健談。他不停地思考、堅持不懈、永遠樂於聽取各種觀點，是有能力的管理者，但也能火速累垮團隊成員。這人工作勤奮，日夜都可能來電。有一次，他搭機飛到布魯塞爾，和我在一間狹小的酒店房間面對面交流，分享一小則資訊。對他來說，與美國國務卿見面談就是這麼重要。他有一位能幹的國安顧問，並牢牢掌控整個國安機構。他也跟我一樣，經常對他的國防部感到沮喪，因為國防部不願意動用他們的工具。

此行的最後一站是約旦，美國的另一個老朋友，也是區域穩定的重要因素。擔任中情局局長時，我已與國王阿卜杜拉二世（King Abdullah II）以及情報單位對等官員建立了關係。身為國務卿，我想讓他們知道，我們正制定一項和平計畫，並且需要他們參與，細節將隨後公布。他們對於我們會提議的事泰然處之。這一直沒變。

第一週很忙，但等飛機在約旦安曼郊外的黃土跑道滑行要返家時，我相信我已經圓滿達成使命。我想要美國的歐洲和中東盟友理解，只要是在國務卿權限內，美國外交政策的出發點就會是務實評估我們的國家、盟友及合作夥伴所面臨的威脅。我們認得清，我們活在一個卑鄙齷齪的世界，嬌慣敵人只會讓他們變得更危險。我們將正面對抗，在必要時碾碎他們。

摒棄協議

二〇一八年五月八日，我就任國務卿十二天後，美國退出《伊朗核協議》。在做出這個決定的前幾天，幾乎整個跨大西洋的國安機構都在哀哀叫。第一通電話來自馬提斯，他始終認為退出JCPOA將使我們和以色列捲入與伊朗的戰爭。第二通電話來自後來成為英國首相的外相波里斯・強生（Boris Johnson）。他以典型的英國風格開頭很是有趣，保守表達JCPOA對英國的重要性。第三通是德國和法國聯合致電，懇請我與他們合作制定JCPOA修正案，以「解決美國關切之事」。這是徒勞無功之舉。其一，川普政府已經花了數個月，敦促歐洲重談這份垃圾協議，卻白費功夫。此外，能解決我們關切之事的修正案，伊朗接受的可能性為零。擁護JCPOA的人並不蠢，只是天真得無可救藥。

很多人沒意識到，我們的伊朗戰略不以退出JCPOA為終點。退出協議只是機械性的必然，以便實現川普政府尚未將細節公諸於世的更廣泛目標。為闡明這些目標，五月二十一日星期一，我在華盛頓特區保守派智庫傳統基金會（Heritage Foundation）發表了就任國務卿以來的首次重要談話。我週日加班一整天，以確保講稿內容準確無誤。我承接自提勒森國務卿的政策顧問布萊恩・霍克（Brian Hook）幫了我的忙。他被叫進辦公室時，正和孩子們觀看華盛頓國民隊（Washington Nationals）的棒球賽，於是頭戴紅色棒球帽、身穿萊姆綠馬球衫趕來。布萊恩曾在小布希政府時期的駐聯合國常任代表約翰・波頓（John Bolton）手下廣泛處理過伊朗事務，所以相當瞭解伊朗核計畫和聯合國制裁架構，後者我們很快會再予擴大。加入我們的還有我的新文膽大衛・維勒佐（David Wilezol）。我打電話跟他討論講稿，他正在教會協助帶領主日學課程。他知道我曾在堪薩斯州擔任主日學講師，靦腆訴求能否完成講學再進辦公室。我向他表達祝福。

隔天，我發表了一場措辭嚴厲的演說，同時闡述核協議為何行不通，以及將由極限施壓（maximum-pressure）取而代之。目標是迫使伊朗重回到談判桌，獲致比歐巴馬政府更好的協議。還不止如此。唯有伊朗滿足了十二項基本要求——包括完全停止核武計畫，並釋放被扣留的美國人質——我們才準備解除制裁。我們的伊朗戰略也尋求團結伊朗人民推翻政權，因此我講述伊朗政權如何竊取他們的錢財，資助恐怖主義的真相：「這個政權犧牲自己的公民，在中東收割痛苦和死亡。」

極限施壓將耗時數年，我需要一個信得過的聯絡人，他要能理解問題，不會被緊抱協議不放的國務院官僚嚇退。夏末，我任命布萊恩為我的伊朗問題特使。他和他的團隊——尼克（Nick）、丹妮兒（Danielle）、麥特（Matt）、加布（Gabe）、麥克（Mike）、傑森（Jason）、雷恩（Len）和艾蜜麗（Emily）——在接下來的兩年半接受指令行事，包括推動新制裁以及從伊朗營救美國人質，例如麥克・懷特（Michael White）和王夕越。他們一次也沒學歐巴馬政府送現金給德黑蘭的伊斯蘭神學家。

對於與盟國合作對德黑蘭邪惡政權施壓，布萊恩也發揮重要作用。步驟之一是將伊朗石油驅離全球市場，打擊德黑蘭政權的最大收入來源；但我們也知道，這將導致全球油價飆漲。我不斷打電話說服沙烏地阿拉伯和阿聯提高石油產量，更經常從依賴伊朗原油的石油匱乏國家那裡聽到抱怨。我試圖圓滑些，但基本上他們聽到的是我的座右銘：「人生本來就不公平。」

拒絕提供伊朗財富的最大挑戰是冥頑不靈的中國。中共生產的能源沒辦法自給自足。它仰賴中東，包括伊朗。這是永恆不變的地緣政治事實，卻經常被遺忘。因此，中共不斷破壞我們的制裁。我推動制裁中國，就像我們制裁其他國家一樣，但財政部擔心美元失去儲備貨幣地位——也有道理。不管怎樣，川普總統明確指示，必須切斷伊朗資金流——錢幾乎是他評估國安事務的第一道棱鏡。二〇一八年五月，伊朗每日出口近二百五十萬桶石油，到二〇二〇年五月，出口量降至每日七萬桶。這很可能是全球歷史上最成功的制裁行動之一。而且，我們沒有推高全球原油價格，沒有要求歐洲合作，或者最重要的是，沒有引發戰爭。

全球狂追哈紹吉案

執行名副其實的極限施壓行動，意味與世界各國有更密切的合作夥伴關係。

左派憎恨我們和人權紀錄糟糕的中東政權發展關係。我簡直不敢相信民主黨人和媒體的虛偽，歐巴馬政府還曾試圖讓全球踐踏人權最嚴重的伊朗伊斯蘭共和國成為美國在中東的首要合作夥伴呢。此外，跟有仇美意識形態的人建立恆久友誼，與務實結交肯和美國合作的獨裁政權，大相逕庭。雷根任內出色的駐聯合國常任代表珍妮・柯克派翠克（Jeane Kirkpatrick）曾在她一篇知名的評論〈獨裁統治和雙重標準〉（Dictatorships and Double Standards）寫道，「只有知識分子風潮和右派／左派對立的思維模式，才會阻止有善意的聰明人察覺事實：傳統威權政府沒有革命專制政府那麼壓迫人民，他們較可能實行自由化，也較符合美國利益」。

我們和沙烏地阿拉伯的關係讓媒體抓狂，比素食者進了屠宰場還嚴重。我們希望幫助沙國走向現代化，但必須謹慎緩慢進行。我們與沙國關係緊密，引發我在國務卿任內第一場外交危機。

二〇一八年十月二日，沙烏地阿拉伯政府將異議人士賈邁爾・哈紹吉（Jamal Khashoggi）誘騙進入土耳其伊斯坦堡的沙國領事館，他在那裡遭特務殺害肢解。這樁慘案驚心動魄、卑鄙惡毒、令人髮指，當然也犯了法。

此事醜陋不堪，但不令人意外——對我而言如此。我在中東見多了，知道這種冷酷行為在那裡司空見慣。這不代表它是對的，但許多人的反應就像電影《北非諜影》（*Casablanca*）裡面克勞德・雷恩斯（Claude Rains）飾演的腐敗警務處長，惺惺作態，他找藉口關掉里克咖啡館（Rick's Café）時中斷自己的賭局表示：「我很震驚，這裡居然有人賭博！」

全球大騷動有很大程度是媒體瘋狂報導此事，因為哈紹吉是一名「記者」。但說白了，他能叫做記者，我和許多其他公眾人物也都是了。我們有時也發表文章，但都有其他工作。媒體把哈紹吉塑造成沙烏地阿拉伯的鮑伯・伍德華（Robert "Bob" Woodward）*，因在《華盛頓郵報》撰文批判沙烏地阿拉伯王室而遇害。事實上，哈紹吉是一名政治運動者，他支持的人馬在沙國王位爭奪戰落敗，而他不滿自己被流放。連《紐約時報》都報導，哈紹吉和支持恐怖主義的穆斯林兄弟會（Muslim

*鮑伯・伍德華是揭發水門事件醜聞的兩名記者之一。

Brotherhood）關係親密。他還公開表示對賓・拉登之死感到悲痛，這至少表明，情況遠比大家認知的複雜多了。他不該死，但我們必須明瞭他的為人——太多媒體人沒搞清楚了。

正如媒體多年來試圖分化我和川普總統，隨後的幾週，他們也試圖破壞美國與沙烏地阿拉伯之間的關係。這在很大程度上涉及沙國王儲和王位繼承人穆罕默德・賓・沙爾曼（Mohammed bin Salman）。進步左派對他深惡痛絕，儘管這人正帶動沙國史上最了不起的文化改革。他會被證明是這個時代最重要的領袖之一，世界舞臺上真正的歷史人物。《華郵》連續幾週帶頭主張美沙斷交，刊登了多篇專欄，標題包括「美國在沙烏地阿拉伯一事上的偽善」以及「證據愈發確鑿，川普對哈紹吉問題卻軟趴趴」。媒體一窩蜂指責王儲穆罕默德，卻無意追查土耳其總統雷傑普・艾爾段（Recep Tayyip Erdoğan）怎麼讓他的國家成了一個伊朗暗殺小組來去自如的地方。

左派分子還羞辱共和黨人，譴責哈紹吉遇害是十惡不赦事件。與我密切合作的參議員格拉漢姆告訴我，除非王儲穆罕默德下臺，否則他再也不與沙國會談。我一度致電格拉漢姆，問他是否真的要川普政府把推翻沙國政權列為官方政策。他不置可否，只說：「麥克，這事很糟。」他心知肚明我們不能也不該斷交。

隨著領事館殺戮事件的發展，我持續與川普總統分享這些資訊。從理智上講，總統的反應和我一樣：這不是好事，但遠不是美國放棄重要夥伴的理由。我們對艾爾段和他的情報部門巧妙地洩漏領事館內發生的事件細節暗自發笑；艾爾段自己近乎獨裁，又有什麼資格抱怨政府批准的殺戮呢？

那怎麼辦？當時負責中東和平事務的賈瑞德・庫許納不想扯上此事的政策選擇。這是我和總統的事。我提議總統「引領方向。為美國做正確的事。忍受噪音把美國放第一位」。我去了橢圓辦公室，總統起草聲明如下：

美國優先！

這個世界危機重重！

伊朗這個國家，舉例來說，在葉門對沙烏地阿拉伯發動血腥的代理人戰爭，試圖顛覆伊拉克脆弱的民主嘗試，支持黎巴嫩的恐怖組織真主黨，扶持殺害了數百萬同胞的敘利亞獨裁者巴夏爾·阿薩德，罪狀罄竹難書。伊朗也在中東各地殺害許多美國人和其他無辜者。伊朗公開叫囂：「美國去死！」和「以色列去死！」。伊朗被視為「世上最大的恐怖主義資助者」。

另一方面，如果伊朗願意自葉門撤軍，沙烏地阿拉伯也樂於退兵。他們將立即提供急需的人道援助。此外，沙烏地阿拉伯已應允投入數十億美元，領導對抗激進伊斯蘭恐怖主義（Radical Islamic Terrorism）。

在我去年沙國行完成多場談判後，沙烏地阿拉伯同意在美國支出和投資四千五百億美元。金額創下紀錄。這將為美國創造數十萬個工作機會、帶來巨大的經濟發展以及更多的財富。在這四千五百億美元當中，一千一百億美元將用於購買波音（Boeing）、洛克希德·馬丁（Lockheed Martin）、雷神（Raytheon）和許多其他美國優秀國防承包商的軍事裝備。如果我們愚蠢地取消這些合約，俄羅斯和中國將深受其益——欣然接手這些業務。美國等同直接給他們送上大禮！

哈紹吉遇害是可怕罪行，美國不會寬恕。事實上，我們對已知的涉案人採取了強力行動。經過大量獨立研究，我們現在知道哈紹吉慘案的諸多細節，已經制裁十七名參與謀殺和棄屍的沙烏地阿拉伯人。

沙烏地阿拉伯代表說，哈紹吉是「國家的敵人」，他是穆斯林兄弟會成員，但我的決定絕非植基於此——此案是無可接受、毛骨悚然的犯罪。沙爾曼國王和王儲穆罕默德極力否認涉入。我們的情報機構還在評估各式各樣的訊息，王儲說不定事先知情——也許他知道，也許不知道！

但我們恐怕永遠也不會知道哈紹吉先生謀殺案的真相。無論如何，我們與沙烏地阿拉伯王國保持關係。他們一直是我們打擊伊朗的重要盟友。美國打算繼續作沙國的堅定夥伴，以確保我們的國家、以色列和中東地區所有其他夥伴的利益。我們的首要目標是在世界各地徹底殲滅恐怖主義！

我理解有些國會議員，出於政治或其他原因，有不同的目標——他們可以那樣做。我會考慮給我提出的各種構想，但前提是符合美國的絕對安全和保障。沙烏地阿拉伯是僅次於美國的全球最大產油國。他們已與我們密切合作，並積極回應我的要求，將油價維持在合理水準——這對世界來說非常重要。在這個危險萬分的世界，身為美國總統，我打算確保美國追求國家利益，並與想傷害我們的國家展開激烈較量。這就是「美國優先」！

這份聲明引發的媒體批判正如預期。但我們寸步不讓並沒有錯。我們禁不起痛失能協助降低伊朗威脅的重要安全盟友。穩定且負擔得起的能源價格有賴沙烏地阿拉伯的產出。沙國政治動盪將是中東和美國的國安噩夢。我們還希望沙國參與中東新和平對話，我向總統說，此事取決於有開放心態的年輕王儲穆罕默德能否繼續掌權。一個過失，即便是重大過失，也不該全面推翻我們的政策。時至今日，沙國持續遭受來自左右兩派的攻擊，即使它努力支持美國，不論美國總統出自哪一黨。曾被拜登總統打為「化外之國」（pariah state）的沙烏地阿拉伯，在王儲領導下，始終支持美國的安全和經濟利益。它積極努力與美國建立好交情，我但願富裕有為的歐洲國家也是如此。

緊守著沙烏地阿拉伯並不是一個艱難的決定，但收拾殘局的煎熬還沒結束。川普總統告訴我：「我希望你到沙烏地阿拉伯去。」這將讓我成為案發後第一個與王儲穆罕默德碰面的西方人。我說好，我會是出訪的合適人選。在某些方面，我認為總統很羨慕我能對《華盛頓郵報》、《紐約時報》和其他孬種豎中指。他說：「我的麥克，去好好享受吧。跟他說，他欠我們的。」

我與王儲穆罕默德的會晤內容保密，但可以說，重點在於如何確保美國和沙國的安全。我被翻來覆去問過上百次同樣的問題：「國務卿先生，您有沒有告訴他，謀殺不好，美國不贊成？」我以自己的問題回答就沒有洩密之虞：難道有人以為我說不出口、他不知道我會這麼說、他沒深刻體會到哈紹吉案破壞了我們的關係？

之後，幾乎美國所有報紙都刊登了我與這位唯一身分似乎就是哈紹吉謀殺犯的合照。但請留意兩件事：首先，與報導相反，幾乎沒有任何情資顯示王儲穆罕默德與下令謀殺有直接關聯。二〇二一年二月發布的國家情報總監辦公室報告，聲稱他有罪，但也只說「他肯定知情」。第二，我見過許多下追殺令的人。如果事實證明是王儲穆罕默德下的命令，只能說明世上多了一個無情的領導人。提這兩件事不是為惡行開綠燈。恰恰相反。我們趁著危難時刻，制定通往和平的路線，我祈禱世世代代都能受益。

等我返國，川普政府面臨如何懲罰行凶者的抉擇。十一月，我們對涉入此案的十七名沙烏地阿拉伯人實施簽證禁令和經濟制裁。但我們反對懲罰王儲穆罕默德本人，老實說，正反意見差距不小。國務院官僚認為我們愚不可及，大可以追責，又不致於破壞重要關係。正如我在十一月二十日記者招待會上談到此事時說的：「外面是個卑鄙齷齪的世界——尤其是中東。總統有義務……確保我們的政策能促進美國國家安全」。這一系列事件並不令人愉快，但我自豪的是，我們的政府沒有感情用事，做出會危及美國人性命和中東戰略目標的草率決定。哈紹吉事件是我就任國務卿的最初經歷之一，再次印證了我一直聽到的一句話：外交政策永遠等不到完美選項。外頭的世界太惡毒醜陋了。

對我來說，這段插曲的尾聲發生在幾個月後。我應邀參加一場例行性晚宴，座上有許多主流媒體記者。晚宴開始時還不錯，我講了幾個故事，回答了一些問題。但大壩擋不了洪水多久。那一晚變成一場質詢：我怎能捍衛哈紹吉的凶手？我做了一番解釋。然後，同樣的問題問了第二次。然後，又有人問。

我發脾氣了。

我轉身向那群人吼出我的心聲：「你們這些狂熱左派都瘋了！你們該感謝我，保護你們的喬治城雞尾酒會不被伊斯蘭激進分子破壞，也捍衛我們的猶太朋友免於蘇雷曼尼傷害！」

現場變得非常安靜。蘇珊盡量表現出愉快的樣子，喊道：「嗯，很棒的晚宴！」

我們匆匆離開那場晚宴——一個自成一格的卑鄙齷齪世界。

Chapter 4

誠徵使命必達高手

我們追查一份情資已有好一段時間。這個工作甚至在我擔任中情局局長之前就已經開始，但這個團隊需要更多助力才能完成任務。幸好我們及時找到一位合適的女士來領導這個團隊，並提供她必要的資源以達成目標。她的領導才能果然有所回報。

就在我要離開中情局轉任國務卿前，團隊成員之一在總部攔住我，說有個驚喜給我。接著一名年輕幹練的中情局探員走上前來，兩手汗涔涔地告訴我一段驚險故事。經過長達數月不斷與一名重要「資產」套關係、拉交情，他最後決定「還是要用老派方式幹一場」。

前一晚，他赴叢林與目標碰面。「他給我一支隨身碟，我給他一筆錢；一手交錢，一手交貨。」用一疊印著富蘭克林肖像的百元美鈔換得情資後，他徒步走回會合點，跳上直升機，然後馬不停蹄地趕回來，直接出現在我面前，就在我要離開中情局的前一刻。他拿到了那份我們好幾個月來一直想取得的情報。即使以中情局的標準而言，那也不是一個尋常日。我跟他開玩笑說，他的汗應該滴在叢林裡，而不是在我的空調辦公室。

也許有朝一日，世人會更清楚知道這次大膽行動的更多細節。這是一次成功的行動，歸功於那位受派負責此一行動的優秀領導人，以及這位執行任務的年輕人混身膽氣。我深信這次行動的結果挽救了許多性命。這就是建立起一支由使命必達高手所組成的隊伍，能增進美國民眾福祉的具體成果。

什麼是使命必達高手

我從小就大量閱讀。最喜歡的書裡有一本《好人難出頭》（*Nice Guys Finish Last*），是美國職棒大聯盟傳奇二壘手和知名教練李奧・杜羅契（**Leo Durocher**）的自傳，對於對手他絕不讓步。這句話是他講的，成為本書書名。書中還有另一個金句：「我來打球！來打垮你！來痛宰你！」書名和這句話點出了杜羅契爭強好勝的個性，也在我人生許多方面被奉為圭臬。

好的團隊和好的隊友具有共同特徵。先前我用「使命必達的高手」（**pipehitter**）這個詞彙來形容專注於求勝思維的人物，而我希望我的團隊裡這種人愈多愈好。作為一個使命必達的高手，並不意味著傲慢或目中無人；事實上這種態度在生意上、外交上，甚至人際關係上都是致命傷。一個高手會全心全意專注在計畫上，全力以赴，必要時不迴避奮戰一場。這種高強度的特質對於處理美國國安事務的人來說應該是標準配備，因為在公共服務領域中，沒有比保護三億三千萬美國民眾生命安全和財產福祉更重大的責任。

作為使命必達高手，並不表示橫衝直撞。事實上，這份工作經常意味要耐心收集相關事實，以便採取最佳行動。所以，傾聽是任何人都可以培養出來的最重要技能之一。我還是個菜鳥陸軍少尉首次派駐德國時，一名比我年長許多、頭髮斑白的中士駕著吉普車來接我，將我送到基地。我想我大概是迫不急待想向他顯示我是個炙手可熱的年輕軍官，沿途高談闊論，大放厥詞。突然他轉過頭來對我說了讓我永誌不忘的話。雖然我官階比他高，但他的經驗閱歷比我豐富，他用「四字經」說，我會有很好的表現，如果我「把嘴閉上，先好好學會一兩件事」。這是個絕佳的建議，日後我也一再與人分享。領導者都應該多聽少說，以便在給出指示之前，先妥善搜集資訊，研判問題所在。

認識川普的人都知道，跟他在一起的時候，你得聽他說什麼，而且必須聽他說很多的話。對我來說，那不成問題；可是對於川普團隊中其他許多人而言，這令人難以消受。是的，這些老掉牙的故事我已經聽過好多遍了，但尼克和蘇珊說我也做過同樣的事。有時候川普總統大放厥詞相當生動活潑，有時候卻顯得低俗下流，但總是百無禁忌，而我喜歡那樣。這種情況下，你可能要沉著耐性才能保持專注，但他畢竟是總統。我年紀愈長愈明白，缺乏傾聽能力是意志薄弱的標誌。這個道理我任內一再提醒國安同仁——四位國安顧問、四位幕僚長，以及四位國防部長。要傾聽，學習；等到合適的時機，再理直氣壯發表你的看法，必要的時候甚至不妨激烈一點，然後執行計畫。

使命必達的高手也服膺問責制。在陸軍裡，我們單位的每個成員都有明確的工作要做。在真槍實彈的情境下，任務的成敗往往取決於每個士兵能否把他的角色做到完美無瑕。軍方訓練士兵在可控範圍內為一切負責，藉此提高標準，消除怠惰。我的領導作風也是如此，不管是在企業界、國會、中情局或國務院。我給績效表現設定高標準，堅持力爭上游達標，達不到會要求解釋。我不認為這有什麼好道歉的。

我的領導方式讓幾乎所有替我工作過的人都認為我是個嚴格的混蛋。套用莎士比亞的話，我的瘋狂自有其道理*：嚴格究責能使人拿出高水準表現，甚至超越他們自以為的能力範圍。我的同事可以毫不遲疑地說，他們每天出門工作是為了替美國人民拚得勝利。他們可以說，自己屬於一個將致力追求卓越視為標準的團隊。但願我能夠告訴你們，國會裡的大多數議員也是如此，但他們並不是。他們當中有太多的人譁眾取寵，只想順利贏得連任——他們在做秀，不是在做事。

我很榮幸與一位和我一樣全心全意想贏的總統一起為國效力。有一句名言他銘記在心，「贏得勝利不是一切，而是唯一。」對於一位出身紐約爾虞我詐房地產業的人而言，贏得勝利就像是氧氣一樣不可或缺，無論是在推特上打筆仗，或對彈劾程序嗤之以鼻。二〇一六年，川普總統投入大選，大部分的原因就是感嘆美國不再贏了。美國第一的日子已經一去不復返，取而代之的是他所謂的「全球主義假腔假調」，以及一群自肥的政治階級衝動行事。他登高一呼引發數百萬選民追隨的事實告訴我，美國民眾也準備好要再打一場勝仗。

川普總統和我同樣熱愛競爭和贏得勝利，成為「美國優先」外交政策的支柱。我們都討厭聯邦官僚體系的習性，他們要求重視辦事過程的苦勞，要與獲致成果的功勞一樣。凡是做過生意的人都曉得，這種自欺欺人的行為是通往失敗的特快車。我很訝異看到受過高深教育的人把過程和結果看得一樣重要。使命必達的人不這麼看世界。

＊這句話出自《哈姆雷特》（*Hamlet*）臺詞：“Though this be madness, yet there is method in't.”

賦予中情局高手更多權力

當我就任中情局局長，我知道我有個畢生難得一次的機會，為中情局和美國民眾贏得勝利。把握這個機會，首先，意味著要阻斷外界雜音，專注在重要事務上。忙碌的人尤其必須把注意力瞄準在必要工作。我經常想起我的好友，前加拿大總理布萊恩．穆爾羅尼（Brian Mulroney）曾對我說過的話：「麥克，歷史只記住大事件，其他的一切都會被遺忘。別浪費非必要的時間在會被遺忘的事情上。」

專注在我必須做的事情上，是我一生的寫照。我是受過訓的工程師。在電機和物理學的入門課程，幾乎所有考題一開始就把情況設定為「假設沒有摩擦力……」或「當排除所有噪音……」；也許套在「電機工程學導論」或「基礎物理學」的課堂上管用，但在實際生活中，處處都是磨擦力和噪音。頂尖領導人會憑著個人和組織的紀律來克服這些障礙。在川普政府，我們的團隊成員被進步派媒體製造出來的雜音吞噬，這些媒體就像主場球迷，當客隊拿到球的時候，他們會尖叫吶喊，希望干擾你比賽，企圖讓你吞敗。

所以我在中情局的第一項任務就是先招聘一批優秀的人肉過濾器——他們有絕佳的判斷力，能分辨哪些問題值得我關注，哪些由他們自行解決即可。這正是我僱用哈斯柏和布拉陶出任重要職位的原因。我信任這兩位高手，把那些我根本無暇處理的重要公務交給他們處理。我剛接掌中情局的時候，辦公桌上「待批核」的公文多到嚇人。其中絕大部分，我要不是缺乏相關知識，就是欠缺相關專業去質疑我的團隊。既然我不能為這些工作加值，倒不如全交給哈斯柏、布拉陶或其他人去處理。如果基於法律責任我必須親自經手，我絕對不花超過三十秒的時間去處理一件公文。我估計在我離開中情局的時候，大約將送到我桌上的待批公文減量百分之四十到七十。藉由不讓我自己成為卡關阻滯點，情報局能運作得更快更順暢。

我把職責交代給優秀得足堪重任的領導者。如此一來，我有更多精力能投入真正要緊的事上。同樣重要的是我必須給整個中情局團隊樹立榜樣，要盡可能地減少官僚作業。我們的動作必須永遠比對手迅速。我要更快、更敏捷、更有行動力。我還要讓我的團隊知道我信任他們。除了極少數特例外，他們從未令我失望。他們也從未對誰讓過一分一寸——這是使命必達高手的必要特質。

大多數聯邦機構都充斥政治酬庸的官員。在中央情報局，只有四位：局長、副局長、法務長和監察長。正因如此，想要在蘭利總部打造一支優勝團隊，意味著我必須在一群職業公務員裡找出誰是使命必達的高手，並賦予他們權力。我就是如此對待安迪，以及那位領導本局伊朗共和國任務中心的先生。

尤其是我們局裡的準軍事人員，也就是「特別行動部」（Special Activities Division，SAD），歸類為使命必達高手。這些愛國者——大部分是之前曾在國防部特戰部隊服役過的男性——日復一日冒著巨大風險在世界各個角落執行任務。他們與盟邦和夥伴合作，將美國的力量投射到最艱困的地區。我有幸請到布萊恩・卡博（Brian Carbaugh）幫我掌管特別行動部。我和他結識於我到任之初，他原本是我的幕僚長。他、吉娜和我，合力打造了我們的團隊。我們逐一審視每一份履歷，然後我會說：「我喜歡她，我想她會很棒。」他會回應：「嗯，局長，她是使命必達的高手，準沒錯。」下一個，他會說：「呃，好人，但不是高手。」美國需要使命必達的高手上場，布萊恩幫我找到這些人，給予引導，然後派他們出去為美國執行任務。身為特別行動部的負責人，布萊恩賦權他的戰士去冒險犯難，並盡他所能保護他們的安全。他懇求我修改他們在敘利亞和其他地方的交戰守則，我們也這麼做了。我們究竟做了什麼，大多無可奉告，但我們看到了打造出一支勁旅的正面效益。

我有幸發現，局裡很多基層人員都是不折不扣的高手，能夠明辨世局，也勇於冒險犯難。我們的地面行動組（Ground Branch）成員尤其如此。他們幾乎全是曾在菁英軍事單位服役的老手，經常也是正面迎擊美國所遭遇最迫切麻煩問題的第一線部隊，這些英雄因此成為地球上最精明幹練也最令人敬畏的幹員。

川普政府剛上臺時，中情局的地面行動組狀況大不如從前——主要歸因於布瑞南自廢武功，摧殘了勇於承擔風險的文化。我的高層團隊做了三件事情才扭轉乾坤：首先，我們確保他們獲得亟需也應該得到的長期身心健康照護，大大提振了他們和家屬的士氣。其次，我們撥給他們直升機，以及其他以前因為經費不夠或已消耗殆盡而沒能配發的其他裝備。最後，我們讓地面行動組重新招兵買馬把人補齊。我一度必須親自打電話給人資主管，對他發飆：「如果你不讓地面行動組加聘人手，我會親自動手揍扁你。」這樣做很不客氣，但之後就再也沒有問題了。地面行動組組長後來感謝我和布拉陶力挺並提供他們資源，以及——我能說嗎——令他們再度偉大。我很遺憾未能有更多時間在中情局和他們共事。

另外我也著手擴充中情局人力資源的量能。也許最佳案例是來自檢討人員的高離職率。我訪談了幾位即將離職的團隊成員。他們的遭遇讓我明白我們有所缺失。那些面臨婚姻失和或酗酒過度問題的成員，通常求助無門——部分原因是他們從事臥底工作或處理高度敏感的機密檔案，日積月累的一波波壓力最後壓垮了他們。

我透過設立一個以信仰為基礎的諮商輔導計畫，改變了這種情況。那花了我將近一年的時間，因為必須說服一票反對這個構想的律師。但我在陸軍親眼見識過牧師團如何發揮力量，讓我的團隊變得更好。我們向軍方借將，請來幾位退役軍職牧師，打造了一個適合中情局的模式。川普政府下臺前，中情局已擁有一批訓練有素的專業信仰領袖，並通過安全考核可以傾聽不吐不快的祕密。如此一來，我們的幹員可以獲得精神庇護、情緒支援和由信仰驅動的協助。在我任職川普政府的四年期間，中情局牧師團的團隊建立成果名列前茅。

我無法告訴你組成全球最佳情報機構的優秀美國人的姓名，包括負責反恐任務中心的那個團隊、掌管反情報任務中心的那群鐵娘子、特別行動中心的領導人，以及負責祕密行動的主管，表現全都無懈可擊。即使各有家庭，這些優秀的男女隨時待命出任務。歷史和上帝將會明白他們做了哪些重要工作。在海外，我也有許多優秀的情報同行，像是日本的北村滋，英國軍情局五處（M－5）的安德魯・帕克（Andrew Parker）和軍情局六處（M－6）的艾力克斯・楊格（Alex Younger），都和我有相同的責任感和昂揚鬥志。另外還有瑞士和澳洲情報局的夥伴，以及好幾位會希望我不要透露他們姓名的人，都為拯救美國人性命貢獻良多。

我不後悔轉任國務卿，但很不情願離開中情局的優勝團隊；不過，得知我的繼任者哈斯柏會讓大部分的人留任，我很心滿意足。可是，她有點不爽我把布拉陶帶到國務院，他在中情局備受敬重，展現出能按時在預算內完成大型專案的能力。中情局一位資深官員描述，服務三十多年來，沒看過中情局這麼好。對於這項成就，我個人不敢居功，因為全都因為我有一個使命必達的高手團隊，知道怎樣贏得勝利。

改造國務院文化——祝好運！

二〇一八年接國務卿的時候，我奉命掌管一個規模大約七萬五千人、年度預算超過五百億美元的組織。偌大的人力和財務資源供我支配，但那也意味潛在的失敗向量數大增。此外，我非常明瞭，川普總統是第四十五任總統而我是第七十任國務卿，這是道簡單數題：我這個位子的流動率遠遠高過他那個位子。我打第一天開始就如履薄冰，原因不單純是我的老闆動輒就開除達不到他要求的人，而是事情如果出錯，撤換國務卿比換總統容易多了。

我在國會時，與國務院有多次交手的經驗，大部分是欺瞞或阻撓，並非使命必達高手或優勝外交團隊該有的特色。我身為眾議院班加西特設委員會的成員，調查二〇一二年美國駐利比亞外交據點遭致命襲擊事件，決心追根究底查明當時的國務卿希拉蕊．柯林頓怎麼會讓克里斯多福．史蒂文斯大使（Ambassador Christopher Stevens）、國務院情報管理官西恩．史密斯（Sean Smith），以及兩名中情局外聘安全人員葛倫・達赫堤（Glen Doherty）和泰倫・伍茲（Tyrone Woods）死於利比亞聖戰分子之手。但我們努力為美國民眾找答案，卻被國務院嚴加阻撓。當時職掌管理事務的國務次卿，一個名叫派崔克・甘迺迪（Patrick Kennedy）的混蛋，受命擔任國務院與國會的聯絡人；他在面對國會調查團隊時，處處都表現得不誠實、不適任且卑鄙惡劣。個人認為甘迺迪是在為希拉蕊・柯林頓（時任國務卿）、蘇珊・萊斯（時任駐聯合國常任代表）和胡瑪・阿貝丁（Huma Abedin，當時的國務院資深顧問）文過飾非，湮滅我們要求調閱的文件。

我也記得擔任國會議員期間訪問以色列時，是如何受到國務院駐特拉維夫大使館和駐耶路撒冷領事館的萬般阻撓，後者不如說是巴勒斯坦人社區活動中心更貼切。有次我安排了要登上環繞耶路撒冷舊城的城牆繞一圈，由以色列警員米奇・羅森菲爾德（Mickey Rosenfeld）護送，目的是評估與當地以色列警力有關的安全議題。就在我即將展開視察的前幾分鐘，負責安排我行程的一位國務院官員請我坐上廂型車，稱之為綁架或許太誇張，但令我震驚的是，我被載到旅館門口而不是舊城。他的理由呢？「長官，您那麼做會挑釁巴勒斯坦人，製造外交風險。從沒有高階美國官員這麼做過，很遺憾我們無法支持您的計畫。」當上國務卿後，我明白必須修正這種膽小態度。

擔任中情局局長任內，我與國務院密切合作。我接觸到許多優秀的領袖人才，但也看得出來這是個工會主導、被動出擊、建制僵化的漏油機器，從川普政府執政第一天起就在抗拒「美國優先」的政策目標。他們厭惡川普總統的理由很多，其中一個是他竟然在大選中擊敗了他們之前的領導人，受到國務院多位資深主管愛戴的國務卿希拉蕊・柯林頓。

我坐上國務卿的位子之前，就注意到蓄意阻撓川普政府的企圖。二〇一七年，我以中情局局長身分前往阿拉伯聯合大公國訪問，拜會阿聯王儲及其團隊，還有他們的情報首長，他是個能力極強的情報幹員，多年來一直是美國重要的合作夥伴。那晚我參加簡短的非正式餐敘，內人蘇珊、幾位美國大使館官員，以及美國駐阿聯大使芭芭拉．李芙（Barbara Leaf）也受邀出席。晚餐進行了大約二十分鐘，李芙開始大肆批評阿聯酋，是我在公共場合見過最粗魯傲慢的作風。在這個純社交聚會，她直呼阿聯官員姓名、轉述我覺得不宜與在場人士分享的美國官員八卦，並且大放厥詞，顯示她沒跟上美國的當前政策。她絕非使命必達的高手。

我火冒三丈，匆匆結束晚宴。離去前，我向當晚的東道主阿聯駐美大使道歉，然後將整件事告知國務卿提勒森，並要求次日上午在李芙辦公室與她會晤。雖然這不是我的權限該管的事，但我還是要求她向阿聯大使道歉，她一直沒做到。我警告她，我將盡一切能力讓她再也不能代表美國，哪怕只是一場小遊戲。她只能瞪著我，帶著一種職業官僚有把握比川普政權要長命的得意表情。在一般正常的組織裡，像李芙這樣同時違反禮節和政策的行為，是會被革職而且永不錄用的，但國務院不是正常組織。李芙在智庫圈子韜光養晦幾年後，目前是拜登政府的近東事務助理國務卿，美國政府督導中東政策的最高階官員。

我剛做國務卿的那段時間，很擔心碰上像李芙這種人——敵視新政府政策並熟知如何在官僚體系裡動手腳以阻撓我們達標的老鳥。我需要有人能協助我熟悉國務院的官僚體系和外交圈的繁文縟節；需要一個我信得他會天天為美國贏得勝利的人；要使命必達的高手。

解決問題的第一片拼圖，是把我的好兄弟再拉過來。我把布拉陶從中情局挖角過來，擔任負責行政管理的國務次卿，基本上就是國務院的營運長。接著我再祭出第二號祕密武器：烏利奇．布列克布爾。烏利奇把自己的事業經營得有聲有色，但他像布萊恩一樣，放下一切，搬到華府來幫我做好我夢寐以求的工作。我和「布萊奇」相識於一九八二年七月，兩個人都是軍校新生。如同布萊恩，烏利奇跟我情同家人，我兒子管他叫烏利奇叔叔。只要認識烏利奇和他太太蜜雪兒，就會不由得喜歡他們。他們賢伉儷親切大方、十分能幹。如果可以的話，我會把他倆都請來，但他們的三個兒子也需要老媽照料。等下一回吧。

烏利奇會是你所見過最賣力、最勤奮、最有條不紊也最有耐性的領袖。在西點軍校時期，他是高年級生軍事領導團的一員——年方二十二，就展露出統御能力，贏得同儕尊敬，是我們其餘這些呆頭鵝難望項背的。畢業後，烏利奇和我都被分發到第二裝甲騎兵團服役，後來在哈佛研究所重新聚首，然後在堪薩斯州的威奇塔合夥經營我們的飛機零件生意。我們將他瑞士人的一絲不苟和風度翩翩利用到極致，讓他出任公司財務長。

在國務院，我給他的角色是顧問，一直以來都是重要職務。但別被頭銜騙了，他的角色其實是執行者。每當有重大問題出現，我就吩咐手下「把烏利奇找過來」。他會讓問題消失，讓我的日子愈來愈輕鬆。他是個建構者、協調者，必要的時候也可以扮演壞消息的傳遞者。因為他不會輕易被唬住或被脅迫，也不會耽溺於華府的權位遊戲。所以我知道他在川普政府任職會很成功。他幫我解開糾纏不清的人事死結，仲裁爭執不下的官僚爭端，這些吃力不討好，但能讓我專注於處理只有國務卿才能處理的事。他對我瞭若指掌，所以團隊成員後來拿問題來找我之前經常會說：「我們先跟烏利奇商量看看。」這是個一流的使命必達高手。

如同吉娜・哈斯柏是我在中情局組織體系中的耳目，大衛・海爾（David Hale）成為我在國務院最倚重的資深職業官員。跟吉娜一樣，我也是在國會工作時首度結識海爾，他從一九八五年起擔任外交官，曾經是駐約旦和巴基斯坦的大使，還有黎巴嫩，他教了我許多有關這個奇妙國家的知識，以及它在地中海東濱地緣政治的地位。後來我當中情局局長，再度與大衛共事，他當時駐巴基斯坦。他是如此的專業，我不能透露他在二〇一六年總統大選時投給了誰，儘管他和國務卿希拉蕊・柯林頓有過密切合作。我希望國務院有更多像他這樣的人，無論美國人民選了誰，都能超然於黨派盡忠職守，做好分內工作。大衛和我對於中東事務，以及我們有責任效力川普總統，有共同的認識。我很遺憾他的事業發展因為曾為我做事而遭受打壓。這已經說明國務院的狀況，不用我多加著墨。

我挑選麗莎・肯納（Lisa Kenna）做我的辦公室主任——那個負責安排我瘋狂行事曆的人。麗莎在國安領域已經經過多年實戰測試，我完全信任她的奉獻精神與辦事能力。儘管同時還身兼家庭重任，她在工作與家庭之間取得良好平衡；在我擔任國務卿的一千個日子裡，她一直守著我，作為我的辦公室與國務院其餘單位以及整個國安機器之間的溝通管道。但與大衛一樣，我認為麗莎也是因為同意為川普的國務卿工作而被踢出了外交圈的酷小孩俱樂部。

隨著我逐漸在國務院大樓的七樓辦公室安頓下來，我愈發明白提振部門士氣是當務之急。引用《傳道書》（Ecclesiastes）的說法，希拉蕊輸掉二〇一六年總統大選的那一刻，國務院總部大樓彷彿成了「哭喪之屋」。它尤其對一個準備拒絕《伊朗核協議》和其他狂熱議題的新任總統充滿敵意。無論總統挑誰來當國務卿，這些外交官員都不會喜歡，結果提勒森出線，遇到了莫大的阻力。國務卿提勒森原本是美國最大化石燃油公司的老闆，卻是外交政策的門外漢。他試圖重整這個部門，沒成功卻把事情愈搞愈糟，他凍結聘用新進公務員和外交人員的決定，更是雪上加霜。當他禁止外館僱用駐外人員家屬擔任文職雇員的時候，整個國務院的士氣盪到了谷底；這種做法在國務院行之有年，讓辛苦的外館人員能夠稍微兼顧艱難的工作職責與家庭生活。這些對於用意良善的提議總是大驚小怪的職業外交人員，開始以匿名方式向媒體告狀，抱怨雷克斯的領導能力。而雷克斯本人只聽取一小群高層顧問的建議，給人一種他不屑聽取這棟大樓裡專家意見的印象；在一些時候，專家意見其實至關重要。

因此，我赴任時，團隊精神已經降到了最低點。傳統上，每位新任國務卿就職時，都會被國務院員工簇擁著迎進大樓。我向他們一一致意，並保證我會讓他們活躍於世上每一個角落，代表美國執行任務。當天稍晚，我取消了禁止聘用家屬的規定。緊隨著又是另一道指令，重新恢復聘用外交和行政人員。

那年五月，我和員工進行了一場里民大會式的面對面會談，他們可以問我（幾乎）任何問題。開場白時，我說有許多測驗無法靠死記惡補來應付，包括品行、勇氣和誠實，而你每次都要通得過。我提出建議，承擔風險但遭遇失敗是成為一支高績效團隊的必經之路。我告誡他們，產出文件報告不算成果。我要求他們不能洩密，並警告會把洩密者繩之以法。對我而言，我們的外交官員應該在世界各地擁護他們代表的美國法治，這是基本常識。我提醒大家，我們的任務是關於美國，而不是他們。

我到國務院後不久就開始推動「昂首闊步」運動（swagger campaign），我要每個人都瞭解勇於承擔風險會有所獲，美國的驕傲是成功的先決條件，而且每個人都必須時時刻刻支持川普總統和我。雖然外交記者圈的那群豺狼鬣狗對「昂首闊步」運動冷嘲熱諷，但這件事至關重要。我要我們的外交人員堅定不移地以美國為傲，對待接觸到的人——無論面對的是約旦國王，或是要申請簽證去美國探望乖孫的幾內亞老太太——都必須當成別人對美國和美國人民留下第一和最後印象的機會。那表示不能做出需要事後道歉的行為。不能竊竊私語麥克・龐培歐是個右派基督教狂熱分子。不准發牢騷，只許贏。可惜，擔任一千多天的長官，我懷疑我是否留下任何昂首闊步的足跡。

同時我也試圖打造一支使命必達高手團隊，敦促國會通過更多川普政府提名的官員。我初接掌國務院時，有百分之五十六的大使職務懸缺；總部裡有百分之五十七的主管職位，包括好幾個重要的國務次卿和助理國務卿，無人遞補。像是主管近東事務的助理國務卿大衛・申克（David Schenker）和東亞暨太平洋事務助理國務卿史達偉（David Stilwell）等重要主管的任命案，都因為雞毛蒜皮小事的阻礙和要求而被拖延一年或更久的時間。就連布拉陶的行政管理國務次卿提名，也因為民主黨參議員梅南德茲的關係被擋了下來。外交安全局（Diplomatic Security Service）局長任命案的拖延，尤其令我對民主黨人光火。這個職位是要負責保護我們在世界各地外交人員的安全啊！而他們不過是在《政客》看到幾段引述匿名洩密者的話，就大呼小叫說國務院陷入混亂。因為任命案遭延宕，我打了好幾通電話到國會山莊發飆。

除了昂首闊步之外，我們還要國務院成員對於驅使他們承諾為國服務的目標和核心理念有個共同的瞭解。世上幾乎每個重要組織都有使命宣言和信條，所以我請烏利奇幫國務院起草一個。他當時正率領一個團隊推動我們制定的專業操守規範，以打造國務院的文化使之成為一支優勝隊伍。烏利奇並沒有親自動筆，他花了好幾個月和一群國務院主管組成焦點小組，進行內部民調，建立共識。以下是成果：

我是美國外交的捍衛者。

我的同僚和我驕傲地在美國行政部門第一部會國務院為美國和美國人民服務。

我們支持並保衛《美國憲法》。

我們引領美國的外交政策在世界各地保護美國人民，並提倡其利益與價值。

身為這個團隊的一分子，我的行為舉止將始終保專業水準，即使面對逆境也如此。

我的表現將遵守個人和專業誠信，毫不妥協。

我為我的行為和決定負責。

我的言行會對我的同事和所有與我並肩共事的人，表達充分的敬意。

齊心協力，我們共組美國國務院。

這些宣言大部分內容看起來是適用所有工作場所的常識性原則，但事實上，國務院亟需這樣的指導原則。其終極目標是建立國務院文化，朝向更專業、誠信和問責制發展。這個改造過程要求每位國務院新進人員接受特別講習，讓新人一開始就有相同的態度。沒想到這個無黨派色彩的中立聲明卻遭到猛烈反撲。我們知道我們試圖在組織裡建立新文化，但舊勢力並不樂見。國務院的好幾個工會都不希望建立問責制度。而且這個部門對於川普政府提出的任何改革建議都抱持敵意。我們將上述的精神宣言製成一塊巨型告示板，放置在國務院總部大樓的大廳。但在二〇二一年一月二十日拜登政府正式上任前，國務院員工就迫不及待地把告示板拆了，他們的抗拒可見一斑。

人們總是說國務院的文化不可能被改變，我知道在我任期結束時，我不會留下太多改變，但我必須盡量多將一些人轉化為使命必達高手。我知道這些宣言激勵了不少職業外交人員，他們想為能給美國贏得勝利的組織工作。即使這些宣言不會留下來，但我希望那些已牢記在心的人能這樣開展工作，進而影響他們的同事。我相信國務院會改觀，但是建立一支高手隊伍不只需要一千個日子。這需要一個有決心如此作為的總統。而且聯邦政府裡需要打掉重造的不只是國務院。

☆ ☆ ☆

儘管遭遇種種挫折，我還是很幸運能和幾位優秀的美國人共事，他們的傑出表現證明自己是愛國者和使命必達的高手。很感謝羅伊・史提爾曼（Roy Stillman）和朗・費柴德（Lon Fairchild）率領的外交安全隨扈團隊，每天保護我和家人安全。摩根・奧特加斯（Morgan Ortagus）是精明幹練的國務院女發言人和海軍備役軍人，作為曾在財政部與美國國際開發署（USAID）服務的官員，她對美國外交政策有第一手實務經驗，不管在發言臺或電視上都銳不可擋。負責媒體關係的凱蒂・馬丁（Katie Martin）是個鬥士，對於懶惰的記者不假顏色，屢屢敦促他們寫出更好的報導，真正反映出我們工作的真實面貌。喬・席姆拉德（Joe Semrad），我的貼身助理，是我見過最注意細節的人；他讓我提早到達每場會議，如我喜歡的那樣。霍華・范佛蘭肯（Howard Van Vranken）為我的海外行程全力與空軍協調調派專機。儘管國務院內部的意識形態偏見和內部鬥爭可能損害美國利益，但這個部門還是有一批盡責且以任務為先的人，我有幸能夠與其中一些最優秀的人共事。

遺憾的是，有一位像大衛・海爾那樣將黨派偏見屏除在外交事務以外的專業官員，背後就有十個在暗中推動左派理念的官僚。我們先說說工會吧。國務院內基本上有兩大工會，美國政府雇員聯盟（American Federation of Government Employees）和美國外交人員協會（American Foreign Service Association）。美國納稅人為這些工會領袖提供辦公室和全職工作人員好處理工會事務時，他們卻擅長製造無效率的事，他們規劃出讓加快流程和團隊合作變得困難的工作規則。他們幫員工提出被紙割傷或咖啡冷掉這些微不足道的事，他們洩密、抱怨，然後去兌現辛勤工作的美國人支付的工資支票。政府效能不彰的原因之一就是幾乎不可能獎勵表現傑出的人，扭轉上述趨勢。要改造國務院以及眾多聯邦政府機構，其實很簡單，自由僱用和廢除工會將是個好的開始。政府部門以外數以百萬千萬計的勞工都是這樣子，聯邦雇員憑什麼享有幾乎終身的就業保障？沒有任何理由。

外交官圈子裡的文化幾乎一面倒地傾向左派。我在國務院和中央情報局都遭遇同一種狀況，就是自我陶醉的多元文化，只因為還活著就能表揚自己。太多人力時間浪費在為各種小團體計畫、宣布和執行慶祝活動。這些人花了極大的努力去推動內部多元文化，跟我在堪薩斯經營的機械廠輕鬆就能融入相去甚遠。德國老粗和講中文的工程師，六個孩子的媽以及熱愛工廠的非裔老奶奶，肩併肩工作，這樣的環境創造出歡樂空間，我們一起做出了不少成績。

從某些方面而言，經營機械廠是要比領導一群外交官員容易，因為每名員工每天的表現都可以衡量得出來。他或她在車床、研磨機臺或磨邊機器上完成了多少零件？良率多少？當然，一名外交人員可以聲稱她或他協助談判了九項條約，或者在某項計畫管理納稅人六十萬美元稅金。但是外交工作大部分的結果只能質化而非量化。一通「具有成效的電話」或是一場「內容充實的會談」標準何在？我如何衡量花了兩小時和某位中東酋長喝茶得到什麼成果？這些結果都不是那麼具體，有時甚至要好幾個月後才見分曉。我是個講求數字的人，所以有時候會覺得這一切難以接受。

在國務院和中情局，有大批的人專注於處理和核心任務沒有直接關係的事。大規模多元化計畫、平衡工作與生活的大型教育訓練，以及氣候變遷的官僚規定，是這兩個單位所面臨諸多無關緊要、白費力氣的差事之一。將這些外圍工作提升為國安機構的中心焦點，是為了讓這些單位更加覺醒。沒有人否認從廣大美國人之間盡可能找出最優秀人才的必要性，但當自我感覺良好取代了以績效論成績，就會喪失優越性。當團隊認同是建立在無法改變的特質上，並且超越個人能力表現，高手中的高手就會選擇其他地方去發揮他們的才華。美國也將因此淪為輸家。在新冠疫情期間，我和我的管理團隊力挽狂瀾試圖讓大家回辦公室工作，但他們想在家「工作」，不難看出這個部門對於贏得勝利的成果已經失焦了。

國務院任務宗旨的偏移以及堅定左派的走向，在二〇二〇年夏天「黑人的命也是命」運動高峰期變得尤其明顯。美國前海軍太平洋艦隊司令哈利．哈里斯（Harry Harris）上將是真正的愛國者，在我被提名為國務卿後某日凌晨二點鐘，我和他在德國蘭斯坦空軍基地停機坪上曾匆匆一晤。當時他被提名出任美國駐澳洲大使。

「哈利，我們即將和北韓展開密切接觸。我需要你到首爾當大使。」

「麥克，這會有兩個問題，首先，我有日本血統。其次，我老婆對雪梨和墨爾本情有獨鍾。」

我承認這兩個理由都有其風險，第一項可能會影響美國和兩韓之間外交的穩定。第二項則攸關他的婚姻。但我還是請他再考慮看看。他同意了，數日之後，他同意放棄澳洲，出任駐南韓大使。如我所說的，他是個真正使命必達的高手，瞭解贏得勝利的重要。

二〇二〇年六月，就我記憶所及，我在CNN看到我們首爾大使館的建築外牆懸掛了一幅巨型標語「黑人的命也是命」。我立刻請烏利奇和布萊恩打電話給哈利，搞清楚他為什麼在外交產業上展示馬克思主義團體提出來的政治訊息，該團體的支持者贊成殺害警察。哈里斯以領導身分擔起所有責任，並在我的指示下拆了標語。這幅標語大到拆除工作花了整整四十八小時，據某人解釋，那是因為「把橫幅掛上去的吊車已經歸還原主」。

大使無疑不能卸責。但我猜想哈利手下的人耍了他。他告訴我們他以為標語上只是重申人人平等的中性主張——這是美國傳統裡值得讚揚的基本原則。但哈利的團隊濫用他的善意，改登政治意味濃厚的訊息。「黑人的命也是命」是個馬克思主義組織，被控貪汙腐敗證據確鑿，將數百萬捐款用於跟行動主義毫不相干的事情上，例如耗費六百萬元在洛杉磯購置豪宅。資深國務院官員卻彷彿把這個團體的標語當成星條旗創作者貝西・羅斯（Betsy Ross）親手縫的美國國旗一樣高掛起來。

我發現讓這種黨派之爭和左派思想偽裝進入美國外交政策，將危及我們的外交工作。如果不是布萊恩和烏利奇坐在我的副駕駛座，不曉得我還要親自處理多少類似首爾大使館的事件。例如，美國外交人員多年來一直在駐外大使館旗杆升起同性戀彩虹旗。這是一種政治宣示，對地主國傳遞出令人困惑的訊息。這些外交人員顯然不瞭解大喇喇展示身分認同政治可能激怒其他國家的民眾，尤其是在國際競技場上對美國極具戰略價值的中東、非洲、拉丁美洲和南亞。將身分認同政治植入外交領域，同時也是在告訴我們的敵人，美國的優先項目專注在搞定國內的性別認同問題，而不是如何在地緣政治競賽中贏得勝利。我禁止在大使館旗杆上懸掛任何含有政治訊息的旗幟——象徵基督教的旗幟、川普二〇二〇年競選連任的旗幟，甚至是勿忘戰俘（POW）的黑白旗，都不可以。一根旗杆，一個使命，一面旗幟。捍衛自由是美國外交政策獲勝的是必要條件，至於像拜登治下的國務院那樣向世界灌輸「國際代名詞日」（International Pronouns Day）則不是。

人事即政策

那四年我不只領導團隊，也是川普團隊的成員之一。身為內閣的一員，我必須依賴和同儕以及總統幕僚之間的健全關係和密切聯繫。他們之中有些人是使命必達的高手，其他人則不然。這使我愈發明白「人事即政策」這句名言。

通常情況下，內閣成員都跟我一樣，在勝敗至關重要的人生領域很有經驗。歐巴馬政府則是由納稅人資助，集社運分子、學者和職業官僚之大成的工作計畫。對他們而言，無論最後達成什麼結果，資金總是會源源不絕流入。相較之下，川普政府中的許多資深領導人要不曾經身著戎裝保家衛國，要不就是成功的企業經營者；像是國務卿提勒森（埃克森美孚集團）、國防部長馬提斯（海軍陸戰隊）、國土安全部（DHS）部長凱利（海軍陸戰隊）、財政部長梅努欽（Steven Mnuchin，來自敦恩資產管理公司（Dune Capital Management））、國家經濟委員會委員長科恩（高盛集團），不過是信手捻來的幾個例子。至於現任的拜登政府，內閣成員中只有兩名退役軍人：國防部長勞埃德·奧斯丁（Lloyd Austin）和交通部長皮特·布塔吉格（Pete Buttigieg）；拜登團隊中沒有任何一人經營過大企業，甚至可能連薪水支票都沒有開過，可能除了諮詢業相關公司也沒在大企業做過事。這些公僕與經濟和國家安全事務脫節的情況，至為明顯。

如果要將美國擺在第一位，就需要瞭解美國、熱愛美國，而且有能力勝任的人。就拿我們團隊裡曾任副國安顧問（Deputy National Security Advisor）的瑞奇·沃德爾（Ricky Waddell）來說吧，出身阿肯色州本頓維（Bentonville）的謙謙君子，比我早四年從西點軍校畢業，後來成為羅德學者（Rhodes Scholar），並獲得哥倫比亞大學博士學位。更令人印象深刻的是，他完成常備役後，繼續以備役軍官身分，派駐南韓、伊拉克和阿富汗，同時忙於轉戰商場擔任南美洲企業高管，他還跟一樣熱心服務的妻子唐娜共同養育三名子女。從二〇一七年到二〇一八年，瑞奇擔任川普總統的副國安顧問，協助形塑政策。在他擔任參謀長聯席會議（Joint Chiefs of Staff）主席與國務卿之間的正式聯絡官時，我和這位使命必達高手密切合作。我真希望每個美國人都能有機會目睹這個人在行動中展現出來的正直、精明與莊重。沃德爾將軍從事國安工作長達數十年，曾近距離親眼觀察戰爭，你會期待每個必須經常向總統、參謀長聯席會議主席和國務卿做報告的人都具備這樣的資歷。

歐巴馬總統任內的副國安顧問之一，班·羅德斯（Ben Rhodes）則是和沃德爾將軍截然不同的典型。羅德斯成長於紐約曼哈頓上東區，於二〇〇二年從紐約大學取得藝術碩士學位，專攻創意寫作。他在二〇〇七年加入歐巴馬競選團隊擔任撰稿人。讓一名宣傳幕僚躍入政策領域沒什麼不對，但讓一個年僅三十二歲的菜鳥文膽擔任制定重大外交政策並為總統釐清方向的職務，簡直就是荒唐。根據他自己的網頁，羅德斯「主導與古巴政府間的祕密談判，這項努力最終導致美國與古巴兩國關係的正常化。」他還「支援完成與伊朗之間的《聯合全面行動計畫》談判。」這兩項決策對美國極其不利，不但增加美國人的風險，也使得古巴和伊朗人民進一步受到殘暴政權的支配。從羅德斯寫的有關於外交政策的演說，能看出歐巴馬總統的外交政策企圖推銷一種宏大敘事，以他救世主式自我建構概念為本，不去解釋這個卑鄙齷齪世界冷酷無情的現實。所以二〇一八年當羅德斯推出名為《世界本如此》（*The World as It Is*）的自傳時，我多看了兩眼。一個願意接受協議容許什葉派領袖繼續提煉濃縮鈾的人，肯定是活在幻想世界。

財政部長梅努欽和我對每項決策並不總是看法一致，但我始終將他視為朋友，並瞭解他和我分別代表不同的美國利益。而且川普總統和我都很尊敬史蒂芬，因為他有本事在金融世界裡致富，將他自己的錢投入風險行業。聰明、幹練、冷靜、堅定，他知道如何將資本釋出以刺激經濟；他瞭解市場運作，並且認識其中的主要玩家。國務院、中情局和財政部在許多國安計畫上密切合作，對我而言，他是個不可多得的堅實夥伴。

反觀歐巴馬總統上臺後任用的第一位財政部長，是職業官僚提摩西．蓋特納（Timothy Geithner）。這個人的成長期大部分居住於海外，成年後工作經驗則幾乎侷限於不同的政府單位。蓋特納離職後的接替者是傑克．路（Jacob "Jack" Lew），整個職涯幾乎也都在政府機構和學術單位打轉。本書寫作期間，為拜登政府掌管財政部的是珍娜．葉倫（Janet Yellen），同樣也是長期在政府和學術界工作的人物。在行政部門的每個層級，施政優先順序會根據其選用的官員而定。我在川普政府的同事可以為美國贏得勝利，因為他們當中的許多人都有保衛國家的第一手經驗，而不是去批評它；也有創造財富的經驗，不是去規範它。

川普政府不是沒有瑕疵。一系列自己造成的傷口把我們給拖累了。過高的離職率一直是個問題，而且隨著時間一個月一個月過去，對於川普總統的忠誠度竟然成為任用的唯一條件。白宮人事室最後是由約翰・麥肯蒂（John McEntee）負責，他自認為是「讓美國再次偉大」的火炬守護者。我跟麥肯蒂並不熟，但總統喜歡他，而我也相信他有足夠能力勝任他被交付的工作。但他不瞭解，忠誠是為川普政府服務的必要條件，而非充分條件。當他開始任用資格不符的人擔任重要且具影響力的職務，僅僅只憑他們對於川普的熱情，多位內閣部長紛紛打電話跟我抱怨麥肯蒂空降無能冗員到他們的單位。

幸好我沒有那些問題，因為我有烏利奇；一個無所畏懼的談判家，他有對白宮說不的本事，因為那和拒絕總統不一樣。而且他知道我對總統的忠誠足可以挺他。

二〇二一年一月的某一天，我接到川普總統來電，他說：「我的麥克，你看過今天早上的《華盛頓郵報》了嗎？」

「我不看那東西。我的心臟科醫師說那東西有害我的健康。」

他輕笑了一聲然後說，「那上面有篇報導說你是我最忠誠的內閣成員。他們說得沒錯，你做得很好。」

「總統先生，你該知道他們這麼說不是在恭維我或你？」

「你知道嗎？你說得沒錯。」然後我們一起大笑，他隨即掛上電話。

我每天都努力表現忠誠和稱職。我期望其他人也一樣，並將這些特質視為使命必達高手的基本條件。

人事走馬燈

在國安領域，高層的頻繁更迭並不利於我們的工作。四位國防部長、四名國安顧問以及四位幕僚長，意味著我們一直在和新同僚共事。這對我們的敵人和盟友來說，都透露著不穩定和無組織。身為國安團隊當中唯一四年來一直在任的核心成員，我的工作表示我得經常幫助新進成員跟上腳步。如果擔任重要職務要花上一年才能熟悉狀況，這些領導人從未達到巡航速度。

造成這種高離職率現象的原因不一而足。川普的第一位國安顧問麥克・佛林（Michael Flynn）因為對副總統和聯邦調查局說謊而被開除。但更大的問題是，總統所挑選的許多人不是不認同他對外交政策的直覺，就是根本拒絕接受。這種情形在頭兩年尤其嚴重。一個最恰當的例子：在能力和適應力都極強的羅伯特・歐布萊恩（Robert O'Brien）出任國安顧問之前，這個職務先是由麥馬斯特做了一年，接下來一年半由約翰・波頓接手。幾乎同一時間，國務卿提勒森也成為短暫過客。並不是這些人沒有才幹。在任何一屆政府，內閣成員的挑戰是執行總統的目標，不是你自己的目標。川普總統獲得了二百七十多張選舉人票，你們沒半張。政府內每位高階領導人的責任是調整自己的風格去適應總統的風格，而不是反其道而行；我有些同僚要不是不能，不然就是故意不肯。儘管離職率居高不下，我們還是制定出「美國優先」的外交政策。雖然毫無疑問，這些紛擾阻礙我們做好一些時至今日仍亟待完成的工作，特別是關於中國、中東、古巴和委內瑞拉。所有這一切都讓我更加確信，建立優勝團隊的領導者，是那些可以在必要時挑戰其想法、同時始終執行其指示的人。

國防部長可能是最能體現這個問題的職務。馬提斯上將毫無疑問地很愛國，是個聰明人，也是中情局偉大的合作夥伴。他個人對阿富汗「無止境戰爭」（forever war）的觀點深信不疑，而且華府公關機器支持他，日以繼夜不停地稱讚他是川普政府辦公室裡的成年人。儘管我們對如何取得美國勝利的看法不盡相同，但處得還不錯。不過川普總統究竟為何挑他當國防部長，對我而言至今仍是個謎。他們兩個就像我們團隊裡的任兩個人一樣，毫無相似之處。

馬提斯從來不信任川普總統。二〇一七年六月，馬提斯企圖說服總統增派三千名美軍到阿富汗以強化戰鬥力量——這項決定完全牴觸川普總統的直覺——但馬提斯還是占了上風，獲得同意。即使獲得授權，馬提斯卻遲遲沒有派兵，他說：「我不相信總統不會突然倒戈。」後來馬提斯還不顧違反川普政策，不斷公開宣稱他相信與伊朗間的《聯合全面行動計畫》符合美國利益。二〇一八年十月五日，總統親口告訴我：「我把馬提斯捧成了明星，現在我要開除他。」馬提斯在那年十二月下臺。

馬提斯前往白宮遞交辭呈當天（或是接受革職，看你問的是誰），先繞到國務院來看我。「麥寇，你必須留下來。你是僅存還站著的人；沒了你，美國面臨的風險實在太大了。你是國安團隊裡他唯一肯聽的人，你可以對他說沒人開得了口的話。很抱歉我待不下去了，我失去了讓那老頭聽我說話的能力。我的功用已經消耗殆盡。」我告訴他，他為美國的奉獻是崇高的，在他的職業生涯中挽救了無數美國人的性命。

但我也認為他的辭職晚了好幾個月。他不相信美國優先，而且他對許多川普總統想要達成的目標多所抗拒。他在辭呈中說，美國對敘利亞的政策是他退出的理由，那最多不過是他和總統之間矛盾的一小部分。我個人認為，馬提斯對於「美國優先」團隊有許多既定看法。到頭來，他不再相信捍衛美國的顛覆性努力所必須承擔的風險和辛勤工作。

有一次，由於伊朗又對美國人發動攻擊，我要求採取直接行動作為反應。馬提斯對我說：「麥寇，跟伊朗人戰鬥的地方就在伊拉克。」我不同意。殺掉幾個為每月五百五十伊朗里亞爾（Rial）微薄酬勞賣命的什葉派民兵傻瓜，不具有任何嚇阻效果。馬提斯甚至不遵守他自己的策略。他也反對在伊拉克採取重大行動。他就是不想在任何地方和伊朗對抗，至少不願意和他的總統並肩作戰。當他對我說因為中國的關係，伊朗不該是我們工作重心，我同意了他的假設。但是當我們開始抵制中國共產黨，他也不想參與那場對抗。他連續被歐巴馬總統（他摘掉馬提斯中央司令部指揮官的職務）和川普總統革職的事實，對於服公職有輝煌事蹟的人來說是極其遺憾的結局。至今我仍然敬佩馬提斯在美國海軍陸戰隊的領導力，但他對於我們團隊來說實在是人地不宜——他的短暫任期，他個人和川普總統都有責任。

五角大廈的走馬燈並未隨著馬提斯離去而停歇。派崔克．夏納翰（Patrick Shanahan）當了六個月代理部長後，我在西點軍校的老同學馬克．艾斯培（Mark Esper）接掌國防部。馬克是個好朋友、好人、永不倦怠的辛勤工作者。他在他的書中曾經提到，他為川普總統的計畫辯護會氣得怒髮衝冠。他曾說，如果他被命令去做任何不合法的事情，他會毫不猶豫地辭職；但他也明確表示，他從來沒有接過那樣的命令。我知道我也從來沒有被命令去做違法的事情。總統是否曾經在明知不合法的情況下提議從事任何行動？我不記得曾經親眼目睹這種事發生。但是在不熟悉法令的情況下的自由發想，和下達明知違法的命令是截然不同的兩件事。嘿！就連我在國務院和中情局也都有一票律師經常推翻我的構想。他們會說：「不行，國務卿閣下，你不能做你提議的事情。」我猜也有人會因為這樣，就說我建議違法亂紀。（附帶一提，律師有時候也會搞錯。）有些時候，是我忽略了法律的界限，那我們就會改弦易轍，以合法的方式完成任務。我在白宮的經驗也是如此。政府部門內到處都有律師，確保每件事情都合乎法律。美國政府和使命必達的高手團隊不都是這樣辦事的嗎？

然而，五角大廈還是繼續走馬換將。二〇二〇年七月十九日，我正在飛返華府的專機上，白宮幕僚長馬克．梅多斯（Mark Meadows）打電話給我：「麥克，艾斯培幹不下去了。」然後他接著說，總統要我身兼二職，同時帶領國務院和國防部。我告訴梅多斯，那個主意太瘋狂。我在國務院已經有太多事要忙，不可能還有時間兼掌國防部。但是總統對艾斯培失去信任，意味我在政治和軍事議題的考量上，將開始扮演更吃重的腳色。這並非總統第一次要求我擔任不止一個角色。當國安顧問波頓的離職迫在眉睫時，有人提醒總統，季辛吉當年也曾經同時擔任國安顧問和國務卿。川普總統丟給我這個主意的時候，我覺得他在半開玩笑半認真。我跟他說這種做法第一次失敗了，第二次也不會成功。總統的國安顧問必須是各個內閣首長之間的中立仲裁者，而不是其中一個部長。還好，這個球員兼裁判的提議後來不了了之。

毫無團隊精神的海利和波頓

有時候走馬燈轉不停是因為當事人辭職，不是被革職。二〇一八年三月十八日，我的國務卿人事案尚未通過國會核准，駐聯合國常任代表妮姬．海利（Nikki Haley）打電話跟我說：「這地方（聯合國）是個雜耍團。」美國常駐聯合國代表團聽說我將接掌國務院都很開心，因為海利和她的團隊都痛恨提勒森。但事後我發現我也討厭聯合國，根本沒時間去理會這個組織的無用和根深蒂固的反猶太主義。那通電話九個多月之後，海利也走了。海利擔任美國駐聯合國常任代表兩年後，公然掛冠求去，並很有技巧地在媒體上宣布這項訊息。儘管這也是內閣部長級職務，但重要性遠不如一般民眾所想像。她協助提勒森敦促聯合國通過制裁北韓決議案，並發表支持以色列的精采言論，除此之外其他方面的表現乏善可陳。海利的辭職迫使川普總統在內閣離職率居高不下的關頭挑選了一名代理人，這是整個國安團隊當時最不需要的事。她曾形容自己在聯合國的角色是在對抗暴君。果真如此，她又為何在這麼關鍵的時刻辭去這麼重要的工作，何況她的任期至少還有兩年？當初她為了這個「重要」工作，放棄了為偉大南卡羅萊納民眾服務的州長職務，為何又在就任才幾個月就辭職？難道只為了加入波音公司董事會，或是為了保護她自己的名聲免受後來媒體所謂川普汙點的影響？無論什麼理由，這麼短的時間就決定脫隊，顯示她把自己置於對團隊的承諾之上。

我也不喜歡她用一句話就貶低了我們整個團隊的努力。從運作面來說，一名大使應該聽命於我。對於那些過去和川普總統就有私人交情的大使偶爾想要問候一下老朋友，我從來沒有意見，但是白宮幕僚長凱利和我明白表示過，大使想要求見總統之前一定要先經過我的許可。這是為了我能掌握情況，而且我幾乎都會同意。事實上，這種情形經常發生。的確，有時候川普總統會直接打電話給駐外使節，沒問題。我唯一的要求是，如果需要採取行動或者會影響到政策，我們的團隊必須事先知道，以便我們能夠提供支援。對於任何高性能團隊而言，這是基本的組織規則。

某天傍晚我接到凱利的電話，他因為讓海利大使直接進入橢圓辦公室而向我道歉。他起初告訴她必須按照規矩先徵求我的同意，但她堅持因為私人事務必須立即晉見總統，而且和她在聯合國的工作或國務院毫不相干。他接受了她的請求，而且沒知會我。現在他被惹毛了。原來她不是為了私事，她是跟川普總統的女兒伊凡卡（Ivanka）以及女婿賈瑞德一起進去的，這兩人都是白宮資深顧問；據凱利所知，他們提出「海利當副總統」的構想。關於這點，我無法證實。但凱利確信他被耍了，非常不高興。很明顯地，這次會面並沒有表現出團隊努力，反而有損我們為美國所做的工作。

但整個國安團隊沒有人比約翰・波頓更不配稱為使命必達高手。無論任何主題，波頓的算計總是如何為自己贏取好處，從不考慮任何人。他更重視攬功勞和滿足自己的自大心理，而不是依據美國憲政秩序盡責執行總統指令。如果團隊裡的人都像波頓一樣自私，我們將一事無成。

這實在令人遺憾。我在波頓加入團隊之前就認識他了，並且敬佩他對保衛美國的承諾。我也瞭解他——知道他素有難以共事且無法調適自我觀點的惡名。他和川普總統對政策有非常不一樣的直覺，川普總統也知道，但他還是挑了波頓。

或許波頓和川普總統計畫作對的最佳例證，牽涉到北韓。二〇一八年四月，就在川普總統和金正恩委員長開高峰會議之前的幾個星期，波頓在電視上公開討論去核化，「我想我們在考慮二〇〇三年和二〇〇四年的利比亞模式。」這是跟北韓說美國願意取消貿易制裁以換取廢除核計畫，如同我們在二〇〇三年和二〇〇四年對利比亞所採取的政策。然而波頓明知道北韓方面可能將「利比亞模式」解讀為美國支持最終推翻政權的努力，如同後來二〇一一年利比亞發生的情形。金正恩委員長可不希望落得跟格達費一樣的下場，把生命最後一段時間用於躲藏在排水管道，但還是難逃被捕的命運，臨死前遭刺刀刺入肛門，被子彈掃射得體無完膚，死後屍體還被放在空蕩蕩的冰箱，公開展示於街頭。對我而言，波頓最後那段聽似無關痛癢的話，其實是故意在嚇唬金正恩，讓他拒絕與川普政府接觸。川普聽到波頓這段評論時，頓時火冒三丈，立刻將波頓完全剔除在北韓進程以外。我無所謂，因為約翰就任國安顧問幾個月後，總統就已經鄙視他了，這只是為我們順利執行計畫掃除了一道障礙。

但我還是希望波頓的事情會有不一樣的發展，畢竟我們對許多事情的看法一致。我們對過程卻有極大的分歧。我們都認為金正恩或塔利班不該無條件拿到好處，但我願意和他們對話，他則不然。我們都認為應該嚇阻伊朗，他主張空襲伊朗的飛彈設施，我們知道這不會成功，我則建議改採較不公開的選項。跟馬提斯一樣，波頓在被推下跳板之前向我明確表示，我應該堅持到底，從川普總統手中拯救世界。

川普總統開除波頓的那一天，我和一群記者共進午餐。一位幕僚遞給我一張便條：「美國總統要馬上見你。」正當我要向記者告退的時候，他們的手機螢幕全都亮了起來。這下他們都知道我再也不會回到餐桌上了。我立即趕赴白宮，當天下午我和財政部長史帝芬・梅努欽原本安排要在白宮記者室進行關於伊朗的簡報，我們決定接受提問之前先和總統討論一下，因為所有的問題百分之百都是關於波頓被炒的事。

「我們是不是該取消簡報？」我問總統。

「才不要咧！別取消。波頓是個混蛋魯蛇，你就跟他們這麼說。」「好吧，總統先生。我們會換一種方式，但有聽到你的重點。」

史蒂芬和我走進記者室，報告了一些重要的伊朗事項，接著開始接受提問。

我和他在記者提問時笑得合不攏嘴的照片，隨後在網路上瘋傳。我們並不是在笑波頓被開除了（雖然我倆誰也不想念他）。我們發笑的原因主要是因為整個情況有點喜劇感：波頓堅稱他是辭職，總統則說他炒了波頓魷魚。此外，我們在笑華府媒體圈的可預測性，總是迫不及待地想挖掘宮廷內鬥新聞。但是，史帝芬和我事後還是對當時的輕浮表現有點懊悔。一名國安顧問去職是嚴肅之事，會引起風波的。

波頓離開白宮那天我就不再去想關於他的事了。但是當我得知他正在寫書，而我們相關當事人都還在職位上，又想起許多關於他的事情。我的思緒隨即轉到艾德華・史諾登，他二〇一三年時非法洩漏許多機密資訊，對美國造成極大的傷害。至少史諾登還算條漢子，沒有用謊言掩飾自己的動機。波頓把自己的書描述為一種公共服務行為，挽救美國免於唐納・川普之害，但他甚至不能誠實說出自己不過是想賺幾個錢罷了。他自私的故事包含了涉及現任三軍統帥的機密訊息和高度敏感的細節。這是叛國罪的定義。白宮控告波頓，阻止他發布機密資訊，主審此案的聯邦法官羅伊斯・蘭伯斯（Royce Lamberth）表示：「被告波頓拿美國的國家安全來賭博。他讓他的國家暴露於傷害中，而他本人也面臨民事（甚至可能是刑事）責任。」

約翰・波頓應該因為洩漏機密訊息被打入大牢。我希望有一天能夠以檢方證人的身分出席他的刑事審判。容許這種洩密行為變得正常合法——任由美國總統的一名幕僚做筆記，然後在前任老闆仍是現任三軍統帥的時候，就出版換取報酬——其危險程度超乎想像。

這也是個好時機，來談談一件經常令我坐立難安的事。資深領導人向媒體透露訊息經常被視為說實話的人。大錯特錯。他們不過就是尋常可見、不要臉的洩密者。

在我剛擔任國務卿的時候，《紐約時報》資深外交政策記者大衛・桑格（David Sanger）到我辦公室求見，想要介紹他自己。經過一番簡短親切的寒暄，他對我說多位前任國務卿會給他充分的時間，通常是每個月兩三個小時或更多，「說說他們的故事」。

「我沒有那麼多時間，即使是給我最資深的團隊成員都沒有。」

「柯林・鮑威爾（Colin Powell）總是有時間，其他人也有。麥克，如果你不說出你的故事，別人就會。」

「誰會說我的故事？」

「聽著，我做這行已經好幾十年了。我在這棟建築物裡上上下下有許多消息來源，其中有些人因為家庭和學校的關係，我已經認識了許多年。」

「所以你認為某個在我手底下為美國效力的人，將國務院內部發生些什麼事的專屬資訊與你分享，並無不可？你認為這樣合乎道德嗎？合法嗎？」

他笑著看我在裝傻，或是在玩弄他，或是兩者皆有。他沒有回答我的問題，只是說：「這種事情每天、整天都在發生；這地方就是這麼運作的。」

這場談話中，我知道桑格想要達到兩個目的。第一，他以為可以威脅我。雖然這不會讓我感到不安，畢竟我曾經被許多比《紐約時報》某個渾球更能對我造成重大傷害的人威脅，實際上現在也還是如此。其次，他同時也在歡迎我加入他的菁英俱樂部，這裡有內部大佬、權力分享以及資訊兜售。想像一下，好幾十名的記者像這樣經年累月地跟好幾百名政府雇員利益交換，你就可以感受到這裡的腐敗墮落。

我很少花時間去操控新聞，儘管我遭遇攻擊時也會想做出反應，但我沒有半個記者可充當傳聲筒，幫忙維護名譽，我不會靠洩漏總統或同事那裡得來的機密訊息培養這樣的人。我只從國務院講臺和記者對話，我所有的一對一訪問都會記錄存檔。只有記者報導方向錯誤或弄錯重要事實，影響到總統政見的時候，我才會提供不列入紀錄的答案，而且是個案考量，以追求國家目標為方向，不會瞞著我的團隊。

令人啼笑皆非的是像桑格這種人——他只是冰山一角——自我吹捧好像他們的工作拯救了民主一樣，其實他們的行為在我看來是在鼓勵非法，或至少是腐蝕了重要的民主規範。一名記者邀請高階美國官員加入他的小俱樂部，自以為知道什麼對美國人最好，這種蠻橫自大的行徑，至今仍然令我憤怒。

同樣地，我也不高興政府高層領導者不當處理機密資訊有雙重標準。如果他們不小心洩密了，不需要擔心；如果是尋常士兵、工程師或低階公務員犯了同樣的過失，就會被關進牢裡。就以拜登總統的國安顧問傑克・蘇利文（Jake Sullivan）為例，我相信他是個聰明能幹的傢伙，但是當他第一次進入國務院工作時，他和他的老闆，國務卿希拉蕊・柯林頓一而再並且故意用非加密電子郵件交換多則含有高度機密資訊的電郵。如果蘇利文只是個E－5等級的海軍二級士官，或是能源部GS－12等級的中階公務員，他將立刻失去安全許可。但他現在每天早上醒來，仍有權接觸全球最敏感的機密資訊。

★ ★ ★

最終，我是川普總統核心國安團隊裡，唯一做滿四年、沒辭職或被開除的成員。我也可能只是運氣好。我知道這是因為祂的幫助。然而我始終面對同樣的問題：「你怎麼做到的？」換言之，我如何熬過川普本人，還有我的政黨、民主黨，以及媒體的狂攻猛轟？有時候這個問題伴隨挖苦：「我知道你不會講，因為你永遠不會承認那有多瘋狂。」有時候它伴隨嚴厲批判：「你就承認你為了權力名望把靈魂給出賣了吧。」有時候人們會帶著驚訝的神情問：「好吧，你他媽的到底是怎麼辦到的？」或是像我朋友說的：「好傢伙！」

其實答案不如問題那麼有趣，我就直說了吧：我能撐過整整四年是因為我拚命工作，永遠把為公眾服務以及執行三軍統帥的意圖視為殊榮。沒有哪一位總統曾經感召更多的人自願承擔原先不在計畫中的任務。我加入川普政府時，對於川普如何看待這個世界，以及美國在其中的地位，不存在任何幻想。我深信，而且始終相信，我協助他執行並深化了美國國內實力影響全球安全的中心論述。我能堅持下來，也是因為我的團隊延攬了許多使命必達的高手，而他們堅決為美國做出貢獻。

Chapter 5

劃清界線，堅決捍衛立場

我犯不著受這種氣。

我剛剛飛了八千八百五十一公里去見這傢伙，等候他接見我已經等了二十分鐘——在極度重視禮節的外交界，這已經是很漫長的時間；對這位曾擔任軍官的人來說，應該算是永恆了。

然後我提醒自己，這就是普丁的作風。

我身在俄羅斯索奇（Sochi）——一個以舉辦二〇一四年冬季奧運會著名的小鎮，也是俄羅斯菁英度假的地方。川普總統要求我跟普丁總統會面，看看我們能否改善糟糕的美俄關係。

俄羅斯是我最不想去的地方。過去一個星期我分別在芬蘭、伊拉克、英國和加州停留，然後在五月十一日星期六晚上從洛杉磯趕回國務院。我懷疑這趟俄羅斯之行是否值得，但川普總統是老闆。五月十二日星期日晚上，我又搭上飛機，前往會見普丁。

我繼續等候這位俄羅斯領導人。等了半小時後，我的惱火變成了暴怒。我必須全神貫注並且用上所有的耐性才能不心煩意亂。當然，給我下馬威正是普丁的目的。他的蘇聯國安會（KGB）生涯和後來能讓俄羅斯這個黑手黨國家崛起，就是因為他對人類心理有著敏銳瞭解。舉例來說，眾所周知德國總理梅克爾（Angela Merkel）很怕狗。但在一次會議上，普丁卻帶著他的拉布拉多寵物犬歡迎她。

我決定不再照他的牌理出牌了，去他的外交禮儀。在那一刻，我才不在乎他是普丁。

「打電話給他們。」我下命令給我們的女發言人歐塔加斯（Morgan Ortagus）。「告訴他們我馬上要上飛機回家了。」歐塔加斯看到我臉上的表情。她不必問也知道我是不是當真。

歐塔加斯撥通了俄羅斯對口官員的電話，並告訴他這個消息。「國務卿不是在嚇唬人。這可能對我們所有人都不好。這傢伙說到做到。」

我不知道這通電話是否有用，但普丁幾分鐘後就到了。在某種層面看，他的行為很小家子氣，甚至很幼稚。在另一個層面上——普丁肯定瞭解這一點——威嚇個人能讓他達成重要目的。我們看到他強迫法國總統馬克宏（Emmanuel Macron）和其他人坐在離他約六公尺遠的一張長桌盡頭。他在那些會議上發出一個訊息：這裡是我的牛仔競技場。我想讓普丁知道，與美國交手就得看美國的牛仔競技表演。不管是像這樣微不足道的防線，或者無所不包的戰略原則，我們都不怕劃線給我們的對手看——並且堅定不移地捍衛這些底線。

川普政府以實力來支持和平

川普政府的外交政策建立在一個簡單的原則上：以實力實現和平。雖然許多其他國家的外交部長會忍受普丁的惡劣對待，但我拒絕像學生在校長辦公室外等待那樣。我不會讓這個瘋子認為他可以透過露骨的粗魯來製造某種心理優勢。如果我接受他的侮辱，這條俄羅斯鯊魚就會嗅到水中的血腥，並嘗試趁我疲憊和焦躁時占我的便宜。今天你不會得逞，普丁。永遠不會。

實力是外交政策不可或缺的支柱。它有許多種形式。優越的軍事和經濟力量是重要工具，但純粹的意志力也是。我們的開國總統知道這一點。喬治・華盛頓（George Washington）在一七九三年十二月發表的第五次年度演說中指出：「美國在世界各國中應有的地位，如果沒有強大的實力作為支撐，就會蒙受損害，甚至完全喪失。」

當敵人看到軟弱時，他們會大膽發動攻擊。如果我們缺乏正確的工具（或使用它們的意願），我們的對手會認為美國對惡劣行為的報復會很輕微，甚至毫無反應。我相信，歐巴馬總統二〇一三年拒絕在敘利亞捍衛他自己劃的「紅線」，讓普丁相信在二〇一四年吞併克里米亞只會付出相對輕微的代價。他的判斷是對的。同樣地，普丁在二〇二二年入侵烏克蘭前可能感覺到拜登政府的軟弱姿態。普丁對併吞鄰國的胃口始終如一。拜登總統讓他相信，該是大快朵頤的時候了。

這並不是說我們應該不負責任地行使我們的能力——軍事或其他方面的能力。保持美國安全的最好方法不是捲入可能使美國人喪生的不必要對抗。最好的策略是保持強大、保持願意對少數真正重要的事使用武力，以阻止對手造成傷害。嚇阻必須做到讓你的對手不敢採取行動，因為他們相信將遭受無法承受的後果。劃出明確的威懾線並堅決捍衛它們可以阻止惡劣的行為者。軟弱反而會刺激他們。

這種概念在美國歷史上不乏先例。老羅斯福（Theodore "Teddy" Roosevelt）總統的外交政策包括某種威懾原則，他有一句名言說，他更喜歡「溫言在口，棍棒在手」。在出任總統前，老羅斯福是海軍部長助理，他深受海軍戰爭學院教授馬漢（Alfred Thayer Mahan）的著作《海權對歷史的影響》（*Influence of Sea Power upon History*）影響，認為控制海洋是地緣政治力量的關鍵。後來，老羅斯福打造一支現代化且戰力強大的海軍艦隊——「大白艦隊」（The Great White Fleet）——並向世界展示。這支海上棍棒向其他大國發出信號：不要惡搞美國。在冷戰期間，美國的核武庫是對蘇聯和任何考慮攻擊美國或盟國的敵人最終威懾。當你對你的對手施加難以承受的毀滅威脅時，就會讓他們再三思考自己的行動。

和之前的雷根總統一樣，川普總統願意與金正恩和普丁等敵人對話，但他們向來都知道，必要的話我們會拿出鎚子來。不管是透過言語（以「烈焰與怒火」威脅朝鮮）、實際行動（刺殺蘇雷曼尼）或是經濟戰（嚴厲制裁伊朗和俄羅斯），我們的敵人都知道我們會懲罰惡行。除了從北約盟國那裡榨取更多國防開支外，我們還透過在二〇一七年底為我們的軍隊提供七千億美元資金來建立美國未來的威懾能力。我們需要重新打造有可能失去凌駕中國優勢的軍力——在這方面還有很多工作要做，特別是在加強我們海軍和網路戰的能力上。從我撰寫本文時在烏克蘭的慘烈戰況來看，美國必須繼續做好準備來以實力應對普丁領導下的俄羅斯——以及所有惡劣行為者的威脅。我很自豪地說，世界可以從川普政府的範例學習劃訂明確的威懾線，然後堅定不移地捍衛它們。

瞭解普丁政權

跟最可能傷害美國的行為者交手時，建立威懾是最重要的工作。今天中共是我們的首要對象，但俄羅斯也是一大威脅。雖然我年輕擔任少尉時面對的蘇聯已不復存在，但仍有重要理由對俄羅斯和它破壞西方的努力保持威懾。俄羅斯是由一個不怕使用硬實力的政權所領導，而不僅僅是一個人。

它的足跡遍布全球，與中國、伊朗、委內瑞拉、古巴和敘利亞結伴，致力於控制與美國相鄰的北極領土，並已發展出強大的太空和高超音速能力，可以投送總共約四千五百枚的核彈頭。俄羅斯持續用假新聞淹沒全世界的螢幕和智慧手機。截至二〇二〇年，克里姆林宮這位狡猾的領導人仍管理著世界第十一大經濟體——一個有能力撼動能源和大宗商品市場的經濟體。即使在入侵烏克蘭後這個排名已經下降，普丁仍擁有相當大的影響力。

要瞭解普丁政權對美國的敵意，就必須瞭解普丁本人和他身邊的人。從二〇〇〇年出任俄羅斯總統以來，普丁一直以恢復蘇聯時代失去的權力為使命。身為前蘇聯國安會特務，普丁把蘇聯瓦解視為「本世紀最大的地緣政治災難」，並希望再度振興俄羅斯帝國。普丁把西方視為實現這一目標的障礙，並致力於削弱美國和我們遍布世界各地的盟友。他的侵略也是對西方短視的政權更迭（regime change）戰略或開放式（open-ended）軍事行動的反應。本世紀美國對伊拉克、利比亞和敘利亞的干預加劇了普丁的偏執——這也是長久以來俄羅斯領導人的特徵。他擔心自己可能成為西方下一個推翻政權的目標。

當然，普丁復興俄羅斯的計畫已經徹底失敗，俄軍在烏克蘭的糟糕表現及西方世界的團結反抗，讓普丁的計畫落空。他必須知道，蘇聯的真正復興是不可能的。但前華沙公約組織（Warsaw Pact）國家的「芬蘭化」——以武力威脅限制他們選擇盟友——仍然值得普丁努力。如果西方無法保護北約東翼盟友的主權，普丁就很可能得逞。我們必須劃訂威懾線，並堅持不懈地加以捍衛。

在遠離歐洲的地方，俄羅斯希望成為中東的權力掮客，並在過去幾年內鞏固了和伊朗、敘利亞以及沙烏地阿拉伯的關係。克里姆林宮控制下的俄羅斯傭兵，例如瓦格納集團（Wagner Group），已經分散到利比亞、蘇丹、敘利亞和馬利等治理不良的國家。僱用私人傭兵有助於普丁政權減少官方傷亡人數，且方便克里姆林宮否認掠奪、酷刑、處決和強迫失蹤等虐待行為。在靠近美國的地方，俄羅斯成功地與古巴和委內瑞拉的殘暴政權建立關係，作為在靠近美國邊境的西半球獲得軍事立足點的部分計畫。

對美國來說，最令人不安的是俄羅斯和中國的結合。普丁和習近平的共同目標是削弱美國和西方聯盟。二〇二二年初，俄國熊和中國龍開始勾搭在一起，普丁和習近平在北京奧運會和俄羅斯入侵烏克蘭之前正式確定他們所謂的「無上限」夥伴關係——我懷疑中國人在撒謊，說他們不知道普丁的入侵已迫在眉睫。那些建議美國嘗試與俄羅斯建立夥伴關係以抗衡中國的人，完全無視於普丁對美國無止盡的敵意和他完全不可信賴的現實。只要普丁和他的暴徒掌權，美國與俄羅斯建立夥伴關係都將徒勞無功。因此，我們必須阻止普丁追求復興帝國的夢想，並限制俄羅斯在包含中國和伊朗的強大集團中運作的能力。

俄羅斯騙局對美國外交的傷害

從我和川普總統在二〇一六年十一月第一次會面以來，我們都在尋求為達成這兩個目標而制定我們的政策。跟俄羅斯人改善關係是一個有價值的目標，但很難實現。

從俄羅斯二〇〇八年入侵喬治亞、二〇一四年占領烏克蘭克里米亞半島，以及支持烏克蘭東部的親俄分裂分子以後，美俄關係就已十分緊張。隨後，俄羅斯在二〇一六年總統大選期間暗中搗亂，雖然效果不彰但仍產生了實際影響，使得情況變得更加惡劣。我經常提醒人們注意那些吶喊「俄羅斯！俄羅斯！俄羅斯！」的瘋狂分子，泰德・甘迺迪（Ted Kennedy）相信，他們早在一九八〇年代就已開始干預美國大選。所以俄羅斯人嘗試在美國煽動衝突已經四十多年了。太陽底下沒有新鮮事。

這讓我想起一月六日。不，不是左派想利用它來獲得政治優勢的那個一月六日*。我說的是二〇一七年一月六日——我們就職前的那個星期。當天國家情報總監辦公室發布一份報告，標題為《俄羅斯情報界評估》（*Russia ICA*）。報告聲稱普丁試圖影響美國總統選舉，而且普丁和俄羅斯政府更偏好川普勝選。同一天，聯邦調查局局長柯米也向總統當選人川普提交同樣一份機密報告。

這是一個陷阱。

我最早得知有這次會議是班農告知我的。班農邀請我到川普大廈與柯米、國家情報總監克萊佩、中情局局長布瑞南、時任國安局局長的羅傑斯上將進行情報簡報時，我還是國會議員。中央情報局反對我出席——畢竟我只是個國會議員，他們擔心這會影響我通過候任聽證。最後，由於我已經取得絕對機密的安全許可，他們還是妥協了。我是那次會議中，少數取得安全許可、能閱讀這份報告最高機密版本內容的人。

這些人對《俄羅斯情報界評估》作了相當枯燥的總結。會議結束時，柯米局長問總統當選人川普能否單獨談話幾分鐘。我們都離開了。由於我是會議中唯一事先獲得安全許可的與會者，所以我沿著大廳前往一個安全設施，那裡有一個保險箱裡放著ＩＣＡ報告的最高機密版本。我閱讀後立即得出了兩個結論。第一，這個問題將成為我任職中央情報局期間重要的一部分。其次，這個報告跟我以前在眾議院情報委員會讀到的所有其他情資報告不同。關於俄羅斯做了什麼行動的情報是真的，但ＩＣＡ報告的說法卻是另一回事。在我看來，ＩＣＡ是一份由政治領導人——也就是柯米、克萊佩和布瑞南設計的政治文件，目的在提供一個基本假設，即川普和他的團隊跟俄羅斯有不當關係。

為什麼說這完全不像我這些年來讀過的情報評估呢？

首先，只有在極少數情況下，總統才會指示他的情報單位對外國對手的祕密活動做情報評估，並在幾個星期內公布。這麼倉促的動作顯示，他們急於在川普上任前給他沉重的一擊。

其次，國家情報總監、國家安全顧問、聯邦調查局和中央情報局，都成立了專門團隊來製造這個奇蹟（情資報告），顯示這確實不同尋常。

第三，令我感到不尋常的是，情報單位製作了三個不同版本的報告：一個是對大眾公開的非機密版本，一個是給國會監督委員會的祕密版本，以及一個絕對機密級別、高度保密的版本，也是我那天讀到的版本。這個絕對機密版本只跟情報界少數人以及眾議院和參議院的八人幫高層領導分享。

＊二〇二一年一月六日，川普支持者因不滿選舉結果而硬闖國會大廈，不久後推特就宣布封鎖川普的個人帳號，甚至在一月八日將他永久停權。

第四，歐巴馬總統要求該報告在一反常態的短時間內準備好，以致無法做更深入而重要的評估。報告應該需要幾個月的時間完成，但只花了幾星期就提出。

所有這些加起來就意味一件事：這是一份政治文件。

當然，我在二〇一七年一月六日時對此知之甚少。直到我出任中情局局長後，我才知道許多這類細節。但即便如此，只要約略閱讀這份文件，加上那次奇怪的簡報，就能感覺到有些不對勁。

截至二〇一七年一月六日的會議結束時，我還不知道柯米在團體簡報後要求與總統單獨談話發生了什麼事。我當時以為可能是柯米想提出辭職。川普是新任總統，所以也許柯米認為應該讓新總統自己選擇聯邦調查局局長。我還想到，總統會藉由拒絕柯米辭職而投給他信任票，進而給予柯米迫切需要的新政府認可。雖然我不知道他們兩人之間發生什麼事，但後來我知道柯米沒有主動請辭。想像一下你是新當選的總統，沒有經驗，聽取了複雜又神祕的情資簡報，還獨自會見了跟你不熟的聯邦調查局局長。接著你被告知有消息證明你確實做了齷齪的史蒂爾檔案所指控的事情？你一定也會對情報界產生懷疑。

《俄羅斯情報界評估》的公布把圍繞俄羅斯和川普競選活動的雜音提高到了最大分貝。電視政論節目更加深了民眾對川普總統是俄羅斯同路人的揣測。另一方面，總統一直在抱怨歐巴馬總統如何監視他和他的朋友。有一天，我在橢圓辦公室向總統介紹一個很神奇的美國間諜裝置。國家情報總監柯茨建議我們稱它為「川普」。總統毫不猶豫地提議：「不，它應該被稱為歐巴馬，因為它的目的是監視人民。」在另一個場合，川普堅持說：「我的麥克，我和俄羅斯的唯一互動只牽涉到選美比賽。」

總體而言，俄羅斯騙局帶來了兩個挑戰。一位被誤控為外國同路人的總統，幾乎沒有與該國建立友好關係的空間。其次，它加深了聯邦調查局和總統，以及總統和整個情報界的分歧。

幾個星期後，在我出任中情局局長後不久，我開始自己設法深入瞭解俄羅斯ＩＣＡ報告的底細。那就像追蹤鬼魅一樣。參與該專案的中情局團隊不願分享他們知道的一切。他們回答了我的問題，但我很快就發現，要讓他們自己承認任何一件事都需要近乎水刑的逼問。我不認為那是因為他們結黨偏私。我認為他們正竭盡全力保護他們所知受到不正常政治影響的機構。我對ＩＣＡ的大部分瞭解來自那些跟撰寫這份報告無關的人。我發現，那些幾乎整個職業生涯都在俄羅斯工作的高級分析師都未涉入。事實上，分析部門的負責人——一個擁有四十年經驗的人——和他的副手，幾乎完全被排除在ＩＣＡ結論的撰寫之外。

二〇一七年二月，一位高級專業分析師和他的同事找到我說，他們以書面形式正式強烈反對ＩＣＡ的兩項核心結論。他們的反對意見分成兩方面。第一，他們的判斷是，普丁試圖破壞希拉蕊・柯林頓並支援川普的說法毫無根據。第二，他們認為，ＩＣＡ只提到未經檢視且充滿謊言的史蒂爾檔案——而該檔案刺激聯邦調查局對川普競選活動進行一系列非法暗中調查——是很不恰當的分析作業。他們告訴我，布瑞南也相信第二點，但柯米不相信。因此，布瑞南和柯米在ＩＣＡ的撰寫過程中達成妥協，並在腳注中提到史蒂爾檔案。那兩位分析師仍然對這個結果感到憤怒，並在我讀過的電子郵件中向布瑞南抗議。他們基本上被告知不要過問這件事。摧毀川普的政治操作比任何其他事情都重要。這兩位分析師認識布瑞南幾十年了，他們對他在背後操縱這件事並不訝異。

我覺得挺黑色幽默的是，布瑞南在離開蘭利後，竟然在電視上煽動「通俄門」事件，無意中幫助普京實現了分裂美國社會的目標。依照慣例，前任中情局局長在卸任後都會立即淡出公眾視野。布瑞南恰恰相反：他是MSNBC和CNN的常客，稱川普是俄羅斯的傀儡，甚至更難聽。我發給他一則禮貌的訊息，請他節制。我提醒他，他曾告訴我情報領導人永遠不能捲入政治鬥爭是極其重要的原則。然而他繼續編造謊言。我的團隊把布瑞南描述為一個衝動的自由派，並建議不要理會。但最後我再也受不了了。編寫ICA的整個過程是打擊川普總統的政治暗算，很明顯其中大部分是布瑞南幹的。每一次電視播報這件事，布瑞南都因為限制了總統與俄羅斯打交道的能力而傷害到美國的國家安全。我直接打電話給他。

「約翰，你必須下臺了。你的評論很傷士氣。他們知道你發動的攻擊是政治性的，這不符中情局傳統。」

「麥克，」布瑞南說：「川普給我們的民主帶來威脅。不只是俄羅斯。你們都準備送伊朗人核子計畫了。」

「約翰，你們對伊朗採用不同的做法。白痴才會提供一千五百億美元給一個恐怖主義政權。」

「麥克，我不會忍受這種事！」

「沒錯，就像你忍受不了聽國歌！」

咔嚓一聲，我掛斷電話。

☆ ☆ ☆

與此同時，前聯邦調查局局長羅伯特．穆勒（Robert Mueller）在五月被任命為特別顧問，以調查俄羅斯涉嫌干預二〇一六年美國大選以及相關後續發展。二〇一七年六月，穆勒的團隊要求拜訪我。顯然他們想詢問前一年三月在橢圓辦公室的一次特定會議——而我肯定記不得，因為我幾乎每天都向總統匯報。此外，如果川普總統要求我做一些不當、非法或即便就只是讓人討厭的事——按照穆勒團隊的理論——我絕對會記得。所以，我的第一個念頭是叫穆勒滾遠一點。但我愈想就愈認為，在調查時以我如何與川普總統互動的事實來破除他們的陰謀論很重要。我還想告訴他們我知道ICA報告是如何編出來的。

我們約定了訪談日期。我沒有告訴總統或任何其他人；媒體也沒有報導這次會面。訪談聚焦在他們認為我有一次單獨跟總統留下來；調查人員想知道，總統是否曾要求我拒絕提供關鍵文件給監督委員會，包括由黨派立場鮮明的民主黨人謝安達（Adam Schiff）領導的眾議院情報委員會。這次面談是在我的蘭利辦公室進行的，大致如下：

「局長先生，總統是否曾經向你表達他對羅伯特．穆勒正在進行的調查感到不滿或生氣？」

「哦，有好幾十次。」

「他有沒有告訴你為什麼不滿或生氣？」

「沒有。」

「他沒有告訴你原因？」

「他不必告訴我。你和我都知道他為什麼不開心，看他的推特帳號就知道了。」

「你還記得被要求留下來與川普總統進行私人談話嗎？也許是在柯茨局長陪同下？」

「這種事經常發生。」

「你記得二〇一七年三月二十二日發生的事嗎？」

「不知道。」

「你一直拖延向情報監督委員會提供文件，是否屬實？」

「不是的，雖然他們可能這麼認為。我試著努力保護從我們已經提供的文件中，被謝安達不斷洩露出去的機密資訊。」

「總統有沒有和你談過向委員會提供這些文件？」

靜默了好一會兒。

「有。」

「他跟你談過？他說了什麼？」

「比方說：麥克，別再他媽的拖拖拉拉，快給他們那些該死的文件，讓他們完成報告，好讓全世界都知道這場調查是徹頭徹尾的騙局。」

從這位ＦＢＩ探員的表情判斷，那不是穆勒的人希望或預期聽到的回答。

我接著說：「總統從戴文・努涅斯（Devin Nunes）主席那裡聽說，中情局故意拖延向眾議院情報委員會提供文件。所以，事實上，你剛才的問題暗示總統要求我向委員會隱瞞文件，而這剛好跟他多次對我說的話相反。」他不要我隱瞞什麼，他的指示是「全部都拿出來」。

訪談很快就結束，但是對通俄門的過度反應卻沒有。這場騙局持續了四年，而且不只是因為在川普還沒上任統前就開始針對他的指控。二〇二〇年六月，一位不願透露姓名的消息人士稱，俄羅斯安全部門向塔利班提供了「賞金」，以殺害在阿富汗的美國人。這幾乎可以肯定是假新聞。美國情報部門沒有可信的證據證明這消息是真的，但左派執迷於俄羅斯的騙局，而且幾個月後就要舉行總統大選。《華盛頓郵報》幸災樂禍地報導：「關於俄羅斯賞金行動的情資報告最早在二〇一九年初就傳抵白宮。」

麗茲・錢尼（Elizabeth "Liz" Cheney）肯定知道真相，她寫了一則浮誇的推文：「如果俄羅斯懸賞殺害美軍的報導是真的，白宮必須解釋……這件事有誰知情？什麼時候知道的？」時任總統候選人的拜登也不遑多讓，他也對美國人民撒謊說：「我不明白為什麼這位總統不願意對抗普丁，畢竟普丁確實支付了賞金以殺害在阿富汗的美國士兵。」一年後，拜登上任，《政客》的報導承認這些說法都是假消息：「白宮降低了俄羅斯在阿富汗懸賞的可能性。」散播假新聞的記者都沒有道歉，雖然許多人試圖怪罪消息來源錯誤。至於眾議員錢尼呢？一聲不吭。我希望拜登回答，是哪位總統讓美國士兵在阿富汗喪生的？

兩個月後，也就是二〇二〇年大選前幾天，造謠者又蠢動了。有關杭特・拜登（Hunter Biden）

筆記型電腦的故事浮出檯面，其中牽涉到拜登家族可能涉入不法烏克蘭生意的電子郵件被公開，有五十多名自稱國安權威的人士矇騙了美國人。他們聯署一封信，把自己描述為無黨無派——暗示他們超越任何批評，不容質疑。他們只根據公開報導就宣稱：「我們的經驗使我們深深懷疑俄羅斯政府在這個案子中扮演重要角色……現在該是俄羅斯停止干涉美國民主的時候了。」喔，信中還有一些自我保護的但書，例如「我們沒有俄羅斯參與的證據」，和「我們不知道這些新聞報導是否正確」。但他們向美國人民傳達的訊息很明確：「別理會杭特・拜登的筆記型電腦，那是俄羅斯的假資訊。」

我們今天已經知道它不是——即便在當時也很容易知道那不是真相。儘管克萊佩、布瑞南、邁克・海登（Mike Hayden）等人歷練豐富，他們還是參與了大規模的假資訊行動。沒有人為自己的錯誤道歉，也沒有人為自己躲在一堆狡猾的措辭背後道歉；那些話語毫無根據，明顯是出於政治目的。那些自認是情報圈老手的人在我們任內的四年裡，繼續為了左派的政治利益散播俄羅斯騙局。

在中情局對付俄羅斯——並合作拯救美國人性命

我如此詳細地解釋俄羅斯騙局，目的是為我們政府的俄羅斯政策提供背景。柯米、克萊佩和布瑞南的獵巫行動使得以實力為基礎的對俄外交政策執行變得更困難。與俄羅斯領導階層溝通幾乎不可能，我們更難弄清楚哪些事情可以接受，哪些事情不可以接受。如果你要進行威懾，你的對手必須知道你將堅決防守的底線在哪裡。

來自民主黨人的大量虛假指控使得我們難以向總統提供必須阻止普丁持續侵略的真實數據和合理分析。總統開始相信情報單位試圖在一切有關俄羅斯的事情上刁難他。儘管如此，我知道我提供他的俄羅斯情報不是出於政治動機的捏造，而是對俄羅斯企圖的真實報告。普丁正在中東和非洲建立他的僱傭軍，以便在他要的任何地方製造動亂，而且俄羅斯政府可以合理地否認。在二〇一八年三月發生的一起證據確鑿的可怕事件中，英國情報部門確定俄羅斯企圖在英國使用神經毒劑謀殺前俄羅斯特務謝爾蓋・斯克里帕爾（Sergei Skripal）和他女兒。我向川普總統提出如何反擊的建議就像乾一大杯伏特加那麼夠力。這導致後來他常常說：「俄羅斯，俄羅斯，俄羅斯……你們這些人老是擔心俄羅斯。」

儘管如此，我依然擔心俄羅斯，並嘗試找到創造性的方法來對付這個對手。我至今仍這麼做。我對普丁的瞭解和對我們情報的分析讓我得出幾個結論：第一，我們必須找到能讓普丁和習近平分道揚鑣的方法；這將類似季辛吉在一九七一至一九七二年的使命——製造蘇聯和中國之間的分歧——儘管原因不同。第二，羞辱或低估普丁可能促使他衝動行事。第三，我們必須說服他，我們將堅決地捍衛我們劃定的底線。正如邱吉爾（Winston Churchill）曾說：「從我在戰爭中對我們的俄羅斯朋友和盟友的觀察來看，我相信沒有什麼比實力更能讓他們服氣，也沒有什麼比軟弱更能讓他們輕視，尤其是軍事上的軟弱。」

我認為很重要的是及早向俄羅斯人表達，當發生危機時，美國將嚴肅以待。二〇一七年五月，我深入莫斯科的俄羅斯巢穴以便和俄羅斯對外情報局（SVR）局長謝爾蓋・納雷什金（Sergey

Naryshkin）及俄羅斯聯邦安全局（FSB）局長亞歷山大・波特尼科夫（Alexander Bortnikov）會面。我必須向這兩位普丁的心腹傳達正確的訊息，所以我送給納雷什金幾張DVD光碟，純粹為了好玩，裡面有：《洛基4：天下無敵》（*Rocky IV*）、《獵殺紅色十月》（*The Hunt for Red October*），和《冰上奇蹟》（*Miracle on Ice*）。他沒有笑，但他覺得我很有膽量——至少這是我從互動翻譯中聽到的！納雷什金和波特尼科夫一樣，不是特別討人喜歡，他相信自己很可能成為普丁的接班人。在我們的談話過程中，他反覆告訴我「成為俄羅斯有效領導人的唯一途徑是擔任過情報部門負責人」。我知道他明白這不是真的。他和我對俄羅斯的「有效領導人」實際上該做什麼也未必有共識。

我與波特尼科夫的午餐是俄羅斯浮誇和奢侈的典型展示。看起來像夜店女郎的雞尾酒女服務生為我們的杯子注滿大量伏特加。在這裡必須說明的是，在川普政府期間，我每次喝酒都沒有啜飲超過幾口。我總是想為緊急情況做好準備，所以我選擇的飲料是健怡可樂——我每次都成箱購買。

這次會議也是典型的俄羅斯政府事務，在會議中波特尼科夫喋喋不休地說了一連串對美國和西方的不滿。波特尼科夫說了那麼久，以至於和我在一起的代理美國大使約翰・特福特（John Tefft）在他的滔滔不絕中睡著了——我有點羨慕他。我之前就從普丁和其他人那裡聽說過這一切。我們離開時，我認為我們受到了不友好接待，但為我翻譯的人說，這是他二十多年口譯生涯中見過最親切的一次。納雷什金和波特尼科夫都感謝我們的反恐主義協助，並告訴我們不要把金正恩逼得太緊。

俄羅斯人很難相處，但納雷什金和我建立了一種不尋常的良好工作關係——如果那些自由派知道有這種事，他們的頭肯定會爆炸。我們的關係後來至少有一次在拯救美國人的生命派上了用場。

二〇一七年十月，中情局打電話給我們在俄羅斯的同行，提醒他們一些關於伊斯蘭國恐怖分子即將襲擊聖彼德堡喀山大教堂（Kazan Cathedral）的情報。一次成功的攻擊就可能殺死許多無辜的俄羅斯人——而且美國遊客也可能喪生。我們分享了我們的資訊，俄羅斯人則阻止了恐怖分子的陰謀。

不久之後，我在旅程中接到川普總統的電話。「我剛剛跟普丁通了電話，他想感謝你拯救了這麼多俄羅斯人的性命。」我花了一秒鐘才會意過來。總統接著說：「他也會為這件事打電話給你，聽起來他好像會發布一篇親自感謝你的新聞稿。」我回想起這件聯合行動的細節，並與總統分享。由於那是發生在謝安達的俄羅斯鬧劇最盛的時候，我想到的只有「該死的，現在我也會被指控是俄羅斯的同路人」。

那次與總統會談後不久，普丁打來了電話。他告訴我，波特尼科夫告訴他「坦克人（Tank Man）救了我們的小命」。我很驚訝普丁和他的情報主管給我取了綽號。「坦克人」。我還真的很喜歡這個綽號，即使它來自一個思想老派的國安會官員。我懷疑他們通常會用難聽得多的話說我。普丁後來發布一篇新聞稿，感謝我個人和中情局拯救了俄羅斯人性命。我很高興他真的這麼做了，因為我的團隊應該得到讚許。

儘管偶爾有機會在生死攸關的問題上合作，我們仍致力於威懾俄羅斯人。這通常涉及我們兩國間暗中激烈進行的間諜戰。我們一直在努力建構對抗俄羅斯人的能力，以及——同樣重要地——避免他們監視我們。二〇一七年八月，國務卿雷克斯．提勒森下令關閉俄羅斯駐舊金山領事館。在中情局，我們希望他們快點離開，這樣俄羅斯人就沒有時間銷毀檔案和把資產轉移到西雅圖領事館。

聯邦調查局同意加快速度。但國務院以外交禮儀的理由拖慢了我們的指令——這是國家重視程序和既有秩序超過捍衛美國明確底線的又一例子。二〇二〇年就不會有這種內鬥了，因為當時擔任國務卿的我指示關閉中國駐休士頓領事館。中情局局長吉娜・哈斯柏、聯邦調查局局長克里斯多福・瑞伊（Christopher Wray）和我都同意迅速關閉領事館。

整體來說，我覺得俄羅斯人的情報技術不怎麼樣。川普政府於二〇一八年三月關閉俄羅斯駐西雅圖領事館並驅逐六十名俄羅斯「外交官」時，我團隊中的一些人擔心，如果俄羅斯人也採取驅逐六十名美國人的報復措施，將妨礙我們在俄羅斯境內的能力。我不擔心。因為我發現「他們需要六十個人才能跟蹤我們一個人」。

打倒叛徒和敵人

這句話反映了一種長期以來的信念，即美國間諜是這個行業內最訓練有素、最隱祕的特務。當他們獲得該有的支援時，沒有人能阻擋得了他們。這就是為什麼我無法忍受暴露中情局一些最敏感的間諜工具的原因。二〇一七年三月，我的團隊發現「Vault 7」遭到曝光，那是一套中情局的網路工具，可協助監視並幫助我們破壞對手的計畫。這個漏洞發生在大約一年前，當時的局長是布瑞南。我的反應是，某個內鬼侵害了美國。這次行動的幕後最終操控者確實是一名被指控的強姦犯：維基解密（WikiLeaks）創辦人朱利安・阿桑奇。我認為維基解密是一個非國家的敵對情報機構，經常受到俄羅斯等國家行為者（state actor）的慫恿。

我偶爾看到人們稱讚阿桑奇、維基解密、史諾登、雀兒喜・曼寧（Chelsea Manning）等惡棍和類似的壞人，說他們是「吹哨者」。真正的吹哨者既不求名利，也不求財富；他們不會破壞自己國家和它的成功。他們透過眾所周知、易於遵循並最可能解決問題的法律途徑，審慎地提供資訊。而那些洩漏嚴重機密資訊的人，幾乎都是自詡無所不知的傢伙；他們選擇製造新聞來引起關注，而不是透過合法途徑來實現變革。

那麼這些人是誰？他們當然不是記者。如果他們是外國人，他們就是敵人；如果他們是美國人，他們就是叛徒。有一些左派或右派的美國人譴責起訴這些敵人的努力。他們誤解了實際發生的事。如果你認為政府不應該有機密——完全零機密——那麼阿桑奇和史諾登就是英雄。但如果你像我一樣，認為必須保護機密資訊，以確保我們的國家和為它服務的男男女女的安全，那麼他們就是怪物。

史諾登和阿桑奇的盜竊行為危及美國的安全。他們使我們的士兵、水手、飛行員、海軍陸戰隊員、情報官員和外交官面臨更大的風險。我們失去了多年辛苦的成果，把它們交給了俄羅斯人和中國人。全世界現在知道了我們為保護美國安全而精心開發的工具。除了 Vault 7，阿桑奇和他的公司讓美國人不得不花費數十億美元來重建受損的國防部系統。他們的行為既不高尚，也不受《第一修正案》（First Amendment）保護。這些惡徒聲稱尊重人權和言論自由。事實上，他們每一次洩密和公開文件，都在為最邪惡和最專制政權的利益服務。

這些敵人和叛徒必須受到懲罰。美國以和入侵 Vault 7 無關的罪行對阿桑奇提出引渡請求，截至二〇一七年，他已在厄瓜多駐倫敦大使館躲藏了四年半。身為中情局局長和國務卿的我致力於尋求引渡阿桑奇，這既是因為美國人民和我們的中情局官員應該看到正義伸張，也是因為我想讓俄羅斯人知道，我的使命是粉碎他們支持和利用的所謂獨立駭客組織。我遊說厄瓜多人把阿桑奇趕出大使館內的簡陋住所，他們最後在二〇一九年四月十一日屈服。同一天，司法部公布一份起訴書，指控阿桑奇和曼寧竊取機密資訊，幾個星期後又提出十七項指控。我很高興見到這種結果，更重要的是，美國更安全了一點。嚴厲的刑事處罰和引渡程序將告訴未來想竊取我們國家機密的敵人，美國將捍衛我們劃的界線。

最終，雖然英國的法律問題使我們無法在執政期間把阿桑奇帶回美國，但我們為最後的結果奠定了基礎，我相信有一天終究會實現。他被扔進美國聯邦監獄的那一天，我會很開心。俄羅斯可以任意利用的無用白痴又少了一個——我們也對未來所有這類惡棍發出了嚴正警告。

國務卿任內阻止俄羅斯侵略

在我擔任國務卿期間，我的使命幾乎沒有改變，那就是嘗試找到一條讓俄羅斯效法西方的道路，同時表明我們不會容忍俄羅斯以任何邪惡形式進行侵略。其他領導人也經常向我抱怨他們對俄羅斯感到多麼頭疼。一位非洲領導人告訴我（我知道他也跟很多別的人說過）：「我國的士兵在美國受訓時，他們漸漸愛上美國；我國的士兵在俄羅斯接受訓練時，他們也漸漸愛上美國。」阿富汗前總統哈米德・卡爾扎伊（Hamid Karzai）也告訴我一個我沒有理由懷疑的故事。二〇一七年秋天，普丁在阿富汗會見他，並鼓勵卡爾扎伊競選第二個任期，但卡爾扎伊說他不太可能獲勝。普丁開玩笑地回答說，如果他能操縱美國的選舉，他也能輕易操縱阿富汗的選舉。

我在國務卿任內第一份與俄羅斯有關的主要工作是在二〇一八年七月，當時川普總統在赫爾辛基會見普丁。會議內容通常會在會議結束後舉行的記者會上公開。老實說，川普當時使用的語言既不精確，也無助於釐清事實真相。他站在普丁旁邊說他相信普丁聲稱的沒有干涉美國大選，這是很川普式的發言，但這也是個錯誤。川普的言詞缺乏深度，未能回答來自美國記者的問題：「你有要求俄羅斯對任何特定的事負責嗎？」川普的回答反映出他無法或拒絕將俄羅斯騙局以及俄羅斯試圖在二〇一六年大選製造混亂的事實分割開來。對川普來說，每一個有關俄羅斯和選舉的問題都是俄羅斯騙局害的。這些有關他的可怕謊言——由柯米和他的副手安德魯・麥凱比（Andrew McCabe）、穆勒和謝安達散播，MSNBC的瑞秋・梅道（Rachel Maddow）等人以及幾乎整個CNN團隊也是幫凶——都在川普的心中跟俄羅斯政府製造的混亂活動糾結不清。

我們當中有許多人試圖說服總統把這兩個想法分開，但我們失敗了。他知道當記者說「俄羅斯的干涉」時，全世界聽到的是「與川普共謀」——事實上，這是許多記者希望聽眾聽到的。總統最終為了可能是正確的原因打了一場錯誤的戰役。不管如何，在赫爾辛基的這一刻被過度渲染了。對我來說，這次會議的重要之處在於它表明我可以嘗試改善美國與俄羅斯的關係。《新戰略武器裁減條約》（Strategic Arms Reduction Treaty，簡稱 New START）即將到期，俄羅斯－中國的結盟即將成形，而且俄羅斯正在敘利亞、利比亞和其他地方採取行動。重新提起二〇一六年大選的訴訟之所以重要，是因為它和我們致力於阻止莫斯科再度嘗試有關。在這方面，我最終還是失敗了。

俄羅斯介入敘利亞是歐巴馬這幫業餘人士留下的爛攤子之一，具體來說是國家安全顧問蘇珊·萊斯。很少有人記得萊斯必須對一九九四年國家安全委員會的非洲檔案負一些責任，當時盧安達的種族滅絕奪走了一百萬條人命。她還有一個不光彩的記錄，就是說了我認為是我在政壇上聽到的最無稽的謊言之一；當時她以駐聯合國常任代表的身分出現在二〇一二年的一輪週日政治脫口秀，宣稱網路上一段模糊的影片觸發了對班加西的美國人的襲擊。事實上，班加西領事館脆弱的安全準備和激進伊斯蘭主義的瘋狂理念刺激了暴力事件。我是班加西委員會成員之一，我們要求萊斯作證，希望為當晚在利比亞死亡的四名美國人的家屬找到答案。她任性、粗魯、心懷怨恨，完全不願意解釋自己在大規模失敗中的角色。因為如此，她在歐巴馬的第二個任期內被晉陞為國家安全顧問，如今她還掌管拜登白宮的國內政策委員會——這證明沒有比華盛頓特區失敗了反而獲得提拔更容易的地方了。

萊斯和布瑞南也是歐巴馬在敘利亞徹底失敗的核心人物。二〇一二年歐巴馬警告說，使用化學武器將代表跨過了「紅線」。次年，當敘利亞總統阿薩德對自己的人民使用毒氣時，美國政府在萊斯的敦促下做出回應，但沒有採取任何行動。這種拒絕履行威懾承諾的做法，在歐巴馬執政期間一直困擾著美國。俄羅斯人和全世界眼睜睜看著美國政府未能兌現其明確的承諾。二〇一五年，俄羅斯軍隊響應盟友阿薩德的求助，提供軍援給他，至今俄羅斯仍未撤離敘利亞。

由於與伊斯蘭國的鬥爭，川普政府繼承了美軍派駐敘利亞的情勢。我們試圖找到一種方法，利用我們在幼發拉底河沿岸以及一個稱為阿爾坦夫（Al-Tanf）之地的少數軍力，支援以色列把伊朗軍隊擋在邊境之外。這意味我們也經常跟在敘利亞活動的俄羅斯軍隊相遇。事實上，二〇一八年二月的某個晚上，一群與阿薩德政權結盟的士兵——主要由俄羅斯傭兵組成，可能來自瓦格納集團——向敘利亞哈沙姆（Khasham）附近的美軍陣地推進。美國和俄羅斯軍方在敘利亞有一個防止事故發生的通信管道。在這種情況下，美國軍方領導人聯繫了俄羅斯指揮官，要求他們撤退。俄羅斯人聲稱這支部隊不受俄羅斯軍方指揮。這幾乎可以肯定是假的。俄羅斯傭兵不斷前進，我們在戰場上的將士們必須決定是殺死對方或是被殺。他們做出了正確的選擇。《紐約時報》後來報導稱，MQ-9收割者偵察機、F-22隱形戰鬥機、F-15E戰鬥機、B-52轟炸機、AC-130武裝直升機和AH-64阿帕契直升機，向親阿薩德的戰鬥部隊展開猛烈攻擊，美國特種作戰地面部隊也發動攻擊。數十名甚至數百名俄羅斯人被殺。

無論這些俄羅斯人是否正式受俄羅斯軍方指揮，我敢肯定俄羅斯指揮官注意到美國的戰士是如何消滅克里姆林宮的代理部隊。我相信，我們願意用武力捍衛在敘利亞劃的界線——在這個例子裡是實際的物理邊界——使俄羅斯忌憚美國將在敘利亞或其他地方的對抗中傷害他們。二〇一九年秋天我打電話給俄羅斯外交部長謝爾蓋・拉夫羅夫（Sergey Lavrov），他是個粗魯但熟練的外交官。我說：「謝爾蓋，我們將在特定期間飛進你們的空域。讓我們飛過去。不用麻煩下令飛機緊急升空了。」幾個小時後，美國在敘利亞完成一次突襲，殲滅了我們追捕了三年的伊斯蘭國領導人巴格達迪（Abu Bakr al-Baghdadi）。俄羅斯人沒有一絲抗拒。我不認為俄羅斯人在哈沙姆戰役發生一年半後的那天晚上默許我們的行動是巧合。這就是堅守底線並加以捍衛而形成的威懾——在這個例子裡是戰術威懾。

★ ★ ★

幾個月過去了，我發現我擔任國務卿的大部分俄羅斯業務實際上是烏克蘭業務，那是我在國會時期非常關注的一個國家。不過，我的工作根據的是我在西點軍校求學時學習烏克蘭歷史所獲得的知識。二〇一四年春天，我擔任眾議院情報委員會成員時前往基輔，參觀了獨立廣場，即邁丹廣場（Maidan）。這裡是去年冬天烏克蘭人大部分時間在嚴寒中紮營的地方，目的是抗議俄羅斯傀儡維克多・亞努科維奇（Viktor Yanukovych）的統治。他們的勇敢努力最終迫使政權更迭。我還會見烏克蘭正教會（Ukrainian Orthodox Church）的領導人，例如我的朋友奧列格（Oleg）神父，他設置了醫院來照顧獨立廣場戰鬥中的傷患。在另一次烏克蘭之行，我參觀了基輔郊外的巴比亞爾（Babi Yar），一九四一年納粹曾在短短兩天內在這裡屠殺了三萬三千多名烏克蘭猶太人。二戰期間還有數千人在巴比亞爾被殺。這場噩夢提醒人們，人類對待同胞有多麼不人道——以及烏克蘭曾在歷史衝突中遭到大屠殺。

在我擔任國會議員期間的兩次烏克蘭之行中，我見了陷入困境的烏克蘭情報部門。我想瞭解美國該如何支持他們，因為他們已拋棄蘇聯式的監控烏克蘭人的做法，轉而進行有益於自己人民的間諜活動。身為中情局局長的我前往頓巴斯（Donbas）地區的戰場前線，向烏克蘭情報部門瞭解我們該如何幫助他們，還見了總統弗拉迪米爾・澤倫斯基（Volodymyr Zelensky）的上一任，佩卓・波洛申科（Petro Poroshenko）。我看到許多令人動容的紀念碑，用來紀念因逃避普丁鎮壓而戰鬥倒下的人。

美國政府當時正幫助訓練烏克蘭特種部隊，我相信這有助於烏克蘭在二〇二二年俄羅斯人發動攻擊時保護自己。一個更偉大的國家可能會從普丁的戰爭灰燼中崛起，但前提是烏克蘭人能夠征服國內根深蒂固的貪腐。烏克蘭是個美麗的地方，擁有熱情而善良的美麗人民。他們應該過比外國入侵和國內貪腐更好的生活。

普丁長期以來渴望把整個烏克蘭納入俄羅斯版圖，如果不是直接吞併，就是建立傀儡政府。我看到這個威脅，並發現烏克蘭有潛力變成世界的一個主要熱點，因此我在擔任國務卿的早期就立定加強該國主權和獨立的基本方針。二〇一八年七月，美國國務院發表《克里米亞宣言》（Crimea Declaration），重申「克里米亞就是烏克蘭」。該宣言是一條威懾線，它告訴克里姆林宮，任何進一步占領烏克蘭的行動都可能意味來自美國的後果。在我任內接下來的時間，我辦公室外的一個房間一直掛著一份以畫框裝裱的《克里米亞宣言》。

儘管騙局的操縱者持續破壞，我們還是連續四年無情地嚇阻俄羅斯。我們的政府倡導「拒絕式威懾」（deterrence by denial），這是負責歐洲和歐亞事務的助理國務卿魏斯・米切爾（Wess Mitchell）支持的一套概念。米切爾是傑出的戰略家，他在國務院任職到二〇一九年二月。傳統的威懾概念認為，你可以藉由反擊的威脅來嚇阻對手採取行動。拒絕式威懾的概念主張，強化一個目標也可以使對手退縮。

我們的政府知道，如果我們用足夠的武器、彈藥和其他軍事裝備來武裝烏克蘭，普丁可能認為挑戰烏克蘭不符合他的國家利益。雖然歐巴馬政府提供了頭盔、夜視鏡、毯子和醫療用品等裝備，但我們發現烏克蘭人需要更多物資來保衛自己的家園免受俄羅斯攻擊。川普總統起初拒絕向烏克蘭提供防禦性武器，但在約翰・波頓、馬克・艾斯培和我的不斷努力下，最終說服他這是對美國有好處的做法。我們介入並交付了貨真價實的貨物——包括在二〇一八年運交價值四千七百萬美元的標槍反坦克飛彈（Javelin anti-tank launcher）和導彈，以及二〇一九年價值三千九百萬美元的另一批武器。另外還有價值四億美元的援助，包括狙擊步槍和火箭推進榴彈等戰爭工具。這種拒絕式威懾，加上川普總統在與普丁的私人談話中展現的實力，導致這位俄羅斯領導人推遲了他在烏克蘭的野心。我很自豪，在我寫這些文字時，在田野和街道上抵抗俄羅斯戰爭機器的所有烏克蘭人，都是川普政府提供的美國武器的受益者。

因為涉及伊朗的緊急事務和虛晃一招的彈劾程序牽涉到烏克蘭的敏感事務，使身為國務卿的我把對基輔的個人訪問推遲到二〇二〇年一月。我抵達那裡時，天空灰濛濛的，還下著雨，但與現在出了名的喜劇演員轉而從政的總統澤倫斯基共度一段長時間，使天空變明亮了一些。

在二〇二二年俄羅斯入侵之前兩年，我看到的澤倫斯基是一個嚴肅的人。和川普總統一樣，他不是出身政府的人。他很瞭解自己對國內的事情只能掌控一部分，他正在努力想抓緊治理政府的槓桿，以便為烏克蘭人民提供更好的生活。他沒有否認國內的腐敗程度。不過，他嘗試減輕貪腐並扭轉風氣，雖然並未成功。他瘦小的身材掩蓋了他的堅毅不拔。我當然沒有預見到他從二〇二二年二月以來所展現的領導力，但當時我確信他正嘗試強化一個獨立自主的烏克蘭。為我安排這個議程的庫爾特·沃爾克（Kurt Volker）有一套理論，主張我們應該建立共識——即使是在寡頭之間，以便把烏克蘭政府轉變為一個人民有真正決定權且領導人不牟私利的政府。

遺憾的是，由於川普和澤倫斯基通電話引發的跨黨派歇斯底里，我們一直未能執行該計畫。現實情況是，媒體並不關心烏克蘭主權或俄羅斯造成的威脅。在我去基輔的這趟旅程中只有一件事最重要：澤倫斯基和我是否討論過和彈劾程序有關的任何內容？答案是，澤倫斯基和我花了大部分時間談論重要問題，包括如何保護他的人民免受鄰居暴君的侵害。我還明確表示，烏克蘭高層領導人的腐敗使我們跟他共事變得更加困難。我對降臨到他國家的邪惡感到不安，但也鼓勵這位過去的喜劇演員能變成巴頓將軍。衝突結束後的烏克蘭仍會存在貪腐，但我希望澤倫斯基能領導他的國家把它根除。

我還想聲援烏克蘭人民。在我到達之前，我告訴幕僚我想去基輔的一家軍事醫院。親俄的烏克蘭分離主義分子在頓巴斯地區進行了七年戰鬥，導致大約一萬四千人死亡。會見那些為捍衛國家而受傷的軍人對我來說很重要。但不管是因為溝通不良或其他錯誤，我的團隊並沒有安排這個行程。

我對他們大發雷霆，這才讓他們動了起來，辛苦地在我與烏克蘭政府官員會面時安排巡迴訪問。基於外交、安全、後勤和公共關係方面的考慮，安排這些事情很複雜。最後，他們完成了任務，我很感謝他們做到了。

我在傍晚時分參觀了醫院，那是個陰森而貧窮的地方，到處都是受傷的英雄。我透過翻譯與一名年輕人交談，他因為在前線服役時受傷而感到極度痛苦。他告訴我，他是一名陸軍上尉。我告訴他，我也曾經是軍隊裡的上尉。當我準備離開時，他拄著拐杖掙扎著站起來，然後拖著腳步穿過房間來到牆邊的儲物櫃，那裡放著他的制服。他從制服袖子扯下代表他部隊單位的臂章，把它交給我，讓我收下。我至今還保存著。

那名士兵為什麼把他珍貴的臂章送給我？不是因為我是前陸軍上尉麥克，是因為我是美國國務卿。我任職的辦公室承擔了傳遞美國自由火炬的責任。烏克蘭人一直在邊境與更強壯的惡霸作戰，蘇聯時代帝國主義的枷鎖曾經壓在他們身上數十年。在那個陰暗的病房裡，我們不只是兩個人，甚至不是兩個軍人。我們是為爭取自由而反對莫斯科政權的兩個兄弟。正如杜魯門總統在要求國會為馬歇爾計畫（Marshall Plan）提供資金時告訴國會：「美國的政策必須是支援自由的人民，以抵抗透過武裝少數族群或藉由外部壓力嘗試征服他們的企圖……我們必須協助自由的人民以自己的方式掌握自己的命運。」要做到這一點，最好的辦法就是採取一種基於實力的態度，並捍衛你劃定的界線。

協助烏克蘭人掌握自己的命運也意味支持他們的宗教自由。普丁利用經常扮演俄羅斯國家分支機構的俄羅斯正教會（Russian Orthodox Church），破壞烏克蘭正教會的獨立性。俄羅斯教會要求擁有凌駕烏克蘭教會的權威，而且這個主張與精神福祉或教義無關，而是企圖把烏克蘭正教會變成普丁可以用來粉碎烏克蘭人民的另一根棍棒。二〇一九年一月，我發表聲明支持烏克蘭正教會的獨立以及其信徒作為自由人民的崇拜權利。

加強美國的核威懾力

如果一個國家沒有真正的實力，那麼它所奉行的「以實力達成和平」的外交政策是沒有意義的。美國威懾對手的能力中，最重要的是我們有強大的核武庫。川普政府的《核武態勢評估》（Nuclear Posture Review）最終促使總統決定重建我們的核武力量，而這是我們國家多年來忽視的責任；相反地，俄羅斯人和中國人則取得了長足的進步。由於美國已把我們的核武器儲備從冷戰時期的高點削減了百分之八十五，俄羅斯則在過去二十年內繼續加強其力量，因此加強我們核力量的現代化是完全合理的。和戰爭領域的所有其他方面一樣，擁有盡可能強大的威懾力量是抵禦侵略的最佳防衛。

這個理念為我們重新談判二〇二一年二月到期的《新戰略武器裁減條約》提供了依據。俄羅斯在公開場合和私底下要求我們延長該條約。但在俄羅斯人沒有做任何讓步下延長該條約，對美國來說毫無意義。此外，一項旨在減少核侵略風險的核武器條約如果只有兩個當事方，在冷戰期間可能有意義，但在中共迅速發展核彈、導彈和太空計畫的新世紀，它沒有任何戰略意義。

我們在跟俄羅斯人重新談判《新戰略武器裁減條約》的努力中，成功扭轉了歐巴馬政府造成的傷害——而且我們也嘗試把正迅速擴增核武庫的中國納入條約。根據該條約的條款，俄羅斯只有百分之四十五的核武庫受到數量限制。另一方面，在又一個沒有人會說美國獲勝的愚蠢外交例子中，美國百分之九十二的核武庫受到數量限制。放棄核武的戰略制高點是拙劣交易的明證，它讓美國人民面臨可怕的可能性。

在核武談判代表馬歇爾・比林斯利（Marshall Billingslea）帶領下，我們讓普丁口頭同意對彈頭數量設置上限，這是重新平衡核彈頭的關鍵一步。不幸的是，我認為俄羅斯人一直在等待美國總統大選的結果，以至於遲遲未做更多讓步或簽署任何文件。這個策略對他們來說效果很好，因為二〇二一年拜登總統在沒有要求俄羅斯做出任何讓步下，再簽署了延長這項條約五年。如果拜登想藉由續約換得一些善意或阻止普丁的侵略性，顯然他是失算了。這可能是拜登政府發出的第一個信號，讓普丁相信美國沒有興趣跟他對抗。拜登政府非但沒有劃出界線並加以捍衛，反而因為他在一個領域的軟弱而對其他領域造成了漣漪效應。

我們威懾俄羅斯；拜登的軟弱反而讓普丁更膽大妄為。

四年來，批評者用盡方法嘲弄我們與俄羅斯的關係。那麼，我們做了什麼？

我們對超過三百六十五個俄羅斯目標施以嚴厲制裁，理由是他們侵犯人權、從事駭客入侵、在英國使用神經毒劑暗殺一名異議人士，以及在黑海的克赤海峽（Kerch Strait）襲擊烏克蘭船隻。更好的是，我們強化我們的軍隊，發展我們的經濟。我們開放美國的能源部門，不只實現了能源獨立，而且比以往任何時候都更有能力出口我們的產品。這使得能源保持低價，對美國消費者來說是件好事，對俄羅斯則具有毀滅性，因為其他國家依賴俄羅斯供應化石燃料。

另一個回答這個問題的簡單方法是：當我們能夠掌控大局時，普丁就不敢入侵烏克蘭。一些人認為，普丁沒有在我們掌管白宮時採取行動是因為他得到了他想要的東西——他們聲稱普丁是一個北約懷疑論者，他根本不在乎頓巴斯或克里米亞。

但在我們當家的四年中，普丁實際上從美國得到什麼？強化的美國軍力和更多美國軍隊部署在歐洲。北約祕書長延斯．史托騰伯格（Jens Stoltenberg）表示，北約變得更強大，而且他說對了。我們退出普丁希望延長的《中程飛彈條約》（Intermediate-Range Nuclear Forces Treaty）——這稍後會再詳細介紹。能源價格降低了，讓普丁失去他用來賄賂寡頭的財富。我還可以列舉更多。

並不是美國默許普丁得到他要的東西，讓他四年沒有入侵烏克蘭，是因為美國憑藉的是實力。這就是威懾的本質。普丁感覺到由意志堅定的領導人領導的美國在制約他，而且這些堅定的領導人劃出明確的界線並且堅定不移地捍衛它們。普丁不想測試我們。我們已表明我們絕不會退讓。

在二〇二〇年總統競選期間，拜登聲稱川普總統的「整個總統任期都是給普丁的禮物」。然而在拜登掌舵下，普丁不但攻擊了烏克蘭，還加強與中國的戰略夥伴關係。拜登為美國重啟了失敗的核武協議。事實證明，拜登的軟弱就是不斷獻給普丁的禮物。

Chapter 6

不要綏靖，繼續進攻

這個恐怖分子首腦從來不是我的筆友，但我曾經寫過一封信給他。我在二〇一七年十二月二日曾透露信件內容，當時我還是中情局局長。

在國安界知名的加州雷根國防論壇（Reagan Defense Forum）上，我告訴聽眾，我最近給伊朗聖城軍（Quds Force）恐怖主義將軍蘇雷曼尼寫了一封信：「我在信中向他傳達，如果他控制的部隊對美國在伊拉克的利益發動襲擊，我們將追究他和伊朗的責任。」

如果任何過去的政府官員曾經這麼說過，很可能被視為一次沒有意義、虛張聲勢的聲明——一種在美國外交中太常見的裝腔作勢的行為。但這次不同。事實上，我宣布的是政策的重大改變。在川普政府之前，美國對蘇雷曼尼攻擊美國的回應通常是殺死他的一些嘍囉。他根本不必付出任何代價，而且可能嘲笑這種軟弱的報復。蘇雷曼尼現在已被警告，那種日子已經結束。我已經肩負起保護美國的使命。

蘇雷曼尼從未給我回信，兩年後的二〇一九年十二月二十九日，擔任國務卿的我和川普總統坐在他位於佛羅里達州海湖莊園（Mar-a-Lago）的豪宅中。我旁邊是國防部長和參謀長聯席會議主席。我們在那裡處理嚴肅的事情：「總統先生，我們想給你一個建議——目標是蘇雷曼尼將軍。」

短短幾天後，蘇雷曼尼和伊朗人將充分感受到我們拒絕姑息他們的邪惡會有多大的效應。他們將反過來嚐到美國進攻的滋味。

綏靖的愚蠢

綏靖就像喝太多酒。喝一點酒可能不會立即產生影響，但成癮的風險卻真實存在。喝大量酒可能讓人在短期內感覺良好，但第二天早上會感覺很糟。對於我們這些年齡夠大的人來說，另一個比喻來自FRAM機油濾清器的舊廣告：「你可以現在就把我買下，也可以日後再付費給我。」今天買的廉價機油濾清器比起下星期支付的昂貴汽車維修費實在微不足道。

在外交政策中，沒有什麼比綏靖政策更不利於和平與安全了。這是威懾的反面。壞人把讓步和無休止的談判視為可以利用的軟弱。只有展現實力——包括以進攻讓他們處於防守狀態——才能阻止他們越界。綏靖政策在對付真正受意識形態驅使的最頑劣行為者也效果有限。中東的聖戰士、北京的共產黨人、被歷史不滿所驅使的普丁式暴徒，以及德黑蘭的神權主義者可能不時做出戰略妥協，但他們對扭曲目標的狂熱支撐著他們，並助長他們對長期地緣政治目標的積極追求。給予外國援助和讓步等好處只會刺激更多的不良行為。如果你想讓這些壞分子改變，就必須強迫他們改變。

不過，綏靖政策是國際關係中的標準做法。大多數握有權柄的人都承襲舊方法。他們知道可以把抉擇錯誤的痛苦或代價留給繼任者承擔，而他們的繼任者將不得不面對後果。FRAM的廣告遺漏了一些東西：有時候現任的領導者不購買機油濾清器，而是讓繼任者購買新引擎。想想一九三八年在慕尼克的張伯倫（Neville Chamberlain）和他留給邱吉爾的攤子；想想一九三一年日本入侵滿洲後，國際聯盟什麼都沒做，這導致希特勒急切地期待自己的進攻；想想《聖經》中約西亞王（King

Josiah）被留下來清理偶像崇拜的混亂，這種崇拜始於他的祖父瑪拿西（Manasseh），並由他邪惡的父親亞們（Amon）承襲。

雷根總統瞭解綏靖政策是失敗的戰略。我在還是一名駐紮於鐵幕前沿的年輕軍人時就很欣賞他出色的領導，我也試圖在我所有的公職上學習他的榜樣。當被問及對蘇聯的態度時，雷根總統回答說：「我們贏了，他們輸了。」他不但看到蘇聯的邪惡，也看到它的軟弱。他認為必須而且可以擊敗蘇聯。他決心藉由增強美國的經濟力量和在國防支出上壓倒蘇聯來讓蘇聯屈服。但更重要的是，他對美國制度的道德優越性有著毫不懷疑的信念。他不相信資本主義和共產主義可以共存。共產主義學說認為資本主義和自由是永遠的敵人；共產主義尋求輸出革命。在這些條件下，綏靖只是一個漂亮的詞，它將一步一步走向失敗。

川普總統在橢圓辦公室放了一尊邱吉爾的半身像，有時我們能感受到邱吉爾出任首相並繼承張伯倫綏靖的挫敗時的感受。歐巴馬總統給了伊朗最高領袖資金、時間和一條直通的途徑以實現核武計畫。對這種做法最好的期望也只是它可能推遲伊朗的核彈發展。我們認為，直接面對這個問題並按照我們的時程表和條件去做要好得多——我們不能坐視伊朗的盜賊統治者滿載金錢並擁有核武。我們的伊朗政策拒絕採用歐巴馬時代的綏靖政策。歐巴馬團隊夢想一旦我們開始支付款項，伊朗的行為就會改善。然而在我們上任時，歐巴馬的綏靖政策顯然已經失敗，因為伊朗對中東的全面接管仍在繼續，而且伊朗在協議期間仍暗中進行被禁止的核發展。

因此，在二〇一八年五月退出與伊朗的核協議後不久，川普政府展開一場前所未有的運動，對伊朗施加最大的經濟和外交壓力、建立聯盟，以及施加軍事威懾。在幕後，我們繼續建立一個由以色列和它的阿拉伯鄰國組成的聯盟。我們的制裁導致大批歐洲公司逃離伊朗。至於軍事的威懾壓力，除了把美國軍隊轉移到中東外，川普總統在二〇一八年的一則推文中十分明確地指出：「致伊朗總統魯哈尼（Hassan Rouhani）：永遠、永遠不要再威脅美國，否則你將遭到歷史上很少有人承受過的後果。」訊息已經發出。我們已認清伊朗政權的邪惡。我們拒絕姑息；我們反而要繼續進攻。

加強對伊朗施壓

我希望我可以說川普總統國安團隊的每個成員都支持這個大膽的立場。但正如他們試圖阻止我們退出《聯合全面行動計畫》，國防部長馬提斯和五角大廈的官僚都不願攪動他們認為的伊朗馬蜂窩。他們會不斷向總統團隊的其他成員說明情況，就好像他們拿到了約翰·凱瑞的幻燈片*。馬提斯會向我抱怨：「麥克，如果我們和伊朗人衝突，他們控制了升級階梯（escalation ladder，指衝突升級），到頭來我們會陷入很糟糕的境地。」這種惴惴不安的心態——認為我們應該更害怕美國的對手能對我們做什麼，而不是反過來——是美國國家安全官僚機構的標準立場。更多的讓步。

*時任國務卿的凱瑞曾在二〇一三年向歐巴馬展示一份幻燈片簡報，以支持《伊朗核協議》。

我相信我們可以透過我們巨大的外交、經濟和軍事優勢來控制所謂的升級階梯。我比五角大廈的大多數高層對美國更有信心。我的團隊也是如此。每星期兩次，我和霍克以及後來的艾略特・亞伯拉罕斯（Elliott Abrams）會擠在辦公室裡，為這個運動策劃戰略。在每次會議之前，霍克會列出一些進展，例如封堵伊朗的石油出口到零。我會藉由寄回他的幻燈片並在每個數據旁附上手繪的笑臉來提供積極的反饋。

到了二〇一九年，沉重的壓力導致伊朗里亞爾重挫到一文不值，伊朗人嘗試以各種可想像的方式擺脫制裁。他們試圖藉由遊說美國盟友來繞過我，進而對川普總統施壓。伊朗人會裝可憐，企圖說服歐洲人和其他人能否繞過龐培歐並直接與川普交談，以便他們達成解除制裁的協議。當各國外交部長警告我，他們的老闆準備繞過我直接去找川普總統時，我都這麼告訴他們：「問題不在我。伊朗宗教領袖哈米尼和蘇雷曼尼才是問題所在，而且總統同意我的看法。」

有些人聽從我的話，但許多人必須碰釘子才學得會。沒有人比法國總統馬克宏嚐到更嚴厲的教訓。他自認有辦法在許多問題上說服川普——土耳其、黎巴嫩，以及歐盟的關稅和稅收等問題。但最令人討厭的是，儘管不太可能成功，他堅持不懈地想說服川普總統重新加入《伊朗核協議》。在二〇一九年八月的G7峰會上，馬克宏提出一項計畫，建議以籠統的檢查方法和降低濃縮鈾濃度來交換對伊朗幾乎完全解除制裁，包括恐怖主義等非核武相關制裁。馬克宏認為他將能夠說服總統接受這項「交易」。但波頓和我在以色列總理納坦雅胡的協助下，極力阻止馬克宏的計畫。不管如何，它注定會失敗。川普深知伊朗政權的本質，所以他從未暗示要接受馬克宏拙劣的提議。總統和我都知道，一旦解除制裁就很難重新開始。制裁給了我們對伊朗人的巨大影響力。我們不能退讓一絲一毫。

但馬克宏毫不氣餒。他在二〇一九年九月的聯合國大會（一年一度的世界領導人超級盃聚會）前，花了幾星期時間嘗試促成川普總統和伊朗總統魯哈尼會晤。波頓和我都認為這實在太瘋狂了。最重要的是，任何人都不應該認為伊朗總統與美國總統處於平起平坐的地位。誰擔任伊朗「最高領袖」——目前是哈米尼——誰就是伊朗的最高領導人。此外，魯哈尼在國內的政治地位很薄弱，並已成為伊朗經濟災難的代罪羔羊。他不可能滿足美國的要求。

儘管如此，馬克宏在大會前打電話給川普總統，聲稱可以與魯哈尼會面，但川普總統首先必須尊重魯哈尼的要求，在坐下來之前簽署一份文件。

我記得總統說，他不會簽署任何該死的文件。

馬克宏表示，如果不簽署就不會有會議。

這並沒有困擾川普總統，他說他還有很多別的事情要做，而且我們拿了所有的好牌。他知道我們掌控升級階梯。

馬克宏猶豫不決。他說伊朗也有牌可打。這就是我們會陷入這種情況的原因。

然後總統徹底打敗了他，指出我們的道瓊指數剛攀上二萬八千點，而且我們的制裁政策已使伊朗的 GDP 下降百分之二十五。

馬克宏仍然渴望川普和魯哈尼會面，他說他會再去和伊朗人談，問他們願不願意在沒有川普總統簽署文件下會面。

這激怒了川普總統：「停止！別再打電話給我了。別再打電話向他們乞求了——你看起來像個軟弱的小女孩！管好你的國家，否則黃背心會幫你管。」（他指的是巴黎街頭穿著黃背心的民粹主義抗議者。）「要他們自己打電話給我，然後你回去處理那些穿黃色背心的傢伙。」

他掛斷電話。伊朗人一直沒打電話來。法國放棄了調解的努力。

我的朋友，已經去世的日本首相安倍晉三也想嘗試。領導一個必須進口大量石油的島國，安倍對我們的制裁政策感到沮喪，因為那導致伊朗的石油出口減少。外交界的許多人向安倍暗示，他與川普總統的友好關係可以打破伊朗的僵局。事實上我認為安倍首相最有可能說服伊朗，讓它相信美國說要施加最大壓力是認真的。安倍已經證明，日本已再度成為西方的安全夥伴，他碰到的每個人都信任他是忠實的對話者，而且他與我們的團隊建立了深厚而牢固的關係。我仍然對他在二〇二二年被暗殺感到難過，世界因此失去一位偉大的領導人。

當他打電話給我討論他的計畫時，我告訴他我很高興看到他嘗試調解，但總統屈服於伊朗要求的機率趨近於零。安倍晉三盡了他最大的努力。他在二〇一九年六月訪問德黑蘭，以談判代表的身分執行一項友好任務。這是日本首相從一九七八年以來首次訪問伊朗。就在那一天，伊朗人在阿曼灣襲擊一艘懸掛日本旗的船隻表達謝意。安倍很快就放棄促成協議的嘗試，並且為忽視我的警告道歉。他發現特別是對伊朗最高宗教領袖來說，綏靖政策是行不通的。

我們花了相當多努力來確保俄羅斯人和中國人不會跟伊朗結盟。兩國都對和伊斯蘭極端分子走得太近抱持謹慎態度，但伊朗擁有他們需要的東西：石油（就中國而言）和進入中東的跳板（就俄羅斯而言）。俄羅斯人也試圖為伊朗解決「龐培歐問題」。他們的計畫是跟白宮高級顧問庫許納合作，起草一份給總統的提案。但他們不明白，和我上一任提勒森國務卿不同，我和庫許納有密切的工作關係。他告知我俄羅斯人想幹什麼。我們都同意這對美國沒有益處，所以我們共同停止這件事。當俄羅斯外交部長拉夫羅夫打電話給我，承認我們的做法很聰明，並扼殺了他們與伊朗的談判時，我知道他們的希望破滅了。

那些空手而回的外交官們不明白美國對伊朗的政策項目和我個人偏好無關。伊朗顯然是美國國家安全的當務之急，而且川普總統完全專注於此。有一天他對我說：「麥克，我為什麼要在他們停止製造核武前解除制裁？」這是一個完全合乎邏輯的常識判斷。我們不會姑息任何國家。我們會準備好繼續進攻。

我特別高興的是，我們在伊朗人期待美國會順服的領域挫敗了他們。在美國展現決心的每一個小地方，我們都在告訴世界，我們不會像過去的政府那樣以刻意忽視或綏靖來規避小規模的外交衝突。

二〇一九年，伊朗外交部長賈瓦德・扎里夫（Javad Zarif）想來美國處理伊朗聲稱是聯合國的事務。事實是，他喜歡紐約、高級餐廳和五星級酒店。他還很高興有機會向熱情、無能的美國主流媒體記者散播伊朗大外宣——「我們的核計畫從未打算生產核武器」。他喜歡跟參議員黛安・范士丹（Dianne Feinstein）、參議員蘭德・保羅以及其他拒絕承認伊朗對美國造成威脅的領導人會面。他經常參加智庫會議，和外交關係協會等機構的成員聚集，以及跟所謂的菁英政策專家一起怨嘆龐培歐激進的基督教狂熱。建制派世俗主義者（secularist）*和伊斯蘭神權主義者——這可真是思想碰撞。

霍克和我下令拒絕扎里夫的簽證，因為他根本沒有聯合國的事務要處理——根據一九四七年的《聯合國總部協議》（UN Headquarters Agreement），這麼做是美國的合法權利。我們的團隊最終放寬了全面禁止扎里夫來美國的做法，但我們能夠限制他的大部分行動，並對伊朗常駐聯合國代表未來能做的事增加限制。我們不只限制伊朗在美國的活動，我們也在聯合國向全球主義者表明，我們是一個不同尋常的美國領導團隊。在這個戰術問題上，最後我可以退讓一步，因為我從一開始就要求前進兩步。

到了二〇二〇年我們就不再這麼放寬處理了，當時我們宣布將完全拒絕扎里夫的簽證，因為就在刺殺蘇雷曼尼幾天後，他要求訪問聯合國安理會。不久後，世界上幾個最有分量的姑息者打電話給我。首先是聯合國祕書長安東尼歐・古特瑞斯（António Guterres），他是來自葡萄牙的激進社會主義者，在個人層面上我很喜歡他。他的請求提醒了我，我們可以用一次拒絕簽證換得兩項勝利。幾分鐘後，英國外交大臣藍韜文（Dominic Raab）也打來電話——幾乎可以肯定他是應古特瑞斯要求——因為大家都知道他和我關係不錯。他提出相同的請求，儘管說得更婉轉動聽。想都別想。這一次，我一步也不退讓。

這些簽證的插曲也暴露出世界對伊朗的期望有多麼低。舉例來說：二〇一六年我與紐澤西州眾議員法蘭克・洛比昂多（Frank LoBiondo）及紐約州眾議員李・澤爾丁（Lee Zeldin）一起申請前往伊朗的簽證。我一直沒有獲得批准。雖然我知道美國必須為世界外交官提供特殊的住宿，因為我們是聯合國總部的東道國，但如果美國的國會議員或國務卿不能訪問伊朗，扎里夫就沒有理由能自由前往美國。雖然我確信，伊朗人會熱烈歡迎伊爾罕・奧馬爾（Ilhan Omar）這類伊朗同情者，或約翰・凱瑞這類綏靖者。

對外交努力也一樣重要的是，要與負責核檢的國際機構保持密切聯繫。二〇一九年國際原子能總署署長去世，繼任人選的爭奪戰基本上就是一場攸關伊朗是否獲得核武的鬥爭。俄羅斯人和中國有偏好的候選人並不足為奇。我們希望的人選是拉斐爾・格羅西（Rafael Grossi），我在擔任國會議員訪問維也納並發現凱瑞和雪曼同意的祕密交易時認識了他。雖然格羅西並不完美，而且他將面臨來自伊朗人的巨大壓力，但他不受俄羅斯人和中國人擺布。這對我和在ＩＡＥＡ代表美國的傑出愛國者潔姬・沃爾科特（Jackie Wolcott）來說已經夠好了。以前的政府都不願意像我們那樣努力把在ＩＡＥＡ的工作做得更好。在沃爾科特帶領的進攻下，我們囊括了大多數選票，擊敗其他候選人，讓格羅西以壓倒性多數票當選。伊朗人想要一個綏靖者。現在他們痛苦地抱怨格羅西是「美國的人」。希望他們的抱怨最終被證明是真的。

＊世俗主義者基本上持政教分離的立場，主張社會生活和政治活動要擺脫宗教組織控制。

伊朗對施壓運動的報復

拒絕綏靖的虛假承諾並不容易。你必須準備好承擔強硬立場的報復成本。通常你會為未來的好處支付金錢，而這些好處可能要等到你死後才能獲得。但是購買你所能買到的最有價值的機油濾清器，將可避免你以後花費巨額開支。西方基本上已經忘記自由和安全是要付出代價的。我們沒有忘記。

在整個二〇一九年，隨著經濟制裁扼殺伊朗經濟，伊朗政權正如我們預期的那樣開始痛苦掙扎。它對懸掛國際旗幟的船隻埋設水雷。它開始公開提煉濃縮鈾，達到超出核協議允許的水準。伊朗政權的領導人表現出他們亡命之徒的真面目。伊朗有兩個目標：促使各國施加壓力要求美國放棄施壓，以及讓沒有加入施壓運動的歐洲人和其他民主國家繼續袖手旁觀。

伊朗恐怖主義的操盤者是蘇雷曼尼，我甚至在領導中情局之前就研究過他。他是一九八〇年代伊朗與伊拉克戰爭的英雄，伊朗宣傳人員把他捧成家喻戶曉的人物。儘管他身高只有一七五公分，但他有軍人的氣概和英雄的面孔。他看起來像雙十啤酒（Dos Equis）搭配臺詞「保持渴望，我的朋友」廣告裡那個「世上最有趣的男人」。

儘管蘇雷曼尼身材不高，但他讓中東領導人感到真正的恐懼。藉由在伊拉克、黎巴嫩和敘利亞領導軍事行動數十年，蘇雷曼尼從一九九八年以來一直統率伊朗伊斯蘭革命衛隊凶殘的聖城軍。這群恐怖分子試圖把「伊斯蘭革命」傳播到伊朗境外，通常是透過暴力。聖城軍是無數爆炸、暗殺和暴亂的幕後黑手。它的代理人經常享有外交掩護。他們的挑釁是伊拉克、黎巴嫩、敘利亞和葉門等國今日如此混亂的主因。但真正引起我注意的是蘇雷曼尼的部隊如何藉由指揮什葉派民兵和恐怖分子，在伊拉克戰爭期間協助殺害了六百多名美軍。

蘇雷曼尼完全控制這座屠宰場。他的手下愛他。沒有其他人像他那樣從伊朗的軍事和情報部門獲得如此多人的忠誠，甚至最高宗教領袖也比不上。雖然冷酷無情，但他遠不只是嗜血的妖怪。除了是精明的戰術家外，他還在整個中東地區建立廣泛的政治網絡。二〇一七年我在伊拉克總理海德爾．阿巴迪（Haider al-Abadi）的宮殿與阿巴迪見面，問了他一個問題：如果美國提供財政支援，伊拉克會停止從伊朗進口電力嗎？如果不停止，伊拉克可能面臨美國對其電力網制裁的風險。阿巴迪直視著我的眼睛說：「局長先生，等你離開後，蘇雷曼尼會來看我。你可能搶走我的錢，他會要我的命。」人在屋簷下，不得不低頭。

我想讓蘇雷曼尼知道，美國不怕他。這就是我為什麼寫一封信給他，告訴他我們準備要他為在伊拉克的美國人受到任何襲擊負責。我也向川普總統報告蘇雷曼尼的事，通常是關於他指揮的什葉派民兵如何威脅美國在中東的利益，包括美國駐巴格達大使館。總統同意我的看法，那就是伊朗並沒有「強硬派」和「溫和派」的不同派系，儘管新聞報導和智庫報告暗示有這種區別。伊朗領導階層想要的就只有革命。如果扎里夫或其他伊朗外交官穿著西裝出現，說著流利的英語，那並沒有什麼差別。最高宗教領袖和蘇雷曼尼決定了伊朗在世界的角色。

現在，在蘇雷曼尼的指示下，伊朗升高的侵略性正威脅著美國的施壓運動。二〇一九年五月，我在芬蘭小鎮羅瓦涅米（Rovaniemi）參加北極理事會（Arctic Council）的會議，北極理事會的成員國包含領土延伸到北極圈的國家。儘管我肩負防止中國和俄羅斯在北極惡意活動的重要使命，但我卻分心了。我在幾個月前就已決定關閉美國駐伊拉克巴斯拉（Basra）的領事館，那裡離伊朗邊境不遠。由於伊朗支援的什葉派民兵恐怖分子在蘇雷曼尼指揮下向該領事館發射火箭，我擔心我們外交官的安全。經過詳細考查後發現，該地點的工作價值幾乎完全可以從其他地方獲得。

我決心避免重蹈班加西事件的覆轍。但火箭襲擊在伊拉克各地持續存在。我不能坐以待斃，什麼都不做。我也不能容忍伊拉克政府自滿地不去對付那些民兵。這個問題很複雜，因為和伊朗有深厚關係的什葉派團體過去和現在都在伊拉克政治中占有重要地位，伊拉克甚至把在伊朗支援下跟伊斯蘭國作戰的民兵納入其武裝部隊。我們必須向伊拉克領導人發出強力的訊息。五月七日上午，我在芬蘭的旅館房間裡決定取消下一站的德國之行，轉而緊急前往伊拉克。

這是一個冒險的決定，許多官員都會反對這麼做。對國務卿的幕僚來說，前往任何國家進行正式訪問都是一大挑戰，尤其是在臨時決定繞道到一個到處有人想要殺死美國人的土地時。我們還是去了。我們準備降落在巴格達郊區的美國空軍基地時，飛機的燈光熄滅，機組人員命令我們拉下窗簾，以避免吸引那些會很樂於對機身寫著「美國」的飛機發射肩射飛彈的人。著陸後，我們被帶到基地的一個房間，在那裡我們準備乘坐軍用直升機飛往巴格達的綠區（戒備森嚴的國際區）——開車去那裡太危險了。值得一提的是，美國官員必須審慎計劃在巴格達隱祕的短暫訪問，伊朗官員則可以任意到處走動。從這一點你就不難瞭解在這裡是由誰當家。

我穿上防彈衣並聽完簡報，接著乘坐直升機前往巴格達市中心，我在那裡會見伊拉克總統巴爾哈姆．沙勒（Barham Salih）和總理阿迪勒．馬帝（Adel Abdul-Mahdi）。沙勒在西方外交圈名聞遐邇，他是來自伊拉克庫德族的傑出領導人，行事謹慎但總是很清楚什麼可能成功、什麼是魯莽。相較之下，馬帝是伊朗的工具，沒有興趣冒任何政治風險。我和他在一起的時候就像我和真正的伊朗人會面一樣。

我明確表示，如果任何美國人受到伊朗民兵的傷害，我們將升高對抗。美國不但可能被迫從伊拉克撤出剩餘的部隊——這是伊拉克領導人不希望看到的——而且我們將直接追究伊朗的責任。馬帝說了一番陳腔濫調，表示美國對伊拉克反恐的支持如何受到重視等等。但他再次提醒我伊朗是伊拉克鄰國這個地理事實。會議結束時，我知道我們已經把話講得很清楚了。

另一個緊張的決策點出現在一個月後的二〇一九年六月，當時伊朗擊落一架接近但不在其領空的美國無人機。這一侵略行為引發川普總統和他的國安團隊進行一連串該如何應對的討論。我認為我們的解決方案既適當又必要。總統一開始批准了這次行動，但後來又下令取消。事後我們才知道，就在總統已發布軍事命令後，一名白宮律師走進橢圓辦公室——顯然是獨自一人——並告訴總統一些讓他改變主意的事。這不是理想的做事方式，但他是總統。我讚揚他在整個總統任期內堅持施壓運動。即使我們在這種情況下沒有以軍事力量回應伊朗，他也總是表現出真正的不屈不撓，拒絕姑息伊朗的侵略行為。

二〇一九年九月十四日，我們拒絕透過在制裁上讓步來安撫伊朗的後果再次顯現。就在伊朗擊落無人機幾個月後，從伊朗發射的巡弋飛彈擊中沙烏地阿拉伯。目標是沙烏地阿拉伯國家石油公司（Aramco）的主要石油設施，因此威脅到全球能源供應。此外，美國人在被攻擊地點的範圍內工作。沙國人立即打電話給我，我們努力幫助設施恢復運作。Aramco的表現令人驚嘆——他們的產品價格短暫飆升，但他們的反應贏得市場的信任，向世界證明他們有能力減輕損失並繼續供應世界市場。他們做到了。

沙國人也想知道我們面對這種危險時刻時準備怎麼做。我向總統建議往沙國運送防空系統。總統同意向他們提供防禦性武器，但拒絕我建議的第二部分——美國繼續進攻，對伊朗採取代價高昂的直接行動。這是美國政府的一段不穩定時期，因為波頓剛卸任，而他的繼任者歐布萊恩幾乎還沒有完全進入狀況。如果我們之前做更多事來協助沙烏地阿拉伯和阿拉伯聯合大公國，那將為美國提供更多的安全，但我很遺憾我無法對這些攻擊做出更有力的回應，雖然我們在受限的情況下盡了最大的努力。我直覺地認為我們正失去對伊朗的威懾力。我告訴總統我的想法。他的回答是：「耐心點，我的麥克。」

蘇雷曼尼嚐到美國報復的滋味

除夕夜應該是派對時間。對於我和川普政府的國家安全團隊來說，雖然日曆逐漸接近二〇二〇年，氣氛卻非如此。我們對伊朗的威懾運動很有可能失敗。蘇雷曼尼覺得自己有足夠的力量挑戰我們，部分原因是二〇一九年十月美國和土耳其外交關係的發展。土耳其總統艾爾段在電話中，說服川普總統把美軍從土耳其和敘利亞的邊境撤出，以免他們在土耳其軍隊趕走與伊斯蘭國作戰的庫德族時遭到波及。土耳其有少數庫德族，並且出於某種原因，土耳其把武裝的庫德族、甚至其他國家的庫德族視為威脅。川普總統派遣我、副總統彭斯、國安顧問歐布萊恩和我們的團隊，前往伊斯坦堡以協商衝突區。這是一個真正的制衡行動。我們的目標是讓美國士兵脫離危險，但不暴露那些曾是打擊伊斯蘭國的最前線力量的庫德族部隊遭受土耳其攻擊。不管是左派還是右派都指控我們背棄了庫德族。實際情況並非如此，但伊朗人誤解我們的行動是撤退。他們錯了，卻因此變得膽大妄為。

十二月二十七日，一個什葉派民兵組織對伊拉克基爾庫克（Kirkuk）的美軍設施展開火箭彈襲擊，殺死美國承包商哈密德（Nawres Hamid），並造成美國士兵受傷。我們決定在伊拉克和敘利亞進行空襲，目標是真主黨旅（Kata'ib Hezbollah）恐怖組織成員，這也是伊朗主要的代理組織之一。我們殺死其中二十五人。但這種反應不足以阻止伊朗升高的侵略性。是時候實踐我在那個月早些時候說的話了：「我們還必須利用這個機會提醒伊朗領導人，他們或他們的任何代理人的任何攻擊，如果傷害到美國人、我們的盟友或我們的利益，都將遭到美國的果斷回應。」

由於伊朗蓄意殺害一名美國人，做出果斷回應的時機顯然已經到來。我致電哈斯柏、艾斯培和參謀長聯席會議主席馬克．麥利（Mark Milley）將軍。歐布萊恩也聽取了我打算向總統建議的內容。所有人都同意該計畫，其中部分內容是前一段時間展開的工作結果。上帝似乎也站在我們這邊。十二月二十九日，艾斯培、麥利和我飛往海湖莊園，總統正待在那裡幾天。我在會議上扮演帶頭角色。

「總統先生，」我說：「蘇雷曼尼正從貝魯特前往大馬士革，然後再到巴格達。他乘坐商業航班，我們知道他的飛行路線。他正密謀殺害更多美國人。我們擁有阻止他領導這些殺戮行動所需的工具。他們擊落了兩架美國無人機，並向沙烏地阿拉伯發射彈道飛彈，現在又殺死一名美國人——所有這些都是在蘇雷曼尼將軍的指揮下進行的。是時候阻止他的殺戮統治了。這是一個正當的軍事目標。」

暗殺蘇雷曼尼是採取進攻行動的重大舉措，將會造成大震撼。通常當美國在後九一一世界消滅一個恐怖主義領導人時，失去領導人的恐怖組織會採取像美式足球教練所說的「下一個人補上」的做法——由下一個可上場的最佳球員遞補。在蘇雷曼尼的例子中，另一位將軍將遞補上來——但沒有一個將軍有他的權威、頭腦、殘暴和號召伊朗人民的吸引力組合。試圖取代他就像尋找畫家林布蘭（Rembrandt）的真跡那麼難。祝你們好運，但根本沒有好的人選可以替代他。

川普總統明白其中的巨大風險。我們大家也是如此。但現在該是扣扳機的時候了。我們已經公開警告過伊朗人。我直接給蘇雷曼尼寫了一封信。他們認為他們可以僥倖擊落一架美國無人機，他們算是做到了。伊朗政權肆無忌憚地從自己的土地發射彈道飛彈，希望在一個有許多美國人的地方摧毀全球的石油供應。他們還殺了一個美國人。如果什麼都不做將有損美國的信譽。美國的威懾力正陷於低潮。

麥利和艾斯培向總統簡報擬議的計畫。我補充說，我們準備在攻擊後與伊朗人溝通，以釐清這不是試圖暗殺伊朗的政權領袖；但如果他們準備升高衝突的話，我們也已做好升級的準備。我說，其他領導人也在等著看我們的回應。中國人、俄羅斯人和金正恩當時正密切關注美國，想看川普政府是否準備好威懾對美國人的侵略行為。

總統給出了答案：就這麼辦。

當我們起身時，我幾乎是突然想到才說的：「總統先生，再提醒一下，我們將導引一枚飛彈從九千六百多公里外襲擊一座國際機場。我們以前從未這麼做過。」我能接受這種風險，因為我們有一個可以在最關鍵的五分鐘內控制空域的計畫。唯一可能受到傷害的平民將是在蘇雷曼尼搭乘的商務飛機上的平民。我們會等待蘇雷曼尼下飛機，進入他的車輛，並在他離開機場範圍前而且盡可能遠離那架飛機時才攻擊。總統直視著我們，點了點頭。他一言不發，但眼睛卻在大叫著：「別把這件事搞砸了。」

日期定在一月三日。我們通知了所有必要的夥伴，然後團隊開始執行計畫。

十二月三十一日，總統的決定看起來更加正確了。在蘇雷曼尼和伊朗人的幕後指揮下，數十名接著增加到數百名的真主黨旅部隊和其他什葉派民兵襲擊美國駐巴格達大使館。他們聚集在大使館的安全檢查哨，砸毀門窗，破壞接待區並縱火，同時高呼「美國去死！」、「以色列去死！」慶幸的是，在口頭警告和催淚瓦斯的協助下，我們的守衛搶在暴徒突破大使館主牆之前驅散了他們。

大使館的美國海軍陸戰隊分遣隊和在場的阿帕契直升機也嚇阻了暴徒。與前幾屆政府不同，國務院和國防部密切合作。大使館的武裝精良，而且我在總統的指示下明確下令，不容許任何活人翻越圍牆。艾斯培和麥利透過中央司令部的麥肯錫將軍（Frank McKenzie）以及當地的軍事領導人，為我的外交團隊提供大量支援。我對他們無限感激。這件事讓我想起一九七九年美國駐德黑蘭大使館遭到襲擊——美國人在精采的電影《亞果出任務》（*Argo*）中看到了重現的情景。我們誓言不讓伊朗人取得類似的勝利。什葉派民兵破壞了設施，但一切都在很短的時間內完成修復，我們對伊拉克政府的要求促使他們最終恢復了大使館周圍的秩序。不過我們都知道，等到一月三日，這個危險的插曲可能看起來只是熱身運動。

回到美國，我們為攻擊做準備。到了預定的日子，我、艾斯培和麥利一起在五角大廈，總統則在佛羅里達州。那天早上，我們完成了最終的審批程序，並追蹤了蘇雷曼尼的動向。

我們的情報人員在追蹤蘇雷曼尼的工作上表現傑出，一路緊盯著他出沒於不同的中東戰區。二〇二〇年一月三日巴格達時間午夜過後，蘇雷曼尼降落在機場，在那裡受到真主黨旅創始人穆罕迪斯（Abu Mahdi al-Muhandis）的英雄式歡迎，穆罕迪斯現在是伊朗一個強大的什葉派民兵組織的領導人。蘇雷曼尼完全不知道一架美國MQ–9收割者偵察機（MQ-9 Reaper）正從空中追蹤他們的一舉一動。當蘇雷曼尼的轎車沿著一條通道離開機場時，地獄火飛彈（Hellfire missile）咆哮落下。美國的力量、美國的技術和美國的正義猛烈地擊中他的座車。美國的威懾降臨了，蘇雷曼尼再也不能傷害任何人。

幾分鐘後，社交媒體開始瘋傳巴格達國際機場爆炸的報導。伊朗人很快證實他們的邪惡英雄已經死亡。在世界各地，我們已經準備好因應對美國設施的報復性襲擊。以色列人也做好了準備，他們知道伊朗可能對他們進行報復。我們也與海灣阿拉伯夥伴國家合作，在沒有透露我們具體計畫的情況下事先向他們發出警告。

我也向伊朗人傳遞了我的訊息。幾個小時內，伊朗向伊拉克的阿薩德空軍基地發射彈道飛彈，導致一些美國軍人受傷，其中有些人傷勢嚴重，但沒有人喪生。之後我透過瑞士收到伊朗外交界人士的照會，說這是伊朗反應的全部內容。可以肯定的是，我鬆了一口氣，也進一步證實我們的確控制了升級階梯。

不過，我們無法確定伊朗人是否真的就這樣罷休了。第二天，川普總統在推特上用言辭威懾加強了我們的行動威懾：「我們已經瞄準五十二個伊朗地點（代表多年前被伊朗劫持的五十二名美國人質），其中一些地點對伊朗和伊朗文化非常重要，這些目標以及伊朗本身將遭到很迅速和很嚴厲的打擊。美國不想再受到威脅了！」

為了保險起見，我代表美國寫給伊朗最高宗教領袖一封信，告訴他我們正密切監視伊拉克和敘利亞什葉派民兵的活動。我說，對美國軍隊的任何攻擊都將直接歸咎於他和伊朗，美國的反應將針對所有可以歸咎於襲擊的人。很快，我們就可以看到伊拉克的什葉派民兵奉命撤退。

幾天後，又一次爆炸發生了——這次是在華盛頓。在攻擊後的幾天和幾星期內，許多民主黨人和媒體都驚惶失措。拜登說這是「巨大的升級」。參議員克里斯・墨菲（Chris Murphy）想知道美國是否剛剛引發了「一場潛在的大規模地區戰爭」。像班・羅德斯這種人無法想像如何使用這麼精確和強大的力量來嚇阻邪惡的敵人。

一月八日，艾斯培、哈斯柏、麥利和我在安全的環境裡，向美國國會全體成員做簡報。當然，在我們簡報結束後幾分鐘，民主黨人立即公開宣稱我們輕率地讓美國人蒙受生命威脅，而且我們攻擊的理由毫無事實根據。在聽證會外的走廊，眾院議長裴洛西（Nancy Pelosi）開始對哈斯柏又叫又嚷，批評她已經從情報專業人士淪落為川普的諂媚者。事實上，哈斯柏做的只是說明我們所知道的事，以及為什麼我們決心阻止蘇雷曼尼再度殺人。一個這輩子最大問題是讓奧卡西歐—寇特茲（Alexandria Ocasio-Cortez）聽話的人*，竟然質疑一個在中情局出生入死許多年的女人的正直，這讓我很想吐。所以我走過去，立即對裴洛西還以顏色。雖然哈斯柏不需要我的協助，但我覺得自己有義務反擊。

正如他們所說，讓我們重新檢視攻擊蘇雷曼尼帶來的結果。我們的威懾奏效了嗎？姑息伊朗人會更好嗎？

懷疑論者的想法向來都是錯的。我們的大膽行動非但沒有引發新戰爭，反而使局勢緩和下來。我們成功地保護美國人性命免於受到那個恐怖分子的傷害——一個在死亡前幾天和幾個小時還在積極策劃更多傷害的恐怖分子。伊朗得到的訊息是，如果它的侵略繼續下去，將付出更多慘痛代價。在我們的伊朗戰略下，砍掉章魚的頭以阻止牠的觸角繼續纏住每個中東國家是完全合理的做法。這將使隨後肢解其餘部分的努力更加容易。我們還可以看看金正恩、普丁和習近平在這次攻擊後的反應——當然也要列入委內瑞拉的馬杜洛。我們不只懲罰了伊朗，而且讓所有這些領導人在一月四日遠比在一月三日更瞭解美國的威懾力量。這是進攻的附帶好處。

這整件事值得我們記住的是，隨著緊張局勢升高，伊朗軍方在烏克蘭國際航空公司七五二號班機從德黑蘭起飛前往基輔幾秒後擊落該架班機。伊朗以地對空導彈——以及該政權的邪惡和無能——殺害一百七十六名無辜平民，其中大多數是伊朗人。該政權先是撒謊和嘗試掩蓋其致命錯誤，用推土機把飛機墜毀的地點夷為平地，接著政府情報單位又推遲交出黑盒子以供調查。這種掩蓋和罔顧人命的做法對伊朗和所有專制政權來說司空見慣。

直到今日，伊朗政權仍然渴望報復美國人暗殺了他們極其尊崇的軍頭。伊朗總統易卜拉欣・萊希（Ebrahim Raisi）表示：「如果川普和龐培歐沒有因暗殺蘇雷曼尼將軍的罪行而在公平的法庭上受審，穆斯林將為我們的殉道烈士復仇。」同樣地，伊斯蘭革命衛隊海軍領導人也宣示：「最高領導人已強調復仇，伊斯蘭革命衛隊總司令也說復仇絕不可少，而我們將決定何時何地進行復仇……所有暗殺烈士蘇雷曼尼的凶手一定會為他們的卑鄙行徑遭到在這個世間的懲罰。」

我們知道伊朗有能力在美國境內運作，所以在離開公職一年半後，我仍然保留必要的安全措施。去雜貨店買東西？外交安全局的特勤會在我挑選看起來最成熟的茄子時掩護我。蘇珊要去做頭髮？希望真主黨的臥底特務不會埋伏在沙龍裡。兒子要結婚了？特勤必須派先遣小組前往教堂。我和我的家人每天做的一切事都得預先計畫，並與穿西裝戴墨鏡的特勤人員協調（非常感謝那些保護我們的偉大美國人）。至少有一次我的兒子一天的生活因為安全問題被嚴重打亂。我可能再也無法自己

＊民主黨眾議院議員寇特茲曾公開說民主黨高層不願栽培後進，還點名裴洛西不該戀棧權位。

開車或享受我曾擁有的隱私水準。

那也只好這樣了。除了這些不便外，這些威脅、這個追殺令並沒有改變我的生活。拒絕姑息邪惡是要付出代價的，要為我們的軍人、家庭和我們的國家付出代價。但對抗一個流氓國家及它決心殺害美國人的邪惡恐怖分子是值得的。我買了機油濾清器。我相信我們拯救了美國人的生命。

支持伊朗人民

我們的威懾努力也依賴來自伊朗內部的壓力。在我們對伊朗展開的運動中，我最自豪的事情之一是我們對伊朗人民的支援。伊朗人當中有許多反對他們的專制統治者——這個立場與不姑息的政策密切相關。他們比任何人都更瞭解該政權的殘暴。他們也知道，《伊朗核協議》給了該政權更多資源，使伊朗人民處於暴政之下。歐巴馬政府在二〇〇九年只象徵性、延遲並拐彎抹角地呼籲支持「綠色革命」（Green Revolotuion）示威者；但不同於歐巴馬政府，川普政府放大了渴望更光明未來的伊朗人民的聲音。我很樂意幫助他們進攻。年輕的電氣工程師普亞．巴赫蒂亞里（Pouya Bakhtiari）是數百萬受夠了現狀的伊朗人之一，他厭倦了他稱之為犯罪和腐敗的伊朗領導階層。二〇一九年十一月，他與母親納希德（Nahid）一起走上梅赫爾沙赫爾（Mehrshahr）街頭，抗議該政權的侵害行為。他們原本說好要手牽著手走，但攻擊人群的安全部隊把他們分開了。最後，納希德經歷了為人父母者最悲慘的事——看到示威者抱著她兒子毫無生氣的屍體。他被擁護該政權的暴徒開槍擊中頭部。如今的納希德跟許多其他伊朗父母一樣悲傷。她說：「現在，普亞的理念就是我的理念。我希望見證並慶祝伊朗人民的自由。」

從一九七九年伊朗最高宗教領袖領導的革命奪取政權後，這類暴力壓迫事件就經常發生；事實上，伊朗現任總統萊希在一九八八年擔任德黑蘭副檢察官期間，就曾協助屠殺至少五千名政治犯。我很自豪能夠在國務院任職期間促成對他進行新一輪的制裁。

該政權的壓迫深入到個人生活的每個層面。拒絕戴頭巾的婦女遭到毆打並被送進監獄。出於對迫害甚至死亡的恐懼，想離開伊斯蘭教並受洗皈依基督教的伊朗人，不得不祕密使用外國的酒店游泳池進行這類儀式。二〇二一年七月，該政權密謀在紐約綁架一名伊朗裔美國公民。司法部阻止了這個邪惡計畫，並揭露該政權的特務如何在世界各地搜捕和殺害其敵人的最新例子。川普政府從不害怕揭露該政權的墮落。我們甚至要求伊朗人透過安全的管道訴說他們的故事——而且國務院收到數千份回覆。我還經常會見與伊朗國內家庭成員保持聯繫的伊朗裔美國人。

二〇一八年七月，我在雷根總統圖書館演講我們的伊朗政策。雖然我是在美國發表演講，但真正的聽眾卻是伊朗人民，他們有辦法規避伊斯蘭審查員以瞭解國外發生的事。我說：「伊朗領導人的腐敗和財富顯示，伊朗是由更像黑手黨的組織統治，而不是政府。」。我描述最高宗教領袖的竊國行為和在街上被毆打的婦女。演講廳裡擠滿了伊朗裔美國人，我可以很謙虛地說，幾乎我說的每一句都得到他們的歡呼和掌聲。我想他們是在為一萬一千多公里外沉默的伊朗人民發聲。

後來，我會見一些知道刺殺蘇雷曼尼對伊朗發揮重大影響的伊朗流亡者。他們在伊朗的聯絡人——包括因為政權強迫他們在伊朗上街頭參加蘇雷曼尼葬禮的人——知道我們對他們的壓迫者造成了重大打擊。

我們的威懾和壓力模式有效

我們的施壓運動雖然不完美，但最終取得了成功。許多批評者宣稱制裁起不了作用，但這是胡言亂語。藉由制裁一千五百多個伊朗目標——特別是對伊朗的石油工業——我們使該政權損失七百多億美元收入，而這些收入原本可以用來資助導彈和核計畫以及恐怖襲擊。一百多家公司撤出伊朗或取消了投資計畫，導致伊朗損失數十億美元。從二〇一七年到二〇二〇年，伊朗的GDP從四千四百五十億美元驟降到一千九百二十億美元——實際上減少了一半——伊朗的GDP世界排名從第三十一名下跌至第五十一名。我們的制裁導致伊斯蘭革命衛隊從二〇一八年到二〇二〇年削減預算百分之二十。二〇一九年三月，一名伊朗支持的敘利亞戰士看到他的薪水被砍掉三分之一，他向《紐約時報》承認：「黃金時代已經一去不復返……伊朗沒有足夠的錢給我們了。」

許多我們的盟友也加入我們的攻勢。澳洲、阿爾巴尼亞、巴林（Bahrain）、立陶宛、沙烏地阿拉伯、阿拉伯聯合大公國、英國和美國聯合起來，制止伊朗在荷姆茲海峽（Strait of Hormuz）騷擾航運，並使伊朗在二〇一九年八月停止對國際船隻的水雷襲擊。英國、德國、科索沃、愛沙尼亞、阿根廷、巴拉圭、瓜地馬拉、宏都拉斯和哥倫比亞，把真主黨列入新的恐怖主義名單。南美國家的加入——這在很大程度上要歸功於國務院最高反恐官員納森・沙利斯（Nathan Sales）卓越的工作——使真主黨取得融資的溫床遭受打擊。當然，《亞伯拉罕協議》（Abraham Accords，即《以阿和平協議》）帶來中東的穩定與和平力量，是凌駕混亂和死亡力量前所未有的一大步。

到川普政府任期結束時，伊朗政權正因經濟崩潰和人民憤怒而陷入恐慌之中。我們有大量證據顯示，如果川普總統連任，伊朗人會準備好坐上談判桌，乞求寬恕。雖然我們無法確切預測未來，但我可以肯定的是：大阿亞圖拉何梅尼在一九八八年不得不與伊拉克達成痛苦的和平協議時，稱自己飲下「裝在聖杯的毒」；伊朗最高領袖阿里・哈米尼離再次飲下毒酒也只有幾個月的時間了。不幸的是，歐巴馬政府的綏靖者又回到掌權的位置，並且正尋找新的方法來達成拙劣的交易。未能執行制裁、允許伊朗的鈾濃縮達到百分之六十的水準並且把濃縮鈾留在國內，以及把青年運動等伊朗支持的組織從恐怖分子名單除名，都是軟弱的行為。伊朗尚未從我們施加的打擊中恢復過來，但它已重新燃起支配中東的希望。伊朗距離成功發展核武器已愈來愈近。我們需要再一次威懾伊朗，因為我們承受不起更多綏靖政策的愚蠢行為。保持進攻是唯一的出路。

Chapter 7
美國主權至關重要

世界上最沒用的聲明可能是外交公報。甚至光是聽到這個很造作的名稱就讓我生氣。外交部門的存在就是為了草擬這些毫無意義的文件，而這類文件通常代表參與者在多邊（兩個以上的締約方）會議達成協議的最低共同點。最困難的問題被留給高層領導人在最後討論，而這就是讓會議偶爾值得召開的原因。但寫公報完全是浪費時間。

幾乎每次接近舉行會議時，我都會接到協商公報內容的外交官急匆匆打來的電話。他或她會說：「國務卿先生，只剩下兩個項目了，一個關於中國，一個關於氣候。其他二十四個國家都已同意內容文字，我們是唯一還沒簽署的國家。我們拒絕加入發表公報的消息可能已經洩露給新聞界。這會讓美國處於尷尬的情況，您們的訪問將因為我們拒絕與其他國家簽署公報而受損。」把這種嘗試迫使我就範的策略形容成敲詐勒索也許太苛刻，但不算過分。

在這種情況發生兩三次後，我向我的團隊明確表示：「我不會在我參加的任何會議上對公報讓步。如果我們沒有爭取到我們想要的文字，他們可以在沒有我們參加的情況下自已簽署，我會很樂意在閉幕新聞發表會上回答問題，並且解釋為什麼像『我們正與中國夥伴密切合作，在氣候變遷問題上達成雙贏的解決方案』這樣的文字是危險的、錯誤的，並且助長了共產黨的說詞。」但這種違反外交禮儀的行為並沒有讓我變得受歡迎。

二〇一九年五月在北極理事會的一場會議上，北歐各國外長試圖恫嚇我，想讓我把美國的名字放入一份公報，雖然公報中充斥著關於環境和氣候變遷的文字，但我知道它們不符合川普政府的政策。他們對我施壓，但我毫不讓步。我不準備為一個不存在的共識背書，更重要的是，如果這種共識的存在將對美國不利。令我很驚訝和感到有趣的是，俄羅斯外長拉夫羅夫為我辯護：「別去煩他了。他不會簽字的。讓我們享受我們的伏特加，談論更快樂的事。」

最後，我們都同意就會議結果發表一份簡短聲明，其中不包括「氣候變遷」這個詞。遺憾的是，「美國優先」一次也沒提到。我知道作為主權國家的美國會捍衛攸關美國人民福祉的國家利益，我不會讓美國簽署與美國利益無關的多邊承諾。

美國優先：對美國和世界都有好處

「美國優先。」我們已經聽過數千次了。把我算進那些永遠聽不厭的人之一。川普第一次在競選活動中採用這個口號時，民主黨人、媒體甚至許多共和黨人都大驚小怪。沒錯，川普使用的短句取自在日本偷襲珍珠港前一個反對美國加入第二次世界大戰的集團名稱。遺憾的是，這個集團包括一些反猶太主義者。但它也由謹慎的美國人組成，例如日後出任總統的福特（Gerald Ford）和甘迺迪（John F. Kennedy）。讓上一代人的錯誤破壞一個可以在新世紀享有不同意涵的偉大短句實在沒有道理。令人驚訝的是，靠舞文弄墨為生的知識分子假裝不瞭解。他們讓個人對川普的厭惡蒙蔽了他們的常識。

川普的美國優先願景是在我們的外交政策中，大膽且理直氣壯地重新主張美國的主權和國家利益。這種做法符合我們開國元勛的想法，在美國外交史上是常態，也是美國人民所期望的。不幸的是，特別是在後冷戰時代，太多美國領導人沒有聽從亞歷山大・漢密爾頓的話：「在任何形式的政府下，統治者只是他們國家福祉和利益的受託人。」他們「為了忠於所受的託付，不能因為聽從以仁慈或人道對待其他人而傷害其選民的建議」。可惜的是，我們的領導人以仁慈或人道對待其他人，卻對自己的選民造成傷害。不管是對侵害美國法律和秩序基礎的非法移民危機視而不見；或遵守掏空我們製造業基礎的國際貿易協定，例如《北美自由貿易協定》（NAFTA）；或者許多華盛頓的最聰明人士制訂的政策雖贏得企業巨頭和日內瓦官僚的讚譽，卻讓威奇塔和溫斯頓－撒冷（Winston-Salem）的民眾感到憤怒和被忽視，這些聰明人士在左翼國際組織越界時總是不知要展開反擊。重視美國主權並不是實踐國際關係的空洞理論。它直接影響到美國人民的福祉。

我們的政府決定以多年來從未做過的方式捍衛主權。我們毫不避諱地把美國優先當做我們決策的原則，即使一些盟國對此感到不安。我們也不相信「國際社會」能促進美國的利益——美國領導人永遠不能假設其他人會善盡他們的職責。正如川普總統在二〇一七年聯合國大會的演講中所說：「主權獨立的國家是自由得以生存、民主得以延續或和平得以成功的唯一工具。因此我們必須優先保護我們的主權和我們珍視的獨立。」

在我二〇一九年於克萊蒙特研究所（Claremont Institute）發表的演講中，我支持美國最高領袖的這份聲明，並重述我們如何迷失了方向：「我們對國際體系有太多的信心，對自己的國家卻沒有足夠的信心。我們太沒有勇氣了，以至於不敢和那些與美國利益及價值觀相悖的政權正面對決。」

對我來說就是這麼簡單：美國是一個獨一無二的國家。在美國建國之前，從來沒有一個像我們這樣的國家存在過，而且直到今天如此也是如此。我們的獨特性（exceptionalism）源自對我們國家的建國理念的瞭解，並透過承諾確保追求生命、自由和幸福而延續至今。

捍衛美國的主權也有利於其他國家。一個繁榮、強大和安全的美國——既有人身安全，又對自己在世界上的地位充滿信心——能改善世界各地人們的生活。一個強大、謙遜和克制的美國，將推動世界邁向所有人享有更多繁榮和尊嚴。我永遠不會為我們的歷史道歉，也永遠不會忘記我們的合眾國是脆弱的，必須努力維護它。我們只有藉由相信我們立國文獻的文字來保證其延續，而非全球主義者的教條。把維護美國主權視為優先要務並不表示必須放棄友誼和聯盟，但如果單獨行動符合我們人民的最佳利益，那就這麼做吧。

最後，如果不先決定美國是什麼，你就無法把美國放在優先的地位。《美國憲法》和《獨立宣言》定義了美國的本質。全球主義者希望忽視美國主權的這些基礎。川普政府知道全球主義是走向滅亡的道路，更糟糕的是，它威脅我們誓言保衛以避免國內外敵人破壞的合眾國。身為美國第七十任國務卿的我決心維護美國的生活方式——這意味著把美國放在第一位。

維護南部邊境的主權

二〇一六年競選期間，川普為數百萬美國人發聲，他們多年來對政客們高談闊論改革卻始終未採取任何措施來打擊非法移民而感到沮喪。當然，修建隔離牆是他議程的核心。爭取資金和築起那堵牆是一場傳奇性的鬥爭，它的完成仍待進一步努力。但我們的南部邊界是國際邊界，要護衛我們的南方邊境除了需要圍牆和部署邊境巡邏人員外，還需要國際外交努力。在這個問題上，我花在與南方鄰國打交道的時間可能比歷來任何國務卿或中情局局長都多。

我們花無數個小時進行外交努力以保護美國的主權，並阻止那些試圖違反我們法律和邊界的行為。我有優秀的團隊為我工作，由國務院烏利奇．布列克布爾領導。他跟白宮的史蒂芬．米勒（Stephen Miller）以及國土安全部和司法部的領導人合作。西半球事務局（Bureau of Western Hemisphere Affairs）的助理國務卿金．布瑞爾（Kim Breier）表現很出色。在任命獲得確認後，克里斯多夫．藍道（Christopher Landau）很快就成為才華洋溢的駐墨西哥大使。我們在表達期望以及將採取什麼行動來保護我們的邊界時，總是極其真誠、坦率、令人厭惡和殘酷——視需要而定。

民主黨人和媒體完全忽視我們嘗試透過加強邊境安全和改革庇護程序來達成的事。一個主權國家必須能夠確保安全並規範跨越其邊界的人員流動。非法移民侵蝕了政府應帶給公民的法律和秩序。伴隨非法移民而來的往往是人口販賣和毒品走私等罪行。它羞辱了那些耐心遵循法律進入美國並合法取得公民身分的美國人。我們感覺有義務藉由確保邊界安全來遵守這些簡單的建國原則。

自二〇一五年川普總統走下鍍金手扶梯的那天*，他在白宮對這項任務的熱情始終沒有絲毫減弱。我們幾乎每天都在談論與墨西哥的邊境和貿易問題。在任內初期的一次總統每日簡報上，川普嘗試比較墨西哥和美國的能力。

「麥克，」他沉思地說：「如果我們跟墨西哥開戰，會怎麼樣？」我打趣地回答：「總統先生，他們會得第二名。」

我必須在這裡暫停一下，免得你馬上在推特宣布你找到川普總統想攻擊我們鄰居的證據。這種對話在白宮很常見，而且總是讓某類官員驚慌失措。有些人可能會跑出橢圓辦公室並在他們的檔案留下筆記以保護自己。他們對總統的回答會有和我不同的看法，可能更認真些，例如他們會說：「總統先生，跟墨西哥開戰是違法的。」這些人大多是前內閣成員。川普總統並不想入侵墨西哥，他只是在測試和擴大他的思考範圍，以有助於實現他對美國人民的基本承諾。

川普總統以他自己的方式嘗試理解權力關係，探索其他國家的內部動態，然後重新建構與對手的談話，而這裡指的對手，顯然是一個鼓勵和推動大規模侵害美國主權的政府。像川普一樣，我經常發表不連貫的話，拋出我知道是禁忌的想法，並嘗試把討論擴大到傳統上較狹窄的辯論之外。這就是創造力和專注思考的工作方式。它使我們能夠從新的角度看待老問題。我們就是這樣找到美國人民所需要的獨特方法。

順便說一下，今日的美國不管與哪一個國家交戰都能勝出。美國優先和維護我們主權的目標之一是確保這一點永遠不會改變。

*當年六月十六日，川普在川普大樓的鍍金手扶梯上宣布競選美國總統。

改革殘缺的庇護制度

我出任國務卿後立即自豪地著手處理與墨西哥有關的問題，這些問題對我的上司和我的國家都很重要。由於我們加強執法力度和採用更嚴厲的拘留政策，我們已經看到非法入境的人數逐漸減少。有了史蒂芬．米勒在白宮運籌帷幄，二〇一七年度的非法移民逮捕人數創下了新千禧年來的最低水準。當時的國土安全部部長約翰．凱利稱之為「川普效應」。人們甚至不想嘗試非法進入美國，逮捕人數也因而降低。

不過，這是一場創造長期改變的艱苦戰鬥。聯邦法院經常阻止明智的改革，媒體也經常報導「籠子裡的孩子」——這種做法始於歐巴馬總統時期，但直到現在才有新聞記者發現。由於種族歧視的指控滿天飛，使我們難以從國會獲得修築邊境牆的資金，儘管它獲得一般大眾的支持。雖然川普總統投入大量的政治資本承諾解決問題，但他團隊的表現一直讓他很不滿意。

我領導國務院時，這個團隊包括國土安全部部長克絲珍．尼爾森（Kirstjen Nielsen）以及她的幕僚長邁爾斯．泰勒（Miles Taylor）——後來證明他是我見過最無恥的偽君子之一，而這是相當不容易的成就。他在《紐約時報》寫了一篇惡名昭彰的專欄文章，譴責他老闆的老闆。泰勒沒有像個君子那樣以自己的名字發表文章，而是躲在懦弱的「匿名者」背後。尼爾森的工作主要是溝通川普對邊境安全的直觀見解；她面臨的挑戰是說服總統他的一些建議是不可行的。她不知道該如何告訴他有些事情做不到並讓他接受。我們幾個人嘗試支援她，但她的努力被內部的人拖累了。她不能倚賴自己的幕僚長，因為他有完全不同的目標。我把泰勒和史諾登相提並論，認為他的自大遠超過他的能力，他自以為是的程度也超過他的信念。我不怪尼爾森。

隨著各項移民管制工作停滯不前，我們把重點轉移到外交，尋求與墨西哥達成協議以阻止人員越境流動。美國政府以前從未嘗試過這種方法。尋求庇護者造成一個特別的問題。在我擔任國務卿的大部分時間，從墨西哥進入美國的聲請免遣返人士中，最多的不是逃離墨西哥的人，而是來自薩爾瓦多、宏都拉斯、瓜地馬拉以及中美洲和南美洲其他地方的人。許多人來自更遠的地方，例如中東和非洲。他們湧向我們的南部邊境是因為從這裡較容易入境。雖然有許多尋求庇護者是真的逃離戰爭、割禮或其他形式的暴力——例如二〇二二年的烏克蘭人——但幾乎所有想藉由尋求庇護進入美國的人都利用虛假的藉口，在達不到符合庇護法律標準的情況下獲得入境。然後他們就消失在美國境內，在他們的案件進行裁決的同時展開他們的新生活，這通常需要數年時間。聯邦政府無法追蹤他們。他們的孩子在出生時就是公民。除了美國人民外，庇護欺詐的真正受害者是那些有合法資格的人。美國移民法庭系統被不誠實的案件堵塞，而真正的政治暴力和迫害的受害者卻必須無限期等待。

同樣值得注意的是，非法移民是對合法移民制度的嘲諷。坦白說，把想成為美國人並守法提出申請的人視為傻瓜一點也不奇怪。我還是國會議員時，我的辦公室會接到選民的電話，他們想協助某人（通常是家庭成員）獲得合法居留權。我們會私下開玩笑說，他們可以花十年和金錢來做該辦的事，或者只要學會游過格蘭河（Rio Grande）。我們的制度簡直是荒誕無稽，因為做到阻止非法移民應該是合理的移民政策的先決條件。

由於法院和國會拒絕我們對合理解決邊境安全和移民問題的呼籲，我們想出一個創造性的解決辦法。我們準備告訴墨西哥政府，在美國處理尋求庇護者申請的期間，墨西哥必須收容這些人，而不是由美國來收容。但因為墨西哥正由潘尼亞・涅托（Enrique Peña Nieto）政府交接給左翼的羅培茲・歐布拉多（Andrés Manuel López Obrador）政府，使我們的計畫變得更難進行。兩任政府都不接受墨西哥應該與美國達成協議並同意收容越過美墨邊境向美國尋求庇護者的想法。此外，川普政府還不確定美國的法律有什麼依據可以迫使墨西哥在美國裁決庇護申請時收容尋求庇護者。不過到了二〇一八年十一月，美國官員已習慣使用美國法律中的一項條款——《移民與國籍法》（Immigration and Nationality Act）第二三五(b)(二)(c)條。該條款過去曾被用來支持尋求庇護者在美國提出庇護申請後必須返回墨西哥的合理性。

讓尋求庇護者在墨西哥等待的這個計畫有兩個好處：第一，它符合美國和國際的法律，因為它把尋求庇護者安置在我們國家之外，以等待他們的申請獲得裁決。第二，它藉由杜絕誘因而阻止了源頭。任何人都可以提出申請，但在處理期間必須住在墨西哥，不能偷偷溜到芝加哥或丹佛。我們相信詐騙者會把住在墨西哥北部的某個營區視為一種威懾。阻止移民的關鍵是實施嚴格控制並改變誘因。這個構想可以做到這兩項。

我也知道這個美國優先的重要政策——很快被稱為「留在墨西哥」（Remain in Mexico）政策——因為執行它的團隊而有很大的成功機會。庫許納與墨西哥官員建立了穩定的關係，米勒和烏利奇分別負責國土安全部和國務院共同負責的庇護政策。

我是第一個與即將執政的墨西哥政府正式分享我們計畫的人。二〇一八年十一月十五日在休斯頓，我向即將出任墨西哥歐布拉多政府外交部長的馬塞洛・埃布拉德（Marcelo Ebrard）說明這個計畫。這位前墨西哥市市長很聰明，是一位馬克思主義者。他也很友善、很幹練，很可能成為墨西哥的下一任總統。由於管理過世界最大的城市之一，他是個務實主義者。他瞭解權力和風險。他也決心把墨西哥的利益放在第一位——這是他該做的。他和我已經建立良好關係，所以當我要求見他時，他同意在我們兩國首都的中間與我見面。我喜歡和他一起做事。

我告訴埃布拉德，兩個星期後我們將在美國邊界的過境點接受尋求庇護者，然後把他們送回墨西哥。

埃布拉德大驚失色。他堅稱他的政府不能接受這些條件，並指出一個不難想見的事實，即墨西哥人將對成千上萬的非法外國人留在墨西哥境內很不高興。

「你聽到自己說的話嗎？這正是我們制定這項政策的原因。我們不能接受成千上萬的人不只非法進入我們國家，還永遠留在美國。」

埃布拉德強調他瞭解我的目標。但他懷疑這能否辦到，包括相關的後勤問題以及是否合乎墨西哥法律。最重要的是，他顯然擔心我們希望這一切都在十四天內實現。

「埃布拉德，我們的條件是，如果在十四天內國務院和國土安全部無法把每個庇護申請人送回墨西哥，我們將完全關閉墨西哥邊境。」

埃布拉德以為我在開玩笑，他說每個星期就有價值數億美元的東西通過美墨邊境。

「完全關閉。什麼都不能通過。毫無疑問這將影響美國，但大規模的非法移民也會受影響。歡迎你的老闆打電話給川普總統——他知道我今天要向你傳達這個訊息——但他很清楚這件事。十四天，否則拉倒。」

埃布拉德做了每個優秀外交官在這種情況下都會做的事。他答應把計畫帶回去給他的老闆，但我警告他說這可能行不通。

我切換成朋友模式。這就是關係很重要的原因。「埃布拉德，你和我必須完成這項工作。我們知道如果我們失敗了，兩國之間將發生各種動盪、混亂和敵對。我們會竭盡所能在你們的南部邊境提供協助，也就是大多數移民來自的地方。我們會協助你們設法照顧那些將被安置在墨西哥北部的非法移民。我們也會透過外交和透過國土安全部告訴中美洲國家，遣送那些人回國將是這個計畫的一部分。我們希望這樣可以縮小你們的營地和拘留設施的規模。」

然後，我在結束時說：「埃布拉德，我們不需要你們許可就可以這樣做。我們希望它是合作的關係，但這不是必要條件。這些移民不會留在美國超過十四天。我們這邊已經做好準備可以確保這一點。我會很樂於南下與你們的總統會面討論，但我們的團隊應該立即開始解決這些問題。」

埃布拉德還有最後一個問題。他問我們是否必須公開宣傳墨西哥同意我們的條件，或者他的政府是否可以表面上反對，不承認任何協議。

「我不在乎。任何對你們在國內有幫助的做法，都是你們自己的事。」我們在愉快的氣氛下離開，並知道我們回去後都有許多事要做。

事實證明，埃布拉德最後說的話隱含了我們將如何處理這項決定的政治答案。我認為埃布拉德早就想透這件事，他知道如果我們能夠斷絕吸引數十萬移民穿越他的國家的根源，那不只是對墨西哥有好處，對歐布拉多和他自己都有好處。

儘管如此，外交部長埃布拉德還是面臨重大的挑戰。第一個挑戰與國內政治有關：他必須避免他的老闆看起來像是屈服於美國。第二，他不能跟自己的新任駐美大使合作，因為她強烈反對這個計畫。在討論期間，我們盡可能不讓她參與。我們也不讓其他人知情，因為我們明白愈多人知道這個計畫，洩漏的可能性就會大幅升高。

我們各自的國內大眾會如何反應也是一個敏感問題。川普總統希望美國人知道，他在美國的庇護政策上已經達成這項重大變革。但羅培茲・歐布拉多不能承認他聽任美國的擺布。因此，當我們開始起草行動計畫的大綱時，我們花了大量時間決定可以公開宣布什麼。顯然歐布拉多很認真看待川普總統會關閉邊境的威脅。每次我們在起草協定遇到困難時，我都會提醒大家「我們的時間不多了」。

在截止日期前兩天，我問埃布拉德是否願意與川普總統交談，跟我一起向他報告最新情況。我們以前也這樣做過，所以剛開始他的反應是肯定的。但不到一個小時後，他打電話說沒有必要開會。他相信我們有解決的方法。埃布拉德的計畫很簡單：墨西哥將私下允許美國遣返幾乎所有從墨西哥過境到美國並申請庇護的移民。他的要求是：他不會簽署任何文件，而且不會公開宣布這項計畫。當然，我們必須宣布一些事。我們必須詳細說明我們正在做的是什麼政策，而且公眾也有權知道。

所以我們討價還價並達成交易，起草了一份公開發布的文件，說明墨西哥將如何執行這項計畫。我們向他們保證美國將提供協助和支援。另一份文件明確表示，墨西哥「不反對」美國把尋求庇護者遣返墨西哥。

負責起草文件的是我的重要夥伴派特・西波隆（Pat Cipollone），一位聰明的白宮律師。他的工作可能是我們政府中最困難和最不受歡迎的事。從管理彈劾到解決有關選舉的複雜指控，再到協助國務卿，西波隆沒有一項表現不出色。他的兩個副手派崔克・菲爾賓（Patrick Philbin）和麥可・波普拉（Michael Purpura）也任勞任怨為川普總統做事。我們的團隊——包括我親愛的朋友埃米特・弗洛德（Emmet Flood）——高尚而卓越地為美國服務。

當我們向總統報告「留在墨西哥」磋商的結果時，他並不像我希望的那樣高興。「我的麥克，這很重要，但我們需要一場新聞發表會。」

我告訴他實話：「我們可以召開新聞發表會，宣布墨西哥政府對執法的承諾，美國將遣返庇護者，但我們不能——萬萬不可——傳達我們兩國政府已經達成共同朝著這條道路前進的共識。」

總統軟化了，於是我們達成一個很好的解決方案。「留在墨西哥」的正式名稱是《移民保護協議》（Migrant Protection Protocols），它發揮了巨大的作用。我們發出強烈的威懾訊息。世界各地的人們發現，假借庇護申請非法來到美國不再保證能夠入境美國，這使得許多人放棄嘗試非法移民。我們花了幾個月時間才讓運作發揮效率，但再加上移民與海關執法局官員的傑出工作和沿著邊境與建障礙，使我們阻止了大量非法移民而無需關閉邊境。墨西哥政府也挽回了面子。它可以大聲抱怨我們的政策，並假裝沒有同意這件事。

這筆交易擁有所有好交易都需要的東西：各方都能各取所需。埃布拉德知道，對墨西哥來說，短期的政治情勢會很難處理。但他也知道自己是在幫助他的國家。數十萬人穿過他的國家前往美國不但對美國不好，對墨西哥人民也不利。埃布拉德知道，如果我們能夠阻止潛在的非法移民，將能降低墨西哥的成本和風險。他維護自己國家利益的外交技巧確實很卓越。

☆ ☆ ☆

矛盾的是，即使我們切斷了可疑的尋求庇護者的流動，川普政府仍舊是美國經濟成功的受害者。川普總統領導下的國內經濟大幅成長，為每個收入階層的人帶來巨大收益。這種繁榮吸引了來自拉丁美洲各地的人尋求分一杯羹。當二〇一九年五月呈現出十三年來最高的非法跨越邊界人數，總統大為震怒。他威脅說，如果墨西哥政府不採取更多措施來控制非法越境激增，他將對墨西哥徵收關稅。他提出一套持續升級的辦法，從對所有過境商品徵收百分之五關稅開始；如果問題持續存在，關稅稅率將提高到百分之二十五。

國家安全委員會在六月的第一週召開會議，討論如何找到與墨西哥共同解決問題的方法。布瑞爾從一次會議回來後告訴我：「關於關稅，我只有兩個詞要告訴你：密西根州，俄亥俄州。」後來我們發現，總統的提議將摧毀美國汽車產業。在許多情況下，個別的汽車零件在車輛組裝過程中會越過美墨邊境許多次，它們每一次入境時都得繳納關稅。

這種對美國汽車產業的威脅，加上總統承受的壓力，孕育出創造性的外交。二〇一九年六月七日，美國和墨西哥共同宣布加強保護國家主權和地方社區的改革措施。墨西哥同意在它的南部邊境附近部署國民警衛隊（National Guard），以阻止來自中美洲的非法移民潮。我們把「留在墨西哥」政策從剛開始的試點計畫擴大到更多檢查站。如果墨西哥不執行這些協議，美國將要求它在尋求庇護者抵達美國前就接收他們。墨西哥厭惡這個構想，而這成為我們的主要槓桿點，除了美國政府內部少數值得信賴的人之外，我們對這個槓桿點必須保密。

當我們向總統報告最終協議時，他要求西波隆提供一份不公開的最終文件副本。川普總統很高興我們完成了這項工作，他祝賀我們的工作，然後把文件放進他的西裝外套口袋裡。幾天後，他在穿過白宮草坪前往海軍陸戰隊一號（Marine One）直升機的路上舉起這份文件，並宣布墨西哥必須遵守這項協議。我立即打電話給埃布拉德並道歉。儘管如此，該計畫的執行仍持續不斷。

達成這項協議的整個過程歷經多次墨西哥代表團與布瑞爾、西波隆和我之間像拆定時炸彈般的艱難談判。布瑞爾與墨西哥人的融洽關係幫助度過了許多困難，她是我們西半球外交的重要資產。我很遺憾看到她不久後離開公職，但我明白國務院的高階職位對家有小孩的人來說極為嚴苛。我想念她也因為她是堅持反對古巴和委內瑞拉社會主義政權的鬥士——這在國務院是罕見的特質。

二〇一九年期間，我們也跟薩爾瓦多、瓜地馬拉和宏都拉斯簽署了類似協議。查德・沃爾夫

（Chad Wolf）和他在海關暨邊境保護局（Customs and Border Patrol）的團隊以出色的作為實現了這個目標，沒有他們就不可能達成。達成這些協議是一件大事，因為二〇一九年美國南部邊境有超過百分之七十一的逮捕涉及來自這三個國家的移民。最終我們的邊境安全政策捍衛了美國的主權，遏阻非正常移民的浪潮。在我們達成協議後的一年內，南部邊境的逮捕人數下降了百分之五十三。我們的政府不但有更有效的政策，而且更人道。我們釋放資源來協助合法的尋求庇護者，我們削減了墨西哥卡特爾（cartel，指販毒集團）的主要收入來源，這些卡特爾掠奪試圖越過邊境的人。

不過，在拜登總統的寬鬆政策下，海關暨邊境保護局記錄了二〇二一年美墨邊境的拘留人數創下歷史新高。墨西哥郊狼（coyote，指人口販子）和卡特爾大肆剝削弱勢群體並因而致富，因為拜登總統的寬鬆執法為非法移民開了綠燈。事實是，拜登政府認為這些新移民將是未來的民主黨選民，因此願意犧牲國家安全、法治和國家根基來引進他們。美國人絕不能在移民或任何其他議題上把道德制高點讓給左派。

來自無政府管轄空間的急迫威脅

現在我已經離開公職了，我經常被問到像是「如果中國入侵臺灣，你會怎麼做？」或是「拜登政府應該轟炸莫斯科嗎？」的問題。這些問題忽略了威懾的艱苦工作必須在危機發生之前進行。你無法在危機開始後做準備。沒有做好準備的明確證據之一就是，每當白宮在危急情況開始時就會在發布的新聞稿中寫道：「為了應對這場危機，我們已召開國家安全委員會的代表委員會會議。」我喜歡這類機構的代表委員會，但在這種情況下召開這種會議——如果沒有伴隨毫不拖延的行動和即時反應——就是準備不足的證明。當壞人看到美國政府用繁瑣的跨部門計畫流程來應對真正的挑戰時，他們會很高興。

所以美國現在必須開始思考不受任何有效政府管轄地區（undergoverned spaces）的挑戰——這是我在四年內解決的問題。在我加入中情局早期，一位情報專家告訴我一些我早已懷疑、但聽到證實時更感不安的事情。這或許是一個多世紀以來我國首次出現一位資淺分析師所說的「我們邊境的無治理空間問題」。無治理空間（或更準確地說，不受任何民族國家政府控制的領土）問題並不新鮮。縱觀歷史，當惡意行為者可以在不受合法國家政府干擾的情況下利用地理位置時，安全威脅就會轉移。如果政府沒有資源和能力來監管「無治理空間」，它可能變成邪惡的滋生地。發源自索馬利亞的蓋達組織也被稱為青年黨（Al-Shabaab），它在無治理空間蓬勃發展；在哥倫比亞，馬克思－列寧主義的哥倫比亞革命武裝力量（FARC）和恐怖組織民族解放軍（ELN）已在該國農村地區建立權力基礎；在奈及利亞偏遠地區，恐怖分子經常屠殺上教堂的人。我們的敵人喜歡無治理空間的真空。

不過，控制這些無法無天的地區不只是牽涉擁有足夠的資源，如組織、槍支和監視資產。在某些情況下，無治理空間也反映了政治決策。九一一恐攻之所以成功很大程度上是因為塔利班給了蓋達組織避風港，讓他們能從托拉博拉的偏遠洞穴獲得力量並策劃外部行動。今日所有美國人都應該知道，美國面對厄爾巴索（El Paso）、鳳凰城和聖地牙哥附近的大片無治理空間。墨西哥有大面積的地區不再由中央政府監管；《華盛頓郵報》報導了幾位現任和前任美國官員的評論，他們的結論是，販毒集團現在控制墨西哥領土的很大一部分。裝備精良的武裝民兵部隊——墨西哥犯罪集團的私人軍隊——在沒有政府干預的情況下實施他們的黑幫統治。正如伊斯蘭國在自己的恐怖國家內可能好像文官政府那樣，販毒集團在它們控制的城鎮已成為民政當局。當然，他們會利用權力來保護他們的不義之財，避免他們凶殘的頭目被逮捕和起訴。

司法部長威廉．巴爾和我很認真看待無治理空間，主要有兩個原因：第一，雖然毒品經由我們的南部邊境流入美國已有幾十年，但從中國走私用於製造吩坦尼（fentanyl）的化學品大幅提高毒品對美國人的威脅。第二，除了破壞墨西哥的穩定，無治理空間還可以為嘗試攻擊墨西哥或美國西部的恐怖分子提供避風港。眾所周知，卡特爾在國際武器和毒品貿易上和聖戰組織及真主黨有聯繫。如果阿富汗、敘利亞或葉門的反恐壓力太大，墨西哥毒梟可能會邀請他們的恐怖分子朋友到他們國內興風作浪。一群敵人崇拜阿拉，另一群則崇拜權力，但他們是信奉同一宗教的人——他們都熱中於金錢和劫掠。

據媒體在二〇二二年五月報導，川普總統曾一度考慮使用無人機飛進墨西哥並以導彈消滅卡特爾。司法部長巴爾已開始認真考慮這個問題。CNN和MSNBC的左翼人士天真地談論這會侵犯墨西哥的主權，好像他們關心墨西哥的主權勝於我們的主權。說我瘋了吧，因為我真的在考慮如何消滅那些在功能上無異於恐怖分子的組織。

在外交方面，川普政府要求墨西哥與美國合作以重新控制它的無治理空間。我們已擬定有關資源、保護地方官員、交戰規則等方面的構想。但墨西哥領導人不想聽。

我告訴墨西哥外交部長埃布拉德，今天看起來像黑手黨的組織，明天可能變成聖戰士。他們還是不想聽。對墨西哥人來說，允許美國在墨西哥領土擴大存在無異於承認失敗。讓美國人在墨西哥領土行動也帶來無法承受的國內政治成本。當然，令人沮喪的諷刺是，墨西哥已經把主權交給卡特爾，允許他們在國內施行流氓政府。我們擔憂的從來不是要放棄我們的主權。總有一天美國因應這種無治理空間風險的方式將不得不改變。無論是否得到墨西哥政府許可，美國都必須確保這些空間不會擴大或成為恐怖活動的滋生地。我的評估是，未來十年內，墨西哥有可能成為美國境內恐怖行動的避風港和基地。如果我們拒絕把美國放在第一位，我們可能得等到再發生一次九一一事件才會覺醒——到時候那些讓我們失望的人將必須承擔後果。

多邊機構：美國主權和利益的戰場

在美國近二百五十年的歷史裡，我們簽署了許多國際協議，從北約和聯合國到晚近的許多貿易協定。我在川普總統領導下的使命之一是確保這些國際安排、諒解和組織能強化我們的安全和繁榮。許多締結這些國際關係的外交政策菁英與媒體沆瀣一氣，譴責我們的做法是褻瀆神明。在我們執政的四年裡，媒體不斷咆哮和抱怨我們顛覆了不分左派或右派的美國承諾，包括違反一些「條約」。

他們聳動地叫囂美國正從全球舞臺退卻和撤出，並將成為國際賤民。

這簡直是瘋言瘋語。我們只是在對我們的國際承諾進行績效檢查，並提出合理的疑問：堅持這些安排或成為這些國際組織的一分子能否維護我們的主權？這對美國人民有好處嗎？如果沒有，還有什麼更好的安排？選擇之一是保留承諾，因為離開的代價將損害美國在全世界的信譽。第二種選擇是嘗試矯正和改革它。最後，如果我們不能解決問題，而且如果退出一種安排是合法的，同時對我們的利益來說成本不高，那麼我們就應該退出。

說我們違反條約是無知的表現。對許多人來說，「條約」意味任何形式的國際承諾。但在美國，條約是一種特殊的承諾，需要參議院以多數票通過。當總統與另一個國家達成協議，但參議院拒絕或未能獲得通過時，那就不是條約，而是新聞稿。根據歷史記錄，川普政府在我們四年中沒有違反或退出任何一項條約。

為堅持美國優先而退出糟糕的國際安排發生在川普上任初期。川普政府執政後幾乎立即藉由退出《巴黎協議》（Paris Agreement；或稱《氣候協議》）以支持美國的經濟利益，因為該協定在二〇一五年對美國溫室氣體排放施加了限制。一項研究發現，到二〇四〇年該協定將使美國經濟損失三兆美元以及六百五十萬個工業部門的就業機會。歐巴馬還向綠色氣候基金（Green Climate Fund）支付十億美元頭期款以幫助開發中國家，未來還將提供數十億美元。與此同時，氣候危言聳聽者允許中國——世界上最大的溫室氣體排放國，而且它從來不是一個信守承諾的國家——在二〇三〇年前增加排放量。這項對美國不利的協定（毫無疑問，國務卿凱瑞是花了大把納稅人的錢搭機往返法國許多趟才獲得的），將減緩我們的經濟成長並損害競爭力。川普總統看到這一點，並在二〇一七年六月宣布退出該協定。

我們對以程序理由退出該協定沒有任何內疚，因為《巴黎協議》是一項不具約束力的國際協定。它根本不是條約，而且如果歐巴馬政府提出它，參議院也絕不會批准。這份協議甚至未必能協助或迫使美國減少碳排放。從二〇〇五年到二〇二〇年，美國在幾乎沒有對碳排放實施限制的情況下，排放量就下降了百分之十，儘管我們的經濟成長了百分之二十五。你聽到的那些聲音是自由主義者的頭腦因為發現自由市場是減少排放的祕密武器而爆炸的聲音！不幸的是，氣候變遷已成為左派的宗教，他們希望實施所有必要的法規來實現淨零碳排放，那是左派拯救全世界的理想。拜登在上任的第一天就重返《巴黎協議》。

我在二〇一七年美國退出《巴黎協議》時不是什麼要角，但我向總統、提勒森和馬提斯明確表示，沒有任何情報顯示中共有意遵守《巴黎協議》的承諾。事實上，剛好相反，可以預料的是即使我們向中共提出慷慨的條件，他們也不太可能遵守。中共之所以參與這項協定是因為它提高了美國的成本，並為他們提供了政治掩護。國際協定的第一條規則不是評估協議的承諾，而是確定你有明確的執行機制來懲罰違規行為。如果沒有執行條款，這些協定就毫無用處——獨裁政權幾乎不可能遵守任何不符合其需要的協定。

《伊朗核協議》也只是一份新聞稿，不是條約。和《巴黎協議》一樣，歐巴馬總統沒有把《伊朗核協議》提交給參議院，因為他知道永遠不會通過。身為國務卿的我遇到來自歐洲人的巨大阻力，他們拒絕退出協議並加入我們的施壓運動。他們當中有許多人私下告訴我，他們同意我們的憂慮，但還是無法退出協議。我很高興我們有退出協議的靈活性和決心。

歐洲對我們決定告別《巴黎協議》和《伊朗核協議》感到憤怒，這反映出歐洲地緣政治心理的一個奇怪特徵。許多歐洲人認為，多邊主義（multilateralism）——多國合作——不只是一種做事的好方式，它本身就是一個偉大的目標。他們生活在兩次毀滅性世界大戰的歷史陰影下，因此把多邊主義視為道德義務。這在一定程度上解釋了他們對川普政府決定退出惡劣的國際協議的憤怒。

我們相信多邊主義有其用途，例如當我們重振「四方安全對話」（Quad）——澳洲、印度、日本和美國的夥伴關係——以制訂保護我們的人民免受中國侵害的戰略時。當我們與七十多個夥伴合作打倒伊斯蘭國時，多邊主義再次變得有意義。保護通過波斯灣的船隻免受伊朗襲擊的國際努力也是如此。我們的多邊工作很重要，但我們也知道，美國的主權和利益必須擺在優先位置。只因為協議已經存在就堅持遵守，是很愚蠢的。

多邊機構通常不太關心我們。積極反對美國利益的機構之一是聯合國人權理事會（UN Human Rights Council）。它完全是個騙局，我在擔任國務卿的初期就批准了美國退出。一個致力於人權的國際機構不應該允許惡名昭彰的人權侵害者加入——例如中國、古巴和委內瑞拉政府。他們的參與破壞了理事會的信譽，美國不需要參與其中。此外，該委員會是反以色列的溫床，經常淪為徹頭徹尾的反猶太主義。從二〇〇六年到二〇二一年，它召集了更多次特別會議來批評以色列（九次），多過於譴責阿薩德政權屠殺自己的人民（五次）或統治緬甸的凶殘政權（三次）。

多邊主義還傾向於允許有侵略意圖的惡劣行為者制定政策，而溫順且懷著善意的國家卻不敢發聲，只因為它們不願意脫離群體、打仗或危害其他利益。整體而言，由於結構和政治上的缺陷，聯合國未能履行其公開的宗旨之一——「維護國際和平與安全」。我想不出比虛偽的人權理事會更能說明由美國夢想家在二戰後建立的多邊體系已無法維護本身價值觀的例子；或者我可以想到一個：二〇二二年六月，北韓成為聯合國裁軍論壇（UN Disarmament Forum）的輪值主席，而該論壇聚焦的卻是阻止核武擴散等議題。這就是多邊主義的瘋狂之處。

只要我還是國務卿，我們就永遠不會支持懶惰或毫無建樹的多邊主義。我在多邊主義的聖地之一——歐盟和北約所在地比利時布魯塞爾——演講時也說了同樣的話。我在二〇一八年十二月飛到那裡，跟北約外交部長舉行我們的第二次會晤。在德國馬歇爾基金會（German Marshall Fund）的一次活動中，我在歐洲外交政策菁英冷冽的注視下挑戰他們，要他們思考多邊安排是否真的有助於實現他們的目標：

> 冷戰結束後，我們坐視這種自由秩序開始腐蝕。它在某些地方辜負了我們，有時候它也辜負你們和世界其他國家。多邊主義往往被視為目的本身。我們簽署的條約愈多，我們就應該愈安全；我們擁有的官僚機構愈多，工作就應該做得愈好。
>
> 這是真的嗎？我們面臨的核心問題是……當前設置的系統、今日存在的系統，以及今日存在的世界是否運作良好？它是否對全人類有益？

當時我舉了一個新鮮的例子來說明國際安排是否符合當時各國的國家利益。一九八七年以來，美國和俄羅斯一直是《中程飛彈條約》締約國。但多年來俄羅斯一直違反該條約，發展中程地面巡弋飛彈。歐巴馬和川普政府都告訴俄羅斯人停止。我們還給他們恢復履約的機會。可惜我們的努力失敗了。該條約的價值還比不上印刷它所用的紙——開國元勛曾警告我們，「羊皮紙屏障」（parchment barriers）無法有效阻止「權力的侵蝕」。對我來說，退出條約的邏輯是絕對正確的：美國人及其盟友不應該讓自己在對抗一個作弊的核武對手時處於戰略劣勢。

幕後，我們的北約盟國對美國準備破壞寶貴的協議感到震驚。但多虧了助理國務卿魏斯・米切爾和駐北約大使凱・哈奇森（Kay Bailey Hutchison）的外交柔術，讓我們獲得北約對美國退出《中程飛彈條約》的一致支持——這是我在布魯塞爾訪問時宣布的決定。退出該條約解除了美國把地面中程飛彈部隊部署到我們想要的地方的限制。有鑒於中國不是該條約的締約國，而且它多年來一直在建立自己的中程核武力量，總有一天我們將需要在中國周邊部署我們自己的核能力，以維持和主要競爭對手的戰略核平衡。維護我們保衛美國人的主權能力很重要。

在國際刑事法院捍衛美國主權

我還花了很多時間反擊一個稱為國際刑事法院（International Criminal Court，ICC）的所謂司法機構。表面上國際刑事法院好像是一件好事。它的建立是模仿審判第二次世界大戰種族滅絕罪犯的紐倫堡法庭（Nuremberg tribunals），自稱是一個司法獨立的常設論壇，用於起訴殺人犯和侵犯人權者。根據它自己的定義，國際刑事法院「調查並在必要時審判被指控犯下國際社會關注的最嚴重罪行的個人，包括種族滅絕、戰爭罪、危害人類罪和侵略罪。」誰會反對這樣的使命？從某方面看，這樣一個司法機構實際上是必要的。但只有當國家司法系統不能或不願追究那些犯下惡毒暴力和鎮壓行為的人時，這個法院才能主張它的權威。這個世界有太多黑暗國家的獨裁者、軍閥、腐敗的將軍和其他惡棍，踐踏人類尊嚴卻能逃脫懲罰。

當然，美國不是這些國家之一。我們的司法系統運作良好。這就是我們沒有加入其他一百二十三個國家、成為國際刑事法院締約國的主要原因。事實上，自柯林頓政府以來的每一屆政府都拒絕讓美國屈從於國際刑事法院的管轄之下。和聯合國人權理事會一樣，該法院充斥了惡劣行為者可能劫持訴訟程序和針對守法國家的機會。以色列也拒絕加入國際刑事法院，而且經常是該法院針對的目標。然而，我們反對該法庭不只是為了支援我們在中東最好的盟友。國際刑事法院裡憎恨美國的歐洲官僚律師喜歡以美國人為目標。

二〇一七年十一月就發生了這樣的事，當時該法院首席檢察官法圖．本蘇達（Fatou Bensouda）對曾在阿富汗服役的美國人展開調查。這種對我們主權的全面攻擊是對該法院聲稱維護法治的嘲弄。美國不但不受該法院管轄，而且我們軍隊的軍事法庭系統迅速且徹底地處理了對軍人虐待事件的指控。我們的情報界也有自己的機制來裁決虐待行為。

起初，我們試圖說服本蘇達和該法院放棄，但他們繼續對美國軍人進行調查。我不會容許這種事發生在我任期內而不反擊。我們在二〇一九年三月發出警告，對參與調查的官員實施禁發簽證。第二年，我發出更多警告，如果該法院繼續下去，我們會讓他們嚐到後果。但他們依然故我。因此在二〇二〇年六月，我們下令對參與這項調查的法院官員和員工實施資產凍結和簽證禁令。如果他們想找美國麻煩，他們肯定不會被允許在這裡旅行或花費美元。多國的外交部長斥責我手段強硬，但我不打算讓步。這些制裁奏效了。到了二〇二〇年夏天，我被告知國際刑事法院工作人員已「禮貌地拒絕」處理阿富汗檔案，因為他們擔心他們的家人可能受到制裁。該法院的檢察官辦公室陷於混亂。據報該法院調查部門的副部長拒絕撥款資助繼續起訴。

儘管如此，國際刑事法院並沒有停止調查。因此我們在二〇二〇年九月實施了更多金融制裁——這次是針對本蘇達本人和另一位法院官員帕基索．莫喬喬科（Phakiso Mochochoko）。這些制裁對這些行為者來說是應得的懲罰，因為他們無權對美國人進行不公正、沒有法律根據的起訴。歐洲各國外交部長和所謂的人權監督機構再次抱怨，但對我和川普總統來說，我們自豪地完成了美國優先的工作。

不幸的是，拜登政府於二〇二一年四月解除了這些制裁。國務卿安東尼．布林肯（Antony Blinken）聲稱：「我們相信……我們對這些案件的關切最好透過與國際刑事法院程序的所有利害關係人交涉來解決，而非透過施予制裁。」這是典型的進步主義外交政策——盲目追隨歐洲國家的意見，並期望更多的對話能夠解決問題，即使它已被證明徒勞無功或其他方法已開始發揮效用。我希望本蘇達和她的團隊——我確信他們是貪腐的——永遠不會再度掌權。他們只想抓住一個度假的年輕大兵並起訴他，為的是滿足一個骨子裡仇恨美國的政治目的（political agenda）。

透過保護生命來保護主權

關於多邊主義的最後幾句話：川普政府不斷與各種聯盟合作以完成任務——只不過我們不一定是在左翼媒體和民主黨人關心的領域這麼做。一個特例是衛生與公眾服務部（Secretary of Health and Human Services）部長亞歷克斯・阿扎爾（Alex Azar）和我，透過川普政府中兩位反墮胎鬥士的協助——曾在衛生與公眾服務部任職的維勒莉・胡貝爾（Valerie Huber）和國務院的帕姆・普賴爾（Pam Pryor）——所推行的工作。

多年來，支持墮胎的激進分子一直主導聯合國和其他多邊機構。這些官僚並不代表大多數美國人的觀點，儘管我們的納稅人在二〇二〇年提供聯合國總預算的約五分之一，捐贈了約一百一十億美元，比其他任何國家都多。儘管我們支付聯合國的很多費用，但紐約和日內瓦的聯合國官員總是在反對美國人——尤其是反墮胎者，試圖把「生殖權」（reproductive rights）等術語偷偷置入聯合國文件。這是削弱國家在涉及人類生命的議題上，自由信仰和通過相應法律的權利的一種後門手段。

我們決定號召每一個厭倦了激進主張墮胎權的國家團結起來。在二〇一九年，阿扎爾部長和我組織一個與十九個其他國家組成的聯盟，並遞交給聯合國一封信以譴責聯合國文件中支持墮胎的言論。這些國家中有許多是發展中國家，對人的生活和家庭抱持著傳統價值觀，包括剛果民主共和國、海地和奈及利亞。他們厭倦了西方世俗主義進步人士強加的新殖民主義，要他們以反生命、反家庭的方式建立自己的社會。在我們發表這封信後，我們的一位同事收到一封來自活躍於非洲反墮胎運動的朋友寫來的電子郵件。她寫道：「我從沒有想過美國會利用其強大的力量，以最明確和最理直氣壯的語氣為保護未出生的孩子說話。」世界從我們捍衛主權和人權上——在這裡指的是生命權——看到了美國扮演的領導角色。

我們的信件只是第一步。二〇二〇年十月，代表約十六億人口的三十多個國家聯合起來，在稱為《日內瓦共識宣言》（Geneva Consensus Declaration）的文件中提出一些簡單原則。我們的聲明包括「沒有所謂的國際墮胎權」和「每個國家都有權利實施符合其法律和政策的計畫和活動」等幾項事實。該宣言的宗旨是保護未出生的嬰兒、促進婦女健康，以及承認家庭作為社會基礎的重要性。幾乎所有初始的簽署國今日仍然是它的一部分。可悲但可預見的是，美國不是其中之一。拜登政府在上任第一天就讓美國退出《日內瓦共識宣言》，並譴責多邊主義和上帝的律法。你不會聽到媒體指責拜登政府是孤立主義者或國際社會的敵人。

最終，美國優先的外交政策與三個中心思想交織在一起：現實主義、克制和尊重。我在二〇一九年對克萊蒙特研究所的演講中詳細闡述了這些概念，我認為這是美國優先外交政策的終極聲明。

第一，用清晰的眼睛看世界很重要。正如我在發言中所說：「開國元勛……看到衝突是國家的標準經驗。漢密爾頓說：『從人類的歷史來看，我們不得不下結論，在人類心中，戰爭熾熱和破壞性的激情遠比溫和的（而且有益的）和平情緒有更強大的影響』。」我們的開國元勛明白這世界是個卑鄙、骯髒的地方。

我還談到克制的重要性：「開國元勛試圖保護我們的利益，但避免冒險主義。獨立後不久就發生的巴巴里戰爭（Barbary War）是保護我們重要商業利益的最後手段。門羅主義（Monroe Doctrine）——即使在今日仍有影響力——是一則威懾的訊息，而非掠奪土地的許可證。」

我也重申開國元勛知道美國的典範為其他國家帶來變革的力量：「作為同類國家中的第一個，世界將把美國視為自治和自由的楷模。」今日我們必須先把尊重我們的建國原則奉為圭臬，以保證我們國家的安全和繁榮。這種尊重也是其他國家效仿的榜樣。

川普政府看到二十一世紀的美國外交政策已偏離了這些理想。我們沒有務實地評估俄羅斯和中國，反而希望這些政權在融入世界秩序時會變得更加溫和。我們沒有對美國海外軍力的承諾保持克制。正如那天晚上我在加州對聽眾說的：「我們忘記了尊重——不是尊重其他國家，而是尊重我們自己的人民和理想……我們的許多領導人更熱衷於取悅達沃斯（Davos）那群人，而不是捍衛使我們成為文明史上最偉大國家的原則。」

現在不同了。川普政府把我們的敵人看得清清楚楚。如果我們沒有明確的使命感，就不會輕率地投入新戰爭。我們在外交政策中恢復了對美國第一原則和國家主權——以及其他國家的主權的高度尊重。回顧過往，我會再加上另一個描述我們外交政策的詞：復興。我們復興了讓美國偉大的精神，美國人因此更安全、更富足。

Chapter 8

拒絕締結糟糕的交易

金正恩委員長剛剛接受了與川普總統親自會面的構想。而我是第二次訪問平壤，時間大約在第一次訪問的一個月後。

那是二〇一八年五月九日，我才剛接任國務卿不久。不過，在舉行高峰會前，北韓必須滿足美國的一項關鍵要求。金委員長已知道這件事，但我想提醒他：現在該是讓在北韓監獄煎熬的三名美國人回家的時候了。

為了強調這一點，我要求與金正恩單獨談話，遠離經常包圍他的不苟言笑的隨行人員。他同意了。在只有口譯員伴隨和監聽我們的「祕密」錄音設備的情況下，我直截了當地說：「總統很希望被你扣押作為人質的三名美國人和我一起搭機返回美國。」

這不應該會讓他感到意外，因為我的團隊已經對他的人說過。

金正恩迴避我的要求，只說他期待很快再度見到我和總統。

我們凝視著對方好久。

最後我打破尷尬的沉默。「我也期待向你引見唯一可以真正和你達成交易的總統。」他笑了笑，然後我啟程回國。

來到機場後，我下了汽車並匆匆踏上飛機的階梯。我在機艙坐定後，滿心希望得到我們要求的東西。在我上飛機之前，北韓的車輛已經停在機坪，車上的乘員要求我的兩個團隊成員跟他們過去。我們原本就想到可能發生這種突發情況，所以我帶了兩位資深官員來執行這項期待中的任務。不到十五分鐘，我從飛機門口看到兩輛廂形車開過來停在停機坪上。我們都如坐針氈，希望這三個美國人會在這些車輛裡。但我們不讓自己太過興奮。即使這三個美國人在車裡，我們也不確定他們的身體狀況或心理健康如何。一年前奧托・溫畢爾的慘死還記憶猶新。上帝聽得到最小聲的祈禱，我很快在心裡說了一句禱詞。

接著這三個人逐一從車裡爬了出來。我眼中含淚，可以看到他們身體看起來無恙。金東哲、金學成和金相德快步走向飛機的階梯，最後幾碼路幾乎是用跑的；他們踏上階梯時，看起來就像世界上最幸福的人。在他們登上標示著「美利堅合眾國」的飛機時，我擁抱他們。

然後我看著機組人員，對他們下達命令：「趕緊讓我們離開這裡。」

我們隔離了這三名新獲自由的人，以便他們獲得可能需要的任何醫療照顧，飛機離開北韓領空時，整架飛機都爆出歡呼聲。在我準備打電話給川普總統時，空軍關閉了我們的通訊系統直到飛機達到一定高度。我感謝我的團隊出色的表現，然後回到我的機艙，獨自感謝主所做的一切。這是我整個公職生涯中最感人、最重要的經歷之一。自由的感受從未如此真切和深入人心。

通訊系統恢復後，我立即聯繫上總統。

「總統先生，我正在回來途中。我們開了一次愉快的會議。我們不只確保會開高峰會，還有那三名被扣為人質的美國人正坐在我的飛機上。」

「真是好消息，麥克！新聞媒體知道嗎？」

「飛機上有媒體，但相信他們會遵守我們的禁令，不會報導這件事。我們還沒聯絡到人質的家屬，正在努力當中。」

「我們幾個小時後見。你降落時我會在機場迎接你。幹得好。」

我們在日本停留，把我們的新客人送上一架事先預期他們會被釋放而準備的醫療飛機。接著，兩架美國飛機一起飛往華盛頓特區外的安德魯斯空軍基地，總統本人將在那裡熱烈歡迎我的三位基督徒兄弟。

我的座機先降落在清晨的黑暗中。儘管我筋疲力盡，但從窗戶看出去的景象為我打了一針強力腎上腺素。數百名愛國的美國人聚集在明亮的燈光下，現場有數十架電視攝影機。

我走進空軍基地的候機室時，幾乎每一位川普政府的高級官員都在場。每個人都歡呼——不是為我，而是為自由。當聲音靜下來時，第一夫人梅蘭妮亞・川普（Melania Trump）大聲說：「那麼，國務卿先生，下一步你打算怎麼做才能超越這個成就呢？」除了我，所有人都爆出歡呼聲。我意識到她可能是對的——我才接任新工作兩個星期就達到了顛峰！

幾分鐘後，第二架飛機降落，我們都出去迎接。川普總統和第一夫人在凌晨二點半左右登上階梯。數以百萬計的美國人將在幾個小時後因為看到他們的同胞重返家園而歡欣鼓舞。當獲釋的人質步下階梯底部時，其中一人遞給我一張索引卡。我把它塞進大衣口袋，擁抱了他。我不知道他們到底經歷了什麼，但我確信那是一場噩夢。

幾個小時後，我終於到家時，擁抱了蘇珊，並和她一起讀那張卡片。上面有《詩篇》第一二六篇的句子：

當耶和華將那些被擄的帶回錫安的時候，我們好像做夢的人。我們滿口喜笑、滿舌歡呼的時候，外邦中就有人說：「耶和華為他們行了大事！」耶和華果然為我們行了大事，我們就歡喜。

不久之後，我把那張卡片連同我和他們在踏上停機坪後一起慶祝的照片裱框起來。在我擔任國務卿期間，我一直把它放在國務院辦公室的正式會議室裡，部分原因是為了提醒我和訪客，我們的外交攸關美國人的生命。它也每天提醒我，艱苦的談判能帶來好結果；美國不必為了得到我們想要的東西而締結糟糕的交易。我們也真的沒有那麼做。

糟糕的交易傷害了美國

沒有比「交易」這個詞更能讓人聯想到川普總統了。他希望為美國締結好交易，而我們談成讓北韓釋放人質的交易顯示，好交易是可以達成的。

然而，幾十年來美國領導人一直在進行糟糕的交易。允許中國加入世界貿易組織（WTO）並拒絕追究中國對欺騙行為的責任，削弱了我們的中產階級。歐巴馬總統領導下的《巴黎協議》也帶來同樣危險。我們還在《新戰略武器裁減條約》遭到瞞騙——我們與俄羅斯的條約使美國處於危險的核劣勢。《伊朗核協議》毫無意義的讓步將把世界上最危險的武器交給最恐怖的政權。不只是武器控制讓美國在《伊朗核協議》中蒙受損失，還有更多例子：二〇一六年歐巴馬政府支付伊朗四億美元贖金以釋放四名人質——這個數字後來膨脹到十七億美元。雖然我很高興這些美國人回家了，但這件事向世界發出一個可怕的信號：如果我們對北韓做同樣的事，美國可能會被勒索。但我們沒有花一分錢就讓北韓釋放俘虜。

最好的交易者——無論是在商業、法律還是政治領域——都有幾個共同點：他們擬訂戰略。他們捍衛自己的利益。而且很重要的是，他們不怕爭取自己想要的東西，即使這會讓他們看起來像個混蛋。我認為，長期以來美國領導人都不想冒可能被視為混蛋的風險，即使他們是在跟普丁和伊朗最高宗教領袖等人談判。他們希望美國在「全球共同體」中成為一個順從和合作的國家，有太多時候他們採用羅德尼・金（Rodney King）的談判方式：「我們不能和睦相處嗎？」＊

但我們採取不同的方法。我們以權力動態為核心來發展我們的交易策略：誰擁有權力，以及誰準備使用他們擁有的權力？我們寧可輸掉與北京和柏林的人氣競賽，只要我們能為美國贏得好交易。

在北韓問題上，美國過去做了許多糟糕的交易。在前幾輪談判中，美國用讓步來換取北韓注定會打破的承諾。在我準備與金正恩委員長會面之前，我研究了舊檔案。解密的談判記錄在很大程度上跟柯林頓總統天真地簽署的公開記錄一致，例如那份無法核查的《核子框架協議》（Agreed Framework），北韓人甚至在墨跡還沒乾透之前就毀約了。雖然該協議在一九九四年簽署時備受讚譽，並一直延續到小布希政府時期，但它從未對北韓的核計畫產生任何實質性限制。柯林頓總統知道該協議行不通，但他還是批准了。小布希政府嘗試召開一系列六方會談，但一無所獲。歐巴馬總統的團隊在外交和忽視北韓日益壯大的核導彈能力之間搖擺不定，他奉行的是什麼也不做的「策略性忍耐」（strategic patience）政策。

北韓人可能指望我們繼續犯過去的錯，但我們不準備簽訂糟糕的交易。我們也不會為了說我們達成了交易而簽署協議。我相信這跟北韓人的預期相反。他們認定川普總統迫切地想達成任何交易，所以會做出任何讓步。此外，川普團隊決心避免犯下《新戰略武器裁減條約》的致命大忌：默認北韓會遵守協議。川普總統和我始終很堅持，不管任何協議，北韓人都必須遵守嚴格和立即的核查措施。在我們做出任何重大讓步前，北韓必須證明他們對去核化是認真的。在我們的監督下，不會有糟糕的交易。

與北韓的談判持續中

我在二〇一八年復活節週末在與金正恩首次會面後直接返回白宮。我有兩件事要辦，首要的事是向川普總統、彭斯副總統和國家安全顧問波頓簡報我的見聞。與此同時，尼克和蘇珊正在南草坪參加白宮復活節彩蛋遊戲，她為孩子朗讀一篇經典的堪薩斯主題故事《綠野仙蹤》（*The Wizard of Oz*）。我的思緒仍然充滿在北韓境內的所見所聞——我覺得我自己好像剛去了一趟奧茲國。蛋捲遊戲結束後，尼克、蘇珊和我避開眾人幾分鐘，像往常一樣一起祈禱。我們有很多事要禱告。

＊羅德尼．金曾因酒駕超速被警方攔截，四名警官被控過程中執法過當，後來大陪審團做出警官無罪的決定，洛杉磯旋即發生暴動；暴動後第三天，金上電視呼籲民眾停止暴力。

我要辦的下一件事是到蘭利，討論我們的所見所聞和下一步該做什麼。安迪．金和我一致認為，當時三十五歲的金正恩獨攬大權並非偶然。他有頭腦、精明而且無情，是那種有能力從身邊眾多希望他早死的人當中脫穎而出的人。然而在他的成就和龐大的自我之下，我感覺到一種不安全感。雖然金正恩小時候曾在北韓以外的地方生活過一段時間，但他本身也像隱士一樣管理著一個隱士王國。他與世界隔絕，不斷被西方和他的同胞視為邪惡之徒。和我會面時，他不斷問問題，想更瞭解這個世界，雖然他確實瞭解一些事。他喜歡籃球，特別喜歡柯比．布萊恩（Kobe Bryant）。他對國家籃球協會（NBA）的認識似乎只有他對西方酒類品牌的瞭解才比得上。

安迪和我知道，要達成最終可完全查驗的去核化不太可能。不過，想透過以往讓美國人感到挫折的傳統談判來實現我們目標的可能性更小，所以這次北韓之行是值得的。我們的外交也有附帶的目標。我們知道雙方會談將為蒐集北韓核武計畫的情報提供機會，而且深入這個重要目標的內心世界將為我們提供一些機會。我們還想會見北韓的其他領導人，包括金正恩的妹妹金與正。這將使我們更全面瞭解北韓政權的思維。

四月二十六日，我的國務卿任命案獲得國會確認，這讓我得以開始組建一支外交團隊。我選擇由當時的駐菲律賓大使金星容來領導。金星容是職業外交官，曾參加六方會談。除了與北韓人打交道的經驗，他也支持我們解決問題的獨特方法。他知道自己在做什麼：跟北韓人談判就像舔紐約市地鐵車廂地板一樣愉快；他們會拖延時間、侮辱你、繞著圈子說話、說教，然後在最後一刻改變計畫。他們想讓談判的過程悲慘到讓你棄子投降，只為了結束這場磨難而同意他們的提議。在與金正恩的得力助手金英哲進行幾次交談後，我意識到這一點。我也確定他完全沒有權限跟我談論任何實質事務。我得到的結論是，要想有所進展唯有再次與金正恩會面。

因此，二〇一八年五月我第二次前往平壤——也就是我把三名美國人帶回家的那一次。不過，贏得人質獲釋只是我們的目標之一。我還想為兩國元首的高峰會奠定基礎。在我飛往那裡途中，川普總統宣布我們將退出《伊朗核協議》，讓我為之精神大振。這將向金正恩發出一個強而有力的訊息：美國不會接受同意讓對手濃縮鈾、處理鈽以及威脅世界的糟糕交易。

抵達平壤後，我們再次受到熱烈歡迎，但這次金正恩似乎更加緊張。他的激動從一連串請求可以明顯看出。他急切地想與川普總統會面。他希望我們宣布北韓和南韓間的戰爭結束——南韓在一九五三年簽署了停戰協定，但從未達成真正的和平條約。他希望美國停止與南韓人進行軍事演習。

我的目標包括選擇高峰會的地點，並向金正恩詳述我們所說的完全去核化——所有武器發展、濃縮鈾和鈽處理能力永久停止並接受核查。我告訴他我想準備一輛卡車搬走他的全部核武窖藏。金正恩對這個去核化的定義感到不滿並立即變卦，說這些要求太過分。我告訴他，我們可以分階段進行，不必一次到位，但只有他邁出保證完全去核化的第一個大步才可能換來解除制裁。雖然他承諾參加高峰會，但拒絕選擇地點。在我們提出的選項（河內、日內瓦、新加坡、維也納）中，他顯然認為只有新加坡可行。

我還告訴金正恩，如果他仍阻止把在朝鮮戰爭中喪生的美國軍人遺體送回美國，川普總統很難與他會面。他同意送還遺體，這讓我鬆了一口氣。對於死者的家人——即使是孫子和曾孫輩——能在美國土地安葬親人將帶給他們莫大的撫慰。對我來說，這很重要，因為我告訴我在部隊裡的士兵和在世界各地服務的外交官，我們永遠不會拋棄他們。我也想向前一輩的軍人致敬。由我提出這個要求，至少有三十五名美國人的遺體得以回到故土。

我們回到美國後——以及美國人質歸國的歡欣鼓舞平息後——開始與北韓人共同籌辦高峰會。第一是實質問題：我們的目標是什麼？第二是，我們如何讓美國的盟友，特別是韓國和日本，隨時知道我們的計畫而不洩露會破壞高峰會的資訊？第三，高峰會本身的後勤工作將如何運行，它將在哪裡舉行？金正恩曾為平壤做宣傳。「你都來平壤了，麥克，為什麼你的老闆不能來？那會很棒！」他告訴我。我們團隊沒有人投贊成票。雖然川普總統很感興趣，但他也明白為什麼當時不可能讓美國總統冒險進入黑暗世界的中心。

我們反過來提議聖地牙哥附近一座半島上的城市科羅納多（Coronado），那裡不但位置很安全，還擁有美麗的景色。北韓人堅稱金正恩不能前往美國。金正恩還有一個限制：他沒有可以信得過能飛越北韓邊界的飛機，而我們提議由美國提供運輸也未能吸引他。我考慮高峰會地點的首選是停泊在朝鮮半島外海某處的美國航空母艦。這對金正恩來說既方便前往，也能給我們最重要的華麗視覺效果——川普總統歡迎他的賓客登上一艘停泊在距離近到足以攻擊北韓的航空母艦。可想而知，國防部長馬提斯不覺得這個點子好笑。最後，我們共同選擇了新加坡，於是金正恩坐上了一架從中國借來的飛機。

還有一個問題要解決。北韓人必須來一趟美國，因為川普總統希望親自與他們敲定高峰會的議程。五月三十日，金英哲將軍抵達紐約市。他就像一隻第一次從動物園被釋放到野外的動物，親眼目睹了這個象徵混亂和資本主義聖地的世界之都。他不能承認這一點，但他從外表就能看出，美國文明已經打敗北韓人；他們的政權如今已墮落到必須阻止自己的人民瞭解什麼是自由和繁榮。

我在北韓駐聯合國大使官邸會見金英哲。儘管全世界都在關注高峰會，但引起記者注意的卻是一件微不足道的事。那天我穿了一雙黑襪子，上面繡有綠色玩具軍隊士兵的花樣——每當我遇到壞人時就會穿的標準襪子。一些細心的觀察者在一張照片中看到襪子，並在社交媒體上瘋傳。我相信這將是我這輩子唯一一次我的穿著成為大眾的話題——尤其是在時尚的曼哈頓！第二天，金英哲要求看我的襪子。我告訴他，我不打算給他看。但我說它們是黑色的，上面印著自由、沒有核武的朝鮮半島和他在監獄裡的圖像。我很清楚地這麼說，但他只是困惑地看著我。直到今日我仍覺得這很有趣。

金英哲告訴我，他有金正恩寫給川普總統的一封信，他將在第二天訪問白宮時遞交。那次會議引來激烈的批評——很難得有這種穴居人踏入橢圓辦公室。在一開始顯然有什麼事不對勁，金英哲的一名幕僚匆匆跑出西廂辦公室到北韓人車輛停放的地方。凱利和我不清楚發生什麼事，因為我們與金英哲和總統坐在一起。幾分鐘後，金英哲的幕僚滿頭大汗地帶著金正恩給總統的信回來了。他不小心把信留在他們車上！那個年輕人在整場會議中都露出一種表情，透露出他不知道自己是否能活著看到第二天。我差點想給他提供政治庇護。這個年輕人是金正恩的私人翻譯員，在我第一次會見金正恩時他就坐在金正恩旁邊。後來我得知這個年輕人顯然失蹤了，金正恩沒有帶他去新加坡。

和北韓人的談判讓我感到壓力沉重，但這跟北韓工作人員面臨的壓力完全無法比較。

新加坡峰會取得進展

十天後，總統和他的隨行人員千里迢迢飛到新加坡參加二〇一八年六月十二日的歷史性高峰會。我從未見過這麼龐大陣容的媒體。全世界都不知道當隱士王國的領袖破天荒與自由世界的領袖站在一起時會發生什麼事。當兩位領導人接近對方時，照相機的喀嚓聲不絕於耳。我在會議室裡觀看，立即注意到我的北韓朋友穿著增高鞋後仍比川普總統矮了大約三十公分。身高約一六五公分的金正恩委員長真的一寸也不想讓。

很多人都預期金正恩和總統會簽署正式協議。和很多這類會議一樣，我們並不執著於簽署文件和發表公報。儘管如此，我還是比總統先抵達新加坡，並與北韓人談判，讓金正恩做出去核化的書面承諾。他的團隊希望正式宣布結束戰爭——但這並沒有實現。我們通宵談判，金英哲和我一樣睡得很少。我讓總統隨時知道我們有所進展或陷於僵局。但波頓很急躁，他厭惡我們不得不待在那裡，更厭惡我們可能真的會簽署文件。但我們必須打破空洞承諾的模式，而讓金正恩白紙黑字做出一些真實的承諾是好的開始。唯一能夠做出這種承諾並兌現它的人是金正恩，雖然可能性幾近於零，但讓他簽字絕對沒有壞處。

在上午約七點半兩位領導人首次見面前，我們已經準備好文件。我向總統確認修改和建議時，我的對手金永哲不僅要請示金正恩委員長，還要請示更高的權威：中國。中國共產黨幾乎沒有給金正恩委員長任何簽訂協議的自由。每次跟我或總統會面後，他都會在幾天內與習近平主席進行長時間討論，通常是親自會面。北韓問題應該始終被視為與中共的代理戰爭。雖然中國並未完全控制北韓，但也很接近了。

在新加坡舉行的會議既嚴肅又友好。金正恩重申他對去核化的承諾，雖然他從未獲得他的中國掌控者允許這麼做。我們的訴求——我們可以改善每個北韓人的生活——對金正恩來說意義不大，對他在北京的老闆更沒有意義。

在第一次會晤中，金正恩和川普總統同意北韓停止所有核試爆和遠程導彈試爆。交換條件是，我們不會與南韓軍方進行大型聯合演習。在我們抵達會場前，我們已經就此議題進行廣泛的辯論。川普總統討厭那些演習，認為它們太挑釁且成本太高。五角大廈認為這是「今夜就戰」（Fight Tonight）——駐韓美軍的暗語——的必要準備。我的看法是，它們不挑釁也不昂貴，但其中有許多與保持高水準的戰備無關。我對川普總統同意的事沒有意見，因為我知道我們可以做出明智的調整。在接下來的幾個月，這些演習將造成國防部和總統之間的摩擦。最後，我們執行了最需要的訓練，也阻止了金正恩進一步強化他打擊美國的能力。這算不上全壘打，但確實是一筆很划算的交易。至少，這筆交易不糟。

當天的議程包括由兩國代表團的擴大團隊參加的午宴。總統打破冷場，將波頓介紹給金正恩，還開玩笑地說了一些「波頓才是最難搞的人」的話。波頓為此感到非常自豪。他似乎還很緊張，總是擔心總統會讓步太多。午餐包括一段幽默的插曲：川普問金正恩：「你知道艾爾頓．強（Elton John）是誰嗎？」金正恩回答：「不知道。」川普解釋說，艾爾頓．強著名的歌曲就是他給金正恩取綽號「小火箭人」（Little Rocket Man）的由來。川普說這是一首很棒的歌，並表示這個稱呼是讚美。金的回答很經典：「『火箭人』很好，但是『小』不好。」我們都笑了。我想起「低能量傑布」（Low-Energy Jeb，川普給傑布．布希（John "Jeb" Bush）取的綽號）和「騙子泰德」（Lyin' Ted）的金句——那些日子就只能回味了。

第二天的簽字儀式揭示了北韓政權的極權本質。我將扮演把文件放在總統面前供他簽名的辦事員。金與正將為她的哥哥扮演同樣的角色。她和我在後臺等待時，完全拒絕與我交流。我甚至沒有禮貌性地打招呼。我們在我去平壤的時候見過面，但現在的她像個啞巴。

簽約的準備工作也讓凱利和我笑了起來。北韓的禮賓團隊似乎陷於瘋狂狀態：跑步、流汗、傳遞文件、離開，然後又回到建築裡，除此之外就是看起來又緊張又困惑。凱利和我看到這些情況時，我們意識到他們那邊開始擔心可能出現一些翻譯的小錯誤。（我們還發現，北韓人以翻譯問題為藉口，以便金正恩有很長的吸菸休息時間。）這些北韓年輕人臉上的表情表明，工作出差錯可能賠上他們的性命——這樣推論很合理，畢竟幾天前把一封信留在車裡的年輕翻譯員如今已不在場。金正恩的口譯員尤其置身險境，因為他們是知道金正恩實際說過什麼話的極少數人。

我給向北韓口譯員推銷保單的壽險業務的建議是：賣高額保單。

最後，高峰會再度證實了我的懷疑，即北韓的去核化仍然遙遙無期。但我們還是有理由抱著希望。高峰會明顯的成果是達成了一項聯合聲明，其中包括北韓承諾「致力於實現朝鮮半島完全去核化」。高峰會結束後，我們幾乎立即卯足勁說服北韓人實現這個目標。在這個時候，外交政策界的聲音——特別是中國和俄羅斯的聲音——都敦促我們採用分階段「一步一步來」的去核化模式：在這種模式下，我們將用適當的經濟救援來換取北韓每一步的去核化。但我們公開和私下都堅稱一個訊息：在金正恩迅速完成北韓最終的、完全可核實的去核化之前，美國不會解除制裁。

不出所料，我們沒有看到北韓人取得多大的進展。因此在七月，我又回到北韓。我相信當時金正恩希望有一位更慷慨的國務卿會出現，但我以同樣堅定不移的態度重申美國希望北韓怎麼做以交換解除制裁。結果金正恩沒有見我。北韓媒體報導他正在「參觀馬鈴薯田」。至少他沒有說他必須去洗個頭。

我離開後不久，金氏政權發表聲明抨擊我「強盜式」的態度——這顯然是希望川普總統別把北韓事務交給我處理的策略。他們一度表示，他們更希望與川普的家族成員會談。我覺得北韓人指控我是強盜很諷刺。

隔月，我準備再度前往北韓，因為在新任朝鮮事務特使史蒂芬・畢根（Stephen Biegun）的領導下，去核化框架方面有了些微進展。畢根可能擁有美國政府中最難為的工作。他曾在與崔善姬領導的最難纏北韓團隊談判中擔任首席談判代表，但他的應對表現極為出色。不過，就在出發前我收到了一封來自對手金英哲的信，內容包含一些違反外交常規的語言。我拿給總統看，而我們一致認為這次出訪毫無意義。當我們坐在一起時，川普在推特上寫道：「我已經要求國務卿麥克・龐培歐此時不要去北韓，因為我覺得我們在朝鮮半島去核化方面沒有取得足夠進展。在此同時，我願向金委員長致上最熱烈的問候和敬意。我期待很快見到他！」

儘管如此，我們還是致力於完成這個艱難的過程，並且認為也許——只是也許——北韓會認真對待去核化。畢竟，金正恩曾告訴我，他也是為人父母，不希望核武的幽靈籠罩在他孩子頭上。川普總統似乎認為，一對一的外交是剋制金正恩擁核武的方式。因此，在與北韓人進行更多交涉、向他們保證我沒有強盜的意圖後，我在十月再度前往北韓，這次是帶著川普總統對策劃舉行第二次高峰會的指示。這次會談中，北韓人暗示他們可能準備關閉一個重要設施。我們同意繼續談判，金正恩表示他希望再次與川普親自會面。

在河內堅持不退讓

川普與金正恩的第二次高峰會於二〇一九年二月在越南河內舉行。開會地點是法國殖民風格的大都會飯店（Metropole），它首次開業是在一九〇一年。我很高興北韓人同意在越南召開高峰會。我想讓他們親眼看到一個昔日的美國敵人如何轉變成一個與美國和平相處、經濟繁榮的社會。身為國務卿的我三次訪問越南，每次都看到越南人民的活力和了不起的企業家精神。一九九〇年代以來，與美國和世界的接觸改變了這個國家。成群結隊的摩托車和林立的商店顯示，一個與美國打過仗的亞洲國家可以恢復活力和繁榮。越南政府仍然太過壓制，但我們必須在與中國競爭時繼續加強與這個國家的關係。

越南人很高興跟我們合作，從機場出來的路上，我看到有點令人不安的美國與北韓國旗交織在一起的奇怪景象。坐在被稱為「野獸」的總統禮車前往會見金正恩的路上，川普總統讓人措手不及地問：「麥克，接下來你打算怎麼做？」我以為我可能會被開除或被要求辭職。

我還沒來得及回答，他就說：「看看這些窗戶。我不想回去做那些為了幫蹩腳的紐約建築節省五分錢一個廚房水槽錢的事了——那怎麼能跟我們今天做的事相比？」

他說得對。沒有什麼事比得上作為一個為美國服務的高層領導人、每天為美國優先而努力。和第一次高峰會一樣，這次高峰會有很多盛大和公開展示熱情的場面。不過，私底下更多的是公事公辦，而且談判變得愈來愈難。一開始我們以為北韓人已同意完全拆除和檢查寧邊郡的北韓主要核設施。我們還有許多其他目標，但我們相信，用一些南韓的小型投資計畫來交換實現這項拆除是很划算的交易。這樣我們幾乎什麼都不用讓步，而且將換得北韓歷來最大幅度的濃縮鈾能力削減。我們以為北韓已經準備好就這些條件達成協議。

我們錯了。北韓人不願意做這麼多。在只有金正恩、川普、金英哲和我參加的第一次河內會議中，金正恩表示，他願意進行由美國核實的拆除寧邊郡綜合設施，以換取完全解除制裁。與之前報導的相反，總統不需要諮詢就知道這完全不可接受。他直截了當地告訴金正恩。金正恩的臉孔表明他期待的是不同的回答。他以不需要翻譯的表情瞪著金英哲：「這是搞什麼鬼？」顯然金正恩和他的談判代表間出現巨大的認知差距。這也表示，高峰會結束了。

我們回到休息室時，失望的川普總統對我咆哮：「我們必須留下來吃午飯嗎？」我很生氣——不是對總統，而是對北韓人和他們明顯的誤解。團隊同意我們可以縮短下午的時間。

雖然我們未能達成協議，但外交之窗仍然敞開，我們擬定了繼續談判的計畫。金正恩向我們保證，在繼續談判的同時，北韓將避免進行核試爆和長程飛彈試爆。北韓在很多事情上不值得信任，但金正恩在川普政府整個任期內一直履行他的承諾。這是保護美國人安全的一項重要成就。

最重要的是，我相信我們那天做了正確的事。我們沒有做出不該做的讓步、不該做的妥協，也沒有接受糟糕的交易。即使我們對必須重新規劃如何奪下獨裁者手中的核武感到沮喪和不確定，我對川普政府沒有讓步感到很滿意。

營救美國人質

如果你不努力保護不可被剝奪的「生命、自由和追求幸福」等權利，就不能說你在實踐美國優先——有時候這表示必須讓擁有這些權利的美國人擺脫不公正的囚禁。在我的國務卿和中情局局長任內處理的所有問題中，把美國人帶回家可能是最令人滿意的事。我們認為侵犯他們的自由和尊嚴等同於侵犯美國的獨立和主權。確保他們獲釋是美國優先的最終體現。我很自豪地說，在川普政府執政期間，我們從至少二十二個國家——例如北韓、伊朗和土耳其——帶回了五十多名美國人。同樣讓我感到自豪的是，我們從未支付過任何贖金或做不道德的妥協。換句話說，我們沒有接受糟糕的交易。

在我中情局局長任內，我最大的考驗之一是幫助協調營救被哈卡尼網絡（Haqqani network）恐怖組織綁架並關押在巴基斯坦的凱特蘭．科爾曼（Caitlan Coleman）和她的家人。科爾曼和她的丈夫在二〇一二年遭到綁架後被關押多年，在被囚禁期間生下三個孩子。

有一天我的團隊進來向我做簡報。我們蒐集的情報發現一個和科爾曼某個孩子差不多大的小孩。我吩咐他們要密切注意那個孩子。在接下來的幾天，我的團隊和我們的情蒐合作夥伴愈來愈相信，我們至少已經找到科爾曼家族的幾位成員。情報來源和國防部開始和時任駐巴基斯坦大使的大衛．海爾（後來出任我手下負責政務的國務次卿）共同考慮各種選項。其中一個選項是要求巴基斯坦軍方去抓他們。但巴基斯坦軍方不可靠，他們經常向在阿富汗和巴基斯坦活動的伊斯蘭恐怖組織哈卡尼網絡提供線索，讓他們參與，可能導致行動還沒開始就已經失敗。由美國領導救援行動有可能辦到，但做起來將很複雜。我們沒有十足的把握，魯莽的行動可能造成人員傷亡。最糟情況的死亡和失敗不難想像。

幾天後科爾曼一家人被搬遷了，我們追蹤他們到了阿富汗邊境的一個地區。我們現在更確信我們至少看到了科爾曼家庭的一些成員。在我們採取行動前的某個半夜，我接到一通電話。這家人又再次被遷移，很可能超出救援的範圍。美國官員立即聯繫巴基斯坦軍方領導層，告訴他們科爾曼夫婦在哪裡，並明確表示華盛頓正在監視。如果科爾曼一家人被殺或失蹤，美國政府將追究巴基斯坦人的責任。這促使他們採取了行動。很快，巴基斯坦軍隊突襲了移動的車隊，並帶走科爾曼一家，而我的團隊則協助把他們運出阿富汗。中情局的愛國者們卓越的行動，使科爾曼家的每一位美國之子從被俘中解脫。

有時我們不得不從自己的盟友那裡拯救美國人。我們的北約盟國土耳其在二〇一六年十月無故拘留一位名叫安德魯．布倫森（Andrew Brunson）的傑出基督教牧師。身為福音派長老會成員的他屬於蘇珊和我在威奇塔教會參加的同一個教派。美國的許多信仰領袖已開始領導一場公開的運動，爭取布倫森牧師的回歸。我們向艾爾段施壓，要求釋放布倫森，有幾次我們認為我們已經成功了。但艾爾段一直想做交易，要求我們送回一個在美國境內合法居住的土耳其人。但我們不肯讓步。最後在一次典型的「美國優先」行動中，川普總統警告艾爾段將對土耳其實施經濟制裁，然後真的透過制裁土耳其內閣成員來兌現他的威脅。經過一場裝模作樣的審判後，土耳其人釋放了布倫森牧師。他回到美國的時間比預期的晚，但那一刻是光榮的。

我們也努力讓美國人離開伊朗。即使在歐巴馬總統與伊朗達成協議後，該政權仍然繼續劫持更多人質。名叫王夕越的美國人是普林斯頓大學博士生，有妻子和年幼的兒子，他在二〇一六年前往伊朗進行學術研究時遭到伊朗拘留。有一次他被單獨監禁了十八天。由於我們拒絕像上屆美國政府那樣透過向伊朗行賄來達成交易，使得談判釋放人質變成一項艱鉅的任務。讓我們的努力更加急迫的是，王夕越被關在德黑蘭惡名昭彰的埃溫監獄（Evin Prison），那裡的條件極其惡劣。整個談判過程中我們絲毫未放鬆向伊朗人施壓，而瑞士的協助更展現我們盟友的非凡表現。二〇一九年十二月，我們終於把王夕越帶回家，我很高興看到他三年多來第一次抱著兒子微笑的照片。我們還把麥克・懷特帶回家，他是一名被無故監禁的海軍老兵。布萊恩・霍克、駐瑞士大使艾德・麥克穆倫（Ed McMullen）和許多無名英雄的耐心工作，使這些美國人得以回到他們家人身邊。可悲的是，其他美國人質仍被困在伊朗，德黑蘭仍繼續把他們當作外交工具。

不過，一些釋放人質的努力未能凝聚同樣的動力。以美國饒舌歌手速可達硬漢（A$AP Rocky）為例，在川普總統打電話給我之前，我從未聽過他的名字。川普說：「嘿，你必須讓這個 A$AP Rocky 從瑞典回家。」我的第一項任務是弄清楚總統說的是什麼。第二項任務是與國家安全顧問歐布萊恩合作，在這之前他是我在國務院的首席人質談判代表。從任何正常意義看，A$AP Rocky 都不是人質。他被指控在瑞典犯罪並面臨審判。但他已經變成一個爭議名人，而庫許納也已在白宮內部呼籲採取行動。歐布萊恩前往斯德哥爾摩並釋放了我們的人。歐布萊恩後來告訴我，他威脅瑞典政府，聲稱我們將「對瑞典實施非常嚴厲的制裁，直到瑞典無法再生產富豪（Volvo）汽車為止。」這故事聽起來很好笑——也許它真的奏效了。

遺憾的是，不是每一次營救人質的努力都能成功。

我仍然為羅伯特・萊文森（Robert Levinson）和他的家人祈禱，我對他們充滿愛和欽佩。萊文森與美國政府有關係，二〇〇七年被伊朗情報部門逮捕，並被扣為人質多年。伊朗人把他當作討價還價的籌碼，或者他們只是想實踐代表他們政權特性的殘酷。幾年來美國政府不確定他是否還活著。而歐巴馬政府甚至沒有要求伊朗送還萊文森——即使是他的屍體或死亡證明——作為達成《伊朗核協議》中以四億美元移交美國人質的一部分。他們甚至沒有得到關於他下落的答案。這是一項可怕的交易，也是更拙劣交易的前奏。

我們在二〇二〇年被迫得出結論，萊文森幾乎確定已經死亡，這與十多年來伊朗有關他情況的謊言相矛盾。多年來我有許多次見到萊文森的家人。這些傑出的愛國者是堅定而正派的人——難免有時令人感到沮喪。在徵得他們許可下，我曾多次談到萊文森。如果你想要一個中東國家忽視人類生命的明顯例子，那就看看伊朗對萊文森完全不人道的待遇。

伊朗人和他們的敘利亞幫凶在對待美國記者和前海軍陸戰軍官奧斯汀・泰斯（Austin Tice）時同樣陰險，二〇一二年他在敘利亞境內遭到綁架，很可能是阿薩德政府所為。我巨細靡遺地研究過他的檔案。事實上，在出任中情局局長後我馬上就與一位敘利亞高級官員談話，想知道我們能做些什麼好讓奧斯汀回家。這是與泰斯的俘虜者許多次徒勞對話中的第一次。但我們始終堅持不懈，並盡可能讓他的家人瞭解我們所知的情況。對我個人來說，很遺憾的是二〇二〇年泰斯的母親向媒體暗示我反對政府確保她兒子獲釋的努力，進而對我個人信譽造成傷害。她的誤解是敘利亞政府官員陰謀損害我公眾形象的結果。在私人層面，我無法相信我所聽到的。我在這次任務上花費了大量的政治、經濟和外交資本。我竭盡所能，但努力失敗了，而且直到今日都讓我感到難過。我也無法面對悲傷的母親。她完全有權利感到悲傷和憤怒。

我們可能輕率地說，每當我們的人民被扣為人質時，美國都應該付出要求的價錢。畢竟，捍衛美國人的生命是外交政策的首要目標。但這麼做可能會鼓勵劫持人質大幅增加，使問題惡化。在我們的領導人努力談判釋放被拘留在國外的人質時，我們應該每天為被恐怖主義政權扣為人質的無辜者祈禱。他們所遭受的苦難和家人所承受的痛苦往往是言語無法形容的。我很遺憾我們無法為所有人質完成任務，但我很慶幸我們把許多人帶回家，而不是接受糟糕的交易。

Chapter 9

堅持信念

「現場備有餅乾汽水招待。」邀請卡上的這行字吸引了我的目光。在西點軍校新生訓練期間——基本上這就是給學生的軍事訓練營——我可是從不會錯過任何白吃白喝的機會。但我漏看了邀請卡上的其他幾行，這其實是個讀《聖經》的聚會。主的安排就是這樣神祕。

但或許也沒有那麼神祕。總之，我前去參加聚會了，而這改變了我的人生。或者應該說，這拯救了我的生命。

孩提時代，我跟教會的關係其實滿疏離的。父母會帶我去上主日學，但我不是很認真。我會趕緊背下經文，讓人以為我很熟悉，然後心思就開始飄走，想著在我家門外的車道上投籃。出生在洛杉磯的我，那時滿腦子想著要成為湖人隊的下一位球星。劇透一下：我後來長不高，又跑得慢。但至少我是個忠實球迷。

在西點軍校的《聖經》讀書會上，我們也跟過去的主日學一樣讀經文，只不過現在我是以一種全新的方式來讀經，產生不同的聯結。在幾位高年級的學員帶領下，我們這個小組討論著經文與士兵生活的關聯。從那之後，我每週都會去參加讀經聚會，直到整個夏天結束。正是在這些聚會上，我才真正認識了耶穌基督，並且相信祂是我的救主。之後不久，憑藉上帝的恩典，我將自己的生命交給了主，誓言要跟隨祂的十字架。從那時起，靠著這份恩典，我一直努力下去。儘管我的人生起起伏伏，但我知道祂遠比我們在世間所面臨的挑戰更偉大，而且透過祂的恩典我們將得到救贖，從那時起，這四十年來，這份信仰成為我生命的核心。我堅持我的信仰，因為祂守護著我。

蘇珊和我一直努力宣揚兩位年輕導師給我的信仰。我在家鄉堪薩斯州威奇塔的伊斯特敏斯特長老教會（Eastminster Presbyterian）教堂擔任執事。這個職位讓我明白教會內部的政治與堪薩斯州政府所面對的一樣困難！蘇珊和我還負責教授五年級的主日學，我們和另外兩對夫婦一起教學。蘇珊負責教課，我的任務則是讓班上的男孩安靜地坐在他們的位置上。教導他們端正品行，這無異是對日後我進入國際外交事業的最好準備。

如果說影響我的世界觀最深刻是對主的信仰，那麼排在第二位的就是我對美國開國元勛的政治思想的信仰——這是支撐我們這個國家運作的理性與邏輯的基礎。任何一個美國人都不應該低估他們的成就。《獨立宣言》肯定了每個人不可剝奪的基本權利和平等，並確定出各級政府要如何保護這些權利。正如建國元勛亞歷山大．漢密爾頓在當中所寫的：「人類的神聖權利……由神出手以陽光的形式寫下……永遠不會被抹去，或是被凡人的力量所遮蔽。」在發表《獨立宣言》的十三年後，《憲法》生效，之後又在一七九一年頒布了《權利法案》（Bill of Rights），制定出一套政府結構來保護這些權利。

直至今日，這些文件仍然是這個國家保護個人權利的基石，比歷史上任何其他文件都來得好。這場由美國進行的自由實驗非常脆弱——這個國家是專門為自由事業而誕生——可說是千百年來人類眾多苦難和專制中的一大亮點。我們建國已經將近二百五十年，這真是個奇蹟。我也相信，只要我們保持信念，堅守我們光榮的建國原則，美國將歷久不衰。

保護宗教自由：美國的成就

我是在西點軍校讀《聯邦論》時開始崇敬美國開國元勛，而到了一九九〇年代初期，我對這本論文集的欣賞更是有增無減，變得更為深層。當時二十七歲的我，從陸軍上尉退役，進入哈佛法學院研讀。我需要一些零用錢，於是我回覆了布告欄上招聘研究助理的徵人啟事。儘管上面沒有提到餅乾或汽水，我還是認真看了一下。

張貼徵人啟事的教授是瑪麗·安·格蘭登（Mary Ann Glendon）。當時的我對她一無所知，但她提供了每小時七美元的薪資。即使是在一九九一年，這也不算高，但當時的我需要這筆錢。而在她的指導下，我的人生變得更加豐富。

格蘭登教授是全球人權學者中，非常為人細心設想的。她談到權利在我們的政治論述中占主導地位：生命權、擁有和攜帶武器的權利、同性戀權利、跨性別權利等等。這些對談經常很激烈，也一直是美國政治的核心。婦女選舉權運動要求女性的選舉權。亞伯拉罕·林肯援引開國元勛對自然權利的理解，以此來譴責奴隸制度。馬丁·路德·金恩博士（Dr. Martin Luther King Jr.）也從《獨立宣言》中得到靈感，他說這是一份「承諾約定」（promissory note）——也就是我們一般所謂的本票或期票——保證了「生命、自由和追求幸福」等天賦人權。

但是，到底什麼是「權利」呢？這是由誰來決定的？有些權利會比其他的更重要嗎？這些問題便是格蘭登教授研究工作的核心。在協助她進行研究時，我開始更嚴正縝密地思考這些問題。

在開國元勛的著作中，我不斷地注意到他們對宗教自由的尊重，他們認為這是最為基本的。湯瑪斯・傑佛遜不僅是我國的開國元勛，也是美國史上的首位國務卿，因此可說是我的前輩。華盛頓特區的傑佛遜紀念碑上刻有他協助撰寫的《維吉尼亞宗教自由法令》（Virginia Statute for Religious Freedom）的一段文字：「沒有人應被強迫參加或支持任何宗教崇拜或職事，或因其宗教觀點或信仰而受到懲罰。」第四任總統詹姆斯・麥迪遜也抱持同樣立場，引用《維吉尼亞權利宣言》（Virginia Declaration of Rights），寫道：「我們堅信這是一個不可否認的基本真理，『宗教或對造物主的責任及其履行方式，只能由理性和信念來指引，不能訴諸武力或暴力。』」

保護宗教自由是美國理念的核心。在全球保護宗教自由是我們悠久的外交政策傳統，也可說是一項歷史最為悠久的國際人權議題。整個十九世紀，美國人及其領袖一直在譴責鄂圖曼帝國（Ottoman Empire）和其他政府對中東少數宗教的迫害。一八八〇年十二月，卡薩布蘭加（Casablanca）的猶太人向美國國務院表示感謝，因為美國向摩洛哥國王施壓，要求他們尊重猶太人的權利：「正是美國，這個在自由和平等道路上的偉大先驅，」他們說：「是我們這個不幸的民族所仰望的。」當鄂圖曼帝國在一八九〇年代開始迫害亞美尼亞的基督徒時，約翰・洛克菲勒（John D. Rockefeller）和克拉拉・巴頓（Clara Barton）這類美國知名人物發動全國性的救援行動，為他們發聲。在一次世界大戰期間，美國田納西號戰艦（USS Tennessee）協助撤離了六千名猶太人，他們當時困在鄂圖曼帝國控制的巴勒斯坦地區，艦長班頓・德克（Benton Decker）後來在代表美國人接受這批乘客致贈的銀製牌匾時說道：「此舉是在這個動盪紛亂的時期，為人類的利益而奮鬥。」等到川普上任，新聞界卻嘲笑我們捍衛國際宗教自由的使命，聲稱這是古怪而狡猾的舉動，純粹是為了獲得保守人士的選票。他們不瞭解美國的偉大歷史。

身為國務卿，我決定恢復這個傳統，透過美國的外交力量在國際間保護宗教自由。自一九九八年以來，國務院一直設有專門處理這個問題的辦公室，但在眾多的人權問題中，捍衛信仰和崇拜自由的權利僅排到到第二位。在川普執政時我們改變了這一點。當時我們注意到，全世界有數百萬人因他們的信仰而受到騷擾、折磨，甚至死亡——巴基斯坦的印度教徒、北韓的基督徒、伊朗的巴哈伊（Bahá'í）教徒等等。我們為這些遭受迫害的人發聲，這是川普政府意圖恢復美國領導力的另一個例子。

在海外捍衛信仰自由也對美國自身的安全貢獻卓著。在宗教信仰較為自由的國家不太可能發生導致國內不穩定的宗派動盪。這些國家也成為美國的合作夥伴和盟友。除了保護以上帝形象創造出來的我們所享有的人權外，美國國家安全也因推廣宗教自由和對其他信仰的寬容而受益。我們下定決心要動用一切工具和方法來保護美國的安全，其中一項便是幫助他人保持他們的信仰。

恢復美國外交對宗教自由的捍衛

擔任中情局局長時，我會特意在每月新人報到時前去向他們致意。新人訓練的場地就安排在中情局大廳，他們的座位排放在地板上印有這個單位名稱的上方，在每一部好的間諜電影中你都可以看到這畫面。不過電影通常不會拍出在這些人員背後的那面花崗岩牆壁，那上面刻著《約翰福音》（Gospel of John）第八章三十二節的字句：「你們必曉得真理，真理必叫你們得以自由。」在他們前方是一面紀念牆，上面的每顆星星代表著每一位為國犧牲的中情局員工。星星下面是「榮譽冊」，記載那些殉職者的姓名，或者是至少可以披露的名字。榮譽冊旁的牆上刻著幾句銘文：「謹向那些為國犧牲的中央情報局成員致敬。」

這個地點和入口意象是刻意安排的。我希望這些新人在第一天進入大廳時就看到中情局的創立理念：榮譽、信仰和真理。坐在那個地方，當局長步入大廳時，會讓新人想到他們現在加入的這個團隊的悠久歷史。我在致詞時也會把重點放在美國的建國歷程上，提醒他們如今成為局裡的一分子，定當要竭盡心力，捍衛刻在周遭牆上的建國理想。我也告訴他們，擁有信仰很重要。這對他們的人生很重要。他們對自己的隊友和美國有信心也很重要。我還告訴他們，在任職期間所遇到的人當中，不見得每個人都抱持和他們一樣的信仰。看著回望我的臉龐——有男有女，大多數是年輕人，但也有幾個是有點年紀的，很多是退伍軍人，他們當中，幾乎每個人會說的語言都比我多——他們即將為國家服務，展開種種令人難以置信的行動。他們日後都會明白，將我們這個國家的猶太－基督教傳統付諸實踐的含義為何。

在接任國務卿一職後，我很慶幸在保護國際宗教自由的這項使命上找到了一個好夥伴。同樣來自堪薩斯州的山謬．布朗貝克（Samuel Brownback）是堅定的保守派，也積極捍衛宗教自由，他曾擔任「國際宗教自由事務」（International Religious Freedom）的無任所大使。在我的候任聽證會上，他來找我。他有個想法，但他需要——按他的話——「來自高層的支持」。他想要舉辦論壇，邀請世界各地的信仰領袖討論宗教自由的議題。他希望就辦在「霧谷」（Foggy Bottom）——這是國務院的暱稱，因為華府西北區鄰近波多馬克河（Potomac River），霧氣重、溼度高，再加上早期是工業區，工業廢氣很多，經常煙霧瀰漫，因而得名——但受到來自政府部門內部的阻礙。

我接掌國務院後情況就開始改變。我們首次召開促進宗教自由的部長級會議。部長級會議只是外交辭令中的花俏詞語，意思是邀請各國外交部長前來參加的會議，但這次我們做得更多。我們希望宗教領袖也能加入，還有那些致力保護遭受迫害的少數宗教的非政府組織（NGO）領袖。在局勢艱困的地方努力建立家庭式教堂的信徒領袖也受邀參加。我們抱持廣泛的宗教自由概念。我記得當時還因為邀請了一些來自宗教自由紀錄不佳的國家領導人士而受到批評。然而，我知道那位外交部長正在努力改善情況。所以，我們才邀請他。這是我在高中打籃球時學到的：不僅應該獎勵最優秀的球員，也應該獎勵進步最大的。

最後，受邀的賓客都來了。二〇一八年的會議辦得有聲有色，而到了二〇一九年，我們真的做出口碑來。那一年參加活動的人數太多，還得在國務院總部以外的地方增設場地。從各方面來看，二〇一九年的那場「促進宗教自由部長級會議」（Ministerial to Advance Religious Freedom）成為國務院歷來舉辦的最大型人權活動——誰說川普政府在多邊主義或人權方面毫無作為？這不僅是美國基督教信仰的單一面向活動，而是一個集結世界各地不同信仰者的集體活動。正統猶太教派的拉比（rabbi）、穆斯林的伊瑪目（imam）和天主教神父在這裡齊聚一堂，並肩而行。巴哈伊信徒和不可知論者（agnostics）*為自由而團結起來，共同努力。就算在會場上看到一些奉行巫術的威卡教徒（Wiccans），我也不會感到驚訝。凡是想要幫助他人保持信仰的，我們都很歡迎。每位與會人士似乎都與他們當中看似最接近神父的人融洽地混在一起：華盛頓特區的政策制定專家和外交官。

這場活動讓我有機會讓世人關注二十一世紀最嚴重的宗教自由危機，西方世界才剛開始注意到此事。中國西北部新疆地區的維吾爾穆斯林是一個平和的宗教少數派小團體。但在無神論的中國共產黨眼中，這批教徒構成了對他們政權的重大威脅。早在二〇一四年，時任中共總書記的習近平就親自在黨內提出一套於新疆地區的行動指南，告訴官員「在使用人民民主專政的武器時，不能有所猶豫或動搖，必須集中精力，致命打擊」。到二〇一七年四月，中共以國家安全為名，展開針對維吾爾人的宗教迫害，行跡十分惡劣。事實上，共產黨希望將那裡所有的公民都轉變成完美的共產主義分子，不再有宗教信仰或是主張其民族身分（除非是漢族）。

在新疆，中共拆毀了清真寺，強迫維吾爾家庭接待中國官員，並且強制維吾爾女性墮胎和絕育，還將高達一百萬名的維吾爾人關起來，實際上跟集中營無異。在中共使出的種種手段中，也許最可怕的是利用強大的監控和人臉識別技術，活生生打造出彷彿脫胎自喬治・歐威爾（George Orwell）那本《一九八四》（*1984*）中描寫的反烏托邦社會。中共在新疆的暴行不僅很駭人聽聞，同時也是中共不尊重人類生命的縮影，這無異是一項警訊，彰顯出中共為打壓自由可以做到怎樣的程度。我

*不可知論者認為鬼神、天主這類議題無法為人所知或者根本無法理解。

在部長級會議上的致詞，譴責他們的這些罪行是「本世紀的汙點」，是再貼切不過的。而且剛好那天有來自維吾爾的人，他們提出強有力的證詞，表示自己的家人遭到監禁，這時全世界都知道，未來美國外交政策會將揭發維吾爾族的困境訂定為主要優先事項。這不僅是我們理所當然的職責，呼籲世人關注維吾爾人、西藏人和香港異議人士處境的努力，還有附帶的好處，這讓歐洲人有一個可以與川普政府聯手處理的中國特定問題——他們通常在倡導全球人權上表現強硬，但在中國問題上卻顯得較為軟弱。

在擔任國務卿期間，我持續對新疆的情況發聲，特別是在與外國領導人接觸時。但讓我感到沮喪的是，大多數以穆斯林為主的國家和伊斯蘭合作組織都不願對中國的罪行進行回應。其中很多國家甚至在二〇一九年七月簽署一封公開信，支持中國的虛假主張，謊稱他們在新疆的活動是為確保國家安全和打擊恐怖主義。以穆斯林為主的國家甚至同意中國的要求，將維吾爾族穆斯林引渡回中國，一旦送回去他們勢必會被送往再教育營，或是成為勞動生產線上的奴隸。正如許多西方企業的執行長擔心他們的公司會失去市場而向中國低頭，那些穆斯林國家也受到中國的金錢和市場束縛，無法採取強硬立場。

我在二〇一九年告訴聯合國祕書長安東尼歐・古特瑞斯，中共的罪行接近納粹的第三帝國（Third Reich），並敦促他利用自己的力量說服各國發聲時，他只是轉換話題，談及他如何支持中國在發展中國家的「綠色」基礎設施計畫。這擺明了是怠忽職守。古特瑞斯知道中共採行的那些恐怖措施。要是同樣的事情發生在以色列、蘇丹或是美國，他會立刻組織委員會，發一份報告，並舉行對話會議。但因為這發生在中國，他只是保持沉默。因此，他在聯合國的任期將來在歷史上會成為一個可恥的時刻。在我看來，中國對維吾爾族穆斯林的暴行就像發動一場種族滅絕，我開始和我的團隊討論，找出我們能夠採取的行動，阻止中國壓迫那些僅是想堅持自己信仰的人。

在我的外交出訪行程中，有許多難忘的時刻，其中一次是在二〇二〇年二月前去哈薩克（Kazakhstan），與那些親屬被囚禁在中國再教育營的哈薩克人見面。他們一邊給我看他們親人的照片，一邊講述與親人失去聯繫的心碎故事。俄羅斯和中國的外交部長永遠不會有這樣的與民會面。這些政權將自由視為威脅，而不是權利。還有一次，一位維吾爾族穆斯林女子講述了她兄弟遭受迫害，最後還被強行帶走的可怕經歷。直到今天，她只知道他被關在中國西部。她曾看過那些集中營的照片，當中有些男人看起來像是她的兄弟，但她不能確定，甚至不知道他是否還活著。她帶著孩子逃離了中國，但她婉拒和我合照，因為她擔心這會讓她的兄弟遭到報復。

當我們在想國家領導人時，通常想到的是總統和首相、國會議員、財政部長、法官和州長。不過，宗教界的信仰領袖也在推動著人民和國家前進。在過去，雷根總統、英國首相柴契爾夫人（Margaret Thatcher）和教宗若望保祿二世（Pope John Paul II）三人曾經齊力合作，試圖推翻全世界的共產主義政權。所以，在我出訪時，首要任務便是與宗教領袖會面，鼓勵他們繼續反迫害的努力。

我出訪行程中的一大亮點是在歐洲和中東各國會見正教會的領袖。近幾十年來，伊拉克、敘利亞和土耳其等國家的正教會教徒一直遭受迫害。在埃及，我前去參觀非凡的科普特正教會（Coptic cathedral），並與那些古老基督教的教派領袖會面。在黎巴嫩，我有幸與奧迪主教（Bishop Audi）

會面，締結友誼，也與黎巴嫩的大穆夫提（Grand Mufti）——在穆斯林國家提供法律意見的宗教法官——會晤。

二〇二〇年十一月，我拜訪了普世牧首巴爾多祿茂一世（Patriarch Bartholomew）——他是帶領大約三億信徒的正教會領袖。土耳其政府一直在威脅他的教會，所以在那次去伊斯坦堡的出訪中，我特意不與任何土耳其政府官員會面。這是在傳遞一個簡單的訊息：必須要讓這個教會保持獨立，脫離政府控制，保持自由。土耳其總統艾爾段和外交部長麥夫魯特・卡夫索格魯（Mevlüt Çavuşoğlu）對此表示不滿，但整個正教世界明白，此舉是美國在表達支持他們保持信仰的神聖權利。此外，尊重人性尊嚴，保護中東基督教徒和其他人的國際宗教自由也對美國本身有益，因為此舉為美國創造出更多友邦——上帝知道美國需要在這個地區盡量結交朋友。

聖座的虛偽

還有一次，我耗費了大量的時間和精力，企圖說服世界上最具影響力的宗教組織支持國際宗教自由。這像是說服牛頓相信萬有引力定律，或教導籃球明星賈霸（Kareem Abdul-Jabbar）怎麼投籃。理當沒有這個必要，但我卻還是陷入這個境地。

在每個有信仰的人眼中，中國的宗教自由都處於非常糟糕的情況。天主教徒受到嚴重的迫害。中國政府褻瀆並摧毀了他們的教堂和聖地。主管當局命令教堂用毛澤東和習近平主席的照片來取代耶穌。他們還監禁了天主教主教崔太；在我動筆寫這篇文章時，他仍然下落不明。

面對如此可怕的暴行，大家可能會認為教宗方濟各（Pope Francis）會迅速採取行動，就如同他在二〇一三年所講的：「基督徒必須用善良回應邪惡，就像耶穌背起十字架。」然而，他和他的許多樞機主教的作為卻恰恰相反。梵蒂岡的外交政策一直有偏坦左派的傾向，不過在教宗聖若望二十三世（Pope John XXIII）於一九七〇年代支持解放神學運動以來，從未如此嚴重過，就如同今日在中國的情況。

二〇二〇年，梵蒂岡使節與中國外交人員會面，準備要更新梵蒂岡與無神論的共產黨之間的一項祕密協議，這是一項邪惡的協定，讓中國共產黨得以不當掌控中國內部七個教區的主教人選。教廷認為安撫中共會讓北京減緩迫害教徒的行動，放過那些拒絕向習近平效忠的天主教徒。但是，「情況一點也沒有改善」，一位匿名的中國地下神父在這項協議簽訂兩年後表示。梵蒂岡的天主教廷竟然會與這樣邪惡的政權達成祕密協議，這是最嚴重的失職和失德。

身為一個有信仰的人，我覺得有必要對此採取行動。況且，我也認為中國的宗教自由關乎到國家利益。向中共和梵蒂岡天主教廷施壓，允許天主教徒自由崇拜並選擇自己的主教，可能有助於穩定中國內部，減少衝突和對抗。但放眼望去，在全球領袖中，基本上只有我一人抱持這樣的看法。在上個世代，雷根總統有幸與熱愛自由的教宗若望保祿二世和英國首相柴契爾一起合作，共同對付憎惡上帝的蘇聯。但現在的我們卻卡在教宗方濟各和文翠珊（Theresa May，時任英國首相）手上。

我曾敦促梵蒂岡的各個領袖與邪惡的共產黨斷絕關係。在這場戰鬥中，我遇到一位偉大的盟友，是香港天主教會的樞機主教陳日君，在我眼中他是一位真正的英雄。他一直在與教廷斡旋，反對將教權讓給中共的決議。已從香港主教一職退休的陳日君很清楚教廷接受由無神論的共產黨來挑選七位主教而不是由教會來選，在道德上是站不住腳的。陳日君就跟其他香港天主教徒黎智英*和李柱銘*一樣，長期支持香港自由，為他們發聲，他非常清楚北京方面將不惜一切手段來打壓個人自由。在保護香港公民自由方面，教廷也表現得軟弱無力。在一次電話會談中，陳日君曾明確向我表示，就某方面來看，教廷的失敗恐怕比戰爭失敗還嚴重，因為「敵人已然成為我們國家的領導者。」如果這還不夠證明他是為正義所做的努力，還有更多證據可以顯示這一點來：陳日君於二〇二二年因不實指控而遭到中共逮捕，並且被監禁。梵蒂岡發表了一份不慍不火的聲明，表示對此「關切」。想必習近平會「嚇得發抖」。

二〇一九年，我有幸與教宗直接碰面交流，趁機提出了關於中國天主教徒的宗教自由問題。他承認全球各地都有人遭到迫害。接著他就把話鋒一轉，敦促美國在南部邊界的政策上要與我們基督徒所呼喊的一致，去照顧那些我們之中最卑微的人。他就是不懂我的問題。

二〇二〇年秋季，我計劃再度前往梵蒂岡，希望這次還與能教宗會晤。我們的駐聖座大使（United States Ambassador to the Holy See）卡莉絲塔．金格里奇（Callista Gingrich）相當傑出，她與梵蒂岡外交部建立了深厚紮實的關係，並廣受義大利天主教徒愛戴。我的目標是向教宗施壓，希望他以他至高的道德權威來譴責中國對人權的侵犯。我認為最好事先宣布我的目標，因此我在《第一要務》（*First Things*）這份學術宗教期刊上發表了一篇文章，呼籲教宗採取行動。文章發表後不久，梵蒂岡告知金格里奇大使，教宗礙於在選舉期間不與政治領袖見面的原則，所以無法與我會面。但事實上，教宗曾與許多國家進入選舉期的政府領導人物見面。他不見我，不是因為原則，而是因為時機不對。就隨便舉一個例子來說：教宗於二〇二一年十一月會見了法國總統馬克宏，而法國人民將要於二〇二二年四月投票選舉。而且無論如何，西方政治家總是處於「選舉期間」，因此這套說法完全是見風轉舵的迴避說詞。

最後，我還是前往羅馬參加梵蒂岡主辦的國際宗教自由會議。這次的活動或許只是在掩飾梵蒂岡當時在處理一場重要考驗上瀕臨失敗的事實。我發表了一篇演講，旨在促使梵蒂岡應該為所當為，做正確的事情，告訴教會領袖：「宗教領袖應該要明白，要成為世上的鹽和光，通常就意味著要大膽地當道德見證。」我和本質上是教宗國務樞機卿的保羅・加拉格爾大主教（Archbishop Paul Gallagher）會面時，問到：「為什麼我在努力捍衛宗教自由時，你們卻任由習近平告訴你們應該選擇誰在中國當主教？」最終，梵蒂岡還是與中國再度延續了他們的祕密協議。教宗和梵蒂岡高層顯然都知道他們這項協議在道德上是站不住腳的，所以一直不允許將內容公開。

我唯一的安慰是，當羅馬在天主教徒的宗教自由上展現出退讓之際，我們的「美國優先」外交政策沒有妥協。

＊黎智英是壹傳媒與蘋果日報人創辦人，中共稱其為「禍港四人幫」之首，目前仍在香港遭關押。

＊李柱銘有香港「民主之父」之稱。二〇二一年遭中共以「反中亂港」的罪名，依香港新公布的《國安法》求刑。

讓我發光的國務卿一職

在國際宗教自由重要性的討論上，我個人覺得最有必要面對的聽眾其實是美國人民。對國務卿來說，向國內觀眾發表演講並不罕見。但是，當國務卿在美國發表談話時，聽眾通常是美國東北部的常春藤聯盟大學或華盛頓特區的智囊團，這些人本來就同意這些想法。過去幾乎沒有其他國務卿會前往美國中部，讓那裡的國人同胞知道他們在國務院到底在為他們做什麼。向我們的人民講解美國外交政策對他們有何好處，同樣也是一項我們重要的任務，他們需要對我們怎麼花他們繳納的稅金有堅定的信心。

我想要去向人民解釋，這同時也能順帶達成拓寬招募人才的次要目標。於是我前往密西根州的底特律、德州的大學城（College Station）、肯塔基州的路易斯維爾（Louisville），甚至是佛州的養馬重鎮布希內爾（Bushnell）。我多次到各個教會和社會保守派團體發表演講，這是之前的國務卿甚至是共和黨人想都不曾想過的。我希望我身邊有信仰的美國人——他們可以是我在堪薩斯州的鄰居——能夠知道美國的最高外交官現在代表著他們的價值觀，走遍全世界。我告訴他們，我們的對外援助也在傳遞他們所信仰的道德信念，透過「墨西哥城政策」（Mexico City Policy）*這項全球禁令全面切斷用於墮胎的援金、打擊邪惡的人口販運並且捍衛宗教自由。這些政策讓左派都氣瘋了，但我堅信我在做正確的事情。

我也以自身的投入來說明我的信仰如何影響我的工作。這可說是美國歷史上的一個古老傳統，雖然近年來我們在這方面著墨甚少。班傑明・富蘭克林（Benjamin Franklin）曾提議在一七八七年憲法制定大會開會時禱告：「為什麼迄今為止我們從未考慮過謙卑地向啟發我們的光之父祈求幫助？」他並沒有成功，但這是一個好主意。在一九四四年發動諾曼第登陸前的幾個小時，來自堪薩斯州的偉大的將軍德懷特・艾森豪威爾（Dwight D. Eisenhower）激勵他的部隊：「讓我們請求全能上帝的祝福，保佑此一偉大而高貴的行動。」

我第一次競選國會議員時，當時沒什麼人氣，全國僅有百分之一的人知道我的名字，當時有人問我要如何在公職生活中將信仰與工作分開。我思考了一下，然後說我連試都不會試。我的基督教信仰就是我看待整個世界的棱鏡。幸運的是，我的信仰原則與美國的使命相吻合，都是要作為一股善良力量。擔任國務卿時，我在田納西州納士維（Nashville）的美國基督教輔導員協會（American Association of Christian Counselors）的一次會議上表示：「我內心充滿感激，身為基督徒，神召喚我去保護人類尊嚴，這與美國幾個世紀以來在全世界所承擔的使命相契合。」

我也不打算掩飾我的信仰，我會前往危險的地方談論宗教。二〇一九年一月，我準備去埃及開羅發表一個關於中東的重要演講，在講稿開場白的地方我添加了幾句，談我自己的基督教信仰。我希望讓大多數的穆斯林聽眾知道，我也是個有信仰的人，我們的世界觀有許多共同點，比許多人想的還要多。但我的講稿團隊和中東專家建議我不要這麼說，認為這可能會發送錯誤的訊息，讓觀眾

＊一九八四年生效的墨西哥城政策禁止美國政府資助任何提供墮胎諮詢、服務、轉介和任何提倡墮胎除罪化的非政府組織，川普的新條款更是擴大適用範圍，從國務院和美國國際開發署提供的計畫生育援助擴張到全球的健康援助，影響甚巨，因為美國是世界上最大的健康援助提供國。

產生疏離感。他們把演講開頭的那幾句話刪掉了，我命令他們把它加回去，我毫不後悔對開羅人民說出這幾句話：「我在桌上放著一本《聖經》，提醒我關於上帝和祂的話語，以及真理。」直到今天，我還會收到關於這幾句話的想法和信件，這是我在擔任國務卿一千多個日子中，引發最多回應的演講，比我任期內所發表的任何言論都來得多。這些回饋主要來自被我的坦率所打動的穆斯林。這顯示出開誠布公地談論信仰是很有收穫的。

事實上，在許多任務中，我所會見的那些信奉伊斯蘭教的外交人員都是重要的合作夥伴。雖然政治伊斯蘭主義是一種毒瘤，但我們不該認為所有穆斯林都是恐怖分子或認同恐怖主義。川普總統曾問我對伊爾罕·奧馬爾這位激進的民主黨員的看法*。「問題不在於她是穆斯林，」我說：「我每天都在與穆斯林合作。問題在於她是伊斯蘭主義者的同路人。」奧馬爾個人的宗教信仰並不會自然地引導她將責任歸咎給美國並輕視以色列。問題在於她反西方和反猶太的意識形態。美國人必須瞭解這之間的差異。在促進和平、抵抗伊斯蘭什葉派領袖以及確保世界能源提供等種種議題上，我們國家依舊有很大的戰略需求，將繼續與海外的穆斯林領袖合作。

民主黨、媒體和國務院都希望我閉嘴

我的信仰和工作方式遭受到不少批評。我擔任國務卿時，左派一開始就在我的候任聽證會上發動攻擊。紐澤西州的民主黨參議員科里·布克爾（Cory Booker）直言不諱地表示，只要相信《聖經》

對性取向教導的基督徒，就不能擔任國務卿：

布克爾：同性戀是一種變態嗎？

龐培歐：參議員，我在當議員時已經對兩個同性戀者是否適合結婚的問題表達過很明確的看法。我依舊堅持這個看法。

布克爾：所以，你認為同性戀婚姻是不恰當的嗎？

龐培歐：參議員，我繼續抱持這個觀點。

布克爾：所以，在您領導下的國務院，我在非洲遇過一些已婚的，您不認為應該要允許他們的婚姻嗎？

龐培歐：我想那是我們在中央情報局的已婚同性戀員工。您應該知道，我對待他們是一視同仁的，享有相同的權利……

布克爾：那您認為同性戀是一種變態嗎？是或不是？

龐培歐：參議員，我還是維持之前回答您的答案。我對每個人的尊重都是一樣的，不論他們的性取向為何。

＊奧馬爾曾是索馬利亞難民，於二〇一八年獲選眾議員，成為美國國會第一批穆斯林女議員。

我相信，美國的第一位國務卿以及他當年的同事都會認為，布克爾參議員對同性婚姻的看法才是異端邪說——而不是我的觀點。我甚至確信就算是在二〇〇八年，擔任美國第六十七任國務卿的希拉蕊・柯林頓也不會支持布克爾參議員的觀點。不過上面這一切都不是重點，我想真正會困擾開國元勛的，是布克爾試圖以我對婚姻的觀點來剝奪我擔任公職的權利。我們憲法的制定者會視此舉為對我個人宗教自由的不當侵犯。

許多其他人也和我有同感。布道家葛福臨（Franklin Graham）就是其中一個重要的聲音，他在推特上寫道：「所以，現在抱持傳統婚姻觀念，在某些人眼中是不適合擔任公職嗎？這是非常錯誤的，這會危及到這個國家的未來。」我同樣要感謝一般的美國群眾，甚至是中情局的官員，他們走上前來向我道歉，為布克爾試圖將所有不同於他對性倫理觀點的人驅逐出公共空間而道歉。我一直明確表示，我們應該、也會平等對待每個人，即使他們不是基督徒。而且我期望每個人都平等地對待其他所有人，即使他們是基督徒。

身為基督徒，我不會對我根據《聖經》的人性觀和性向觀念受到攻擊而感到驚訝。但身為美國人，我對我們的國家感到擔憂，激進的左派準備以此來否定虔誠基督徒在公共論壇或公共機構中的位置，即使他們肯定所有人基本上是平等的。若是你表明自己的基督教信仰，堅持猶太－基督教信仰在婚姻、家庭和性別的教導，激進左派將阻止你擔任公職，甚至是在私人工作場所也不得展現你的信仰。無論如何，堅定你的信仰。永不退縮。

主流媒體中的世俗主義者也一再批評我談論我的信仰。《紐約時報》後來對我的開羅演講的評論是：「觀察家認為這很不尋常，龐培歐竟然在一個以穆斯林信仰為主的國家強調他的基督教信仰，以此當作演講的開場白。」若是他們當真認為談論信仰是「不尋常的」，那顯然是因為他們沒有和足夠多的「觀察家」談話。對所有基督徒來說，這是耶穌給每個基督徒的指示——不論你在哪裡工作。就像耶穌在「大使命」（Great Commission）中指示我們的：「所以，你們要去，使萬民作我的門徒，奉父、子、聖靈的名給他們施洗。」

我能感覺到《紐約時報》的文字中充滿不安：「過去幾十年來，沒有一位國務卿像龐培歐那樣公開而熱切地同時談論基督教信仰和外交政策。」正如我兒子尼克打趣地說道，在這兩者間我到底應該要換幾次呼吸才算合適？黃安偉這位《紐約時報》記者還繼續對我的信仰談話評論，認為這「引發愈來愈多的質疑，到底基督教福音派的信仰是如何在影響美國外交。」《紐約時報》是否會有膽量暗示「猶太信仰」正不合宜地影響美國外交？以這種反猶太的陳腔濫調來寫文章，這樣的人理當被開除，把他直接趕出去。不過我倒是挺喜歡他們某篇文章的標題：「麥克．龐培歐——上帝的外交官」。當我的團隊拿來給我看時，他們擔心我會生氣。在讀文章的內容時，我確實不大高興的。不過這個標題倒是意外地順眼。到今天，蘇珊和我都希望把它刻在我們的墓碑上，成為我們的墓誌銘！

歐巴馬的前國家安全顧問蘇珊．萊斯表示，我「公開宗教信仰」是「有問題的」，認為此舉會疏遠其他信仰的人。她無法理解信仰也可以成為一項外交資產。當我與非基督徒的領袖和普通民眾首次會面時，她並不在場，他們欣賞我以信仰為基礎的世界觀。在秘魯和塞內加爾等地，我就跟所有的基督徒一樣，參加當地教堂的主日崇拜。這恰恰表達出美國對宗教自由的承諾。

我和印尼的伊斯蘭教士聯合會（Nahdlatul Ulama）的交流也是可圈可點，該組織是目前世界上最大的獨立穆斯林組織，成員高達數千萬。你可能不相信，來自堪薩斯州的福音派（evangelical）竟然會在一群印尼穆斯林身上找到許多共同點，但當我與他們交談時，確實是如此。他們的領導人和我都奉行以信仰為基礎的世界觀，這讓我們的交談內容更為豐富。實際上，儘管我的宗教背景與他們不同，但我可能和他們有更多的共同點，而這是一般國務卿可能不會有的特點。

尊重未出生的生命、家庭和宗教傳統不僅僅是美國基督教價值觀，實際上這也是大多數非西方、非猶太－基督教社會中的常態規範。美國文化、政治和外交政策的左翼世俗主義者並沒有想過到他們的價值觀使他們成為全球少數派。

此外，捍衛生命、保護家庭和維護宗教傳統是健康穩定社會的文化基礎。破碎的家庭、世俗主義、不頌揚生命的文化以及社區的薄弱聯繫會導致社會個體化，不斷增加對政府的依賴。這樣的情況正危及美國的繁榮以及國家安全。

我在談論我的信仰時，早就預料到媒體和民主黨會有所怨言。但真正讓我們所有人擔心的是，連國務院也試圖壓制我的這項使命。我不認為這僅僅是企圖阻止川普政府的「深層國家」（deep state）*而發動的祕密任務。我也不認為這完全是來自反基督教的偏見。這純粹是因為國務院的許多官僚是自由派的膽小華盛頓律師，他們在理解政教分離的法律原則方面受到嚴重誤導。很多時候，他們試圖阻止我與宗教組織和教會團體交談，聲稱這會讓人產生我偏愛某個信仰而不看重其他信仰的印象。

更糟的是，他們對我的演講稿提出的修改意見充滿學究氣息。這批律師會被「上帝保佑美國」這樣常見的短語嚇壞，認為這有違憲法的建國條款，總是把我的講稿改頭換面，耗盡他們的紅墨水。我之前也當過律師，我知道花錢請他們來就是為了考量法律層面的問題。他們確實會注意到其他人看不到的問題。但我確信，如果讓這批國務院的律師來審查林肯第二次就職的演講稿，他們肯定會刪掉當中最著名的一句話：「我們衷心希望，並真誠祈禱，這場可怕的戰爭將會很快過去。」

好在並非每個聯邦政府員工都對我的信仰使命抱持敵對態度。許多政務官都是虔誠的信徒。也有政府雇員支持這項使命。擔任中情局局長時，我曾在午夜搭飛機到全球最危險的國家之一。當我下樓梯時，一位為美國政府工作的老紳士來迎接我，他伸出手與我握手，還塞給我一些東西，我當時沒看清楚是什麼。我向他道謝，上了車，才回過神來看這份禮物，發現是一本使用過的袖珍口袋型《聖經》，裡面有一張字條：「局長先生，您對我和世界來說都是一道光。祝福您。」後來我聽說他曾任職於國務院。我一直不知道他的名字，但我對有像他這樣支持美國外交的人存在感到自豪。

國務院首次正式承認的基督教員工組織也是在我任內成立的，但對此我不敢居功。《華盛頓郵報》刊出的一篇文章，試圖將此創舉歸功給我（或者該說怪在我頭上）：「國務院第一個員工基督教信仰組織突顯了麥克·龐培歐的影響力。」這篇由米歇爾·布爾斯坦（Michelle Boorstein）寫的文章提到，儘管國務院有很多針對不同族群，如同性戀、老兵、女性、少數族裔的親和小組，但從

＊深層國家是指由政府官僚、公務員、軍事工業複合體、金融業、財團、情報機構所組成的影子政府，在美國的政治術語中是指在聯邦政府背後真正的掌權機構，通常是為保護其既得利益。

來沒有為基督徒設立過任何一個組織。現在有了，而她似乎認為這值得上新聞，或至少需要關切。但這個組織的成立就像文章標題〈基督徒每週日上教堂〉一樣不足掛齒。你猜怎麼著？基督徒在工作場所也經常聚在一起，那為什麼在國務院工作就要與眾不同？我們的國家是由有信仰的人建立的。《第一修正案》明文規定，基督徒、猶太人和其他宗教的信徒有宗教活動的自由。國務院的基督教親和小組有個優雅的名稱「恩典小組」（GRACE），他們是接受上面的引導而成立的。這裡我說的上面，是上帝，而不是他們頂頭上司所在的國務卿辦公室。

我其實是從一位傑出的年輕女性官員那裡得知恩典小組的存在。有一次，我請她到我的辦公室。在新冠病毒大流行開始時，她曾幫助數十名滯留在秘魯的美國人回國，為國家完成一項重要的公共服務。她填補了當時領導階層的真空：秘魯大使是一名公職系統中的外交官，在病毒蔓延時，他曠位瀆職，而且拒絕向上級報告任何情況。我請她來的用意很簡單，只是要祝賀她並感謝她。我注意到她脖子上戴著一個十字架，但沒有多想。在她離開我辦公室時，她感謝我為恩典小組提供空間，並鼓勵基督徒勇敢站出來，她開玩笑地說他們才是受迫害的一群。我告訴她要堅持自己的信仰，並鼓勵更多人像她一樣發聲。後來我才注意到，在美國外交部，竟然有許多基督徒害怕公開表達他們對主的承諾。顯然美國本身在宗教自由方面還有很多工作需要做。

導正偏差的人權政策

我的信仰也影響了我們對人權政策的整體走向。身為基督徒，我知道每個人都是按照上帝的形象創造的，因此都具有應當受到保護的天生尊嚴。美國是人類文明史上最偉大的國家，有部分原因是我們付出其他國家難以比擬的力量來捍衛人性尊嚴。既然我們美國人相信政府的正確目標是保護每個人不可剝奪的天賦人權，那麼我們當然應該動用一些外交影響力來保護弱者，避免他們受到暴政侵害。事實上，美國對人權的國際立場至關重要，這賦予我們其他強國無法匹敵的道義信譽。這種道義信譽本身就是好事一樁。而且這也同時是培育其他地緣政治利益領域夥伴關係的溫床。這讓我們得以在與中國、俄羅斯和其他專制國家的競爭中，強化美國對鞏固世界秩序的立場。此外，這能讓其他國家和人民相信美國是秉持友誼和自由的精神與他們接觸，而不是訴諸恐嚇和強勢。

要在維護人權與推動美國安全和經濟利益的艱難選擇之間取得平衡向來都不容易。要做出正確決定必須懂得見機行事，知道何時該拍桌怒吼，何時該息事寧人。判定何時採取行動往往牽涉到許多實際考量，這當中牽涉到美國對特定國家的角力。有一次，我去北韓訪問，旅程中我的助理麗莎・肯納告訴我，北韓人正為國務院發布的一份報告生悶氣，那份報告的結論，毫不意外地指出，北韓的人權狀況非常糟糕。發布這份報告的時機不太理想，但有時真相是不能等的。我降落後，在二〇一〇年曾參與殺害四十六名南韓官兵一案（天安艦事件）的金英哲告訴我，金正恩委員長對於這份報告在我前來會談的路途中發布感到十分不滿。他們竟然真的會讀我們發布的這份報告——也許我應該感到欣慰，不過我還是嗆回去：「我們的時鐘不是以貴國為基準的。停止殺害無辜的人，停止弄沉船隻和讓人們失蹤，那這份報告可能也會消失。」之後我再也沒有聽到關於那份報告的任何抱怨，而我們的談判繼續進行。

每當聽聞那些仇恨美國的人把我們國家說成是世界混亂和鬥爭的主要來源時，我就忍不住對他們的無知感到悲傷。我們並不完美，但是難道我們沒有比俄羅斯好些嗎？他們在敘利亞用桶裝炸彈轟炸平民，又屠殺和殘害了成千上萬的烏克蘭人。難道我們沒有比中國好嗎？他們強占了香港、西藏和新疆。我們流血流汗，投入資金的犧牲，不就是在反映我們想要創造美好世界的決心嗎？就拿阿富汗這個例子來說。現在回過頭來看，期待美國將一個基本上仍然尚未現代化的部落社會轉變成一個多元、尊重權利的西方民主國家，本來就是不切實際的。但是為一個四千萬人的國家揭開遮蓋他們的伊斯蘭教黑暗面紗，可是美國獨有的抱負。這世上只有一個國家有這樣的人道主義抱負和能力來嘗試進行這樣的任務。

再說，要是美國真的如此可怕，為什麼有人甘願冒著高風險前來？世界上的菁英階級可不會爭先恐後地把孩子送去俄羅斯、伊朗或委內瑞拉上學。中國共產黨不需要建一道牆來阻止大規模非法移民。我朋友比爾．本尼特（William “Bill” Bennett），也是雷根總統時代的教育部長，提出一個他稱之為「大門測試」（Gate Test）的理論。當一個國家敞開門，只要看人是跑進去還是跑出來就可以知道這是一個怎樣的國家。很少有出生在美國本土的公民會選擇離開這個國家，但有成千上萬的外國人渴望抓住前來美國的機會。

進入「霧谷」這個華盛頓特區的權力中心，我知道國務院關心人權，但其道德和運作羅盤需要重新定位。在國務院，我每天要看一系列來自世界各地的緊迫安全問題，這是由專員挑選出來的外電。我還要求提供有關我們人權議程的外電。但團隊裡甚至對哪些外電新聞算是「人權」相關都無法達成共識，我知道我們這裡也出問題了。

在很大程度上，國務院的人權政策採用了一種有人稱為是「表達性個人主義」（expressive individualism）的進步文化主軸，這大致上是在說我們需要肯定每個人自我建構的「身分」，特別是關於種族、性取向和性別身分。而那些與保護人權最沒關聯的問題，好比說氣候變遷，也神不知鬼不覺地進入討論中。至少有一個問題——墮胎，有時候也以「生殖自由」（reproductive freedom）這樣低劣的用語來表示——這與我理解的基督教信仰政策完全相悖。我曾擔心民主、人權及勞工事務局（Bureau of Democracy, Human Rights, and Labor）會變成一個永久性的多樣性、平等與包容委員會，試圖將進步觀點嫁接到一個既不希望也不需要接受這些觀點的世界。國務院需要一個以美國立國原則和憲法傳統為基礎的人權政策。如果美國要敦促其他國家尊重人權，就需要有能夠反映我們獨特的文明信仰以及道義和政治承諾的清楚立論和優先順序。我們必須堅守我們對建國理念的信仰，並將它們毫不掩飾地轉化在我們的外交政策上。

基於這種必要性，我成立了國務院的「天賦人權委員會」（Commission on Unalienable Rights），由一群跨黨派的律師、學者和執業者組成，他們是獨立小組，將深入研究美國的人權傳統，最後會發表成一份報告。我指示他們要根據我國的建國理念、美國憲政政府的最佳傳統以及一九四八年《世界人權宣言》（Universal Declaration of Human Rights）的原則來提供人權建議。我這麼做的目的是為了引發辯論，幫助我們擺脫國際間非政府組織工業體系發明出來的那片無止盡的「權利」之海。我還試圖為國務院提供指導，向美國公民提供資訊，幫助世界各國的朋友和夥伴更佳瞭解美國的立場。

好吧！我們確實進行了一場辯論——如果指責我充滿仇恨並對我提起訴訟算是一種辯論的話。我們的批評者抨擊這個委員會是用來攻擊同性婚姻和跨性別問題的手段。甚至有四個人權組織控告我，聲稱我「故意讓天賦人權委員會的成員對 LGBTQ+族群和生殖權利抱有敵意，而且委員會當中沒有任何已知的人權相關的執業者」。這些顯然是不實指控。委員會裡有幾位徹頭徹尾的社會自由主義者，並由我的老師，哈佛法學院教授瑪麗·安·格蘭登擔任主席。身為一位卓越的學者、前美國駐聖座大使和前總統老布希生物倫理委員會的委員，她堪稱是人權領域的權威。

還有，該委員會的執行祕書是由國務院政策規劃辦公室（Office of Policy Planning）主任彼得·博爾考維茨（Peter Berkowitz）擔任，他的專業就是美國政治思想和制度，也是研究信仰、哲學和美國傳統的傑出學者。他的邏輯論證在戳到你內心痛處之際，還能讓你相信那其實是你一直以來的想法。他和格蘭登教授建立了一個優秀的委員會小組。然而，對左派人士來說，這還是不夠。我是第一位下令對美國人權傳統進行認真學術審查的國務卿，至少在過去五十年來沒人做過，然而諷刺的是，我竟然被所謂的「人權觀察」（Human Rights Watch）組織控告，我的直覺告訴我，這一定是因為我碰觸到了什麼。然而，即使在國務院那些贊同這項任務的人看來，這一切都是對重要外交政策問題的無謂干擾。我不同意這種說法。整頓美國的人權政策，將其導向正軌，對我來說太重要了，我一步也不能偏離和退讓。

我在費城的國家憲法中心（National Constitution Center）發布了委員會的最終報告，這座中心後方就豎立著閃耀的獨立大廈。二〇二〇年七月十六日是個再合適不過的時間點。前一年五月的喬治．弗洛伊德（George Floyd）謀殺案*引發各界關於正義和權利的熱議。連中國共產黨都來插一腳，加入這場爭論，聲稱弗洛伊德的死證明了他們的威權制度比我們的自由與民主來得優越。在那個當下，剛好又有因新冠疫情而頒訂的相關限制，以及大型科技公司對網路言論的審查日益增長，這些全都引發了對基本自由的質疑。此外，左翼對美國歷史的修正，透過《紐約時報》的「一六一九計畫」（1619 Project）推動，聲稱在美國的這場實驗因早期的奴隸制而永久腐敗，社會大眾也日益接受這樣的觀點。在那天的演講中，我提醒觀眾：「在本質上，美國是美好的，而且對世界有諸多貢獻，因為我們的建國者認識到上帝所賦予的這些不可剝奪的權利，並設計了一套穩固的體系來保護這些人權。」我接著說：「只要我們能夠正確理解這些天賦人權，在我們為本國人民和全人類確保自由的持續努力中，將這些置於行動的核心，我相信美國的星星將會在天空中閃耀。」

我承認，這個委員會未能在國務院留下什麼深刻的痕跡。但它確實產生了一份優秀的報告，當中有許多在國際脈絡中保護天賦人權的重要想法，深具參考價值。而且，我們確實在國外有深遠的

*非裔美國人弗洛伊德因涉嫌使用假鈔被捕時，遭警察壓頸致死，後來引發「黑人的命也是命」反種族壓迫運動。

影響力。比方說，這份報告獲得「中間派民主國際」（Centrist Democrat International）組織的認可，這是一個主要以民主派基督徒組成的團體。而且，正是因為這份報告，前文提到的印尼伊斯蘭教士聯合會的代表團才會邀請我於二〇二〇年十月到雅加達演講。他們對這份報告中的人權理解深表認同，以及基本權利和基本自由在他們外交政策中的地位。我很高興去那裡演講，向他們發表這份報告，並就人權的跨文化理解進行交流。

對任何想要真正理解關鍵議題以及更深入認識奠基在美國優良傳統和最高原則的人權工作者來說，這是一篇值得閱讀的文章。在結論中，有一句話更是深得我心：「美國在海外推動人權的一個重要方式就是以身作則，成為尊重權利的模範社會，樹立榜樣，讓這個國家的公民生活在致力於宗教、民族和文化多樣性的法律下。」我們絕不能向左派暴民妥協，他們只因為不同意一些人說的話，便威脅要取消言論自由的權利；要是他們贏了，我們的民主將與言論自由脫鉤，不再能針對要如何讓這個國家進步來進行討論和辯論。我不敢想像這種觀念要是體現在我們的外交政策中會是怎樣的狀況。難道我們得迴避可以推動美國利益的艱難對話嗎？我祈禱這樣的情況永遠不會發生。

我對恩典的依賴

最後，以更為個人的角度來看，我每天都是靠著我的信仰來支撐我在這樣的高層為美國服務，執行艱鉅的任務。領導中情局和國務院非常辛苦，我從來沒有一刻覺得有真正屬於自己的時間。

二〇一七年十二月二十三日，我與蘇珊和尼克聚在一起。我們去了一個方便我的中情局團隊提供保護還能讓他們在聖誕節回家與家人團聚的地方。我正在讀一份美國政府關於非法處決的摘要，這不是什麼機密文件，但也絕不是散播歡樂的聖誕故事。我一邊讀，一邊聽到蘇珊用手機放一段影片給尼克看。影片拍的是我們的好友科頓夫婦的兒子加百列（Gabriel Cotton），他正打開我們送給他的聖誕禮物，一個音樂盒。這個場景是我不斷往復來回在兩個世界的微觀縮影；一個充滿天真和喜悅，另一個則被黑暗和邪惡所撕裂。

在其他時候，擔任國務卿，讓我感到肩頭承擔著全世界的壓力——這可不是誇飾。通常，我的早晨在黎明前就開始了，在睡四五個小時後。我會早早起床，閱讀我們各項任務的最新評估，以及對我們最為脆弱的外交駐地的威脅。有很多次，我會在深夜接到那些時區已經進入清晨的總統或世界領導人的電話。面對這樣的多重任務，我在二〇一八年十月十九日給自己寫了一則備忘錄：「我今天在墨西哥城，感覺有很多事情要同時處理——北韓、複雜的沙烏地阿拉伯、與阿拉伯聯合大公國的交易、英國脫歐、對伊朗的制裁、阿富汗、敘利亞、土耳其、移民、俄羅斯、網路攻擊，當然還有關乎美國成敗的中國。」大多數時候，我一開口就是在講這個世界的陰暗和詭譎，蘇珊經常開玩笑說：「麥克，你一定會是世界上最棒的鎮定劑銷售員！」

雖然有很多時候我感到無比的壓力，但我也得到了祂的恩典的支持。我盡力保持每天禱告和讀經的習慣，試圖抓住一些片刻，放慢腳步，向主尋求幫助。每天早晨約六點四十五分，我的隨扈送我去辦公室，從我在阿靈頓國家公墓（Arlington National Cemetery）旁的梅爾堡（Fort Myer）軍事基地的家中開車到國務院的停車場，他們急忙將我送進國務卿的私人電梯。就是那個他們暱稱為「箱子」的電梯，我利用上升的短暫時間——大約二十秒——向上帝祈求幫助。我還從美國大眾的便條紙中得到了鼓勵，其中有許多人告訴我他們會為我禱告。

我在工作中所面臨的許多挫折和危機，乃是源自上帝的旨意，但這些並不見得容易察覺。二〇二一年秋天，我前往南加州參加一場公共活動。我有機會與一位曾被北韓羈押的美國人質再次聚首，他是一位傳教士，三年前在我的協助下幫他從北韓回到美國。自那以後，我們就沒有再聯繫，所以我很高興有機會在一個比平壤的停機坪更歡愉的環境中與他再相見。

他告訴我在獲釋前幾小時的故事。他被釋放的那天早上，獄卒前來告訴他，他被判定是「不可改造」，將予以處決。一個小時左右後，獄卒們給他戴上頭罩，把他領出了牢房。他告訴我，他感到恐懼，因為他將無法再見到家人。但他繼續為他的看守者禱告，祈求他們能認識主，即使是在他們將他推入等候的車輛，他以為這將是他人生中最後一次搭車時。聽著他的故事時，我在想自己是否也能像他那樣對待折磨我的人，表現出同樣的堅強和憐憫。

直到車門打開，他的頭罩被拿起來，他才開始明白到底發生了什麼事。他花了幾秒鐘的時間來理解何以眼前有一架龐大的白藍相間的美國飛機——這是他離開北韓的戰車。在這一刻，他告訴我：「我祈禱——然後盡可能快地朝飛機跑去！」聽到這裡，我意識到，上帝是透過我來傳達祂在地球上的旨意：將這個信徒帶回家傳播福音。

對我來說，信仰虔誠意味著深夜加班、早起、長途旅行、無盡的會議和不停歇的批評。《聖經》

中提到管家（stewardship）的觀念，這是在要求基督徒好好履行神賦予的職責，這包括日常生活中的一般挑戰。對我來說，我的職責是要尊重在這世間位於我之上的權威——總統和選民。所以我推動我的團隊，提出尖銳的問題，並且出席我並不真心想去的場合。這也意味著我必須捨棄在光鮮亮麗城市裡的豪華晚宴，只能在旅館房間吃著起士漢堡搭配重要簡報。

儘管國務卿一職看似充滿榮耀，但這份工作是一種通往壓力和世俗瑣事的奇怪組合。藉著上帝的恩典，我設法一直堅定我的信仰。

Chapter 10

說出殘酷的真相

我第一次見到這世上最危險的人是在二〇一八年六月十四日，就在新加坡高峰會與金正恩委員長會談後。當時我是為了向中共總書記習近平轉述北韓去核化的最新情況。我還想告訴他，若是中共改變方向，那麼「美國優先」的外交政策對中國可能是有利的。這是一項艱鉅的任務。

但任務必須執行，這是當時我們對中國政策的關鍵核心。我接任國務卿一職時，川普總統早已意識到與中共進行經濟對抗是必要的。我知道必須解決極不公平的貿易關係問題，這可能得透過關稅等強硬手段。我也知道，恢復互惠互利的貿易——總統的主要著眼點——只是美國應對中國危險野心的開始，而不是終點。關稅只是用來對付中共對美國和全世界進行經濟掠奪的一種武器。事實上，時間早已證明，一份新的貿易協議並不能阻止中國的經濟戰爭。

貿易戰也無法處理驅策中共行動的核心因素，也就是主導世界的意圖。中共的野心、實力和意圖都令人驚嘆。幾十年來，無論是共和黨還是民主黨的領導人，都沒有向美國人民說出這個艱難的真相。也許是因為他們根本不知道，也許是因為他們害怕說出來。總之，現在是時候讓美國人和全世界的人都聽到這個真相。

所以，我開始這項任務。

我的員工為我做了一份關於習近平的簡報，我從中得知他和絕大多數的中共官員一樣，很喜歡抨擊和譴責我方。當我們兩人獨處時，他果不其然地開始發表長篇大論。

臺灣？這是中國內部事務。

美國的關稅？不公平，因為中國仍然是一個發展中國家。

太平洋九段線——由中國繪製的一段人為邊界——是開始進行規劃的好方法。我一直傾聽。他停止埋怨後，我向他表達接見我的感謝之意。我向他簡報了我與金正恩委員長的會晤。然後，針對他的謊言，我說出了真相：中國共產黨永遠無法與美國的偉大相提並論。一個超級大國的持久力需要的是創造性破壞，而不是集中式的規劃。這需要在世界各地建立友誼，而不是強迫他人向強權進貢。這需要獎勵卓越，而不是用賄賂創造親信。

這是我與習近平總書記關係中最精采的部分。

我不慍不火地告訴了他這個殘酷的事實。

敢於直言：治國之道的核心

說出艱難的真相是治國的基礎。一八五〇年代晚期，林肯這位來自伊利諾州的律師對奴隸制的危機有感而發。他認為強迫的束縛是對建國者抱持「人人生而平等」信念的醜惡侵犯。一八五七年六月二十六日，在伊利諾州春田市（Springfield），林肯回顧了建國者所說的真話。

他說，建國者「在某種程度上相當清楚地定義了他們所認為的人生而平等的各個方面——在『某些天賦人權中，其中包括生命、自由和追求幸福。』他們是這麼說的，也這樣認為。」林肯告訴全國這個殘酷的事實：在一個尊重平等和人性尊嚴的國家，奴隸制是不可容忍的。

林肯情真意摯的誠懇演講，讓他在這個國家的聲譽不斷提高，兩年後，他在紐約市庫柏聯盟學院（Cooper Union）發表一場大膽的反奴隸制演講，這一舉將他在一八六〇年送入白宮。當時他的律師合作夥伴威廉・赫爾登（William Herndon）說，這場演講「在構思上注重陳述的準確性、語言的簡潔性和思想的統一性……邏輯嚴密、言之有物，讓人不由自主地相信，心悅臣服。」林肯描述的美國實驗真相——以及對人性尊嚴的基本尊重——讓他獲得數百萬美國人的信任，相信他是在內戰風雲即將湧現時引領國家前進的人。

一個多世紀後，另一位敢說真話的人走上舞臺，帶領美國走出困難時期。一九七〇年代，美國經歷水門事件醜聞、越戰失敗、經濟低迷和卡特總統（James "Jimmy" Carter Jr.）的災難執政，爆發了信心危機。許多人認為這個國家處於永久衰退的狀態（這種觀點如今普遍存在，但這是錯的）。然後，一位從西部來的偉人進入了華盛頓。雷根總統帶來美國需要聽到的訊息：「我們並不像有些人所說的那樣，注定要走向不可避免的衰落……因此，讓我們發揮所有的創造力，展開這個國家復興的新時代。」

雷根直言不諱的態度延伸到外交政策。他評估蘇聯是全球性的威脅，他們的共產主義道路與美國建國者所抱持的自由和人類繁榮的概念完全相反。他毫不恐懼地向世界揭示這個殘酷的事實。他在一九八三年對全國福音派協會（National Association of Evangelicals）的演講中，說蘇聯是個「邪惡帝國」。他的言論和行為典範為他人樹立了良好榜樣。

美國人必須知道關於中共的殘酷事實

今天，我們必須遵循這一美國傳統，告訴大家一個多數美國人可能寧願忽視的嚴酷現實：中共對今日美國的生活方式構成了迄今為止最大的外部威脅。中共已經來到我們自家門口，抱著稱霸世界的決心——首先是在中國的周邊，然後擴展到更大的印太地區，最終是全世界。

川普政府開始——在此我要特別強調我們只是開始——對付中共，這是美國長期以來忽視的。與最近幾任的總統相比，我們對抗中國的舉措成績優異，若加以評分的話，肯定是A⁺。但若是從絕對尺度來評估我們的成功，我會給我們的努力打個B，至於在成果方面，就我們想要達成的目標來說，我會給我們一個不及格的D。

然而，我相信美國還是會在這場對抗中取得勝利。在每個協助戒癮的十二步驟計畫中，第一步就是意識到問題的存在。這就是為什麼說出令人難以接受的真相是如此重要，這為日後的行動奠定事實基礎，將要展開未來幾十年的艱苦工作。這就是川普政府所做的。

美國人和世界首先必須要理解一件事，馬克思－列寧主義的意識形態激勵著中共的一切行動。儘管絕大多數的中國人民不再相信北京破產的極權主義，但從一九四九年以來，壟斷中國所有政治權力的菁英階級仍然堅持這一點。與蘇聯末期的許多黨管幹部（nomenklatura）不同，中國的領導人——從殺人無數的毛澤東到他的繼任者鄧小平、江澤民和胡錦濤——都是共產主義的真信徒。即使中共在最近幾十年在中國經濟中融合了資本主義要素，他們仍將自己視為國際共產主義的前鋒。他們的使命是推翻或吸納中共認為受到資本主義壓迫者的國家，例如美國及其盟國。

自二〇一二年以來，習近平擔任中共中央總書記，領導中國共產黨。他在成為中國強人前，曾領導過中共的中央黨校，這是他們的幹部學校。習近平擁有中國清華大學的馬克思－列寧主義理論博士學位，是擁抱共產主義的真信徒。為了將中共對馬列主義基本信條的承諾展現在中國的國族主義上，中共還試圖滋養人民的仇恨心理，經常捏造從一八四〇年至一九四九年這段他們內部虛弱並受到外國征服時期的歷史。中共認為中國這個「中土帝國」（The Middle Kingdom）——才是世界文明的真正中心，按照習近平的說法，「東方正在崛起，西方正在衰落」。

習近平因此採取積極行動，試圖以印太地區為起點，創造一個由中共領導的新世界秩序。中國試圖主導南中國海，這片海域約占全球海上貿易的三分之一。二〇二〇年，在與印度的邊境衝突中，中國軍方殺死了二十名印度士兵——這只是中國與鄰國長期爭端的一個例子，他們有十七個陸海邊界都有類似問題。中國人民解放軍是世界上規模最大的軍事力量，其唯一效忠的對象是中共最高領導人，他們目前正在為入侵臺灣做準備，並且為在太空、網絡、常規軍備、核武和海上領域成功發展出強大的行動力。在國際經濟領域，「一帶一路倡議」（Belt and Road Initiative）誘使許多國家因為高速公路、鐵路和管道等建案而陷入難以償還的債務，而中國代表則在全球各地賄賂貪腐的菁英階級來達成他們意欲的交易。然而，儘管擁有如此強大的軍事力量，中共就跟所有極權主義政權一樣，對自己的人民感到恐懼。中共編列給國內維安機構的預算比其軍隊還要高，這顯示出北京偏執的領導階層對自己的公民感到多麼恐懼，這是許多威權政府共有的弱點。

另一件讓人擔憂的是，中國正試圖建立一個數位世界帝國。他們補貼華為（Huawei）、中興（ZTE）和長江存儲（YMTC）等公司，努力在5G、人工智慧、區塊鏈、半導體和量子計算技術方面領先世界，中國正企圖主導市場、控制全球資訊流、收集用戶數據，以便加以監視，甚至是侵犯其隱私，並且由此開發最先進的武器。就像中世紀的領主把農奴當成自身的臣民，中共也希望讓每個國家向北京卑躬屈膝。二〇二一年時值中共建黨一百週年，習近平在典禮上表示，任何試圖欺負中國的外國勢力「將會遇到一面鋼鐵長城」——這裡指的是子彈。

上述是中國不斷增長的能力。但是正如我在西點軍校的第一堂軍事歷史課上所學到的，問題的嚴重性是由能力和意圖（intent）共同決定的。而中共的意圖也相當令人擔憂。

多年來，美國和西方沒有意識到這個政黨的真正意圖，或是說我們不願意承認這樣一個嚴酷的現實。一九七〇年代，中國發現它在幾乎每個方面都比世界其他地區落後，於是開始開放，讓全球投資和市場進入。受到一九七二年尼克森總統訪問中國的推動，中美關係展開新紀元，美國企業也開始湧入中國。資金大舉跨越太平洋。一九八〇年代末期和九〇年代初期，東歐和蘇聯的共產主義政府垮臺後，西方的許多思想家認為在中國可能會上演同樣的歷史。他們推測中國的經濟自由化將導致政治自由化。德國人甚至還有一個專門的短語Wandel durch Handel來表達這個概念，意思是「透過貿易促進變革」。

這是很棒又充滿希望的理論。但它沒有成真。中國的領導階層密切觀察了蘇聯的情況。他們看到蘇聯開放政策（glasnost）下的適度言論自由*以及經濟改革的「重建計畫」（perestroika）最終導致蘇聯解體。在他們看來，蘇聯的崩潰不是歷史的終結，而是「修正主義者」（revisionist）*和不純粹的歐洲共產主義者（如戈巴契夫和葉爾欽（Boris Yeltsin））對真正馬列主義理想的背叛。中國共產黨相信他們可以導正國際共產主義運動的方向，並引領世界走向最終勝利，實現「中國特色的社會主義」，戰勝民主資本主義。

受到華爾街和外交政策菁英的鼓吹，有五十年的時間，西方在中國開設商家，並支持中國加入世界貿易組織等全球政治和經濟機構。華盛頓相信，最終中國將發展成一個「負責任的利益相關者」，尊重人的基本尊嚴、公平交易和主權邊界。在這一過程中，西方卻未能察覺這個政權對其意識形態的狂熱承諾——這明顯地體現在一九八九年天安門廣場的血腥屠殺。由於中國是封閉社會，我們無從得知中共在北京市中心廣場上到底屠殺了多少中國人，但據估計人數可能達到數千。這場屠殺凸顯出民主倡導者和他們對自由的觀念在一黨獨大制的共產黨統治者眼中是致命的威脅。

一九八〇年代和一九九〇年代早期，中國依循中共領導人鄧小平「韜光養晦」的著名格言，靜悄悄地培養軍事實力、經濟影響力和對外影響力，期待將來某一天能利用這些力量對抗美國和西方。中共在世界貿易組織行騙，並且吸引美國工廠，竊取大量的智慧財產，據估計這是歷史上最大的財富轉移。在他們的要求下，美國企業進入中國市場的代價就是得在人權問題上保持沉默。他們針對美國大學、媒體機構以及各州和地方政府官員發起遊說活動，讓那些深具影響力的美國金融和政治領袖相信並宣揚中國崛起對世界是有益的。今天，中國擁有的權力已經不容小覷。俄羅斯和中國的帝國主義本質在對待烏克蘭和臺灣上表現得十分明顯，但只有中國能夠真正實現這場帝國夢，同時讓每個美國人的生活變得更糟。試圖透過商業將中國融入所謂的自由國際秩序來促使他們轉型，變成西方風格的合作夥伴，這個天真的計畫基本上已經失敗，就像推出的新款可口可樂和CNN+串流平臺。

不過，至少有一個美國商人沒有同流合汙，也不理會那些熊貓友好外交。川普總統在二〇一六年競選時，他的一大特點就是願意揭露中國在貿易協議上做的手腳，他們向美國大量傾銷鋼鐵和其他商品，損害美國製造業，還竊取美國的智慧財產。他稱中國加入世界貿易組織是「史上最大的竊盜案」。這是數十年來美國公眾聽到關於中國最嚴厲的批評。他在競選中對中國經濟的真切評價延續到了日後的外交政策，成為美國史上一項重大的外交轉變。

川普政府開始運作後，大聲說出關於中國的殘酷真相的第一步是在二〇一七年的《國家安全戰略》（*National Security Strategy*）中。這份文件比以往過去幾任政府更進一步，將中國描述為世界上一大「修正主義強權」（revisionist powers），希望「塑造一個與美國價值和利益對立的世界」。這樣的措辭恐怕不足以完全捕捉到習近平的真正目標，但還是該讚揚麥馬斯特將軍和他才華橫溢的戰略顧問娜迪亞・沙德洛（Nadia Schadlow）的勇氣，願意在這份文件中寫出真相。他們首次決定長痛

＊蘇共中央總書記戈巴契夫（Mikhail Gorbachev）在一九八五年提出改革開放政策，特別是司法制度改革以及允許新聞界和公眾參與審判。
＊修正主義者通常指對馬克思的一系列學術理論（即馬克思主義）做出「修正」的一種思潮和流派，基本上都違背馬克思主義的基本原則，不再承繼其路線。

不如短痛，摒棄「從中國獲得更多蠅頭小利」的模式，呼籲美國優先的考量。中共是一個對手。實際上，他們是我們最危險的對手。說出這些就是說出真相。

對真相的渴望

在加入執政團隊前，我就開始日益關注起中國。身為眾議院情報委員會的一員，我密切觀察著中共中央政治局常委會的一舉一動。觀看中共官僚內部的暗中交鋒令人莞爾，但看到他們成員的殘酷無情則令人恐懼。當他們將攻擊的矛頭對準外部時，他們認為美國是一個正在衰落的文明，並且相信他們有能力給美國致命的一擊。

在中情局任職時，我知道我們必須改進對付中共的分析和行動能力。早在十年前，中情局的中國計畫就遭受到重大挫折，需要進行重建。這是一項艱鉅任務，但也是必要的。

我們還需要更廣泛地關注中國。川普政府初期與中共的主要對抗放在經濟領域。我們需要向政策制定者提供關於中國工業、關鍵企業及其在各環節的弱點的資訊。經常有人問我是否願意與中國開戰。這又牽涉到另一個殘酷的真相：過去幾十年來，中共一直在對美國進行經濟戰爭。長期以來，我們對這些視而不見，只是說：「先生，請再來一些好嗎？」這造成令人震驚的結果：數十億美元的財產失竊，價值數千萬的工作機會消失。歷史上沒有任何一個國家像美國這樣，還去餵養自己的競爭對手，讓他們變得更強壯。現在的問題是：「我們要反擊嗎？」

我還加強了給對中團隊的支持，也很欣慰我的繼任者吉娜・哈斯柏——她在二〇一八至二〇二一年擔任中情局局長——繼續這項工作。她的繼任者威廉・伯恩斯（William “Bill” Burns）——拜登上臺後任命的局長——更是繼續擴展這方面的業務。我們還努力讓我們的官員有機會接觸到民間企業的領導人。其中一個管道是中情局情報顧問委員會（Advisory Board）。這些委員都是外聘來的非中情局員工，他們每季開會一次，認識中情局面臨的難題，並協助開發創造性的解決方案。前總統歐巴馬任內的中情局局長布瑞南的情報顧問委員會成員也很優秀，但幾乎全是前軍事領導人、前政治領導人和前情報領導人。這種組合有礙發展多元的競爭性觀點，而這也是成立這個委員會的一項目標。況且，已經有數千名情報官員在為我工作，我也獲得超乎我所想要的政治領導人的指導和投入。而且在我居住的波托馬克河的這一岸，到處都有武裝警備。

我感謝布瑞南的情報顧問委員為國家做出的貢獻，他們曾邀請美國中小企業和商業巨頭中最為精明的商業領袖加入。每一位都擁有專業知識，舉凡科技、金融工具或具備中情局需要的相關資源。如果我們打算對抗中國，我需要對戰場有所認識。這些民間企業的巨頭在這一點上提供我許多幫助。中情局沒有支付他們任何費用，他們只是為國服務，做出最為重大的貢獻。本書不會公開他們的姓名，只能說他們都是愛國者。今日我們領導階層所讀到的情報傳達了更多真相，比以往任何一個時候都多。

我的早期中國外交

我在和習近平的第一次會面中，對他認真評估了一番，並告訴他我的看法，顯然他也在打量我和川普團隊。他早在二〇一七年四月就與川普在佛州的海湖莊園會談過。那次會談中，川普透露他剛剛下令對敘利亞和其他目標發動襲擊。毫無疑問，習近平知道這不再延續歐巴馬團隊的作風。我在北京的講話也繼續強化這一點。

我個人認為，習近平是個嚴肅的人。普丁在做壞事的同時可能還會帶點幽默感，展現出歡愉的心情，但習近平則完全沒有流露出這種感覺。我從未見過他露出一次自然的微笑。他講述的故事——哦，他也是會講故事的——是關於中國所遭受的迫害，以及他想要對那些在我們出生前很久的人報復的心願。我還發現習近平是個典型的共產黨官僚：具有豐富的抽象思維，但卻不是很瞭解要討論的議題，而且總是急著強加自己的觀點，即使是在假裝傾聽他人意見的時候。他的人格特質很符合我在從軍時研究的東德或蘇聯共產黨人的心理特點。習近平的言談空洞，總是用些含糊不清的詞語短句和古老的中國諺語帶過。我在國務院的中國政策顧問的余茂春先生後來告訴我，中共領導人，尤其是習總書記，特別愛引經據典，用來欺騙容易上當的美國領導人。我和幾十名世界領袖見過面，他是最讓人感到不舒服的一位。把這個殘酷真相說出來，感覺怎麼樣？

在親眼見過這些掌握最高政權的人物後，我徹底為中國領導人與中國人民之間的差異感到震撼不已。我之前在堪薩斯州經營一家小企業時，我們在上海有一家雇員不到十五人的小公司。我在二〇〇〇年代早期曾多次前往上海，那時我就很喜歡中國人，我現在仍然喜歡他們。令人悲哀的是，美國之前與中國的接觸方式只是不斷在鼓舞一個糟糕的政權，他們毫不尊重基本人權，還把自己的人民視為馬克思主義權力體系中的螺絲釘。

在與習近平會面以及十月分的另一次會談之後，我更是加倍努力，幾乎在每次與外賓會面時，都會提到中國。在政府內部，川普總統前後任命的國家安全顧問波頓和歐布萊恩也抱有同感，理解我對中國威脅的憂心。白宮顧問彼得・納瓦羅（Peter Navarro）始終是我可靠的盟友，儘管他有時就像一顆不受控的導彈。（站在這種不受控的導彈附近通常有個優勢，因為離發射點愈近，導彈的飛行路徑掃到你的機率就愈小。）司法部長威廉・巴爾和聯邦調查局局長克里斯多福・瑞伊也專注在這項重要任務上。白宮副國家安全顧問博明（Matt Pottinger）精通普通話，也在中國生活過，是我們重要的智囊，他之前擔任國家安全委員會（NSC）主席。

二〇一八年十月，就在我第二次訪問中國後不久，我前往巴拿馬，這是一個與美國長期友好的國家。三分之二經過巴拿馬運河的貨物，是以美國港口為起點或終點，因此巴拿馬運河是條極為重要的戰略航道。中國人一直嘗試在運河入口處購買土地，打算在那裡建設新的大使館。在這個世界上極為重要的中繼站要是看到代表共產黨的旗幟飛揚飄盪，實在會讓人嚥不下這口氣。於是，我親自前往巴拿馬，向巴拿馬人傳達明確的訊息：不要讓這種情況發生。他們最終妥協了，但中國並沒有。我們在巴拿馬和拉丁美洲其他地區遏止中國迅速擴張的工作，仍在進行中。

二〇一九年二月我飛往世界的另一側——印太地區，前去會見菲律賓總統羅德里哥・杜特蒂

（Rodrigo Duterte），他是個反覆無常的領導人。在歐巴馬任內，美菲兩國的關係持續惡化，主要是因為杜特蒂認為美國幾乎沒有採取措施來阻止中國在太平洋地區的軍事建設，儘管他在美中競爭中有時也會兩面討好。另外一點是對菲律賓政府侵犯人權的指責，這也讓我們的外交關係變得很棘手。當時的菲律賓外交部長泰迪·洛辛（Teddy Locsin）正試圖修復兩國間的關係。美國人與菲律賓人一直以來就有著牢固的連結，菲律賓一直是美國在太平洋麻煩區域中的好夥伴。此外，蘇比克灣還建有一座老舊的美國海軍設施，位於菲律賓主要港口附近，具有戰略地位。當時，中國人就如同禿鷲一樣在周圍盤旋，等待著占領它的機會。

我告訴杜特蒂總統，我們理解他為何感到被輕視，但現在美國願意支持他。他對此表示感謝，也對我有意釐清一九五一年《美菲共同防禦條約》（US-Philippine Mutual Defense Treaty）中有關南海攻擊的一些不確定性表示讚賞。我在馬尼拉明確表示：「南海是太平洋的一部分，任何對在南海的菲律賓軍隊、飛機或公共船隻的武裝攻擊將會觸發我們《共同防禦條約》第四條項下的聯合防禦義務。」幾週後，我們更新這份條約的義務關係，並且在蘇比克灣問題上取得進展。以美國利益為優先考量，摒棄我們的個人主義，處理杜特蒂總統所關切的議題，我們得到了所期望的外交結果。

同年稍晚，我要到澳洲進行一場重要訪問。澳洲比美國更早體認到來自中國的挑戰，並試圖加以應對。他們國家的強硬學者和記者披露了中國在澳洲議會和大學中的惡質影響。二〇一九年八月，我在雪梨的新南威爾斯州立圖書館（State Library of New South Wales）演講——這是個莊嚴而宏偉的建築，相當於是美國國會圖書館（Library of Congress）。我在這個典雅的場所發出了鮮明的訊息：「你可以為一堆大豆出賣靈魂，或者你可以保護你的人民。」

美國和澳洲也是親密的盟友，而且我知道我可以與澳洲外交部長瑪麗絲・佩恩（Marise Payne）坦誠交談，就對抗中國方面緊密合作。我也很高興地發現澳洲總理史考特・莫里森（Scott Morrison）在政治上是保守派，而且是基督徒。在二〇一九年他出人意料地連任，我是真心為他感到高興，而且我相信他在面對中國挑戰時所表現出的堅定領導力和明確訊息是他勝選的一大原因。他和他的夫人甚至在我前去雪梨訪談時，邀請蘇珊和我一起共進晚餐。在他次月訪問華盛頓時，我也在國務院為這位堅定的領袖舉行午宴。之後，他進一步展現出他的氣魄，提出關於新型冠狀病毒（COVID－19）起源的這個艱難的問題，即使中國以禁止進口澳洲葡萄酒和煤炭當作報復，他也不為所動。

在二〇一八年和二〇一九年，我們對中國的布局活動背後是基於川普總統希望重新調整與中國的貿易關係。我在向總統匯報時，經常會提供某個國家的軍事或政府發展的相關新聞。不過他更傾向從財務角度看待權力。在國際角力的動態關係中，他不斷提出的問題是：「我的麥克，誰拿到了錢？」

基於此，他指示美國貿易代表勞勃・萊特海澤（Robert Lighthizer）和財政部長史蒂芬・梅努欽展開新的貿易協議談判。雖然貿易談判是導正貿易失衡和徹底消除盜竊行為的必要步驟，但這也限制了我們在追求其他目標的能力。有好幾次，川普總統擔心我的某個想法會破壞中美談判。這個考量很合理，但談判會讓我們裹足不前，難以說出關於這個政黨的真相。

這些貿易談判在公共層面確實發揮重要作用：讓人民開始思考和討論在中美關係中的公平和互

惠概念。中國企業是否可以在美國投資公司？當然可以。那麼美國企業可以在中國投資他們的公司嗎？完全不可能。中國企業可以在美國交易所上市嗎？可以。一家美國企業有可能在上海交易所上市嗎？只有在非常嚴格的條件下。這些算是互惠嗎？

今天，中國人卻扮豬吃老虎，占盡我們的便宜。一家中國公司可以收購幾乎所有的美國公司，只有少數那些與國家安全產業有關的除外——而且判定的審查機制也太過薄弱。然而，除了少數例外，美國人無法擁有中國公司百分之百的股權，而且中國政府還有一張禁止外國投資的行業清單。此外，美國各州的公共退休基金也有投資中國科技公司，這意味著我們利用美國工人的退休資金來幫中國製造監控工具。與此同時，中國的退休基金卻受到中共嚴密的控制和監管。如果我們不堅持要求在公平條件下跟其他國家進行貿易和商業，這勢必會削弱美國的實力。而殘酷的真相是這種情形早已開始。

揭露中國早已發動的經濟戰

抵制中國霸權意味著贏得經濟競爭。每當中國與其他國家建立商業關係時，就會增加中共在這些區域的影響力，讓他們得以為所欲為。許多中國企業——其中有許多是由中國政府出資——在世界各地尋找參與基礎建設的機會，並且提供各國其他好處。這當中的個中翹楚可說是華為。這家龐大的電信公司正在大幅推動5G技術。若是讓華為主導了5G技術，中共便可接觸到大量個人、商業和國家的安全數據。北京恐怕會利用這些數據來進行威迫、勒索、欺詐和宣傳。我知道我得加把勁，讓美國人嚴肅看待這場與中國在全球科技競爭中的角力。早在美國尚未完全意識到這其中的風險前，中國人已經明白這當中的厲害關係。習近平曾說：「科技創新已經成為全球競爭的主戰場，科技主導權的爭奪將變得前所未有的激烈。」在我看來，他這番話不僅是預測，更是表態。

所幸，我在國務院有位出色的盟友——基思・克拉奇（Keith Krach），協助我們對抗中共對科技的掌控。克拉奇他與那批謹慎、沉穩的典型外交官截然不同。他的遠見卓識和說服能力，幫助他領導 Ariba 和 DocuSign 等重量級科技公司。基思的國務次卿任命案在二〇一九年六月獲得參議院通過後，我便找他來談話，交付一個重要任務：阻止中國接管數位世界。他對承接這項任務表示榮幸，並且網羅商界和科技領域的傑出人才，組成了一支團隊，這支團隊的陣容強大，在國務院也是前所未見的。和他們一起用餐時，我才發現當中至少有兩位是億萬富翁，另外七位可能也不遑多讓。這團隊中的成員都是美國夢的實現者，而且也是冒著損及個人資產的風險在進行這項任務，他們渴望為美國打一場勝仗。團隊中特別令人印象深刻的是現任普度大學（Purdue University）校長蔣濛，他是電子工程方面的奇才，能夠跟我們的合作夥伴解釋技術層面的風險。基思、蔣濛和他們的團隊推出了「乾淨網絡」（Clean Network）倡議，說服各國和民間企業不要與華為這類危險的科技公司合作。

到二〇二一年，基思和他的團隊已經成功說服六十個國家和數十家電信公司，將華為從它們的網絡排除。這項任務非常成功，因為基思說出了很多人不願意聽到的殘忍真相：中共和他們的企業根本不值得信任。商務部也禁止美國公司向華為出售某些敏感技術。川普政府成功打擊了華為在全球的電信業務。這間公司的總收入從二〇二〇年到二〇二一年減少了百分之二十九，二〇二一年華為手機的出貨量比二〇二〇年減少了百分之八十一。這就是美國經濟的強大力量，可以迫使有利的結果發生——這一直是在外交談判中我背後的一股助力。

基思在矽谷的人脈也是一大資產。他們是另一群需要得知中國真相的關鍵聽眾，因為在美國的產業中，就屬這些高科技公司對於強化中國的軍事和警察國家能力發揮最大的作用。惠普公司（Hewlett Packard）的投資在大幅獲利的同時，卻也等同是幫中共發展出喬治・歐威爾筆下那種國家監控系統。英特爾（Intel）因遵守美國法律禁止使用新疆奴工製造的商品進入美國，還得向中國道歉。蘋果（Apple）根據中共的要求在中國境內建立了大規模的數據中心——協助共產黨大量讀取中國公民的資訊。

由習近平親自監督的一項「軍民融合」國家政策，要求中國的非軍事機構，如學校和企業，將具有潛在軍事應用的技術知識移交給中國人民解放軍。多年來，在中國營運的美國公司和研究機構陸續被迫成立合資企業，還必須透露他們的敏感技術當作進入中國市場的門票，而現在這些知識已經被改造成武器，用來對抗美國人民。更不用說中國駭客竊取美國公司智慧財產的行為了。聯邦調查局局長克里斯多福・瑞伊曾表示：「他們的駭客計畫規模非常龐大，這些駭客竊取的個人和公司的數據量，超過所有其他國家（所竊取）的總和。」

各家企業的執行長經常警告我中共對其業務和美國國家安全的破壞，他們對此感到擔憂，但賺取利潤的動機讓他們噤聲不語。在中國巧妙布局的策略下，幾乎每間公司都有這樣的經歷，他們也只能半推半就地接受。以領英（LinkedIn）為例，他們封鎖了在中國境內所有西方記者的個人資料，這幾乎可以肯定是中共的要求。亞馬遜（Amazon）同意刪除網站上所有在中國境內發出的對習近平傳記的負評（顯然，他們收到了很多一星評價）。這種企業的自我審查讓北京可以公然說謊，犯下泯滅人性的惡行。然而，那些對中共濫權保持沉默的科技公司，在美國本土卻擺出社會正義戰士的姿態，大力支持「黑人的命也是命」、LGBTQ權利和其他喚醒大眾意識的種種運動。

休斯頓火箭隊（Houston Rockets）前總經理達里爾．莫雷（Daryl Morey）就是這樣一個例子。二〇一九年，莫雷在推特上發布了一張圖片，上面寫著「為自由而戰。與香港站在一起。」看來沒什麼大不了吧？但在中共眼中並非如此。他們放話威脅，表示要在中國電視頻道全面禁播火箭隊的比賽，不到幾個小時，NBA——自封為「黑人的命也是命」的領頭羊——就屈服了，他們卑躬屈膝地表達歉意，僅僅因為一位高階主管在人權議題上說了一句實話。從火箭隊的大老闆到頂尖球員詹皇（LeBron James），所有人都和莫雷撇清關係。買下布魯克林籃網（Brooklyn Nets）的中國電子商務巨頭阿里巴巴的第二把交椅蔡崇信也要求解僱莫雷（他的這項舉動對並不令人意外，畢竟他在中國賺了數十億美元、要是中共決定對他採取行動，勢必會造成重大損失）。看到莫雷在社交媒體的發文被刪除，以及盛重其事的卑微道歉，中國無疑認為這是他們採取強硬手段的成果。每個依賴中國進入市場或賺取獲利的美國商業領袖看到這種場面後也都心知肚明。為了避免失去中國這隻金雞母，許多人都避免捍衛美國利益，甘願成為中共的宣傳團隊。這種息事寧人的綏靖心態必須改變。

我們應該換個角度來全面思考這個問題：如果有上億的中國公民喜歡看NBA球賽，何不就讓他們在電視上禁播比賽，讓中國政權面對這樣的後果。

藉由國務卿一職來喚醒世界

在擔任國務卿幾個月後，我知道在全世界關於中國的談話中缺少一個重要的公眾聲音——我的聲音。有部分原因是出於執政團隊的規劃。我不能抨擊中國，因為那時川普總統正試圖修復中美貿易關係。但隨著時間一分一秒的流逝，而且想到川普政府的任期可能只有一次，我不能浪費國務卿這個職位的重要平臺，還是得向全世界傳達關於中共的真相。美國人需要知道他們不願聽到的真相：對抗會產生代價。這些代價並不見得容易承受。企業會失去貿易機會，農民會受到市場變化的影響，學校會因為拒絕中共派來進行研究和學術活動的間諜學生而損失大量學費。但是現在若不開始對抗中共的侵略，只會讓將來的對抗工作變得更困難。若是將眼光放遠，對抗中國帶來的長期利益，還是遠超過美國目前要付出的短期代價。

我的對中團隊對這一點非常清楚，而且他們都很傑出。其中一位鬥士是精明幹練的瑪麗・基塞爾（Mary Kissel），我在二〇一八年夏天聘請她擔任我的高級顧問。瑪麗在香港生活多年，曾經是《亞洲華爾街日報》的編輯。她深知中共的邪惡，她不斷地確保謹言慎行的國務院的發言和行動中盡量反映出這一真相。我也很感謝她在天賦人權委員會以及其他許多地方的出色工作。

我的另一大幫手是熱愛美國的余茂春。他出生在毛澤東時期的中國，成長過程中親眼目睹共產黨殘暴的統治。年少時，他深深為雷根總統的言論所吸引，來到美國求學。他對美國的自由理念產生興趣，並加入中國異議人士的社群。最終，他成為美國公民，並在位於馬里蘭州安納波利斯（Annapolis）的美國海軍學院（US Naval Academy）擔任中國研究和軍事史教授。二〇一八年，身為川普政府的支持者，他接受了一項臨時任務，為國務院擬定對華政策。他多次提供關於中國政策的歷史背景、中共思維過程的剖析以及大膽的政策建議，對我的助益難以衡量。余茂春還在政策規劃辦公室擔任分析中國的要職。就各方面來看，這些經歷讓他成為一個很好的守門人：對任何一項政策建議，要是余茂春不簽署，那麼我就不會批准。

團隊中還有另外兩位非常能幹的領導者。彼得・博爾考維茨負責起草我們對抗中共的外交工作詳細大綱。空軍退役准將史達偉擔任東亞暨太平洋事務助理國務卿，負責領導該事務局的中國事務。他是一位認真的學者，通曉中國事務，在軍隊任職時累積了對這個區域的豐富經驗。他經常得告訴負責中國事務的同仁，老闆即將打破一些過去立下的規矩。

由瑪麗、余茂春、大衛和史達偉組成團隊，再加上大衛・維勒佐及其他文膽，我們發表了美國史上針對中國最強硬的國務卿演講。這系列重要演講中的第一場是二〇一九年十月在紐約市的哈德遜研究所（Hudson Institute）年會晚宴上發表的。我的任務是向全世界揭發這個包藏邪惡共產主義意識形態的政權，解釋關於中國共產黨的動機和意圖的殘酷真相。我不想重複九一一事件後的錯誤，當時美國人經常被各種言論帶風向，認為恐怖分子只是無國界的反美暴徒，而不是受到意識形態鼓動的伊斯蘭狂熱分子產生的暴力行徑。每個美國人和每個外國政府都必須知道，中共全然致力於發展一套與民主、自由企業和美國價值觀為敵的意識形態。

這場演講的大部分聽眾是紐約的百萬富翁，其中大多數都和中國有生意往來。我告訴他們，「我們必須跳脫傳統框架以全新的思維方式來思考中華人民共和國。」我說中國共產黨是「以鬥爭和稱霸國際的馬列主義黨派」。我那晚談話中最重要一個論點是「今天的中國共產黨政府與中國人民不是同一回事。」這讓北京感到憤怒不已，自一九七〇年代以來沒有一位美國國務卿在關於中國的談話中這樣說。但我說的是真相。

事實證明，這話成了幾十年來美國國務卿講出最受到中共厭惡和害怕的一句話，引發了中共宣傳機構的強烈憤怒。揭露這一簡單基本的真相——黨和人民並不是同一回事——是中共的最大噩夢，因為這無異是在中國人民心中埋下一顆挑戰政權的種子。北京三不五時就會攻擊我這一特定觀點。無數的中國人和美籍華人，包括流亡海外的中國異議人士、過去天安門的抗議者、逃出中國集中營的維吾爾人、法輪功學員、香港捍衛人權人士乃至於一般移民，他們都對我指出這個基本事實表示感謝。

雖然會場上有許多人為我的講話鼓掌，但我猜想這番話也讓他們當中很多人感到不舒服。在那次演講中，我還提到：「北京的強硬作風在美國形成了一個長久運作的中國遊說團。他們的主要工作是兜售與中國領導人接觸的機會，並建立商業夥伴的網絡。」這個萬豪宴會廳裡坐滿紐約商界和金融界人士。我毫不懷疑他們的愛國心，但美國的商業界通常都會奉承北京。他們反對這套保護美國國家安全和中國人民人權的必要抗中行動。但我必須抓住這個千載難逢的機會，告訴他們和全美人民他們必須知道的：自一九七二年以來的美中關係遊戲規則必須終結。

幾週後，我注意到各州州長收到了一份名為「中美州長合作高峰會」（US-China Governors Collaboration Summit）的邀請函。這場高峰會是由全國州長協會（National Governors Association）和中國人民對外友好協會（Chinese People's Association for Friendship with Foreign Countries）聯合主辦。聽起來很不錯。但這個對外友協組織並沒有公開他們是由中共統戰部全額資助的單位，是他們在海外發揮影響力的據點。中共出資招待美國州長，會出什麼差錯嗎？

當我得知全國州長協會將在華盛頓特區舉行半年一次的會議時，我致電給馬里蘭州州長賴瑞・霍根（Larry Hogan），請他給我三十分鐘的時間在會議上發言。他似乎對此感到有點困惑，不明白為什麼國務卿會想跟五十位州長會面，但他說只要他的聯合主席紐約州州長安德魯・科莫（Andrew Cuomo）沒有異議，他歡迎我去談話。我的一位國務院資深員工剛好認識這位紐約州長，最後他也同意讓我發言。

在二月一個寂靜的星期六下午，他們安排了二十分鐘讓我發表演說。我的講話顯然沒有受到任何州長的重視。在那個宴會廳裡，氣氛確實有點冷清。所以，我決定用一些殘酷的真相來喚醒他們。我手邊剛好拿到一份由中共支持的智庫所發布的中國文件，當中列出了每位州長的名字，並將每位州長劃分為對中國態度「友好」、「強硬」或「曖昧」三類——這實際上是指「我們正在操弄他們」。我將這些訊息與各州州長分享，並告訴他們：「我會讓你們自己決定你們屬於哪一類。不過在中國那邊已經有人幫你決定了。」這瞬間引起了他們的注意力，大家都想知道他們在北京眼中屬於哪一類。我們確知的是：中共正在影響每一位州長、每位市議員、每個州代表、每個州參議員。這情況很符合卡內基（Dale Carnegie）那本知名著作的書名《卡內基教你跟誰都能做朋友》（*How to Win Friends & Influence People*），中共統戰部正努力「贏得朋友，影響他人」。當一個名字聽起來有趣的中國友好組織在家長教師聯誼會（PTA）會議上帶著「禮物」出現，送給孩童新的兒童遊樂設施時，他們的目標並不是單純讓孩子變得更健康或是玩得更盡興。沒錯，中共也瞄準了美國的家長教師聯誼會。

我們需要川普政府團隊動用每一種工具，透過各種管道來發聲，向美國人民解釋這個狀況。二〇二〇年春天或夏天的某個時候，我在辦公室召集國安顧問歐布萊恩、司法部長巴爾和聯邦調查局局長瑞伊。瑪麗・基塞爾也參加了這場會談。我提議我們每個人針對中國問題發表重點談話。我們四個人將為全世界——包括華盛頓特區在內——樹立一個典範。每個人都同意我的建議。我原以為會有人不願——畢竟總統那句「不要破壞第一階段貿易協議」的話言猶在耳，讓人多少有些保留——但在場的人都覺得我們需要採取一些行動。在這四場演講中，我們依序列出這份威脅，加以詳細闡述，並說明我們打算採取的一系列行動。這一系列演講和我們所投入的心力是一個轉折點，之後便建立起一份鉅細靡遺的抗中執行策略模型。歐布萊恩談的是中共的意識形態取向和全球野心；瑞伊則發表了一場精采演講，談中國在美國大規模竊取智慧財產，從事各種間諜活動和非法活動；而巴爾則在福特總統圖書館暨博物館演講，談論中國一直以來如何利用西方自由和開放的社會。

二〇二〇年七月，我在尼克森總統圖書館暨博物館發表了壓軸的演講，題為〈共產主義中國和自由世界的未來〉。我說「擺脫中共的束縛是我們這個時代任務，美國完全有能力領導這項任務，因為我們的建國原則給了我們這個機會」。我還引用了尼克森總統一九六七年發表在《外交事務》（*Foreign Affairs*）雜誌上的一篇文章，他在文中預言「除非中國改變，否則世界永遠是不安全的」。事實上，多年來在中共統治下的中國不僅仍然維持專制獨裁的政權，還變得更為強大、更有能力，這標誌著美國五十年來對中國政策的徹底失敗。我的結語是：「今天，危險近在眼前；今天，大家正在覺醒，今天，自由世界必須回應。我們不能回到過去。」我的這段話讓一些中國政策的老前輩感到不舒服。畢竟，我們在拆解幾十年來的政策框架。他們建立了這個框架，但它失敗了。

根據我獲得的可靠消息，這篇演講迅速在中國地下網路傳播開來。這是一個跡象，證明中國人——無論是生活在中國內部還是世界各地——都在關注，並對我們說出真話感到歡欣鼓舞。沒有人比他們更瞭解中共的罪惡。

二〇一九年六月四日是天安門大屠殺紀念日，我會見了一群倖存者。他們的故事很令人難受，這也提醒我們還有很多工作要做。但也有輕鬆愉快的時刻。一位年長的紳士告訴我，我在美國華僑界非常有名，深受歡迎，因為我在推特發了一張照片：我在洗碗，而我的妻子則在廚房的桌邊休息。他說：「全世界的中國女人都把這張照片拿給她們的丈夫看，還說要是連美國的國務卿都能幫忙做家事，他們也可以！」

第二年，在推特上又發生了另一件有趣的事情——不，並不是川普總統的推文。我在我的個人帳號上發布了一張照片，是我的黃金獵犬梅瑟依偎在她喜愛的玩具堆中，其中一隻是小熊維尼布偶。這張照片本來沒什麼特別之處，但是很多人都發現這隻人人喜愛的熊竟然和人人最不喜愛的中國獨裁者習近平的臉部特徵有許多相似處。推特上，大家提出各種猜測，認為我在暗諷習近平總書記。後來，我發現世界各地最關注這條推文的就是美籍華人和全球華人。對我來說，這是一個提醒，世界都在關注美國的領導人，不僅僅是在電視採訪和記者會上。而且沒錯，維尼和習近平還確實有點像。

香港：國務院反擊

這些演講——以及後來一些類似的談話——都在告訴全世界，美國正採用一種前所未有的新戰略方向。這也讓國務院的官僚體系知道，我們與中國的往來不會再依循過去的模式。

不幸的是，國務院的許多人希望一切照舊，保持原樣。雖然助理國務卿史達偉在中國威脅問題上與我意見一致，做得非常出色，但他的部門以及其他部門中的許多公務員卻對我們制定的政策和執行感到挫折與沮喪。他們依舊被困在要維持與中國接觸的失敗思維中，希望能在不要擾動破壞的方式下進行變革。美國的外交官都被訓練得很好，會想盡辦法以溫順的話語、友好的姿態和良性的行動來維持順暢的國際關係。這樣當然很好，但是當需要捍衛美國利益、打破現狀時，他們往往就不知要如何挺身而出。

外交官員是透過考績評等來晉升的，而以對抗為特色的表現多半不會受到上級長官的青睞。我記得曾和一名高級官員談話。我們就如何處理敘利亞內部衝突的問題進行了多次交流。我問她，為什麼國務院對我想要採取的行動會有如此強烈的反動。她笑著回道：「國務卿先生，這是我在國務院工作的十七年來頭一次看到國務院掌握實權。國務院一直在旁觀，看著白宮和國防部主導政策。您比所有人都堅持，而現在我們得以發聲。他們擔心自己可能會產生影響，要對決策負責，而不像以前一樣，只是在一旁埋怨和私下耳語。」

我無法理解這種心態，我的政務國務次卿大衛・海爾也向我證實有這種心態存在。照理來說，這些人被邊緣化了很久，現在好不容易有個不受失敗傳統約束的國務卿來領導他們，理當渴望抓住機會，冒險一搏，提出新的想法。然而，真要他們發揮影響力時，他們卻退縮了。我實在無法理解。

這種冷漠和對川普執政團隊的內部抵制在我們對香港政策上表現得尤其明顯。根據一九九二年的《香港關係法》（1992 Hong Kong Policy Act），國務院必須對香港的「高度自治」進行年度評估。一九八四年當英國同意放棄對其前殖民地的控制時，中共曾經承諾要給予香港自由，這是對香港人民、英國政府和整個世界的承諾。國務院的報告很重要，因為這將提供美國政府依據，以此決定是否要繼續給予香港政治和經濟的特別待遇，涵蓋出口管制、執法、旅行和移民以及制裁等多個領域。

儘管中共承諾要維護所謂的「一國兩制」框架，但中共對香港的控制愈來愈具有侵略性。國務院的香港評估報告向來無關痛癢，中共因此變得更為囂張。我下令我們的香港團隊要真實記載所有中共背離的「高度自治」承諾，這當中有許多如今都遭到大幅侵蝕。不過在國務院裡負責撰寫香港報告的辦公室主管是一位歐巴馬時代遺老，我感覺這人並不認同我所努力爭取的。於是我派邁爾斯去收拾這個亂局。在花了幾天的時間後，問題便解決了，報告中也出現正確的措辭。二〇一九年三月，我向國會呈交我的第一份《香港關係法》報告時，也等於向中共及其傀儡政府發出警告：「中共對香港事務的干預以及香港政府按照中共指示採取的行動都與日俱增——這樣的負面趨勢，比起上一階段，正在加速。」我就這樣直言不諱地坦率說出事實，簡單明瞭。

但我的這番話並不足以遏止香港特首林鄭月娥，她向來以中共的意見馬首是瞻，正推動一項將香港市民引渡給中共的送中法案。顯然，中共打算利用其權力來削弱香港的民主運動，並讓批評者噤聲閉嘴。二〇一九年六月，香港對林鄭月娥的憤怒爆發了。上百萬香港市民走上街頭，展開反送中運動，要求撤銷這項法案。中共將這些大規模抗議視為對其鐵腕統治的挑戰。北京採取了鎮壓行動，通常是藉助親中共的暴力幫派。這些幫派毆打和抓捕了成千上萬的和平抗議者。獨立報紙、電視臺、說真話的記者、熱愛自由的學生和公共知識分子，他們全都受到日益服膺專制體制的香港警察的騷擾、審查和懲罰，這些警察無疑都獲得中共特務傳授的技巧。當時全球的目光都投向香港，前所未有地關注那裡的一舉一動。我發表了一份又一份聲明，譴責對香港市民這樣任意殘酷對待，並與知名的支持民主和熱愛自由的香港市民如黎智英、羅冠聰和李柱銘等人會面。

中國最終對香港實施了嚴苛的「國家安全法」（National Security Law），以維護國家安全名義，擴大中共打壓公民自由的權力。他們一邊鎮壓自由，一邊展開大規模搜捕大量抗議者，七百萬人民的獨立聲音頓時沉默了。

我決定在即將發布的《二〇二〇年香港關係法報告》（2020 Hong Kong Policy Act Report）中毫不退讓。我下定決心要說出事實真相。我取消對香港「高度自治」的認證，就此改變了美國與香港在外交和經濟方面的關係。就香港充斥的這些虐待事件來看，我滿心以為會得到國務院官僚體系的廣泛支持。我錯了。我在國務院內面對的是前所未有的反對，這股協調好的反對力量主要是來自當中的律師群。我知道，我拒絕認證將會讓我們在香港的業務變得複雜。但是，我們必須向美國人民講真相，並且根據事實來制定政策。再說了，要是不遵守標準，那又何必實施這套標準呢？

這份轟動的報告在二〇二〇年五月二十八日發布。我直言不諱地指出：「在去年的報告中，我表示香港保持了『足夠的——儘管有所減少的——自治程度……』經過仔細考慮，根據《香港關係法》第三〇一條，我無法再繼續給香港特殊待遇的認證。」這是我在國務院對中共和香港所發表的聲明中後果最為重大的。按照法律，整個美國政府現在必須採取相應行動，撤銷一共十多項規範香港特殊待遇的雙邊協議和條約。我取消香港特殊地位的決定立即獲得來自美國政界各方的支持。川普總統也表達支持。二〇二〇年五月二十九日，我們並肩站在白宮的玫瑰園，由總統宣布正式結束對香港的特殊待遇。我們是在告訴世界一個艱難的事實：在中共的統治下，香港從充滿自由和法治的東方明珠變成另一個被共產主義蹂躪的中國城市。

我也努力斬斷中共在香港的洗錢活動。總部位於倫敦的滙豐銀行自一八六五年開始在中國營運起，就經手大部分以美元計價的資金流動。滙豐前亞太區行政總裁王冬勝也是中共政協委員，完全就是聽命於習近平的傀儡。比方說，他在二〇二〇年就表態支持北京實施打壓香港自由的《國安法》。我在與美國國家安全委員會合作時，主張我們應該切斷滙豐銀行經由香港進行美元交易的能力，因為它已不再是個獨立機構。我和我的團隊都很清楚，這家銀行已經成為中共的另一個附屬機構。這一舉動將使北京面臨巨大壓力，同時會大幅提高其資金成本。在這方面，我正開始有所進展，但顯然銀行界不是好惹的。幾乎所有大型銀行都來電詢問這會對「美國經濟」產生什麼影響，而他們指的當然是他們的利潤。我的這項提議得到了所有部門局處的支持，除了財政部之外，但最終，在二〇二〇年七月，川普總統拒絕再往前推進，他認為即使我們阻止資金流入香港是正確的，但在疫情這樣的混亂期，此舉可能會給美國經濟帶來太高的危害風險。

香港仍是我的另一個未竟之業。在維護香港人民自由的努力上失敗，至今仍是我回憶中的一個痛楚。

我們的臺灣政策：打破現狀

另一項我想改變的政策領域和臺灣有關。這座獨立堡壘是一九四九年逃離大陸共產黨政權的自由戰士的家園，就位在帝國主義大門前，不斷遭到霸凌。臺灣是一座真正推行民主的島嶼，也因此成為美國親密的盟友。習近平渴望粉碎臺灣，因為這恰恰推翻了他們的謊言，證明中國人即使不走馬克思－列寧主義的獨裁統治、建立「中國特色的社會主義」，也是可以繁榮發展的。臺灣的經濟和民主——透過一群精力旺盛的信仰領袖的幫助——成為全世界的典範。只要臺灣與中華人民共和國保持分離，習近平的權力論述就無法自圓其說。在尼克森總統時期，臺灣曾是美國政壇的一大關注焦點，一九六〇年的總統競選辯論時，這是他和約翰·甘迺迪之間的主要辯論議題。兩位候選人雄辯滔滔地就兩座臺灣島嶼——金門和馬祖的狀態相互攻防。不過我們的對臺政策在一九七二年與中國恢復建交後不久就開始偏向，當時的國務卿季辛吉做出了一項改變兩岸命運的決定，採取「一個中國政策」（One China Policy）。這意味著美國將尊重中華人民共和國的主張，即中華人民共和國是唯一的「中國」。這從此使臺灣陷入一種痛苦的不確定中，同時也增加了中共處處打壓臺灣人民的威脅。

川普總統與臺灣的關係，始於政權交接期間接受了來自臺灣總統蔡英文的賀電，並且在他個人的推特上發表了這通電話的相關內容。這背離了外交政策的正統觀點，不僅讓中共感到不悅，就連負責東亞事務的外交官和左翼智庫都感到很不滿。當時在外交政策領域執牛耳的意見領袖伊恩·布雷默（Ian Bremmer）在推特發文：「基本上，我們可以說川普想要從最糟糕的地方開始與中國展開關係。」總統本人並不在乎像布雷默這種人的想法，隨後便在推特上發文：「美國向臺灣出售了價值數十億美元的軍事裝備，但我卻不應該接受來自他們的祝賀電話，這是什麼有趣的邏輯?!」就是這份接觸為我們奠定了在面對中國時關於臺灣的外交政策基礎。

我進入國務院不久後，注意到外交機構對此事件的反應其實相當典型，這是他們對大多數對華政策的反應。過去，美國與中國的交往基本上是建立在以不激怒中共為原則的基礎上。只要稍微偏離中共的期望，即使只是無關痛癢的枝微末節，都可能讓他們情緒失控，就像一個不能午睡或是下午沒喝到果汁的幼童。特別是牽扯到臺灣的事，中共會變得非常惱火。在與中共官員的任何一次會議或電話交流中，他們一律都是以臺灣是「中國人民的內部事務」開始，展開一段近乎是在發脾氣的言談。即使只是對臺灣表現些微的支持，他們也會以威脅、咆哮等過度反應來因應，這既令人困擾，也展現出中共在對臺問題上的偏執。

這讓我感到憤怒，因為美國應該根據事實來制定政策，而不是根據一些偏執暴君的感受。我指示我的團隊重新評估我們的臺灣政策，並就現有的政策框架，提出一套如何與臺灣人民和政府互動往來的創意思考。除此之外，鑑於臺灣的半導體產業和其他科技產業的重要性，我努力發展美臺的經濟關係。二〇二〇年九月，我派遣基思．克拉奇訪問臺灣，參加臺灣民主之父李登輝的追悼會。基思這次的訪問也創下一個記錄，是美國國務院在職官員中訪問臺灣的最高層級。中國派了一支軍機艦隊在臺灣海峽大陣仗地迎接他。但是我們並不害怕。基斯在同年的十一月又再度訪問臺灣。

在國務院做的一些蠢事中，有一項是所謂的「臺灣接觸指南」（Taiwan Contact Guidelines），當中明文規定臺灣官員進入聯邦建築物時可以通過哪些門，以及我們在活動中應該和哪些臺灣官員握手，哪些級別的官員可以或不能夠訪問臺灣等等。我問行政官僚為什麼我們還需要這些指南。他們的回應是我們必須與中國保持良好關係。我說我們已經有一項法律——一九七九年的《臺灣關係法》（1979 Taiwan Relations Act），當中已經規定我們所有與臺灣的關係都是非官方的。為什麼我們需要一個官方接觸指南來規定我們的非官方行為？這批律師提不出一個好答案，所以我決定完全取消「臺灣接觸指南」，這又引來院內許多公職人員的不滿。我在二〇二一年一月九日宣布取消這一指南，就在準備與拜登政府交接的幾天前。我甚至批准了一份官方聲明，稱：「美臺關係不需要也不應該受到我們官僚體系自我設限的束縛。」這讓我們的外交官員感到非常不舒服，甚至抓狂，但我只是想透過這項聲明來傳達一個訊息，任憑官僚慣性維持毫無意義的政策是危險的。同時，這也是糾正歷史錯誤的時候。在我宣布此一決定的幾分鐘後，臺灣駐美代表蕭美琴發了一則推文說：「幾十年來的歧視終於消除。這一天對我們的雙邊關係非常重要。我將珍惜每一個機會。」在我離職後，余茂春告訴我一些在那天發布聲明後我不知道的事情。他說就在我公告這項決定的幾分鐘前，他告知一位在華盛頓的臺灣高級官員，對方聽了頓時喜極而泣，滿是興奮與希望。就像我們承認以色列的猶太人在猶地亞（Judea）和撒馬利亞（Samaria）的基本權利一樣，結束臺灣外交官的二等公民地位，對我來說也是充滿深深的個人感受與動容，而這些對美國也是極為有益的。

其他針對中國的行動也繼續推到極限。國務院和國防部精心計劃並協調了在這地區的飛航和海軍行動，以彰顯我們保護國際邊界的決心。光是在我們任期的後三年，我們就賣給臺灣價值一百五十億美元的武器，遠超過歐巴馬政府在八年內的軍售，價值僅一百四十億美元。其中許多包括臺灣在中國入侵時迫切需要的武器；二〇二〇年出售的六十六架 F-16很可能是美國這幾代以來對臺的最大軍售案。二〇二〇年十月，我們達成了十八億美元的武器銷售協議，其中包括十一架移動式火箭炮和一百三十五枚增程型視距外陸攻飛彈（Standoff Land Attack Missile–Expanded Response missiles，SLAM-ER）。我們還規劃另外兩項軍售案：MQ-9 收割者偵察機和魚叉導彈（Harpoon）的計畫，後者是阻止中國船隻擾臺的重要工具。

川普政府給予臺灣人民保護他們自由所需的一切。當中共對臺灣展開進攻時——這一天遲早都會到來——歷史將揭示我們已為盟友提供了裝備。這些日子我已公開表示美國應該全面承認臺灣的外交地位。這座島嶼上的自由人民值得我們這麼做。

中共對香港的強取豪奪以及對征服臺灣的渴望，證據確鑿，顯示這個政黨試圖將自由國家變成其附庸。這是不會發生的，部分原因就是我們在川普政府時代開始進行的工作。而更重要的原因是，用英國前首相·邱吉爾的一句老話來說：「在用盡其他一切可能方法後，美國總是會做正確的事。」

民主世界曾試圖以友好的態度對待中國。中國卻是以侵略、沙文主義和不尊重作為回報。既然我們已經試盡了所有與中國和平相處的可能性，現在必須繼續說出關於中共的殘酷真相，並且採取正確的行動來加以制止。

Chapter 11

領導者總會遭受詰難
——好好面對就是了

「生命是不公平的。」我在國務院辦公室的牆上掛了一幅字畫，這是上面的內容。那是我在七歲時用三色蠟筆寫的，連引號都寫得不完整。我寫出這句話有可能是因為我太早熟，或者是因為剛剛被父母懲罰。

在國務院的辦公室裡，我常常凝視著這幅小時候寫的字，特別是在現實世界粉碎我對它應該有的樣貌的想法時。這幅字也教我要如何應付那些心懷怨恨的人。大家對公職人員的批評千奇百怪，有的草率、荒謬，也不乏有公正和有建設性的評語，不過我早已明白處理這些批評的方法有好有壞。不管是否公平，那些攻擊都會如野火一般接踵而至。只要學會去面對它即可。

每當攻擊開始時，我盡量仰賴我的信仰。根據《以賽亞書》（Book of Isaiah）的教導：「凡為攻擊你造成的器械，必不利用；凡在審判時興起用舌攻擊你的，你必定他為有罪。這是耶和華僕人的產業，是他們從我所得的義。這是耶和華說的。」換句話說，就是堅持下去，好好面對。另一句激勵人心的經文來自《提摩太後書》（2 Timothy）第二章二十四至二十五節：「主的僕人不可爭競，只要溫溫和和地待眾人，善於教導，存心忍耐，用溫柔勸戒那抵擋的人；或者神給他們悔改的心，可以明白真道。」雖然我不總是做得到，但我盡力「溫和」待人。

一個很好的例子：自一九七八年以來，甘迺迪藝術中心榮譽獎（Kennedy Center Honors）會頒獎給達到傳奇地位的美國藝術家。頒獎典禮的傳統是由國務院為被表彰的藝術家舉辦晚宴，正好安排在典禮的前一晚。使用聯邦財產（也就是您的稅款）可以大幅降低甘迺迪中心的成本（儘管這個美國藝術的殿堂並不缺乏資金，但我還是忍不住在這裡岔題一下）。這些獎項通常是頒給才華洋溢的頂尖藝術家，他們為全世界的人帶來了生活的價值。我和妻子蘇珊一直熱愛並支持藝術，她剛好有音樂劇方面的背景，曾參與一個名為「學校藝術」的計畫，為堪薩斯州的最大城威奇塔的每個孩子提供學習機會，讓他們透過藝術來豐富人生。

參加榮譽之夜晚宴的大多數與會者都是娛樂界的要人，這個產業可說是進步思維的核心。那裡有許多人憎恨保守派的共和黨人也不足為奇；因此，右派人士拒絕參加這個高調的社交場合也是情有可原。再加上左派對川普政府特別憎恨，因此不出席的決定顯得相當合理。我在擔任國務卿的第一年就跳過了晚宴，而川普總統也明智地選擇不參加甘迺迪藝術中心的節目表演，這是那個週末慶祝典禮的一部分。二〇一九年我們前去參加晚會，我用我們最喜歡的電影《蓋世奇才》（*Charlie Wilson's War*）當中的一句絕妙臺詞來提醒蘇珊。影片中，眾議長邀請國會議員威爾森加入倫理委員會時，威爾森對一名年輕助理說：「你知道我在那個議題上是支持另一邊的。」助理表示眾議長會給威爾森議員任何他想要的。威爾森回答說：「我想加入甘迺迪中心的董事會。那是一個約會的好地方，我買不起那裡的票。」這個場景幾乎就是榮譽之夜的縮影。

甘迺迪中心的領導階層希望延續傳統，在國務院舉辦二〇一九年的晚宴。而我的考量則完全相反：阻止在聯邦財產中舉辦頒獎典禮。但這個計畫得到了兩黨的支持，而且當時除了這場角力外，我還有更重要的優先事項要處理。此外，大衛・魯賓斯坦（David Rubenstein）也竭力遊說我。他是一個非常正派和博學的人，也是一位真正的慈善家。甘迺迪中心主席黛博拉・盧特（Deborah Rutter）也來向我求情。蘇珊和我進行了一番夫妻間的辯論，最後我們決定做正確的事，走進虎穴去主持那場晚宴。回過頭來看，這是一場值得進行的爭鬥，直到這個獎項開始表彰以彩虹旗的虛榮為其特色的人才。

那個十二月的晚上，我穿著晚禮服，我們站在接待區，迎接所有來到國務院雄偉壯觀的八樓宴會廳的賓客。眾多名人紛紛前來為當晚受到表彰的才華橫溢的藝術家致敬，其中包括女演員莎莉・菲爾德（Sally Field）和大地風火樂團（Earth, Wind & Fire）。雖然跟我握手的賓客中沒有幾個是川普的支持者，但整體而言我們的客人都很友善，感謝蘇珊和我為國家的貢獻。當晚我的另一項任務是進行簡短致辭。我的角色很簡單：感謝大家的參與，保持我的講話輕鬆幽默。於是我想引用從每位獲獎藝術家的歌詞或名言來致詞。以大地風火樂團來說，我引用了他們的歌詞：「你還記得，九月的第二十一夜嗎？」（Do you remember, the twenty-first night of September?）我承認，我不是專業的喜劇演員，但我想我已經盡到主持晚宴的職責。

當我引用當晚的另一位獲獎者琳達・朗絲黛（Linda Ronstadt）的歌曲〈何時有人來愛我？〉（When Will I Be Loved?）。我說我曾環遊世界，但仍想著何時有人來愛我。這引起了一些笑聲。我的聽眾很客氣。

朗絲黛把我那個平淡無奇的笑話當成讓她發言的暗示，於是說了一些話，意思大概是「當你停止支持川普時，就會有人愛你」。此語一出，引起了一些歡呼聲，但大多數人覺得得有點尷尬，場面變得有點靜默。晚宴結束後，盧特和魯賓斯坦對此向我表達深深的歉意。我和蘇珊說他們不用為朗絲黛粗魯的行為負責。當我們下樓時，蘇珊打斷了我的思路，說：「選擇高尚一途，有時真是自找麻煩……。」

到了週一早上，唯恐天下不亂的媒體當然不會放過這個挑撥無謂爭端的機會，紛紛對此大作文章，刊登「琳達・朗絲黛對麥克・龐培歐的趣味報復」這類標題的新聞。但我不會讓她或她愚蠢的言論打擊我的日常。如果讓這些心懷怨恨的人影響了我的心情，我將永遠無法為川普或「美國優先」的議程盡心盡力。領導階層就是得接受來自外界的攻擊。對此，我就只能處之泰然，好好面對。

領導者必然要承受來自各方的批評和指責

因應各界批評就是對擔任領導職位者的關鍵能力測試。批評基本上可分為兩大類，第一種是出於善意的批評，來自那些支持你的人。我在自己身邊安排了烏利奇・布列克布爾、布萊恩・布拉陶、大衛・海爾、麗莎・肯納和瑪麗・基塞爾這樣的人，他們都是值得我信賴的顧問，幫助我看到我們的錯誤並且加以修正。承認錯誤或失敗從來都不容易，無論是在政府、組織、婚姻，還是在其他任何事業。但是如果拒絕讓新事實改變自己的想法，那你就是個傻瓜，不適合領導。通常，下屬要擔負起一項不愉快的必要職責，那就是在老闆犯錯時告訴他。過去四十年來，布萊恩、烏利奇和我一直維持這樣的關係，時至今日還是會在我的辦公室裡為一個決定大聲爭吵。我不見得喜歡他們說的話，但如果他們有勇氣質疑我，我知道我就得認真考量他們的觀點。正如《箴言》（Proverbs）所說的：「不經商議，計畫必定失敗；謀士眾多，計畫就可成功。」

不過，多數公眾人物受到的批評並不是基於那麼高尚的目標。有時甚至來自所謂的朋友或盟友，他們只是想要消費你來增加自己的重要性或是掌握更多權力。更多時候，則單純是來自不同意你的價值觀的仇視者。他們會口不擇言地批判，有時是為了贏得一場政爭。在行政體系，我們經常與任意歪曲事實的糟糕記者打交道。對這種騷擾的正確回應是讓自己變得更堅韌，提高自己在這場遊戲中的競爭力，繼續為美國取得勝利。

如果你不能忍受在領導職位上的任何批評，那麼你就不應該擔任領導職務。在美國這個大家享有言論自由也習慣使用這份自由的國度尤其如此。我早就預備好會受到那些非川普總統支持者的批評。而且，我也不會因為新聞自由對我們決策的監督而困擾。真正困擾我的是我們的言論和行為遭受詆毀和扭曲的程度。在網路上，這類聳動的新聞可能會增加點擊率，卻完全不負責任。我幾乎為現代的新聞工作者感到難過。與過往任何時候相比，今日的新聞工作者要面對增加點擊率的壓力，在他們之間甚至還流傳著一句戲謔的名言：「永遠不要讓真相妨礙一則好新聞。」

對我和美國來說，最棒的是，我的老闆從來就不打算讓媒體意見操弄。川普總統會想要有好的宣傳嗎？那是當然。他會按照媒體所希望的來執行美國的外交政策嗎？絕對不會。我們能夠如此成功地合作的其中一項原因就是幾乎不理會那些不誠實的民主黨人和主流媒體的要求。若是我們屈服於記者、外交政策評論者，甚或是許多共和黨人的批評，那就不會有「美國優先」的外交政策。若是我們聽從「知識分子」的要求，那美國可能在哈紹吉遇害事件後就終止與沙烏地阿拉伯的重要關係。美國可能會繼續當中共的小夥伴。我們的北約盟友也可能會繼續逍遙擺爛，不願支付公平份額。

伊朗恐怕會肆無忌憚地殺戮和傷害，不會有任何制裁。而且即使是順應了批評者的意見，他們在媒體上仍然對我們沒有釋放半點善意。為了服務美國人民，我們必須在推特和談話節目上受到圍堵。我們受到了一些攻擊，但我們從未因為這種攻擊而倒下。

他們試圖挑撥離間，但我從未上鉤。

我對川普政府時期媒體的不當行為有諸多不滿，就讓我們從外交政策媒體嘗試分化川普總統和我這事說起。我不認為他們是真心想分析我們對任一議題所抱持的不同觀點。他們只想看到總統和國務卿爭吵，或是白宮和國務院之間對峙。這樣的內鬥不僅能讓他們賣廣告和增加訂閱量，還會讓總統綁手綁腳，難以執行其使命。在我即將從前國務卿詹姆斯．貝克接手前不久，他警告我要注意總統和國務卿之間的不同意見，這些不一致的觀點公開在世人眼前後，將是一大問題：「如果世界各地的領袖察覺到你和你老闆之間存在分歧，那你就沒什麼發揮的餘地了。」

媒體竭盡所能地在總統和我之間製造分歧。

二〇一八年一月，我以中情局局長身分出席克里斯．華萊士（Chris Wallace）主持的《週日福斯新聞》（*Fox News Sunday*），接受他的訪問。在採訪前半部，他質疑起總統的心理健康，試圖讓我抨擊川普總統：

華萊士：中央情報局經常對世界領袖進行心理分析。對於一個自稱非常穩健的天才型世界領袖，你有什麼看法？

龐培歐：克里斯，我不打算回答這個糟糕的問題。

另一個例子是MSNBC的首席外交事務兼華盛頓首席記者安德列雅．米契爾（Andrea Mitchell）。在無人機擊殺伊朗革命衛隊指揮官蘇雷曼尼後幾天，川普總統表示，倘若伊朗發動報復襲擊以回應這場空襲，美國可能會去攻打伊朗的文化遺址。上個週日我才在電視上說，我們所做的一切完全合法。然而，安德列雅利用這個機會無視這問題的本質，只是慫恿我批評我的上司：

米契爾：國務卿先生，非常感謝您接受訪問。關於文化遺址的問題，在您參加了週日談話節目後，總統在搭乘空軍一號返國途中說：「他們可以殺害我們的人。他們可以折磨、傷害我們的人。他們可以使用自製炸彈炸死我們的人。而我們卻不能碰觸他們的文化遺址。不可以這樣。」國防部長艾斯培已經明確表示他不會接受襲擊文化遺址的命令，（因為那）會犯下戰爭罪。我想知道您是否會就您的角色提出異議。另外……

龐培歐：妳不是真的在猜想，安德列雅。妳這可不是在猜我的想法。

米契爾：好吧，但總統一直這樣說……

龐培歐：我在週日已經明確表態了。我們採取的每一項行動都將符合國際法規。而妳——美國人民可以放心，情況就是這樣。

米契爾：但是否會將文化遺址排除在外，先生？

龐培歐：讓我告訴妳到底是誰在破壞波斯文化。不是美國，是伊朗什葉派的阿亞圖拉，也就是他們的宗教領袖。如果妳想知道是誰否定了宗教自由，如果妳想知道誰否認——豐富的波斯文化深植於歷史和智慧中，是他們拒絕這種文化的繼續發展。如果妳回去查一下從波斯帝國的居魯士大帝（Cyrus）開始的諾魯茲節（Nowruz），也就是他們的新年假期，現在的伊朗是不允許人民在這一天慶祝的。他們不允許那些他們殺害的人——被蘇雷曼尼殺害的人——去哀悼他們的家人。對波斯文化的真正威脅並非來自美國。

看出來了嗎？她希望我跟國防部長艾斯培一樣：跟總統產生矛盾。她的問題幼稚而任性。最重要的是，這顯示出她並不真正關心伊朗文化遺址的保護。她只是在華盛頓特區玩一場讓她得以晉級的遊戲，這樣她就可以參加雞尾酒會，對那些媒體菁英同行炫耀，說她讓總統和我難堪。我拒絕退讓，即使面對批評的攻擊。

還有另一件讓我氣憤而且對所有相關人員都非常不公平的事，有很多新聞都是來自匿名的消息人士。許多針對我和蘇珊的報導是由國務院禮賓司的工作人員非法外流的。國務院的員工很清楚我們的社交聚會、外交活動和收受禮品，他們卻出賣他們的上司，而記者以挖掘「真相」為名，非常樂意縱容這種反美行為。因此，到處流傳著許多匿名的報導，諸如我們的假日派對、蘇珊的國外出訪，甚至在我離職後還爆出一則新聞，追究一瓶贈送給我但我從未看過的日本威士忌的下落＊。

記者們對禮賓司（這些人顯然太閒了，需要更多工作）流傳的小道消息很滿意，但這些報導損害了美國的外交和我家人的權益，這是極其可恥的。媒體使用許多匿名消息來進行新聞報導，這等於是在美國的資訊生態系統中注入大量謊言。依賴匿名消息來源完全破壞了媒體肩負的正確報導的任務。接受匿名來源等於是大開散發假消息之門，而且這些惡意造謠者不用承擔任何後果。新聞界淪落到這個地步，還以民主捍衛者自詡，這只是虛晃一招，他們的實際目的是要增加點擊率和推動政治操作。

在認識到媒體欺詐不實的行徑後，我也明白，如果可能的話，還是不要引狼入室，即使是那些「最受敬重」的人。有一天，我在白宮情報室接到一張紙條。總統想立即和我通話。我走出去，撥通了電話。

「總統先生，我正在白宮，兩分鐘後可以上樓見你。」

「不用上來。你給鮑勃·伍德華打電話。他想和你說話。」

「總統先生，我沒有理由和鮑勃·伍德華說話。我從未見過他。」

「沒關係，現在就給他打電話！他正在寫一本書，需要和你談話。這是他的手機號碼。」

在總統的命令下，我撥通他提供的電話號碼，伍德華接起了電話。我告訴他總統要我打電話給他，並與他會面。我告訴他我很忙，不過可以在第二天早上非常早的時間碰面。我給了他一個非常早的時段，希望他會因此放棄。他確實不是蓋的，還是接受了早會的邀請，第二天一大早就親自來到我的辦公室。

他一開始要求錄音採訪，因為隨著他年紀「愈來愈大」，記筆記的功力大減。

「不行。」

「我有多少時間能和你交談？」

「你有十五分鐘，我們已經用了兩分鐘。」

「總統還給了我幾個小時，而你不過是個國務卿。」

「現在你有十二分鐘。」

大約十二分鐘後，他離開了。我盡力遵守總統的指示，但我沒有提供任何有價值的訊息給這位記者，他寫這本書的唯一目的就是摧毀我盡一切努力要達成的。此外，他還以有人會揭發我為要脅，逼迫我洩露其他人的祕密。真是令人作嘔。我相信伍德華大部分的時候都能找到比我更有合作意願的人。

拒絕媒體摸頭

媒體還喜歡猜測大家的去留動向，而通常這只是無稽之談。在中情局或國務院的公共事務室

＊二〇二一年，美國國務院向龐培歐追討日本政府於二〇一九年贈送的一瓶價值五千八百美元的高級威士忌，但龐培歐表示他不知道有這份禮物；此事後來不了了之。

接到數不清的電話，都是在問：「我們知道局長在考慮辭職……」或「我們聽說國務卿計劃離開政府……」。有時，他們還會放手一博，把賭注提高，問一些關於總統的問題，直接展現出他們反川普的心態。在爆出通俄門或川普總統對金正恩「示愛」這類新聞鬧得沸沸揚揚後，記者就去糾纏每一位國家安全官員，以各種形式來問同一個問題：「你怎麼還能繼續為這位總統工作呢？」

我努力將訊號與噪音分開。如果噪音是總統說他給金委員長寫了封「情書」，那這裡的訊號就是要對北韓實施最嚴厲的制裁。如果噪音是「川普是俄羅斯資產」，那訊號就是要設法威嚇普丁對烏克蘭和歐洲其他地區的布局。如果噪音是嘲笑中東和平努力是一場「世紀交易」的探求，那訊號就是我們與中東領導人建立起足夠的信任，能夠達成《亞伯拉罕協議》。這樣的例子不勝枚舉，但當我在處理時，或者說直接忽視噪音、只因應訊號來工作時，我對自己身為這個執政團隊的一分子感到自豪，我們竭盡所能地將美國放在第一位，避免戰爭、創造和平。

總統團隊中的有些人並不這麼想。他們擔心為川普工作會遭人排擠與非議，最後被踢出外交政策圈的俱樂部。這是因為他們把自己擺在國家之前。有些人掛冠求去只是為了保住他們進入高薪董事會的門票；其他人則是靠著向媒體洩露訊息來謀利，聲稱他們對總統的言行難以苟同。（此致約翰・波頓：我就是在說你。）他們在面對批評時，毫無領導能力可言。直到今天，仍有多家媒體在報導，聲稱二〇二一年一月六日國會大廈動亂後，財政部長史蒂芬・梅努欽曾和我一起討論，準備動用《第二十五修正案》（Twenty-Fifth Amendment）的喪失能力條款褫奪川普總統的職權。當然，他們的報導完全是根據匿名消息——這通常都是欺騙和錯誤資訊的標誌。這些報導中，唯一正確的部分只有梅努欽部長和我確實在一月六日後交談過，但那是有關如何在政權交接前的兩週內完成工作。到了這個時候，媒體對《第二十五修正案》的各種猜測，我早已見怪不怪。二〇一八年，美國駐聯合國常任代表妮姬．海利和我不得不在聯合國大會上，對不負責任的CNN駐白宮首席記者吉姆．阿科斯塔（Jim Acosta）的指控進行澄清。波頓在他的書中聲稱，他和我有個祕密協議，要是川普總統會見伊朗外長扎里夫，我們就一起辭職。還有報導說，約翰．凱利、梅努欽和我之間也有類似約定，要是我們當中有一人被開除，其他人也會共進退。在看媒體的這些報導時，我經常對當中的魯莽感到驚嘆，但是這些說法就是最為吸睛。在此，我不能代表其他內閣成員來發言，但我可以說，我從未與任何人有過這樣的討論。

就連那些理當對川普政府友好的人也參與了這場混戰，創辦《標準周刊》（*The Weekly Standard*）的新保守主義政治分析家比爾．克里斯托（Bill Kristol）就是一個很好的例子，在川普任期內，這位曾經如此理智和思慮周密的人也變得瘋狂了起來。二〇一九年，克里斯托在推特上發文：「在搭乘空軍二號前往土耳其途中，彭斯是否和龐培歐討論了《第二十五修正案》？」克里斯托，抱歉了，我從來沒有和他或是其他官員認真討論過《第二十五修正案》；甚至是在玩笑時，我都不曾講過這樣的話。既然現在你在保守派陣營中丟了顏面，你還是回頭去找你在林肯計畫（Lincoln Project）*的同夥吧！順便把《華盛頓郵報》那位政論員珍妮佛．魯賓（Jennifer Rubin）也一起帶走。

*林肯計畫是反川普共和黨員在二〇一九年後期成立的政治行動委員會，目標是阻止川普再度參選。

我對過去這四年唯一的遺憾是在這兩個職位上所能投入的時間太短。邱吉爾在擔任首相後不久曾表示：「我覺得我好像是跟著命運同行，而我過去的整個人生都只是在為這個時刻和這場考驗做準備。」我不會把自己的生命說得如此宏大，但我在自己的經歷中也抱有同樣的信念。我整個人生都在為我在這個政府中工作做準備。這是一場艱苦的耐力考驗，但我喜歡當中的每分每秒。

我唯一和總統討論過離職的談話是在二〇一九年——但也不是因為我真的考慮要離開。參議員米奇・麥康諾（Mitchell “Mitch” McConnell）在得知我的朋友堪薩斯州參議員帕特・羅伯茲（Charles “Pat” Roberts）即將要退休的消息後，想找我去競選參議員。他說：「只有你能在不花費一千五百萬美元的情況下贏得選舉。你在家鄉有八成支持率，我知道你熱愛堪薩斯人民。」我很榮幸獲得他的徵詢，但蘇珊和我都知道上帝讓我們在那個時間待在正確的位置上。我打趣地婉拒了這項邀約：「米奇，你我都知道，一旦我宣布參選，立刻就會上演『在川普手下幹得不錯的那位堪薩斯男孩』的戲碼。選民會稱我是『搞砸了我孩子護照申請的那傢伙』。」

但這當中是有些轉折和插曲。我們都還記得二〇一八年的選情，當時克里斯・柯巴奇（Kris Kobach）在眾多候選人角逐的戰局中贏得共和黨黨內初選，最後卻讓民主黨人成了堪薩斯州州長。在米奇向我提出參選的想法時，自一九三二年以來，堪薩斯州從未選出民主黨籍的參議員，所以要是再讓他們當選，將會是一場重大的失敗。所以，雖然我沒有辭職參選的打算，但我同意我「不會否認」考慮競選一事。這對麥康諾來說會是一大幫助，讓他有時間去找到另一個能夠勝選的候選人。

之後，總統看到我在電視上含糊其辭地回答關於競選參議員的問題。「麥克，」川普總統說：

「你真的在考慮接受那份糟糕的工作嗎？到時你會成為米特．羅姆尼（Mitt Romney）和蘭德．保羅的下屬。你現在的工作是世界上最好的，你是美國第四號人物，而且你為我工作！」

我向總統保證我無意離職，只是在公開聲明中要小心用詞，以幫助麥康諾和參議院的共和黨人。他說：「好吧！但你得盡快搞定這場風波。」我同意了，並且告知麥康諾我得公開表態，最後是在二〇一九年二月二十一日的《今日秀》（*Today Show*）節目上澄清一切。然而，直到第二年的候選人報名截止日前，媒體上還是一直出現我要參選的猜測。最終，一切都進展順利——我繼續留任，而堪薩斯州的優秀人民選出了共和黨人羅傑．馬歇爾（Roger Marshall）作為他們的參議員。儘管蘇珊和我很樂意代表堪薩斯州的人民，但我從未考慮過要辭去國務卿一職。

打擊假新聞

川普引發的媒體敵意也為「平民」造成相當的連帶損害。在任職期間，有人和我聯絡，希望我能受丹尼爾．珀爾（Daniel Pearl）的母親頒發的獎項。丹尼爾．珀爾是《華爾街日報》的記者，於二〇〇二年在巴基斯坦遭到伊斯蘭武裝分子斬首。他母親想要舉辦一個頒獎晚宴，感謝我和國務院的團隊，表彰政府為美國人質的釋放所做的出色工作。

在活動前大約兩天，他們通知我這個獎項取消了。後來我得知，當晚的主持人是知名記者CNN女主播克莉絲汀．艾曼普（Christiane Amanpour），我至今仍未見過她本人，現在也希望將來不必見面。她表示，如果要頒獎給我，她就拒絕參加晚宴。她的理由，簡而言之，就是「川普」。我深深為珀爾的母親感到難過，因為這顯然讓她陷入尷尬的處境。在那個當下，我選擇息事寧人。但我也請我的團隊草擬一封信給艾曼普，告訴她，在擔任國務卿短短兩年的時間裡，我對新聞自由事業的貢獻超過了她整個職業生涯，她在那晚讓我噤聲消失的努力只能證明她不過是個無足輕重的小人。

這封信的內容是正確的，但最後我還是沒有寄出。倘若讓這個局面升級，恐怕會給珀爾家族帶來更大的麻煩，而且糟蹋了對那些冒險犯難的認真記者表達支持的努力，畢竟他們確實冒著生命危險向世界傳遞重要的消息。領導者在應對攻擊時有時必須保持沉默，以保護無辜的旁觀者，比如勇敢而坦蕩的珀爾家族。

即使是領美國政府薪水的記者也無法壓制他們對川普的反感。整個聯邦政府中最破敗的機構就屬美國國際媒體署（US Agency for Global Media），他們負責督導美國之音（Voice of America，VOA）」、自由歐洲電臺（Radio Free Europe）和其他傳媒機構。原本成立這個單位是為了幫助美國向世界傳遞我們國家的偉大力量乃奠基於尊重自由和民主準則的基礎上。過去他們確實達成了這項任務。但可悲的是，如今他們都成了左派的俘虜。他們的報導有太多時候都在貶低我們的國家；也就是說，他們只是在重複其他媒體的諸多怨言。在我任期的最後幾天，我去美國之音發表演講，當時有幾名員工抗議我的演講。想想看：那些領取美國政府薪水的人，竟然不希望美國外交的聲音在美國之音上播出。我前去演講的決定暴露出這個內在矛盾，而且我認為這是支持川普政府努力讓這個機構恢復理智的領導行為。我們找來麥可．派克（Michael Pack）這位有成就的電影製片人來扭轉局勢，但參議院花了兩年時間才批准他的任職，所以他只任職了約七個月的時間，在拜登上任的第一天就被解僱了。兩天後，他們還開除了許多國際廣播機構的負責人，其中包括葉望輝（Steve Yates）和維多利亞．科茨（Victoria Coates）等一流人才。我猜想美國之音又回到那個言不及義和左翼主義的狀態，而這個時候全球對抗中國和俄羅斯假新聞的戰爭正進入白熱化階段。

在我個人的經歷中，媒體對川普政府的鄙視在二〇二〇年十一月十日達到頂峰——就在總統大選的幾天後。在那段最後執政的日子裡，那些負責國務院消息的媒體鬣狗問我是否「正準備與拜登的政權交接團隊展開接觸」。當時我手邊還有許多重要工作在進行，而他們唯一關心的卻是我是否要與一個尚未獲得任何正式批准任職的人進行一場敷衍了事的二十分鐘會面。我決定取樂一下，隨口說出：「將會順利過渡到第二個川普政府。」我說這句話時臉帶笑意，聲音中則是散發著「去你的」意味，主要是因為即使在最後一刻，我也不打算參與媒體的遊戲，試圖讓他們在我和總統之間製造裂痕。此外，我隨後講的話明確顯示出我並沒有宣布川普總統的勝選：「全世界應當對這次必要的政權過渡充滿信心，相信今天成功運作的國務院在一月二十日正午後將與就任總統順利地共同合作。」之後我就沒怎麼在意這件事，等到我回到辦公室，才發現所有那些低級趣味的節目都把我講的那些話當成頭條新聞。CNN新聞主播布里安娜．凱拉爾（Brianna Keilar）堅稱我是在「宣揚毫無根據的選舉舞弊指控」。事實是，選舉訴訟仍在進行中，而總統有權確保選舉是公平合法進行的。

在那段最後的日子裡，我聽到的另一個讓人惱火的問題是：「國務卿先生，為什麼你沒有協助與安東尼・布林肯的交接工作？」事實是，真要談什麼交接其實很可笑，因為拜登的這個團隊不曾真正離開國務院。歐巴馬時代的四人幫——安東尼・布林肯、溫蒂・雪曼、盧嵐（Victoria Nuland）和約翰・凱瑞這個團隊將再次重掌國務院大權；而在川普政府期間，那些親近民主黨官員的公職員工也只是潛伏在深處。我這樣講是有憑有據的，這批意識形態的同路人早就準備好了，我們離開才幾個小時，他們就開始推翻一切。一個很好的例子是掛在國務院大廳的精神宣言告示板。這麼大的板子，要是沒有事先接獲指示，是不可能在新官上任第一天就移除的，最起碼要準備好拆除作業，這至少要預備一臺類似起重機的設備，好將精神宣言告示版從靠近天花板的勾子上拿下來。

順帶說明一下：我最終確實有向布林肯做簡報。我們的會面很和諧、很專業。我告訴他要繼續緊盯著一項任務：繼續我們在中國方面的關鍵工作。此外，我傳達了澳洲、印度、日本和美國組成的「四方安全對話」確實是在獲得各方支持下組成的，不是由美國單方面主導。我還鼓勵他繼續發展另一項成功的多邊倡議——《亞伯拉罕協議》。我並不在意最終他是否得修改這項協議的名稱，但在中東地區那是個巨大機會，得以藉此來維持一股重要的轉變動力。接著我向他匯報我們在委內瑞拉、古巴、墨西哥，當然還有北韓的工作。他非常感激地接受所有這些資訊，不過他更關注俄羅斯和阿富汗。那時他還不知道在他任職期間這兩大議題會變得多麼重要。在初次會面後的幾天裡，我曾提議再次與布林肯國務卿會面，但他拒絕了。直到今天，我一直在努力幫助布林肯國務卿取得成功，他也對我非常敬重。他和我在外交政策上有幾項共識，但在許多其他問題上則存在嚴重分歧。他和我是為非常不同的總統工作。

另一項讓媒體對川普政府憤怒的主因是，他們並不能理解川普團隊何以能取得這麼好的成果。他們的許多言論和攻擊只是為了在全球舞臺上獲得轉推和點擊而寫下的噪音。而真正重要的訊息——捍衛美國本土的自由和繁榮——才是領導者應該關注的。

援助烏克蘭前的兩黨交戰

但也許沒有什麼故事比川普總統與烏克蘭總統澤倫斯基之間那通「完美」的電話*爆出的彈劾鬧劇，更能彰顯我們在這混戰中持續領導的傳說事蹟了。我們知道故事的結局：其實是希拉蕊・柯林頓親自批准向媒體散播關於川普與俄羅斯關係的假消息，然後那些捏造的消息又傳到了聯邦調查局那邊，隨後便展開彈劾行動。國會一直糾纏著總統，認為他要求澤倫斯基同意協助調查杭特才提供烏克蘭安全援助。但後來發現，澤倫斯基在沒有進行調查或承諾進行調查前，川普早已提供安全援助。後來又有更多的彈劾行動。而在我們離開白宮後，普丁開始屠殺無辜的烏克蘭人，爆發了歐洲自二戰以來久未出現的戰爭規模。

兩黨中都有人指責我是超級戰爭鷹派和好戰分子，但在我任職期間，並沒有爆發新的戰爭，和平得以傳播，因為威嚇是有用的，而我們在領導時並不害怕。我們在戰爭與和平兩方面皆取得成功，

＊二〇一九年八月，匿名者提供眾議院委員會資料，指川普在同年七月與澤倫斯基通話時，曾要求他調查拜登之子杭特，而拜登當時可望成為民主黨總統候選人。匿名者指控川普利用職權以軍事援助來換取烏克蘭「幫忙」，為他個人的利益服務，衍生所謂的「通烏門」或「電話門」事件。

部分原因就在於我們心胸寬大，能夠忽略那些仇恨者，並且忍受媒體的攻擊。從二〇一七年一月六日到我們離任的那一天，一直流傳著關於川普政府向俄羅斯卑躬屈膝的說法，對我們採取了刑事調查、彈劾並且放送大量謊言到美國的家家戶戶。但我們仍然堅持前進。

今日的烏克蘭展現出勇氣的模範。但可惜受到烏國機構和企業的腐敗文化所拖累，我曾與佩卓．波洛申科總統和他的繼任者澤倫斯基總統一起努力解決這個問題。與現任總統相比，我們在這個問題上投入了大量心力。眾所周知，喬．拜登在擔任歐巴馬的副總統時，他的兒子杭特．拜登領著烏克蘭能源公司布里斯瑪（Burisma）的豐厚薪水，儘管他在能源業方面沒有任何專業知識。他所擁有的，就是他父親的人脈，在杭特的同事間，還戲稱他為「大人物」。據報導，杭特每年可獲得高達一百萬美元的酬勞。或許，當然這只是我的猜想，他的高酬勞是一種遊說，影響他在美國的父親對烏克蘭的政策。

當然，川普總統之所以說那是通「完美的電話」，有部分原因是總統希望查明可能有的貪腐問題。當然，這通電話並不完美，但這是在談我們都確知的烏克蘭腐敗問題，並要求烏克蘭協助查明前副總統及其家人可能涉及的問題，這完全符合國際合作的基本規範。

川普總統、我的團隊和我個人都遭到各方指責，指稱我們派駐烏克蘭的大使瑪麗．約瓦諾維奇（Marie Yovanovitch）涉及不法，包括個人因烏克蘭的貪腐行事而從中獲利。我的團隊對這些指控進行調查，但只找到繪聲繪影的煙霧，卻沒有看到真正的事證，因此無法證實這些嚴重指控。我們還聽說約瓦諾維奇正在破壞川普政府的各項政策努力，但在這方面我們也只有第二手的間接證據。

我們可以確信的是，她並沒有積極努力完成美國總統交付的任務。完全沒有完成任何使命。有大量可疑的跡象顯示恐怕真是如此，正如她在書中自吹自擂地說她憎恨唐納・川普。她在烏克蘭的團隊知道她的好惡，因此見風轉舵地按照老闆的觀點行事。這是我們所知道的。當然，這裡要說明一點，要解除一名大使的職務不需要任何不當行為的證據。這些重要的外交官是為總統服務的，是要投其所好，因此總統可以因為任何理由或是在毫無理由的情況下將其撤職。這種情況經常發生。當時我們有足夠的理由以一位在基輔工作的大使來替代約瓦諾維奇，相信他會達成我們的使命。

基於專業素養和對美國正當程序的敬重，我想過要給約瓦諾維奇充分的機會來證明她並不是反川普勢力的一員。即使在二〇一九年春季，指控約瓦諾維奇公開反對政府的消息日益增多，我們還是試著信任她，並且給她展現願意履行職責的機會。

怪的是，約瓦諾維奇從未公開為自己辯護和反駁那些指控她處處破壞政府政策的行為。我的資深團隊試著建議她發一份簡單聲明，表示她為擔任美國駐烏克蘭大使感到自豪，並且致力於代表美國合法當選的總統，當個專業外交官，履行職責。後來媒體將我們的這項要求報導成對她進行的「忠誠測試」。這話想來也沒錯，因為忠誠也可定義為忠於美國的憲法秩序，忠於身為美國大使的職責，並且承諾執行總統和國務卿確定的政策，這正是外交官這份工作所要求的。否則，便只是在為自己的使命工作，或者在為你這個指揮鏈之外的某個人工作，而約瓦諾維奇顯然是如此。

約瓦諾維奇拒絕發表那份簡單聲明。我猜想她是擔心若將政府內部對她的反感公諸於世會很丟臉。由於約瓦諾維奇不願為自己辯護，而總統完全有權終止她的職務，於是我們就讓她打包走人。

當然，媒體那一邊則給了約瓦諾維奇看似她所想要的，把她報導成一個受到政治迫害的無助受害者。每個美國人都應該知道真相：她之所以拒絕履行她的職責是為了要媒體報導她的殉道形象，把她塑造成在烏克蘭帶領團隊來對抗身為國務卿的我的領導。她可說是所謂的「深層國家」的一分子或是「抵抗運動」的一員。無論如何，約瓦諾維奇是一個典型的左翼活動分子，是個激進的外交官，她的行逕會讓我們的建國大老悲從中來。

在她的回憶錄中，她質疑國務院是否能撐過「龐培歐時代的背叛，倖存下來」。但我也有個問題要問約瓦諾維奇和像她這類在國務院任職的人：你們明白自己是在為誰工作嗎？你們是在為合法當選的美國總統服務。你們可以因為任何原因而辭職，包括反對政府的政策，但你們不能違抗上級的命令。我毫不懷疑國務院會承受住「龐培歐時代的背叛」。真正的問題在於它是否能承受住那些破壞我們憲法秩序的內部組織對抗。我記得在某個深夜，國務次卿布萊恩．布拉陶過來找我。他坐在我後方辦公室的桌子前，指著通向主要走廊的門說：「你知道那扇門外面是什麼嗎？」我說：「是走廊和電梯啊。」

「不，那是阿帕契要塞。這些人正在試圖摧毀我們。」他說，指的是外交事務的高級管理階層。確實如此；這部門中所謂的領導階層正以種種狡猾的手法試圖破壞我們。

儘管爆出俄羅斯問題和那通「完美電話」而飽受外部壓力，但我們的烏克蘭挑戰並未隨著更換大使而結束。川普總統派了比爾．泰勒（William B. Taylor）前去替換約瓦諾維奇，泰勒以前是陸軍軍官，也擔任過駐烏克蘭大使。比爾對就職提出兩項條件：首先，他希望川普政府繼續向烏克蘭提供武器以遏制普丁的政策——他知道我也是抱持這個觀點。他還明確表示，只有美國繼續大力支持烏克蘭的政策，他才會接下這個職務。第二點是，他告訴我們——我想是他是真心誠意的——如果我們打算放棄這項政策，他將會立即辭職。在後來的彈劾聽證會上，他聲稱烏克蘭的安全援助暫時被凍結，直到澤倫斯基同意調查拜登和布里斯瑪石油公司的關聯。如果他相信真有此事，為什麼他會繼續留任？為什麼他違背先前說會辭職的說法？我認為這是因為，他知道我們其實並沒有暫停援助，這與他在證詞中所說的相反。他知道釋出安全援助金的決定相當複雜——這是歐巴馬總統在暫停向烏克蘭提供安全援助時苦苦掙扎的問題——我們在做決定時也是得謹慎行事。在後來的彈劾聽證會上傳喚他作證時，泰勒完全沒講到為什麼他會在認為我們違反他的一項任職條件時還繼續留任。泰勒過去一直努力為美國效力，工作表現出色。不幸的是，他陷入了一個試圖讓他自己成為英雄的故事裡。身為代表總統的駐外大使可不能「選擇自己的冒險故事」。

俄國和烏克蘭事件的熱度似乎無法消退。約瓦諾維奇離職兩個月後，川普總統還是難以擺脫那通二〇一九年七月二十五日和烏克蘭總統的電話，當中談到如何根除烏克蘭腐敗問題。數週來，媒體一直在高呼「龐培歐也參與通話」，這讓我感到好笑。是的，我有參與通話，就像我幾乎參與了總統與世界各國領導人的每次通話一樣。這對我來說不會引起什麼困擾。我們早知道拜登家族——包括拜登和他兒子杭特・拜登都捲入其中。事實上，在彈劾案中作證的媒體寵兒，好比喬治・肯特（George Kent），非常擔心拜登家族與烏克蘭的骯髒聯繫。這件事諷刺之極，沒有人能視而不見：拜登家族在可疑的情況下從烏克蘭拿錢，然後反過來汙衊我們政府在耍手段。

烏克蘭的這場風波甚至延燒到才華橫溢、出類拔萃的國務院官員。麥克・麥金利（Mike McKinley）是一位出色的外交官，曾任美國駐秘魯、哥倫比亞、阿富汗和巴西的大使。我出任國務卿時，請他擔任高級顧問，他對如何在阿富汗、墨西哥和委內瑞拉的應對進退問題上提供了很多寶貴意見，同時對於重建國務院士氣也發揮了作用。但在烏克蘭事件開始升溫後，麥金利認為我沒有採取足夠的措施來保護約瓦諾維奇。我們就這個問題進行過幾次討論，有時場面非常激烈。他受到現任和前任同事的批評，他們要求他辭職。他為我沒有發表公開聲明支持約瓦諾維奇而感到憤怒。但發表這樣的聲明對那些優秀、忠誠的國務院專業人員是不公平的，他們不像她一樣會不服從，甚至抗拒總統的指示。麥金利若是認為我會為了一個外交官的調動而與總統發生衝突，那他就太脫離現實了——就像我不會為了一樁不公正的謀殺案就跟沙烏地阿拉伯撕破臉。他也沒有理解約瓦諾維奇的抗命行為其實是為了達成她成為受害聖人的目的——我是這麼想的。他對我領導美國外交的使命一無所知，最後決定掛冠求去。和他對我許下的諾言相反，他與媒體談論了此事。或許最諷刺的是，他現在正為科恩集團（Cohen Group）工作，這是一家國際諮詢公司，員工中有大量的前中國政府人員。餵養北京政府這頭怪獸的行為才應該引起眾怒吧；我拒絕為一位怠忽職守的外交官辯護哪值得大家的關注呢。

二〇二〇年一月，烏克蘭事件進入最後大結局階段，就在國會結束了那場浪費時間的彈劾鬧劇前幾天。這場大結局還牽涉到我以及由納稅人資助的媒體組織——國家公共廣播電臺（National Public Radio，NPR）的緊張關係。在擔任國會議員時，我多次投票反對撥款給它的母公司：公共廣播公司（Corporation for Public Broadcasting）。我認為公眾沒有理由資助一家左翼媒體機構，尤其是現在這類機構已經非常多。我之前還協助迫使國家公共廣播電臺承認他們沒有適當披露曾接受和平主義者組織「犁頭基金」（Ploughshares Fund）的資金，該組織積極支持《伊朗核協議》。我揭露了他們身為新聞機構還收受這類組織的捐款，會在伊朗新聞的報導上產生利益衝突，後來我還因為他們拒絕我反駁謝安達議員對《伊朗核協議》的錯誤陳述而進一步加以批評。就是在這樣煙硝味十足的背景下，我勉強同意接受國家公共廣播電臺的瑪麗．路易斯．凱利（Mary Louise Kelly）的採訪。她之前承諾我們的談話僅限於伊朗問題。她的採訪請求基本上是這樣說的：「這將讓您有機會針對此事發表看法，即使這件事已過了好幾年。」然而，在採訪時她卻做了在我看來是偷天換日的卑劣舉動，暗中把訪談重點轉移到撤換約瓦諾維奇的故事上。從開始的幾分鐘起，她的採訪就充滿了對我的怨恨。我沒有說出什麼挑釁的事情——那次採訪沒有產生真正的新聞——但她的欺騙行為讓我感到非常憤怒。

我離開拍攝現場，讓我的傳媒團隊把凱莉帶到我的辦公室。我直截了當地表達我的想法，使用了我母親眼中的不當措辭。我覺得她浪費了一個機會，原本我可以向美國民眾介紹我們拯救美國人、伊朗人和以色列人的努力。凱莉辯解說她的採訪是為了報導「烏克蘭故事」，她認為這對美國民眾最為重要。我不同意，我說世界上很多人連烏克蘭在地圖上的位置都找不到。她繼續堅持她的說法。為了證明我的觀點，我讓人拿來了一張沒有國家名稱的世界地圖來，然後讓她在上面畫出烏克蘭的位置，結果她標記在孟加拉。就像電影《特務行不行》（*Get Smart*）裡他們講的那句名言，「就差『那麼』一點！」

國家公共廣播電臺決定用他們花納稅義務人稅金所購買的設備來播放她的抱怨，把我描述成一個粗魯待她的混蛋。誠然，那天我可能不該因為她虛晃一招的採訪來斥責她，但我就是忍不住（或至少我當時辦不到）。我不應該給她機會，讓她得以扮演維護新聞自由的英雄。這是個錯誤，就跟我所用的粗魯措辭一樣。有時候在回應批評時，需要避免被自己陣營的火力燒到。

澄清解僱監察長的始末

媒體也為了虛構的違反倫理之事在追逐我。我一直不明白何以政府內的倫理律師團會這麼關注「雞毛蒜皮的小事」。這觀點在我剛擔任國務卿的頭幾天更加強化。「倫理」團隊是由一群任職於國務院的律師組成，他們齊聚在我辦公室，要求我簽署一份必要的倫理承諾。這份文件幾乎與我在中情局簽署的聲明完全相同。我們當時還在開玩笑，按照這份規定，就連我在教堂裡喝一杯某個女士煮的免費咖啡，我都必須要申報這杯咖啡的價值，並確認這份「禮物」符合聯邦規定。我理解這些規定的良善立意，但也認為它們有些幼稚。這些規定往往阻礙到一些重要工作，但同時卻允許一些顯然不符合美國利益的行為。

這套倫理規範也給圖謀不軌的領導者留下了漏洞。為了證明這一點，我請國務院的這批倫理律師想像一個情境。我告訴他們，要是我的妻子飛往外國演講，每場收取五十萬美元的費用，所有費用皆由外國政府支付，其中的收益全部捐給「龐培歐基金會」，而基金會的一些員工可能是當前國務院的員工。我需要知道這樣的安排是否會對我或整個部門造成倫理問題。我故作嚴肅地對他們說，我需要他們給我寫一份備忘錄，確認這種活動是合法的。

倫理團隊並沒有理解我的重點。我所描述的情況恰恰是希拉蕊．柯林頓在擔任國務卿時，她和她丈夫的作為。在她任職期間，這位國務卿的配偶卻在世界領導人面前四處乞討，很難想像還有什麼比這舉動更嚴重的利益衝突或倫理風險了。當我解釋給他們聽我的戲謔嘲諷時，他們卻不覺得這有什麼好笑。我告訴他們，我也不認為這很好笑。我要求他們寫一份報告給我，說明何以允許比爾．柯林頓收取這些錢給柯林頓基金會（Clinton Foundation），而柯林頓夫婦就拿當中的錢去向某些人行賄或付款，去做他們所要求的事。從那時起，「倫理」團隊和監察長（Inspector General，或譯檢核長）就向我宣戰了。

好消息是，即使引發了媒體騷動，他們還是失敗了。我可以理解，也能接受機關內設置監察長一職的理由。身為軍人，我曾參加由陸軍和國防部監察長指導的監察單位。這些類似審計的檢查是為了提供部隊指揮官建設性的意見回饋，並且確保庫存、維修、記錄保存等操作執行正確無誤。

聯邦政府內現存著一個監察長體系：各個聯邦機構中一共設有七十四個監察長辦公室。有這麼多的監察長，甚至還成立了一個監察長廉能委員會（Inspectors General on Integrity and Efficiency，CIGIE）。（不曉得該委員會內部是否也設有監督自己的監察長。）在很大程度上，這些監察長不認為他們是為行政部門工作的，他們認為自己存在於立法和行政部門間的神祕領域（這是違憲的）。

我們的開國元老之所以只設立三個政府分支是有原因的。監察長必須在其中一個分支工作，但他們之中沒有人認為自己隸屬於立法或司法部門；換句話說，國務院的監察長是為我工作的。監察長可以發揮很多作用，但我們必須認識到這一單位的侷限。如果內閣成員違法，政府應該加以起訴。讓內閣成員的員工假意調查，發布虛應形式的報告是沒有意義的。

在中央情報局，我密切關注我到任時的監察長，他做得非常出色。他指出我們需要改進的地方，讓我們變得更好。他將自己的角色定位在為情報局、總統和美國服務。他經常向我們提及需要解決的問題。他需要與我交談時，我會騰出時間聽取他的意見，並以專業完整的方式回應他的關切。

而我進入國務院時，當時擔任監察長的史蒂夫．利尼克（Steve Linick）完全不是這麼回事。雖然他早在二〇一三年獲得歐巴馬總統任命時就一直待在這個職位上，但我依舊抱持同樣的心態，想和他一起合作，就像之前我在中情局時一樣。但幾乎立刻就出現調查細節開始向媒體洩露的問題，舉凡完全合法的武器交易、我的私人旅行以及國際婦女勇氣獎（International Women of Courage Award）得主的選拔。我們曾努力培訓、教育和激勵利尼克，但顯然未能成功，因為根據我的觀察，他利用監察長辦公室來強迫國務院員工提供文件和證詞，而這些在我看來都帶有政治動機。

利尼克在自己辦公室內部的領導表現也不是很好。每年，國務院都會調查員工的工作經驗。多年來，他的團隊明確表示監察長辦公室不是一個良好的工作場所。大多數評分較低的部門會漸漸出現明顯改善，但利尼克的部門卻沒有。事實上，他的辦公室是國務院三十八個部門中唯一在二〇一九年三項主要指標全面下降的部門，分別是：員工參與指數（Employee Engagement Index）、整體滿意指數（Global Satisfaction Index）和多元包容指數（Diversity and Inclusion Index）。

除了他糟糕的領導技能，利尼克的監察長辦公室還出現了一系列其他失誤。在二〇一九年至二〇二〇年新冠疫情爆發前，我們海外機構的監察長檢查減少了一成——這些檢查是在確保各項運作的效果和效率。

但利尼克卻把時間浪費在其他不相關的事務上，忽略監察長辦公室的核心使命——找出浪費、欺詐和濫權等行為。此外，監察長的一項核心職責是執行部門的年度財務審計。利尼克未能及時完成我們二〇一九財政年度的審計，而且沒有提出正當理由。

此外，由於利尼克最終批准的決定，導致整個機構經歷了一次嚴重且令人深感擔憂的失敗，危及到我們全球人員的安全。針對這次失敗的調查報告——細節是保密的——指出「監察長辦公室的監督明顯無效……最終導致本部門的資訊以及其聲譽、人力資本和運作處於相當不必要的風險。」當我說這個巨大的錯誤可能對美國造成災難性後果時，請相信我。正如當時布萊恩．布拉陶告訴我的：「要是這種事情發生在我的領導下，我會立即辭職。」

不過，壓垮駱駝的最後一根稻草是利尼克在自己辦公室的洩密調查中表現得毫無道德和紀律，這才是真正導致我採取行動的原因。他沒有按照副國務卿約翰．蘇利文（John Sullivan）的指示讓獨立的第三方，也就是監察長廉能委員會來調查此事，反而找來另一間機構的監察長（我想他們可能是好朋友）來進行調查。正如布萊恩在國會作證時所說：「利尼克先生未向部門告知他親自選擇了另一個單位來調查他辦公室可能存在的不當行為，而且他偏離了與部門領導階層達成的明確方向……在諮詢過副國務卿畢根和前副國務卿蘇利文後，我可以明確地說，利尼克先生從未告知我們，他不顧之前協商好由廉能委員會來進行調查的協議，而是自行選擇調查人員。」之後的故事更為複雜和冗長，但可以說在這調查過程中，利尼克犯下一連串的道德失誤，玷汙了這項調查，對於一個監察長來說，這完全不可原諒。

因此，我向總統建議解僱這位不稱職的官員。他的回應非常經典：「你是第一個有膽量開這個口的人。我會開除他。」

我知道一旦解僱他，就要面對地獄般的後果；但我也知道，對於國務院和美國來說，這是正確的決定，而且這會讓其他監察長明白，他們只需要做好自己的工作就可以了。消息一經傳出，媒體不斷號叫，聲稱我之所以解僱利尼克是因為他在調查我的不法情事。這根本是無稽之談。這裡我還要澄清一點，不論是他或是其他人，都沒有告知我關於他對我的調查；順便補充一點，這些調查從未發現有關我不符道德規範的證據。事實上，國務卿辦公室和副國務卿辦公室都發布了公函，明確表示我在副國務卿、前副國務卿、行政祕書或國務次卿的簡報中，從未聽取過關於我或我妻子涉嫌濫用政府資源的調查。利尼克擔任的監察長一職要求他必須具有最高的道德標準且無黨無派，在我看來，他已經失職，而且還要為洩密行為負責，對我的團隊和國家都造成不利影響。因此，我寧願接受外界抨擊也要炒他魷魚。

倫理審查

國會的民主黨人以及那些所謂的監察團體，也決心要調查我、我的團隊和我的家人有無涉及大規模違背倫理的情事。華盛頓新聞界甚至開始對一則謠言十分熱衷，說有一名政府員工奉命要幫我遛薛曼，也就是我家的狗。那些可能自認為是他們這一代的伍德華和伯恩斯坦（Carl Bernstein）*的記者們，擺著伊朗發生的非法惡事不報，卻來調查我家怎麼養狗。任何和我家薛曼打過交道的人都知道我們沒有好好訓練牠；要遛這條狗需要極大的力氣和技巧，所以我是不會隨便找一個國務院辦公室的職員去遛狗的。

其次，這件事根本子虛烏有，從來沒發生過。一次都沒有。我不知道到底是誰傳出這個故事，但這件事已經有人調查了，而且沒有任何發現。好險，不然薛曼搞不好會收到國會傳票。

另一個很經典的案例是「帶槍的優步外賣」——這是一位自憐的匿名外交維安探員用來形容我的維安小組。有一天晚上，我準備好去我最喜歡的中餐館「城市之光」（City Lights）取外賣。我先前已經在手機上訂好餐，也付費了。但是後來我在辦公室因公務被耽擱了大約九十分鐘，於是我的維安小組就提前到了城市之光，並在附近部署。維安小組中的高級人員決定派一名隊員去領外賣，然後直接把它送到我家，而不是讓我自己過去取。不管這決定是否正確，我都沒有下指示。今天我

＊一九七二年，這兩名《華盛頓郵報》記者率先披露水門事件醜聞，最後迫使總統尼克森下臺，成為新聞界名人，並在一九七三年獲得普利茲新聞獎（Pulitzer Prize）。

對這個決定表示讚賞，因為這樣做節省了維安小組的時間，他們不用開車送我去取外賣。這個決定無疑節省了納稅人的錢，也沒有造成任何傷害。無論如何，餐點雖然冷了，但還是好吃。而那位取餐的外交維安人員是個偉大的美國人。

而第三個「倫理」故事則是關於麥迪遜晚宴系列的輝煌記錄，晚宴的名稱來自多莉・麥迪遜（Dolley Madison）的姓氏，她過去經常與擔任國務卿的丈夫詹姆斯・麥迪遜一起舉行外交晚宴。我的目標是每年在國務院召集外交官、商界領袖、學術界、學者和其他有趣的思想領袖，進行為期兩小時的晚宴。你會認為我這樣做等於是拿走了左派的最後一分資源，但主流媒體從未對歐巴馬的國務卿約翰・凱瑞在巴黎花納稅人的錢舉辦晚宴而發出什麼不平之鳴。借用《黑色追緝令》（*Pulp Fiction*）中的一句話，我保證他不會吃「加起士片的皇家漢堡」（法國版的麥當勞四盎司牛肉堡）。我的晚宴是沒有政治性的——問問大衛・伊格納茲（David Ignatius）就知道了——我的目的是要在沒有觀眾和議程的情況下，讓大家交流想法、建立關係、改善溝通，並討論可能改進我們使命的想法。監察長辦公室也對此進行了調查，最後發現這一切完全合法。他們浪費這麼多時間和金錢來檢視美國外交史上普遍存在的做法，對此我也只能搖頭。雖然在本書中不能透露細節，但我可以保證，舉辦麥迪遜晚宴絕對是值得的。

二〇一六年，在剛剛獲得中情局局長提名後，我收到一封有三十年沒見的老同學的電子郵件。帕特是我在美國軍事學院結識的，在那個充滿挑戰的夏季，我們同屬一個小隊。當時軍隊在巴克納營地（Camp Buckner）進行新生訓練，那是一系列艱苦的體能挑戰，其中包括背著重達九公斤多但感覺像九十幾公斤的M60機槍長途行軍。

我的老同學寫道：「我向人誇耀說我認識你，但更重要的是，每次我在新聞中看到你，我都會記得在巴克納步兵週的最後一次長途行軍／跑步中，你自願背著M60機槍。在我們都筋疲力盡的時候，你堅持挺過了最後幾里路。」

我並不喜歡在川普政府時期受到媒體的攻擊。我厭倦了對那些腐敗、政治化和恐嚇的無端指責做解釋，並且對我必須把注意力從任務轉移到對這些虛假指責做回應而感到悲哀。但我還是堅持下去，就像在西點軍校時一樣。我不會辜負美國。我承受來自各方的抨擊，這是身為領導者該做的。

Chapter 12

問責

《刺激》（*The Sting*）是我相當喜愛的一部電影，片中高潮是由保羅・紐曼（Paul Newman）飾演的亨利・岡多夫（Henry Gondorff）密謀對付他犯下腐敗罪行的老闆多伊爾・朗尼根（Doyle Lonnegan），該角色由勞勃・蕭（Robert Shaw）飾演。岡多夫告訴手下，他們將「讓老大徹底失勢」。這個計畫成功了，在意識到自己「徹底失勢」的一剎那，朗尼根的眼神透露出他知道自己遇到了大麻煩。這段表演相當出色，也讓我們見識到一個人明白必須為自己的所作所為負責時的情境。

就跟許多美國人一樣，我在二〇一九年年底開始留意起中國出現新疾病的消息。但是直到二〇二〇年一月二日，這整起事件才真正開始引起我的關注。當天已經排好很多要事，因為幾天前總統才決定襲擊伊朗伊斯蘭革命衛隊的指揮官蘇雷曼尼，當時正在進行攻擊的準備工作。

在準備這次行動前，我接到美國疾病管制暨預防中心（Centers for Disease Control and Prevention，CDC）主任羅伯特・雷德菲爾德博士（Dr. Robert Redfield）的電話，在我眼中他是因應新型冠狀病毒團隊中的一流人才。我之前沒有見過他，但我的團隊表示這通電話非常緊急，所以我離開攻擊行動的準備會議去接這通電話。

他告訴我，他一直在與中國的對應單位合作，試圖瞭解一種看起來傳染力非常強的病毒。他說，他們之前一直合作得很好，但在最近的二十四小時，他的對應單位突然間音訊全無。雷德菲爾德認為這是一個非常不祥的預兆：「國務卿先生，我需要您試著重新與中國建立起溝通管道。」

於是我在二〇二〇年一月三日一早給中國的高級外交官楊潔篪打了電話。「我們知道你們的病毒問題，」我告訴他，「我們想派一個團隊過去，幫助你們更加瞭解這種病毒。」他說他會「考慮這項提議」。

之後他再也沒有回電通知我們最新情況，雷德菲爾德的對應窗口也沒有。結果是一場災難：截至二〇二二年夏天，已有一百萬美國人死亡，在其他國家也造成數百萬人喪命。數千億美元的經濟活動付諸流水。封鎖措施嚴重影響到學童的教育進度。其中許多孩子損失了一年以上的學習時間，這樣的損失將在未來幾十年對他們和世界造成不利影響。

習主席和他底下的共產黨封鎖了這個造成全球大流行的病毒的一切資訊，不讓全世界查探這種起源於他們國家的病毒。犯罪集團習老大阻擋所有的善意協助，他們都在努力處理他的政權阻止不了的病毒。我們必須確定他和中國共產黨最終得為對這種致命病毒的大肆傳播承擔責任。要是不釐清責任歸屬，這種情況勢必會再度發生。

問責是自由社會的基礎。

「我相信健康的社會不應該只有一個聲音。」

這是中國武漢市中心醫院三十三歲的李文亮醫師逝世前留下的幾句話語中的一句。二〇一九年十二月三十日，李醫師首次向他的一些醫學院同僚報告了一種正在傳播的新病原體，看起來跟二〇〇二年至二〇〇四年間流傳的嚴重急性呼吸道症候群（SARS）的病毒很像。他敦促他們採取預防措施，保護他們的家人。到了一月十二日，李醫師因為身體不敵我們現在確知為新冠肺炎的病毒而住院，並於二月七日去世。

中國網民得知李醫師去世的消息後，變得憤怒異常，他們確實有充分的理由發怒。在李醫師向同事示警後，他的訊息在中國的網路上迅速傳播開來，並引起了地方當局的關注。然而，他們非但沒有徹底調查這個危險的病毒，反而指責他「發布虛假言論」、「嚴重擾亂社會秩序」。最後還逼迫他簽署一份更正聲明，並告知他要停止發表這些言論，否則將面臨起訴。在死亡的不幸時刻臨近之際，英年早逝的李醫師勇敢地與全世界分享了這一切。

在他去世後的幾天內，中國版的推特，也就是微博，出現了一個熱搜話題標籤：「我們要言論自由」。網民對中國共產黨封鎖疫情爆發的消息，最後還導致一位年輕的吹哨者死亡而感到憤怒難平。「不要忘記你現在的感受，不要忘記這份憤怒，」有人這樣留言給其他網民。「我們不能再讓這種事發生。」還有一位用戶直接對中國共產黨留言：「真相永遠被你們當成謠言。你們還要撒謊多久？你還在撒謊嗎？到底你們還隱瞞了多少事？」李醫師去世的第二天，數十名中國和美國公民在加州洛杉磯的中國領事館外示威。其中一名叫詹姆斯・鄭的人大喊道：「我認為這不是一場自然災害，這是一場人為悲劇。」

這確實是一場人為悲劇，而且是中共的過錯，習近平要負完全責任。

威權政體看似不可摧毀，但其本質是脆弱的。因為他們是用鐵腕手段來維持權力，被壓迫的人民心中充滿對這個政權的憤怒。政府以一黨專制和鎮壓自由來壓制這座憤怒的火山。由於威權政治的領導人迫切地想要保住權力，因此建立起的政治體系不會追究責任。當問題發生時，缺乏透明度又會使情況變得更糟。這和一九八六年蘇聯處理車諾比（Chernobyl）核反應爐事故時如出一轍。這場災難當時造成數千人感染致命輻射。至今，烏克蘭仍有部分地區無法住人。蘇聯官員試圖掩蓋事實，篡改醫院住院率的數據，並在事故發生後幾天才告知全世界這場事故。

中共對問責制也同樣過敏。二〇〇三年，一種名為「嚴重急性呼吸道症候群」的新型冠狀病毒（novel coronavirus）開始在北京蔓延。當時官方立即全面封鎖新聞，即使中國公民對情況愈來愈擔憂。直到中國醫師蔣彥永寫信指責政府隱瞞病例不報，世界才瞭解到病毒蔓延的程度；而在這封信公開時，情況早已失控。類似的隱匿事件在二〇一一年再度發生，中國網民因為得知中共隱匿一起導致四十人死亡、近二百人受傷的列車災難而群起憤怒。中共很快把那些撞毀的火車車廂掩埋在地下，企圖湮滅證據。

在美國，我們有言論自由、新聞自由和民主選舉，這意味著領導人隨時得面對問責。不滿的公眾不僅可以批評，還可以透過選舉來罷免官員。那些犯罪的官員會遭到起訴。相比之下，中國共產黨的那些大頭目根本不需要對他們的公民負責。他們會監控言論、撒謊和掩蓋真相。民主社會可能會出現混亂的爭論場面，但我們知道，在進入緊急情況時，拯救生命比保全面子更重要。

當我們要求自己負責時，也有權利要求其他人負責。比方說，川普政府決定制裁伊斯蘭革命衛隊是因為他們針對美國人展開恐怖攻擊。我們認為俄羅斯公然違反《中程飛彈條約》，所以我們退出。在北約組織，我也指責土耳其企圖購買俄羅斯製造的導彈系統，並且在其他國家的領海非法探勘能源。在制定外交政策決策時，儘管有許多戰略考量，但許多選擇主要取決於美國是否堅持要對不良行為究責。或許這當中最重要的一點是，我們要求中國共產黨和世界衛生組織（WHO）對他們在世界上釋放的災難負責。

中國掩蓋COVID-19的行動

儘管感染新冠肺炎的第一例確診病例似乎是在二〇一九年十一月十七日，但武漢市的醫院早在一個月前就有病患湧入。而在中國境外已知的第一個病例似乎是在十二月二十七日出現的，而美國疾病管制暨預防中心則是在十二月三十一日得知武漢出現二十七例原因不明的肺炎病例。

中國當局的第一反應不是保護他們的國家或世界，而是掩蓋疫情，堅稱「那裡沒有什麼可看的」。除了李文亮，其他向世界警告病毒出現或是質疑中共謊言的醫師和記者都消失了，他們至今下落不明。十二月三十一日，中共開始在中國網路上清除「武漢不明肺炎」、「SARS變異」和「武漢海鮮市場」等搜索字串。到了一月一日，湖北省衛生健康委員會命令一家基因公司停止對武漢樣本進行檢測，並要求他們銷毀所有樣本。根據《海峽時報》（*Straits Times*）的報導，一月三日，中國最高衛生機關，也就是他們的國家衛生健康委員會「下令各機構不得發布與這種未知疾病相關的任何資訊，並命令實驗室將其擁有的樣本移交給指定檢測機構，或直接銷毀」。一月六日，美國提出可以派遣一組傳染病學專家團隊前往中國，但中國拒絕他們進入。直到一月十二日，中共才將這個病毒的基因組公諸於世，儘管早在一月二日武漢病毒研究所就已經完成此病毒基因組的定序。該研究所也收到銷毀樣本且不得與美國分享的命令。中共試圖掩蓋事實，就像他們埋掉那些火車車廂一樣。

一有外洩病毒的消息，中國就即刻打壓這些異議聲音，並編造種種陰謀論來粉飾太平。世界衛生組織於三月十一日正式宣布COVID-19大流行後的第二天，中國外交部發言人發了一則推文，暗示這種病毒起源於美國，是由美軍傳播到中國的。三月十二日，一位名叫任志強的中國企業家突然消失。他再度出現時是在法庭上，而且僅經過一天審判，就被判處十八年徒刑。按官方說法，他的罪名是腐敗。但他真正的罪行是以「小丑」來形容習近平管理疫情的方式。中國的文宣網軍成為網路上散播假訊息的超級傳播者，他們聲稱川普總統即將實施強制性的聯邦封鎖，引發一些美國人的恐慌。

三月初，美國和全球各地的領導人全面啟動「武漢病毒」的應對模式。總統早在兩週前就禁止來自中國的旅客入境，他的團隊正努力確保我們有足夠的個人防護裝備供醫護人員和其他人使用。由於擔心與中國之間的貿易協議，總統一再稱讚中國處理病毒的方式；這讓我感到很難受，但我希望這只是外交用語。我確實相信總統最初在要求疫情相關資訊時想要更加強硬。但習近平告訴他，繼續談論責任歸屬的問題恐怕會影響到中國運往美國的個人防護裝備的數量。當時的美國仍處於試圖瞭解這個問題的早期階段，因此總統做出了一項艱難的決定，堅持美國優先的原則，這意味著不能損及我們從中國獲得足以挽救生命的設備的進口。

然而，在這時候我決心以說實話的方式來追問這場疫情的責任。我早就知道中共對我不滿。但是在三月二十五日，我在國務院召開了一場記者會，抨擊中共隱瞞即將到來的全球災難：「在這一切開始時，顯然可以看出有問題時，中國早就知道了，他們是第一個知道這種病毒會對世界構成風險的國家，卻一再推遲將這個訊息公諸於世。」

我猜想我嚴厲的言辭影響到川普總統原定於次日晚上，也就是三月二十六日與習近平的通話。我在一個安全地點加入了通話，而總統則是在白宮。通話開始時，習近平親切地提供了中醫藥方，他向我們保證這些藥物可以控制COVID-19的症狀，如果川普需要的話。然而，習近平這通電話的真正目的是讓我下臺。他大肆抨擊我，說龐培歐誹謗中國人民，說龐培歐充滿敵意，毫無來由地惹是生非；龐培歐正在破壞我們兩個月前簽署的貿易協議；龐培歐幼稚的言論將會危及我們共同建立的一切。我確信他知道我也在聽這通電話，所以我相當欽佩他的直率，儘管不贊同他的目的。

通話結束幾分鐘後，我的手機響了。「我的麥克，那個他媽的傢伙討厭你！」總統說我們應該在早上跟他通話的，因為華盛頓特區這時已經很晚了，總之我需要「閉嘴一段時間」。他說我們需要中國的醫療設備。在他的指示下，我同意暫時休兵，停止針鋒相對的舌戰。

只有在這一刻，我才認為我可能會丟了這份工作。過去三年來，我看到川普總統對許多內閣官員發火，但從未真正擔心過我可能也會被他開除。現在輪到我了。幾天後，我們一群人在橢圓辦公室碰面。在和習近平通話後，這是川普首次與我照面，他說：「你們都要知道習近平討厭這傢伙。麥克，你讓所有人身陷險境——個人防護設備、我們的貿易協議。閉嘴吧！看在上帝的分上！」

要是你去查閱我在隨後幾週的公開講話，就會發現我謹遵總統的這項命令。我並不高興，總統發推文說中共在控制病毒方面做得很好，並讚揚習近平：「中國一直在努力遏制新冠病毒的傳播。

美國非常感謝他們的努力和透明度。一切都會很好的。我特別代表美國人民，感謝習主席！」不過就我的理解——那是因為我們需要醫療設備，而且需要靠中共的憐憫。我是為總統工作的，我會等待時機。

當晚回家時，我告訴蘇珊，我的好日子可能要結束了。我就是無法坐視那些稱讚習近平或中共的致命謊言。暫時保持沉默？勉強可以。但若是長期來看，我是絕不會妥協的。問責太重要了——我們永遠不能忘記，只是因為我實話實說，習近平居然就不肯提供救命的物資給美國，威脅到美國人的生命。

追究失職的世界衛生組織

中共日以繼夜地努力掩蓋COVID-19起源的真相，這反而讓我更想要找出根源，於是我決定把它當成個人使命，想盡辦法去瞭解這場疫情是如何爆發的。世界衛生組織理當掌握這一切，但他們在整個疫情的掌握上卻是一敗塗地。從世衛的紀錄可以看出，在疫情爆發早期，他們並無意追究中共的責任。他們拒絕在十二月三十一日發布臺灣方面提出病毒會人傳人的警告。甚至在一月九日，當中共可能已經知道大禍臨頭，即將面臨嚴重的疫情時，世衛組織還在稱讚中國對病毒的處理。甚至到了一月三十日，當確定病毒正在人群間傳播時，世衛組織仍然對「中國控制疫情的能力」表現得很有信心。顯然，中國在SARS期間隱瞞事實的行徑，還是沒有讓那些所謂的世界公衛專家學乖。

世衛組織這種息事寧人的敷衍態度顯示出他們比較想要取悅中共這個主子，不在乎追求答案和取得資訊。這無疑是因為當時的世衛組織祕書長譚德塞（Dr. Tedros Adhanom Ghebreyesus）是靠著中共的支持才上位的，他害怕冒犯他的共產主義贊助人。雖然我在這裡不能明說，但他得到這個職位是因為與中共達成一項交易。有人會說這種交易很尋常，本來就是在各國票選下一任世衛組織祕書長常會出現的。但是，為了得到這個職位，譚德塞做出一項直到今日都讓全球受苦的承諾。他排除世衛組織查找疫情源頭的任務。這不僅因為中國是世衛組織的主要捐助國，也因為他過去的「安排」。這裡可以又一次看到中共的閉門政策。

雖然中共在二〇二〇年二月確實允許讓世衛組織前去「調查」疫情，但這只是虛有其表的假動作。中共主導了整個調查行動，包括調查只能集中在COVID－19的自然起源上。這意味著在一開始就排除掉所有其他理論，包括病毒從實驗室外洩的可能性。這還不是最糟的。他們禁止調查人員質疑中國官方的疫情因應措施，也不得去參訪現在傳聞可能是疫情爆發源頭的海鮮市場。最初，中共甚至阻止他們前去武漢。最後，中共讓幾名醫師進入這座城市，在那裡參觀了兩家醫院，待上一天。世衛組織在二〇二一年秋季進行了第二次調查，但那時早已錯過揭開疫情真正起源的最佳機會。

譚德塞試圖從他無效的調查中汲取教訓，他公開分享內心的想法，表示：「在這危機時刻的領導人需要傾聽、理解、信任和共同前進。」但是在面對一個像中共這樣本質上就抵制透明化又滿口謊言的政治實體時，譚德塞講的這些特質都變得空洞，只是全球主義者的妄言虛談。真正的領導力考驗——我認為譚德塞沒有通過——是他是否有勇氣在這個全球陷入危機的時刻，不顧中共的形象和他自己的政治前途，向中共要求透明行事和答案。要是習近平和他的共產黨手下真的不想讓人進行適當調查，那麼譚德塞就有責任要指出他們故意拖延，並公開向中國政府施壓，給全世界一個交代，解釋他們為什麼不願意配合調查。

世衛組織在疫情早期累積的接連失敗導致總統召集他的團隊前來商討，這個團隊包括駐聯合國日內瓦辦事處（UN agencies in Geneva）代表安德魯·布倫伯格（Andrew Bremberg）、衛生與公眾服務部長亞歷克斯·阿扎爾、國安顧問羅伯特·歐布萊恩和我。我們知道世衛組織未能達成這項最重要的任務，我們也知道有人嘗試改革過世衛組織，再試一次只是徒勞無功。

於是，我們在二〇二〇年七月七日宣布美國於退出世衛組織。退出消息一公布，媒體對川普政府又是一陣撻伐，但我們只是要求這個每年收了美國納稅人繳交的近四億五千萬美元的組織負起責任。世衛組織把取悅中共放在首位，而不是執行他們阻止疾病傳播和查明疫情起源的職責。現在，美國卻得為這個失職的組織負責，成了當中的壞人？這世界真的是顛倒黑白，是非不分。

查證實驗室外洩理論

世衛組織的草率調查最令人憤怒之處是，幾乎沒有考慮這種病毒是從武漢病毒研究所外洩出來的可能性——這間研究所如今可是惡名遠播。我不認為中共有意將COVID-19釋放到全世界，當作一種生化武器，但我也可能判斷錯誤。至今我仍相信這種病毒是在武漢病毒研究所培養出來然後外洩的。如果不接受關於病毒起源的事實，就無法追究任何人的責任。最後可能招來惡果。

有很多強大的證據支持實驗室外洩理論。二〇一八年，國務院官員前去訪問這間自稱處於最高生物安全級別（BSL-4）的武漢病毒研究所，在他們傳回華盛頓的電報中稱這座設施根本是一顆不定時炸彈，法國政府和當時的武漢病毒研究所研究員袁志明也抱持同樣的看法。二〇二〇年一月的第二週，中國媒體開始沸沸揚揚報導疫情，我的中國政策顧問余茂春覺得有一點很奇怪，雖然武漢是病例爆發的中心，但在媒體的討論中卻從未提到武漢病毒研究所。也許這是因為裡面的實驗室與中國軍方關係密切，甚至可能是因為那裡是生物戰實驗的一個據點。余茂春請求我的許可，讓他去調查武漢病毒研究所與疫情爆發的關聯，我同意了。幾週後，他給我帶來了一個厚厚的文件夾，裡面滿是公開資料，是關於如何讓病毒變得更為強大的功能性研究資訊，以及關於中國和世界各地擔憂武漢病毒研究所可能爆發疫情的文件。余茂春後來還發現在二〇一九年十月中旬，武漢病毒研究所內的所有手機訊號突然神祕地停止過。就像是這個地方突然遭到遺棄，這可能是一次沒有留下紀錄的淨化作業，企圖湮滅證據。

就我對中共過往處理疫情的瞭解，以及余茂春和國務院其他成員找出的證據，我認為已經有足夠的證據證明那裡就是爆發點。我希望能夠引發討論，讓各方參與，要求一個交代。於是在二〇二〇年四月十五日，我公開在電視上提出詳細的證據，指出在這所中國頂尖的病毒實驗室幾里外的地方便是病毒起源之處。國務院官員、國會成員、美國政府內部的情報官員，甚至許多醫學專業人士確實都開始認真考量起實驗室外洩的這個假設。就連中國疾病預防控制中心主任高福博士也在二〇二〇年三月表示，這種病毒可能來自於「一處大量生成病毒的地方」。但民主黨人很快就向我潑冷水，否定這個建議。參議員克里斯・墨菲一口咬定我的評論是「基於政治考量」。歐巴馬政府的外交政策專家伊蘭・戈登伯格（Ilan Goldenberg）稱我的評論是「美國的假消息運動」。

中共還試圖駁斥實驗室外洩假設是子虛烏有，並誹謗我個人的名譽。一位中國共產黨的發言人指責我「散播毒素和似是而非的言論」。中國駐以色列大使還暗示，我對中國提出的那些有憑有據的指責就像是過去對待猶太人的態度，常常把他們當作代罪羔羊，指責他們造成世界的問題。中共甚至稱我為「人類的共同敵人」，我在中國國家電視臺的名氣可能比在我老家威奇塔還要大。在中國的地鐵站，會有貼上我照片的看板，上面寫著「騙子」。就連《華盛頓郵報》也在春天時注意到中共是如何針對我，於是刊登了一篇報導，標題是「疫情爆發前，中國就不怎麼喜歡麥克・龐培歐——現在更是對他窮追猛打」。

二〇二〇年六月，圍繞著COVID-19起源的論戰進入高潮，我在夏威夷與中國國務委員楊潔篪會面，那次會談成了我最後一次與他本人面對面的會議。中國急於舉行這次會議，我想他們希望能說服我不要再談論他們掩蓋證據和許多其他的惡形惡狀。這反映出他們對追究責任的恐懼。我要求更多關於疫情的透明度，就像我之前一直主張的。但中共除了宣傳新疆、香港和臺灣的一貫說法與謊言外，楊潔篪假裝中國一直是真相的楷模。他一直老調重彈主張要回到美中「對話」，這是中共用來在談判中捆綁對手的代名詞，好讓中國繼續為所欲為。國務委員楊潔篪出了名的會討好中共黨中央，他深思熟慮，從不主動出擊。他的發言只有在要特別強調時才與準備好的講稿略有不同。他極力為中共隱瞞事證的行徑辯護，就像一個頑固的罪犯。

我可以理解美國的左派政治人物和北京的共產黨會因為他們自己的政治利益而想要詆毀我，說我是個瘋子。然而，令人費解的是，就連美國的頂尖科學家也對除了自然起源假設之外的任何推測抱持偏見。早在二〇二〇年一月三十一日，美國國家過敏和傳染病研究所（National Institute of Allergies and Infectious Diseases）所長安東尼．佛奇（Anthony Fauci）博士就收到一群病毒學家的警告，他們共同分析了COVID-19的基因組，認為此病毒可能來自武漢病毒研究所。其中一位寫道：「不管您是否相信這是一系列巧合，就您對武漢病毒研究所的認識以及自然界可能的發生——這病毒到底是意外流出還是自然事件？我會說是七比三或六比四。」有一次，在研究人員於電話會議上談論這病毒可能是基因操縱的結果後，國家衛生研究院主任法蘭西斯．柯林斯（Francis Collins）博士便於二〇二〇年二月二日提出警告，指出不應提出這樣的可能性：「陰謀論的聲音很快將主導輿論風向，這恐怕會給科學和國際和諧帶來巨大的危害」。

接下來的幾個星期，佛奇和柯林斯施壓學界，不要再討論實驗室外洩的假設，並發表了支持自然起源說的科學文章，阻止媒體進一步深入挖掘。四月十六日，我在電視上談話後的第二天，柯林斯致信一組政府科學家，討論關於病毒起源於武漢病毒研究所的理論：「我不知道國家衛生研究院是否能幫助遏制這個正在不斷壯大的破壞性陰謀論。」佛奇在第二天回覆他時寫道：「我現在不會對此事採取任何動作。這是一個會在未來消失的熱門話題。」這些領導者——他們無疑都是聰明人——有權相信自然起源理論，如果這是事實導向的結論的話。但他們並沒有展開科學探究、查訪線索，只是試圖封鎖其他可能的觀點。

我希望佛奇、柯林斯和其他人之所以試圖壓制實驗室外洩理論，純粹是因為他們相信這種病毒起源於自然。不幸的是，我認為他們是擔心會因此露出違反美國法律的巨大利益衝突和活動。多年來，美國國家衛生研究院一直撥款給一個名為生態健康聯盟（EcoHealth Alliance）的組織，他們又利用這筆錢資助在武漢病毒研究所進行危險的病毒研究。這表明在使用納稅人稅金方面存在嚴重失職。

難怪二〇二〇年二月生態健康聯盟的負責人彼得・達薩克（Peter Daszak）在知名醫學研究期刊《刺胳針》（*Lancet*）發表了一篇很有影響力的文章，抨擊實驗室外洩病毒的理論，卻沒有提及他的組織與那座實驗室的關聯。科學界基本上依循達薩克的說法，也不苟同實驗室外洩理論。最讓人感到不安的是，學界會出現打壓這種假設的聲音，那些自稱中立、依循事實的研究人員竟然將政治和私人利益擺在追查真相之前。他們當中許多人在氣候變遷問題上的立場也是如此，貶低那些與他們政治觀不符的想法，並嘲笑批評者是瘋子。他們不在乎誰該負責任，還協助了這場史上造成最多死傷的掩蓋行動。

國務院自行查找真相

眼見世界衛生組織和美國公共衛生界的領導人士都沒有對實驗室外洩的可能性展開適當調查，

國務院有群愛國人士對此感到憂心忡忡，於是，他們在二〇二〇年九月展開了自己的調查。這項任務很簡單，就是遵循事實，報告真相。領導這項行動的是美國軍備管制、核實暨履約事務局（Bureau of Arms Control, Verification, and Compliance）局長湯姆・迪南諾（Tom DiNanno），並由頑強的探員大衛・艾薛爾（David Asher）協助。我告訴他們，只要跟隨事實，報告真相。他們與情報機構和新墨西哥州勞倫斯・利弗莫爾國家實驗室（Lawrence Livermore National Laboratory）的科學家合作，研究了各種理論。但是，國務院的官僚制度再度出手攪局，這次是派了一名政治任命的官員來阻礙調查。克里斯・福特（Chris Ford）是軍備管制暨國際安全事務代理國務次卿，算是迪南諾的頂頭上司。我認為福特個人對我和川普總統都懷有敵意。他擔心這項調查會讓他跟這個他視為瘋狂的理論牽扯在一起。我指派的行動負責人告訴我，福特指示他的團隊不要配合調查，只在枝微末節上提供協助。他顯然還想要保護美國政府資助武漢病毒研究所進行「增強功能」（gain-of-function）*研究的關聯。他找來一批他屬意的科學家團隊，駁斥勞倫斯・利弗莫爾國家實驗室科學家的發現，這大幅削弱了這個團隊明確陳述任何結論的能力。

最後，小組面臨的最大挑戰是時間不夠。二〇二一年一月十五日，國務院總結出我們有把握的結論，發表了一份聲明：首先，二〇一九年八月，武漢病毒研究所幾名研究人員因類似流感的症狀住院，這比第一筆記錄有案的COVID-19病例還要早。其次，我們宣布COVID-19和一種名為RaTG13的冠狀病毒株相似度達到百分之九十六・二；自二〇一六年以來武漢病毒研究所一直在研究這個病毒株。最後，我們聲明，儘管在外觀上這是一般的研究設施，但武漢病毒研究實際上在為中國軍方進行祕密研究。

到二〇二一年春季，川普團隊已經離開白宮，此時有更多的科學家開始認真考慮病毒可能是從實驗室外洩出來的可能性。福特之前找來推翻迪南諾調查的三位專家也改變了他們的說法，這當中包括北卡羅萊納大學的拉爾夫·巴里克（Ralph Baric）博士，他是和武漢病毒研究所實驗室合作最為密切的美國研究者。他們在美國頂尖期刊《科學》（*Science*）發表一封公開信，呼籲對實驗室外洩理論展開調查。媒體開始對此更加關注，即使許多記者和評論家在一年前都將實驗室外洩理論視為無稽之談，認為這純粹只是基於政治動機和種族主義。最終，拜登政府發布了一份毫無實質結論的無用報告，沒有明確結論指明病毒的起源，或是清楚交代病毒散播的方式，錯失讓中國負責的機會。請記住，那些矢言要追求真相和正義的媒體人，佯裝成蛛絲馬跡都不放過的偵探，但最初的嘴臉可不是這樣，他們對實驗室外洩理論嗤之以鼻，直到這問題變得政治正確為止。

對抗中國，刻不容緩

我還把焦點放在對付中國不當處理COVID-19疫情時，川普總統的任期也即將結束，當時很難說他會不會連任。我必須繼續追究中國幾十年來的其他失格行為。

＊增強功能研究是指改造生物體的致病性、傳染性或可能宿主，幫它發展出新「能力」。這可能在自然界發生，也可以在實驗室中進行，例如修改基因序列，或是在不同環境中培養生物體，促成遺傳變化。

我花了大量時間與高階商業領袖談論中國，更具體一點來說，是在談中共如何控制他們。我想當中有些產業的主管認為我瘋了。在疫情低谷，我接到一位科技公司執行長的電話，過去幾十年來他一直涉足全球健康問題。他敦促美國要提高更多全球疫苗行動的參與度，也就是說，投入更多的資金來支持全球疫苗免疫聯盟（Gavi）。我趁機問他：「你認為中國人為什麼會這麼喜歡你？」他不喜歡這個問題，因此電話中我就不再提了。但他和我都心知肚明，他之所以能接觸到中國高階領導人，不是因為他的外表或智慧，而是因為他是他們的下一個目標。

在私下的談話中，我一再提醒這些美國企業巨頭，去中國做生意到底意味著什麼。中國不存在真正的私營企業。就是這麼簡單。共產黨可以合法擁有或控制任何經濟和商業實體，或迫使你按照國家當局的指示來營運。如果你和中國政府擁有或控制的企業做生意，就等於是在跟中共做生意。這一點不僅明訂於《中華人民共和國國家安全法》的規範中，而且只要用常識就可以理解。問問馬雲吧——這位高調的中國商人在二〇二〇年神祕消失了好幾個月——問他認為自己實際上是否掌控了什麼。

中國企業受到中共控制已經夠糟糕了，要是連美國企業都受制於中國政府，那就更糟了。根據中國法律，包括美國公司在內的所有位於中國的公司都必須與中國情報和安全機構合作。二〇二二年，中共甚至擴大規範，要求西方企業將黨的組織納入他們在中國營運的機構中。跟中國有聯繫的任何企業都面臨風險。

疫情期間，我看到中共政府阻止美國公司運送他們在中國製造的產品，以履行和美國客戶的合約，這些產品原本是要用美國飛機運送的。這聽來沒問題吧？然而，中國政府竟然拒絕批准貨運文件。我見過中國政府威脅美國公民在中國的親屬，如果他們不合作的話。我見過兩名加拿大人和無數其他人因為中國的政治目標而被拘留。中國的法律體系——這本身就是個充滿矛盾的詞彙——只會保護黨的首腦。美國公司無權擁有在中國的財產；它們沒有所有權，只有臨時持有權。

川普執政時期，我們開始向商界發出警告，如今這對全球企業都開始產生真正影響，大家都變得更加謹慎，悉心權衡在中國經商的危險。我們需要美國企業協助，才能對中共追究實際的責任。

川普政府的一個領導團隊也努力在阻止中共的大外宣和間諜在各個地方運作。他們的目標不只有聯邦官員，例如民主黨眾議員艾瑞克・史瓦維爾（Eric Swalwell）*和資深民主黨參議員黛安・范士丹*。中共也針對我們的大學、地方政府、媒體和智庫等展開動作。而且最糟糕的是，其中有許多活動都是合法的。

中共從很早以前就已經找到向美國這個開放社會灌輸毒素的方法，他們會利用有外交身分的官方代理人，也會脅迫中國公民來達成其意圖。多年來，中共在美國校園經營「語言和文化中心」，也就是所謂的「孔子學院」，儘管目前的數量比川普政府之前少得多。（但有時他們的仇美顛覆言論也很難與許多大學課堂上教授的內容區分開來）。中共試圖對美國菁英洗腦，他們透過中國國

*據悉當時任職於情報委員會的史瓦維爾成為中國女間諜方芳的目標，她曾在二〇一四年協助史瓦維爾競選團隊募款，但他聲稱在接獲FBI告知後，已和方芳劃清界線。

*二〇一八年爆出范士丹曾長期僱用的一名華人司機兼雜工其實是中國間諜；在FBI告知後，她已請他退休。范士丹接受調查後因查無洩露敏感情資而未被定罪。

營的《中國日報》（*China Daily*）在《紐約時報》、《華盛頓郵報》甚至是《華爾街日報》（*Wall Street Journal*）付費發表評論或廣告。二〇二〇年，美國司法部起訴了一名中國間諜，據稱他甚至滲透紐約市警察局，監視生活在紐約的西藏人。

美國社會的任何一個環節都難逃中共的統戰，這些活動是由位於華盛頓特區的中國大使館來運作的。一些活動甚至直接由北京操控，像是中共統戰工作部的中國和平統一促進委員會，他們在全美各地設有三十多個分支機構。在此我要請每一位公民、商業和學術領袖對那些聲稱代表中國機構的人保持警惕，特別是在他們開出誘人的條件或提出新的合作夥伴關係時。我毫不懷疑，要跟他們做生意的一項條件就是講一些中共認可的謊言，或是對他們的惡形惡狀視而不見。

在美國境內打擊中國間諜網絡比你想像的要困難得多。聯邦政府機構在如何處理從事間諜活動的外國人方面存在分歧，這些機構多半是和國務院及中情局對立的。在一般情況下，當一個機構確定行為不軌者——他們通常是獲得待在美國許可的「外交官」——會提出將他們驅逐出境的要求，但這時國務院和中情局會不情願，因為他們知道，如果美國驅逐了一名俄羅斯或中國的外交官，這些國家將採取報復行動，驅逐我們的一位外交官，進而削弱美國的情報能力。不幸的是，由於在美國運作的外交機構都是歸國務院管轄，那些有問題的外交人員幾乎總是逃過一劫。在我任職於中情局和國務院的這四年期間，我決定採取不同的做法。沒有人可以利用外交身分在美國進行間諜活動，一經發現，我們應該將他們踢出去，而且最好要公開此事。

對執法部門來說，這真的是個相當悅耳的好消息，但在我所任職的機構內，這種做法卻成了異端邪說。最好的一個例子是我花了整整三年的時間才關閉中國駐休士頓領事館，那裡是中共間諜活動的中心樞紐。雖然美國政府官員對這個外交機構是間諜集散地的事情早就略有所知，但關閉領事館會帶來嚴重的後果。我的團隊一定會說：「誰知道中共會如何回應？他們也會關閉我們的領事館，至少一個，甚至可能是所有的領事館。他們可能拒絕給所有政府官員簽證。我們不能冒這個險。」

但我的看法不同。中國駐休士頓外交人員當時在竊取德州大學醫療系統中的重要醫療技術和方法。幾乎可以肯定的是，中國還從竊取了休士頓德州大學安德森癌症中心（MD Anderson Cancer Center）的大量癌症研究數據，就像我們確切得知中國曾竊取全球各地COVID-19疫苗研究的資料一樣。事實上，安德森癌症中心在二〇一九年曾解僱三名研究人員，原因就是他們涉嫌提供研究數據給中國。我們還知道，中國正竊取德州一間頂尖能源技術公司的資訊，並以我們尚未完全瞭解的方式監視著港口活動。而且不僅是美國的智慧財產被盜，歐洲那裡的專業技術也是。所以，我和我的同事們決定要規劃一場行動。我們與駐華大使泰瑞・布蘭斯塔德（Terry Branstad）聯手，為他的團隊準備好可能會遇到的報復措施。而且我們小心行事，確定這項計畫沒有一丁點消息洩漏。

歷史將來會判定這是對外國間諜活動進行的一次最出人意料的清剿任務。我們從美國司法部那裡取得一系列的起訴書。接下來，在二〇二〇年七月十九日，我發出一份外交照會（démarche），這是外交官之間的正式公文，用以聲明一國的政策立場，這種照會很少由國務卿發出，但我要讓中國駐美大使崔天凱明白這件事的嚴重性。崔大使來到我的辦公室，他對這個壞消息毫無準備——對於我們這項行動的保密工作來說，這是一個好跡象。崔天凱的第一個反應是一個奇怪的要求，他要求我停止把中國人民和中共區分開來。他很痛恨我執意要揭開這個謊言：中國人民是由像他這樣的人來代表。他心煩意亂地表示，中共勢必將關閉美國的第六個領事館：香港。接下來，他火力全開，試圖停止我們清除間諜的行動。他向白宮、國會山莊、川普女婿賈瑞德・庫許納、國家安全委員會、國防部以及其他任何願意聽他講話的人求助。他動用了所有的關係，試圖孤立我，並試著調查這次的外交照會是否代表整個美國政府要齊心協力投注在這上頭，又或者僅僅是我個人的意願。

他很快就意識到這次是玩真的。我們的行動繼續進行，在七月二十二日宣布中共必須在七十二小時內撤離休士頓總領事館。儘管崔大使堅稱他們在休士頓沒有任何需要隱藏的東西，但在幾個小時後，負責這次行動的布萊恩・布拉陶進入我的辦公室，打開電視。我們看了每個電視頻道，都在報導休士頓中國總領事館發生火災，濃煙密布。這裡沒什麼好看的，同志們，請散開。

正如崔大使所威脅的，中共隨即採取報復行動，關閉了美國的一個領事館——但不是在香港的那間，是在成都的。這確實很不幸，但這樣的犧牲很值得。司法部的起訴書和關閉領事館的行動迫使中共不得不撤回幾乎所有在美國的特務。而這還連帶產生額外的好處，引起其他國家也開始對他們的間諜部署有所動作。我希望能夠說服總統讓我關閉更多的領事館——這不是你來我往的攻防，而是因為中共在美國的活動跟美國在中國的活動非常的不對等。不應該任由這種嚴重的失衡持續下去。

接下來，我們採取了其他行動。為了減緩這場中共的不對稱資訊戰，我們要求十五家中國國營媒體組織註冊為國家任務，因為美國人需要知道，他們所看到的訊息是來自中國政府的，性質會比較接近《真理報》（*Pravda*）*，而不是公共事務衛星有線電視網（C-SPAN）*。我們要求任何想要與國務院合作的智庫首先得申報其外國資金來源，因為有許多智庫都有人民幣在裡頭。我們還對中國「外交官」在美國境內的活動祭出新限制，讓他們接受美方外交官在中國境內的相同對待。在中國，如果一位美國外交官想要走出領事館、參加任何活動，需要先提出通知和理由，以獲取許可；若是得到允許，在離開使館後的每分鐘都會受到中共監控。相較之下，如果今天中國駐芝加哥領事館的「外交官」想要參加在伊利諾州羅克福德（Rockford）舉行的家長教師聯誼會，只管逕自出席就行。我們改變了這一點。

中共的國際宣傳活動，處處在詆毀美國領導階層，並把中國塑造成世界領袖，要抵禦這些文宣攻勢不能光靠政府。我也留意到中共在美國境內的資訊意識（information awareness）活動，對社會各群體警告中國的威脅。大學尤其容易遭到這類攻擊，這不只是因為在二〇一三年至二〇二〇年間，中國向美國各大學捐贈了約十億美元的大筆金額。在二〇一九年，約有一萬一千名美國人在中國學習。同年，約有三十七萬名中國學生在美國大學學習。儘管大多數中國學生來美國是為了接受良好教育與個人生涯發展，並非從事間諜活動，但確實有人會竊取研究成果，擴大中共影響力的觸角。他們通常是透過中國僑民組織，好比說中國學生學者聯誼會（Chinese Students and Scholars

*《真理報》是俄羅斯聯邦共產黨的中央機關報。

*C-SPAN提供公眾服務的非營利性媒體公司，由美國有線電視業界聯合創立。

Association，CSSA）來運作。在美國校園中，大多數的CSSA是由中國駐美大使館和總領事館的教育單位所控制。一些西部和美國西南部大學中的CSSA章程裡，甚至明訂他們的幹部需要獲得中國駐洛杉磯領事館的批准。幾乎所有在美中國學生都有被中共聯繫的經驗，再不然就是他們的家人，聯繫原因是「瞭解他們的學習狀況」。中共仔細監控這些學生的課程、活動和人際關係——普林斯頓的中國學生甚至覺得有必要在學術討論時使用化名，以免中共因為他們的觀點有違黨的路線而加以迫害。這些無辜的中國學生即使不是中共的特務，也經常承受著檢舉他們同胞的壓力。

我想前去一所重要的大學，以演講的方式來強調這些觀點，我選的第一站是麻省理工學院，這是一家非常重要的美國學術機構，擁有大量科技技術，聚集了傑出人才在此進行尖端研究，在工程和創新計畫上是全球數一數二的。而這裡也成了中共統戰部對付美國的焦點。

麻省理工學院長期以來一直受到中國資金滲透。根據美國政府的起訴書，從二〇一三年到二〇二一年，奈米技術研究員陳剛博士一人就從一所中國公立研究大學獲得了高達一千九百萬美元的資金，儘管後來對他的指控撤銷了。二〇一八年，麻省理工在北京舉辦了第一屆麻省理工學院中國峰會，這是由中國科技公司商湯科技（SenseTime）——該公司如今因為提供人工智慧技術鎮壓新疆維吾爾人而遭到美國制裁——以及科大訊飛（iFlytek）所贊助，後者向新疆的監獄管理員提供了語音數據收集系統。麻省理工還允許科大訊飛資助其電腦科學和人工智慧實驗室的三個研究計畫。二〇一九年，美國教育部對麻省理工涉嫌收受中方的「特洛伊木馬」展開調查，這些禮物來自「國家漢辦」，也就是孔子學院總部以及中國政府和華為等機構。根據麻省理工自己的數據，在二〇二一年至二〇二二年，中國學生占他們所有國際學生的四分之一以上，其他外國學生的比例都不超過一成。除了有中資資助的研究合作計畫，還有眾多中國留學生（可能自行支付全額學費），在這樣的情況下，要是中共切斷資金來源，麻省理工及其捐贈者和校友就不得不用力掏自己的口袋。我們以為麻省理工是一所開放、寬容、親美的校園，也詢問他們是否歡迎美國國務卿到校發表關於對學生和國家安全重要問題的演講。他們同意了，並和我們確定了日期。然而突然之間，麻省理工改變心意。在那個時間點上，學校只知道我演講的主題而已。在我計劃演講的前幾週，我們接到了一通電話：「很抱歉，我們將無法在校園安排國務卿演講。」最終，麻省理工校長拉斐爾・雷夫（Rafael Reif）明確表示，冒犯中國學生的風險太大。在我看來，這是公開說謊，他自己一定也很清楚。實際上這正是中共一貫的說詞，每當在公開場合遭受合理批評時，他們的反應總是說這會傷害到中國人民的感情。

後來，我改去喬治亞理工學院（Georgia Tech），好巧不巧，許多中國學生在演講結束後來找我，感謝我的直言不諱。正如我在演講中所挑明的，凡是與中共擦槍走火的學術界人士都曾為此付出代價。憤怒的中共會撤走學生、取消計畫和撥款，這不僅是一種報復，也是在傳達一項訊息：「你是我們的。」那些對中共甜頭上癮的學校必須要送去勒戒才行。我實在想不出還有什麼美國知名學術機構領導人的行為有比麻省理工校長向中共讓步這件事更喪權辱國的。

所幸，美國還是受眷顧的，即便在麻省理工這樣的地方也有英雄存在。二〇二一年，經商的蜜雪兒・貝瑟爾（Michelle Bethel）辭去麻省理工麥戈文腦科學研究所（McGovern Institute for Brain

Research）董事一職，她是麻省理工的校友。當時她提出疑問，擔心這間研究所的工作在無意間加強了中共的軍力，一位董事告訴她，這樣的擔憂是「種族主義」。另一個人說：「專注在科學上。」於是她辭職了，並告訴全世界：「這間研究所的合作機構把持在中共政權手上，因此我不再有信心他們能夠在符合倫理原則的條件下推動科學的邊界，造福人類……我認為麻省理工對中國事務的認識不夠深，也不清楚與中國機構合作開發最新科學領域會在他們軍事現代化或鎮壓行動上帶來多少不當使用或濫用的風險。」貝瑟爾說出了這個殘酷的真相，在追究麻省理工和中共的責任上，她盡了自己的一份力量。

在川普政府執政的最後一年，我們繼續竭盡所能，追究中共該承擔的眾多罪行。透過外交管道，我們努力運作，確保中共推派的候選人不會贏得世界智慧財產權組織（World Intellectual Property Organization）主席的選舉。美國政府首次宣布中共在南中國海的領土主張「完全違法」，並且對二十多家中企實施制裁，因為他們協助將南中國海變成中共的領海。美國增加了與盟友在印太地區的聯合軍事演習。我們還威脅中資企業若是不遵守美國的會計標準，就把它們從紐約證券交易所摘牌，以此保護美國投資者。多年來，一直讓中資公司在華爾街以不透明或不實的帳目來交易股票，這項要求是真正的問責行動，也可迫使那些受到中共控制的企業退出交易所。

有幾次，我明白這當中牽扯到的風險非常廣泛，有必要搶先團隊一步。二〇二〇年六月，印度禁止中國的應用程式抖音（TikTok），澳洲也在考慮類似的封殺政策，因為大量資訊由此外流到北京的風險很大。我在二〇二〇年七月上福斯新聞臺的節目，接受主播勞拉·英格拉漢姆（Laura

Ingraham）專訪時，她問道：「難道我們不該考慮禁止中國社交媒體的程式嗎？特別是抖音？」我告訴她，我不想搶先一步，亂了總統的步伐，但我們有在考慮採取這樣的行動。「你會推薦大家在手機上下載這個程式嗎？」她問。「除非你想讓你的個資落到中共手上。」這是我的回答。

我立即接到反華鷹派彼得・納瓦羅的電話，他說：「上帝保佑你！」不久後，史蒂芬・梅努欽也來電討論，他認為我們有必要對如何處理抖音問題進行政府單位間的跨部會檢討與評估。不過，最令我感到驚訝的是，美國的母親們竟然對我表達大力支持。我收到來全美各地的媽媽們傳來的訊息，說她們播放我的講話片段給自己的孩子看，說服他們不要再用抖音。儘管川普政府已經向禁用抖音邁出第一步，但我們沒能及時完成。我希望我們當時能做到。北京對於數百萬美國年輕人交出大量個資可是開心得很，不論是現在還是將來，中共都會想辦法來利用這些數據。幾乎可以肯定，中共會對抖音資料進行分析，建立起美國未來領導人的檔案。

任期倒數第二天，我們對中共最後一次出重手，追究他們的一大責任。兩年來，我一直在抨擊中共在新疆地區對維吾爾穆斯林和其他少數民族進行的一系列人權侵犯行動。他們拆毀清真寺，還把維吾爾人送去再教育營，強制維吾爾婦女實施絕育手術，或是虐待他們，中共明顯在試著消滅中國西部的維吾爾族群並根除他們的文化。在我看來，北京的共產黨似乎試圖滅絕這整個民族。對這種行徑，我們有個詞：種族滅絕（genocide）。

任期的最後幾天，在瑪麗・基塞爾和另一位政治任命官凱莉・庫里（Kelley Currie）的敦促下，我下令全球刑事司法辦公室（Office of Global Criminal Justice）提供關於新疆慘劇的所有證據，並且就美國是否應該正式將其定調為種族滅絕提出建議。他們的研究人員在這方面已經工作了幾個月，並就各項事證展開激烈的內部爭論。這個團隊最初的建議是「危害人類罪」（crimes against humanity，或稱「違反人道罪」），這是一個非常嚴重的標籤，但最終沒有定案。該辦公室表示，新疆發生的事情不符合聯合國對滅絕種族的法律定義，因此他們不願意做出這樣的認定。但當我持續催促與施壓時，發現還有另一個重大因素讓他們裹足不前。我注意到他們對政治問題的擔心，也害怕這會擾亂到他們與中方對應單位的關係，一旦成案，關係將永遠改變。另一間辦公室的官員則叫我要對此感到滿足，說我在為他們的「危害人類罪」定罪上，已經贏了九成。我告訴他，這不夠好。「我要拿到最後的一成。」我明確表示，因為這麼一個可憎的標籤會增加全世界追究中共責任的機會。

在卸任前一天，我毅然決然做出了種族滅絕的認定。這是唯一正確的問責方式。沒有人會忘記，是我這位來自堪薩斯州的務實保守派在呼籲抗議違反人性的罪行，而不是之前的國務卿，像希拉蕊．柯林頓或凱瑞等人，也不是那些在左翼智庫中宣揚人權但毫不作為的哲學家，更不是在國務院內的那批官僚公務員。拜登政府選擇維持這項定罪，對我來說意味著這問題已不再是個爭論。

公布這項決定的幾個小時後，我就離開國務卿一職，而在二〇二〇年一月二十日拜登總統就職日當天，中共宣布對我和其他許多反擊其侵略行為的人員施加經濟制裁，包括羅伯特．歐布萊恩、彼得．納瓦羅、約翰．波頓、基思．克拉奇、亞歷克斯．阿扎爾、余茂春和其他二十三人（這裡也很值得關注一下政府中未受到制裁的人員）。我和我的家人再也不能前往中國。我兒子的妻子瑞秋，當時還是他的未婚妻，打電話來問我，她或許不完全是在開玩笑：「龐培歐先生，我是不是要嫁入一個被制裁的家庭了？」我稱讚她觀察敏銳，並建議她諮詢律師。我們都笑了。她的反應證明她能成為龐培歐家族優秀的一員。

這些制裁的主要目的不是為了阻止我或其他受制裁的官員採取任何行動，而是要傳達訊息給那些接替我們位置的人，諸如現任國務卿安東尼・布林肯、國安顧問傑克・蘇利文、副國務卿溫蒂・雪曼、美國國內政策委員會主任蘇珊・萊斯等人。中共是在藉此告訴他們：「如果你們跟隨川普團隊的腳步，那你們在二〇二〇年一月十九日還在賺取的利益——幫助客戶在中國及其周邊地區的發展——都會消失。」中共非常瞭解這些位於領導階層的人。他們知道，他們的許多生意，以及數百名為他們處理美中政策者的生計，全都仰賴美中商業工業複合體的運行。這些制裁是對拜登政府的預警，讓他們看到在外交政策追究中國責任的下場。中共這套戰略是否真會影響目前的美國決策者還有待觀察。

到今天，我們這三十位川普執政團隊的成員仍然受到這些制裁。不過，現在美國人民，乃至於全世界，都比以往任何一刻都認清北京政權的真面目，他們是大玩兩面手法的邪惡力量。今天，我以受到中共制裁為榮。這意味著我們完成了追究中國責任的任務。

Chapter 13

選擇正確的盟友

我這輩子最深刻的靈性體驗之一，是二〇一九年三月二十一日在耶路撒冷感受到的。那天我和美國駐以色列大使大衛・佛里曼（David Friedman）、以色列總理納坦雅胡一起站在哭牆（Western Wall）前——那是古耶路撒冷第二聖殿僅存的部分遺跡，聖殿在公元七〇年被羅馬人給摧毀了。第二聖殿承襲自所羅門王在耶穌誕生前一千多年所建造的第一聖殿。公元七世紀末，伊斯蘭奧瑪雅王朝（Umayyad Caliphate）在牆的上方、猶太人與基督徒稱為聖殿山（Temple Mount）的山頂上，建造了圓頂清真寺（Dome of the Rock）和阿克薩清真寺（al-Aqsa Mosque），至今依然在此矗立。

幾百年來，猶太人來到哭牆腳下在神前禱告，他們往往把禱詞寫在小紙片上，然後塞到古老巨石間的縫隙中。許多猶太人——還有基督徒——都希望聖殿能有在此地重建的那一天。猶太與穆斯林對於哪個宗教團體應掌控聖殿山的緊張態勢，是以色列與包括巴勒斯坦的穆斯林世界之間關係緊張的主因。

站在那兒，按猶太風俗戴著圓頂無邊小帽（yarmulke），我閉上雙眼、低下了頭、右手放在牆上，向上帝獻上我的禱告。我不會告訴你我祈禱了些什麼，但在那一刻，我覺得自己與主更加親近了。

我很自豪，讓世人看到了美國國務卿堅定支持以色列的姿態。與我們最重要的朋友鞏固好關係，從方方面面來看，就是那份工作的核心所在。我們總努力選擇合適的盟友來協助推動美國優先的策略。

同盟可以增加價值

同盟對美國的安全與繁榮是不可或缺的，但有些外交政策理論家卻不以為然。他們請出了喬治．華盛頓，他在「告別演說」（Farewell Address）裡告誡大家要避免「永久的同盟」（permanent alliances）。但在那場演講裡，華盛頓也盛讚在「政策、人道與利益」的基礎上與他國交往。他的觀點是，同盟關係不能是無條件的。法國確實扮演了關鍵的角色，幫美國人打贏對抗英國的革命戰爭，而且華盛頓也十分仰仗法國拉法葉將軍（Marquis de Lafayette）嫻熟的領導能力。第二次世界大戰結束以後，在美國顯然成為地球上最強大、最不受戰亂影響的國家時，我們運用無與倫比的實力來重建整個大陸，並實現了和平。像喬治．馬歇爾（George Marshall）和迪安．艾奇遜（Dean Acheson）這樣偉大的美國人，他們幫德國與日本從徹底毀滅緩過勁兒來；把諸如義大利、希臘和土耳其這樣脆弱的民主國家從共產主義急迫的鉗制裡拉出來；並透過成立北約來堅守西方世界的文明。美國的同盟在那以後就成了我們最大的競爭優勢之一。

許多和我們敵對的國家，並沒有太多甚至根本就沒有盟友。俄羅斯或許能把白俄羅斯當作盟友，但那僅因為假使普丁想要的話；他可以輕易推翻亞歷山大．盧卡申科（Alexander Lukashenko）的政權。而古巴、委內瑞拉和敘利亞則更像是客戶而非朋友。中國沒有真正的盟友，只有因為忌憚中國共產黨而表現出友好姿態的國家。時任中國外交部長的楊潔篪在二〇一〇年含沙射影地表示，中國無懼任意擺布小國；他說：「中國是個大國，其他國家都是小國，事實就是如此。」

即便俄羅斯也不是中國真正的朋友。普丁和習近平也許關係密切、他們的專制政府同樣偏執地仇視美國，但他們的關係就只是基本利益的產物。習近平認為普丁帶領的是個「模組外掛」國家、是減價能源的來源，也是他在這世界上達成邪惡目的的代理人。中俄民族之間的歷史仇恨，還有彼此四千二百公里長的邊界，都預示著長期的衝突和恐懼，而非友誼與合作。儘管如此，我們仍須盡力確保他們這些日益增長的聯繫不會成為全面、永久的軍事與經濟上的同盟。西方國家擁有的優勢是歷史與文化的力量。俄羅斯與中國要克服這些力量以形成一個強大、持久的同盟將充滿挑戰，特別是習近平並沒把普丁當成同量級的人看待。

此外，俄－中經濟實力加在一起也實在微不足道——這有利於西方國家，而習近平也明白。俄羅斯與中國的經濟總量加起來還不到全球 GDP 的百分之二十。相形之下，西方國家占全球 GDP 近百分之六十。美國龐大的同盟網路是個力量倍增器，展現出一定程度的軍事、經濟和外交實力，令我們的對手永遠無望能與之匹敵。「美國優先」必須始終是我們外交政策的北極星，但我們也不乏與朋友一起實現此目標的機會。美國領導時，世界更美好。

評論家抨擊川普政府走「單打獨鬥」路線，我笑了。CNN 的法里德·扎卡利亞（Fareed Zakaria）在推特上寫道：「川普總統沒有外交政策。他只有一連串的衝動——孤立主義、單邊主義、好戰主義——其中有些還自相矛盾。」幾位在二〇二〇年替喬·拜登競選背書的退役將領寫到：「川普的孤立主義舉措正逐漸削弱美國。」然而拜登後來在阿富汗和烏克蘭卻搞得一敗塗地。美國外交關係協會主席理查·哈斯在一篇發表於《大西洋月刊》（*The Atlantic*）的長文裡哼哼唧唧，認為川普總統主導了美國「放棄」世界領袖地位的局面。在二〇一八年一場與國務院政策規劃人員的談話裡，他敦促美國與中國在氣候變遷和網路資安方面進行合作。相信習近平會把他的政權集中在和全球社區合作拯救蝶螈及減少全球碳排放上，簡直是愚蠢之極。更糟糕的是，習近平經營著史無前例的網路監控體制，卻有人相信他會和美國人坐下來深入討論如何完善保護隱私與自由，並在網路安全上進行合作。這種思維不僅是痴人說夢，更是威脅到了我們國家。

外交政策觀察家認為天要塌了，只因為他們憎惡我們從失敗的體系中有原則地撤退，例如《巴黎協議》、《伊朗核協議》和世界衛生組織等等。他們的痛苦反映了霧谷、白廳（Whitehall）、外交關係協會和其他全球主義保護區對於多邊主義的狂熱堅持。在其他領域——例如促使北約成員國承諾增加支出，以及與中國、日本和歐盟重新修訂貿易協議——我們所求的不過是公平互惠的待遇而已。外交政策圈裡的人也把我們批評得一無是處，因為我們避開了外交界許多華而不實的特點：華麗的晚宴、高尚的詞藻，以及在毫無意義的高峰會結束時發表的公報；除了讓各國覺得來露個臉也還不錯之外，實則收效甚微。川普政府知道，美國對盟國真正的領導統御並不是體現在開會、締約和召開記者會這些表演性的排場上。我個人頗厭惡浪費時間的禮貌性聚會和甜膩的聲明，因為我們的對手認為那些東西展現了東艾格（East Egg）*式的膚淺。他們已備好力氣與時間來下好這盤棋。我們必須建立自己的同盟，來做到同樣的事情。

*東艾格是《大亨小傳》（*The Great Gatsby*）裡的虛構地名，代表虛華的社會和腐敗的價值觀。

我也暗自發笑，因為我知道那些批評的人從沒進過橢圓辦公室聽取川普總統的實際指示。在幾乎每個外交舉措裡，川普總統都鼓勵我盡可能尋求更多其他國家的支持與參與。在我們帶頭下，與各國取得的成就多得不勝枚舉：聯合國全體通過對北韓實施制裁、簽署《亞伯拉罕協議》、對伊朗採取「最大施壓策略」（maximum-pressure campaign）、與六十國共同承諾把華為踢出數位網路世界、與西方盟友對俄羅斯各種不良行為進行制裁、與三十多國在聯合國一同對抗支持墮胎的左派勢力、與七十多個夥伴一起擊敗伊斯蘭國，以及會同六十個國家向委內瑞拉政權施壓等等。我們聚焦在鞏固戰略夥伴關係，以在對抗最嚴重的威脅時能有所進展。假如有人想投訴，說我敷衍了事的外交應酬場合出席得不夠多，那就由他去吧。我們為正確的任務選擇了正確的盟友。

真正的特殊關係

我最自豪的是我們和以色列的同盟關係，這對每個美國人的安全和富裕來說都很重要。美國最重要的外交政策遺產之一，就是幾十年來一直和這個蕞爾小國維繫著牢固的關係，而我決定要讓這關係變得比我接手時還更牢靠。

大家常說美國與英國擁有「特殊關係」——從共享的歷史和語言、安全和經濟上的關係上來說，英國無疑是我們最親密的盟友。但真正與美國擁有特殊關係的，或許還得是以色列這個國家。這世上沒有哪個國家像美國這樣，一直力挺這個置身於全世界最險惡地區裡的民主繁榮綠洲。而且打從建國以來，以色列一直也都是我們國家面臨的重要安全議題時的一道壁壘。

我們的密切關係得從現代以色列建國這件事本身說起。二戰結束以後，杜魯門總統慎重考慮著是否要承認猶太民族國家的存在。許多顧問勸他別這麼做，認為這會造成阿拉伯世界反美，威脅到中東原油的取得。但杜魯門總統終究還是有點頭的勇氣，在一九四八年五月十四日以色列建國的十一分鐘後承認了以色列。他知道猶太人在大屠殺後需要一個國家。沒有誰比猶太人本身更感激杜魯門總統的勇敢決定。一九四九年，以色列首席拉比來見杜魯門總統。他對總統說：「上帝把你放進娘胎裡，好讓你成為促成以色列在二千年後重生的工具。」承認以色列是美國價值觀的自然結果：尊重宗教自由、與民主國家友好相處、尊重小國家，以及保護人類生命。杜魯門做出了明智的選擇。

以色列的故事一直和我的生平有所交集。身為西點軍校學員、懷揣著成為坦克部隊領袖的渴望，我被以色列坦克兵英雄般的花式操作所吸引，就像一九七三年贖罪日戰爭（Yom Kippur War）期間，阿維格多．列伯曼（Avigdor Lieberman）在戈蘭高地（Golan Heights）對抗敘利亞坦克那樣。以色列人面對極端優勢的敵人也未曾懈怠，展現出「永不言敗」的態度，這也是以色列至今還能在中東地區存續下來的一大特點。擔任國務卿期間最珍貴的回憶之一，就是坐在戈蘭高地、俯瞰著淚之谷（Valley of Tears），聆聽那位帶兵拯救了以色列的將軍親口講述整個故事。以色列的勇氣激勵並提醒著我，絕不退讓。

我也很佩服尼克森總統在一九七三年戰爭期間對以色列的支持，展現出和杜魯門總統一樣的勇氣。當以色列受到來自四面八方的攻擊，他下令向該國提供坦克與火炮。這舉動還挺危險的，可能會激起和支持阿拉伯國家的蘇聯更廣泛的衝突。但尼克森總統仍告訴中情局局長弗農・沃爾特斯（Vernon Walters）：「你把東西送到以色列去。立刻。馬上。」以色列總理戈爾達・梅爾（Golda Meir）後來曾說：「未來好幾代人都會被告知這個奇蹟，從美國來的大飛機帶來了讓我們人民得以活命的物資。」這就是美式領導統御動起來的教科書級示範。

待我年齡漸長才驚覺，不是每個人都和我一樣欣賞以色列的勇氣和決心，也不是每個人都像我一樣相信以色列對我國十分重要。一九九〇年代在哈佛法學院期間，我初次真正體驗到美國高等教育普遍存在且令人怒不可遏的反猶太主義。學生和教授四處傳播以色列「殖民者」對巴勒斯坦實施「種族隔離制度」的虛假訊息。讓人悲哀的是，我有很多同學後來當上政治和國際事務領域的高層，卻還幫著散播這種無知的疾病。在當今美國所謂的名校裡，反以色列的偏見只有變得愈來愈嚴重罷了。二〇二一年公布的一項研究發現，對於非常自由派的美國年輕人來說，「以色列和中國及伊朗的地位不相上下。」二〇二二年，哈佛大學學生刊物《哈佛紅報》（*Harvard Crimson*）正式表態支持反猶太、聚焦以色列的BDS運動（Boycott, Divestment and Sanctions Movement，抵制、撤資和制裁運動），這個運動在各個大學校園裡非常盛行。一個滿懷仇恨的伊爾罕・奧馬爾複製人世代正在崛起，試圖分裂美國與這個最重要盟邦的關係。

隨著我深入研讀聖經和研究美國歷史，我的私人生活和以色列產生了更深層的連結。二〇〇〇年代初，在我進入政壇之前，我就帶著蘇珊和尼克去以色列家庭旅遊。我在當地也有生意，因為我的公司塞爾航太是以色列航太工業的客戶與供應商。那一趟旅行，我們參訪了猶太與基督教的聖地、前往伯利恆，還穿過迦利利（Galilee）來到迦百農（Capernaum）和拿撒勒（Nazareth）。我們走過耶穌走向十字架的道路，並在客西馬尼園（Gethsemane）和哭牆禱告。

我也帶蘇珊和尼克去了戈蘭高地的戰爭地點，我還是軍校生時曾在地圖上手繪這些地點。行走在靠近戈蘭高地的山坡泥巴地裡，雖然不在他們的願望清單上，卻讓大家都留下了深刻的印象。那天下午，我們開車遇到了拉練中的坦克連隊。當時連隊才停下來進行修整，而我們的導遊也說服了年輕的連隊指揮官，讓尼克爬進他的梅卡瓦主力戰車（Merkava）。我試著想像當年年輕的龐培歐少尉是否會允許一個以色列家庭爬上我的M1坦克。而遺憾的是，我可能不會像他們那樣熱情好客。這趟旅行讓我想起了信仰與歷史的深厚聯繫，將我們兩國緊緊綁在了一起。

二〇一一年，我以國會議員的身分再次到訪，也首度見到了總理納坦雅胡。在探討安全議題的演講裡，他引述了《舊約》經文，還援引猶太人的歷史。我告訴他，我深知上帝把以色列這片土地的產權永久賜給了亞伯拉罕、以撒（Isaac）、雅各（Jacob）和他們的後裔。我還告訴他，那是當初在堪薩斯州金曼的一場高中辯論會上，有三名積極參與政治活動的基督徒提醒我的。他對此大笑不已——他只能用想像的，去揣想有人在美國腹地對支持以色列與否展開喧鬧的拉票場景。對很多福音派基督徒來說，有許許多多支持以色列的理由，而最棒的總結可能就是《創世記》（Genesis）第十二章第三節所說的：「為你祝福的，我必賜福與他；那咒詛你的，我必咒詛他。」就讓我加入接受祝福的一方吧！我至今已訪問過以色列好幾十次，而在那裡——走過耶穌走過的地方、在祂祈禱過的地方祈禱——讓人有種世上無可比擬的感覺。

我永遠忘不了幾年後在國會裡，時任總理的納坦雅胡前來演說。他敦促歐巴馬總統不要繼續執行《伊朗核協議》，因為那會大開方便之門，讓一個擁有種族滅絕野心的政權順利取得核武。在那之後，我與納坦雅胡再次見了面。雖然只有幾分鐘的時間，但我很訝異他居然還記得我是誰——他知道我是那個為了終結《伊朗核協議》而努力不懈的瘋狂堪薩斯國會議員。為此，他表示感激不盡。當時我倆都不知道彼此的工作關係將變得多麼密切。確實，這還真的是沒有辦法預知的。

反轉歐巴馬政府不尊重的態度

到中央情報局上班，從很多方面來說都是個讓人夢寐以求的工作。其中有個原因是，川普總統給了我很大的空間，讓我幾乎可以隨心所欲地與以色列人合作。這是個讓以色列人喜聞樂見的改變，因為歐巴馬政府對他們不尊重的程度，是歷任美國總統執政團隊裡空前絕後的。過去從沒有哪位美國總統如此明確表示，自己不樂意支持猶太復國主義運動（Zionist project），也不願力挺我們在中東最要好的朋友。歐巴馬的駐聯合國常任代表薩曼莎・鮑爾（Samantha Power）和最後一任國家安全顧問蘇珊・萊斯也是執政團隊裡厭惡以色列的核心人物。他們忽略了選擇正確的盟友有多麼重要這件事。

相反地，他們傾盡全力交好伊朗。《伊朗核協議》讓以色列面臨了可怕的未來選擇：要麼在一個有意願且有能力摧毀你的政權脅迫下飽受折磨，要麼被迫採取先發制人的行動但卻可能會引發第三次世界大戰。在恐怖主義的問題上，歐巴馬政府表現得也很糟糕，在道德層面上把伊朗支持的哈瑪斯恐怖分子和以色列的無辜公民——基督徒、猶太人和穆斯林等同視之。至於真主黨這個伊朗在黎巴嫩的代理人，歐巴馬團隊曾壓下美國緝毒局（Drug Enforcement Administration）對他們毒品走私活動的調查，幾乎可以證實的就是那麼做有助於核協議的達成。甚至有一名歐巴馬政府的財政官員也回憶說：「調查受到限縮壓制，是因為擔心會搞砸與伊朗的關係並危及核協議的簽署。」真主黨的非法毒品暴利幾乎可以確定就是打造十多萬枚飛彈的資金來源，只待該黨恐怖分子首腦哈桑·納斯魯拉（Hassan Nasrallah）一聲令下，就會對以色列進行彈如雨下的攻擊。

彷彿要替自己的反以色列外交政策譜下適當的尾聲，歐巴馬政府在任期最後幾天拒絕否決一項聯合國安理會決議；該決議明定所有以色列屯墾區皆為非法。這是聯合國安理會近四十年來首次通過批評以色列屯墾區的決議，因為這是美國第一次拒絕阻止這種魯莽的行為。該決議要求以色列「立即並完全停止在巴勒斯坦占領區包括東耶路撒冷的所有屯墾活動」，並申明以色列建立的屯墾區「在國際法上毫無法律效力且已構成公然違法。」在任期結束前幾天，約翰·凱瑞以一場冗長而漫無邊際的演講為政府的立場辯護，從而結束了他的國務卿任期。

凱瑞的天鵝輓歌也反映出他和其他人對以巴和平進程所賦予的重要地位。前幾任國務卿在中東地區來回奔波、穿梭在拉馬拉（Ramallah）和耶路撒冷之間，硬生生替自己飛出了菁英會員的資格。特使、聯合委員會和政策文件，都是每屆政府試圖繪製或重新繪製地圖界線的主要倚仗。所有這一切都是為了說服猶地亞和撒馬利亞的一些恐怖分子，以及在加薩地區一幫由伊朗扶持的魯蛇，好讓以色列人過上和平的生活。我們甚至還用聯合國和美國的錢去資助了主持巴勒斯坦自治政府（Palestinian Authority）的恐怖分子和所謂的難民。想憑這樣的努力來取得進展，依我看，純屬浪費時間。我壓根兒就不想花一丁點時間來和巴勒斯坦自治政府進行談判。

總統已經把「中東和平」的事務交由賈瑞德·庫許納處理。身為中情局局長，我仍得和巴勒斯坦自治政府主席馬哈茂德·阿巴斯（Mahmoud Abbas）以及其他領導人定期接觸。其實在我們主政四年的大半時間裡，我就是那個會與他們對談的高階美國官員，因為擔任中情局局長讓我對以色列和該地區的安全局勢知之甚詳。我與阿巴斯、一個名叫賽義卜·埃雷卡特（Saeb Erekat）的高階領導、巴勒斯坦自治政府情報總監馬吉德·法拉吉（Majed Faraj），以及巴勒斯坦自治政府三大安全部門的領導人一起合作。我有位情報站長是個偉大的美國人，他對巴勒斯坦自治政府有著與我相同的看法：締造和平會剝奪他們領導階層攬權、圈錢和非法收益的機會，讓他們無法過上奢華的生活，而其他巴勒斯坦人卻只能勉強維持生計。巴勒斯坦自治政府和以色列之間的和平會讓他們變得無關緊要，因此我認為要達成具有里程碑意義的和平協議是絕不可能的。我在中情局局長任內一再提醒賈瑞德這一點，而他雖然經常保持樂觀，卻也明白巴勒斯坦自治政府狡詐的行事風格可能會限制了與他們達成的成果。

然而到了二〇二〇年初，以色列考慮同意一份地圖的區劃，對巴勒斯坦人做出適度的領土讓步。巴勒斯坦人不會因此失去家園，以色列人則會放棄自己控制的耶路撒冷部分地區，但沒有哪個熟悉那座城市歷史的猶太人或基督徒能夠接受這樣的結果。這張地圖還給兩國做出安排，將巴勒斯坦首都設在東耶路撒冷。這件工作一直持續進行著，我卻對這樣的發展感到擔憂，因為我曾多次聽到川普總統說：「Bibi（納坦雅胡）不想達成協議。巴勒斯坦當局想要達成協議。」賈瑞德努力推動「世紀協議」所受到的嘲笑與譏諷不斷，而以色列國內政壇也一直要求「有所作為」。於是我益發擔心政治壓力或許會使納坦雅胡被迫接受以這張地圖為基礎的協議，給以色列帶來太大的風險，也侵犯了和平之城（耶路撒冷）的神聖空間。我掌握的底牌是，我知道阿巴斯在國內的地位並不穩。我相信他會毫不考慮就拒絕這份協議——而他的確就這麼做了。

政府有項偉大的成就，就是在二〇一七年實現了美國政客從一九九五年以來就一直未能履行的承諾：把美國大使館遷到耶路撒冷。當年國會通過了一項法案*，承認耶路撒冷是以色列的首都，並撥款讓我們把大使館從特拉維夫遷過去。然而這麼多年下來，美國兩黨的總統都以國家安全為由而沒有履行這項法律的條款。其實他們害怕的是，這個搬家的舉動會引起巴勒斯坦人和以色列鄰國針對以色列的暴力行為。我們做出了符合常識的決定，按法律的要求去執行，特別是考慮到耶路撒冷是以色列真正中央政府的所在地。想像一下，如果以色列堅持把大使館放在芝加哥，而外交作業絕大多數卻都在華盛頓特區進行的情形。這實在沒啥道理可講，但我們在以色列的外交境況卻或多或少就是這個樣子。以色列人對搬遷大使館的決定感到非常高興，而我認為美國人民也當如此認為。最妙的是，大使館的開幕儀式恰好碰上了以色列建國七十週年紀念日。

*此處指《一九九五年耶路撒冷大使館法》（The Jerusalem Embassy Act of 1995）。

強化美以雙邊關係

大使館搬遷和其他諸多勝利成果的關鍵人物，就是我們的駐以色列大使大衛・佛里曼。外號「大榔頭」的大衛是那種能讓川普政府高效運作的外交官。他不受舊有規範束縛，也不介意冒險打破怯懦與陳腐思維造成的政治僵局。他深刻瞭解自己的猶太信仰，態度玩世不恭卻又恰如其分，是個能愉快相處的夥伴。他這個人除了工作之外還是工作，而且言而有信、說話算話。他認為美以結盟對所有美國人都有好處。他和我密切合作，在大使館遷往耶路撒冷的歷史決議上，展開更進一步的發展。

也許我們工作裡最重要的，莫過於美國承認以色列對戈蘭高地的主權*。自一九七三年的戰爭以來，以色列一直占據著崎嶇的戈蘭高地——也因此在敵對的敘利亞和以色列其他地區之間扼住了一個具有戰略意義的制高點。在十五年前與蘇珊和尼克一起的那趟旅行裡，我從沒想過戈蘭高地會再次出現在我生命裡，但此時它卻顯得如此重要。

在我到訪哭牆的那一趟以色列之旅，總理納坦雅胡邀請蘇珊和我與他及妻子莎拉共進晚餐。蘇珊和我整晚都在精心打扮，準備與他們一起共度一個美妙的夜晚——這和我平常出國的晚上，一邊享用客房服務、一邊盯著華盛頓最新動態是完全不一樣的。大家不知道的是，大衛和我在當天稍早曾和川普總統通過話，而他已決定宣布我們承認以色列擁有戈蘭高地主權的新政策。蘇珊和我共赴晚宴，也在場見證了總統正式告知納坦雅胡這個決定的時刻。

Bibi當然希望舉辦一場新聞發布會來向川普總統與美國致謝。我們決定把它設計成一場聯合新聞發布會，由我擔任共同主持人，但我並沒有準備發言稿。好在我瞭解這段歷史的來龍去脈。我談到戈蘭高地既是個屬於猶太人和正義的以色列土地，又是個具有軍事與戰略意義的地方。而讓Bibi驚訝而且我相信大衛・佛里曼和蘇珊也同感驚訝的是，我發自內心地講述了淚之谷的戰役，以及拯救了自己國家的以色列軍事英雄不可思議的英勇表現。就結果來說，我整個成年時期一直都在為這些發言做著準備。

奇怪的是，那場即興演講中關於戈蘭高地重要性的話語沒有成為當週的熱門頭條。有位基督教新聞媒體的記者問我，川普總統是否「在這樣的時刻，就像以斯帖王后（Queen Esther），被安排來協助拯救猶太人免受伊朗的威脅？」我知道這個典故出自《以斯帖記》（Book of Esther）。以斯帖是一名年輕的猶太女子，在古波斯國王亞哈隨魯（Ahasuerus）下令將第一任妻子放逐或處死後成為王后。國王身邊有個邪惡的謀臣哈曼（Haman），因為王后的表親兼守護者末底改（Mordecai）拒絕向他下跪而彼此結怨。因此哈曼就誆騙亞哈隨魯，讓他下令殺掉波斯（古伊朗）境內所有的猶太人。以斯帖王后發現了這個陰謀、並說服國王別這麼做，把猶太人從必死之局解救了出來。

在美國，我很少遇到非宗教記者提出這樣的問題。然而在我到訪以色列時，這樣的問題偶爾還是會被人提出來。我不是《聖經》學者，所以在回答時總小心翼翼。在這個情況下，我回答說：「身

＊二〇一九年三月二十五日，美國總統川普簽署了一份總統公告，宣布美國承認戈蘭高地為以色列國的一部分。

為基督徒，我當然相信那是可能的。」

對基督徒來說，這種觀點並不具爭議性。我們知道，上帝讓普通人——其實是有嚴重缺陷的人——身居高位、手握大權，而這些罪人往往也都能幹出一番大事。大衛王（King David）就是一個完美例子。更重要的是，我們知道全能的上帝掌控著一切，且無所不知。因此，若有人問你：「你相信史密斯先生之所以在修剪草坪或創造世界和平，是因為主選擇了讓他在這個時刻出現的嗎？」答案可能是肯定的。然而《華盛頓郵報》卻對此陷入了歇斯底里，用一個荒謬的標題寫道：「天哪！麥克・龐培歐認為川普是以斯帖皇后！」

儘管受到這樣的嘲笑，我在其他方方面面依然寸步不讓地支持我們的盟友。二〇一九年在美國以色列公共事務委員會（American Israel Public Affairs Committee），我解釋了為什麼「反猶太復國主義就是反猶太主義。」這是史上第一遭有在任總統的政府官員做出了如此的表態。同年晚些時候，我還不得不竭盡全力去和國務院的律師們周旋，糾正一個多年來一直沒被更正的錯誤：美國對以色列在約旦河西岸屯墾區合法性的立場。從一九七八年以來，國務院就一直認為這些屯墾區違反國際法。在這兒，我不想用他們那些似是而非的理由來煩死你，但我不同意他們的立場。我撤回了那個糟糕的政策，認定這些屯墾區在國際法上本身並不違法。

同樣重要的還有，我們決定把以校園作為大本營的BDS運動定義為反猶太主義。我們甚至修改了美國的貿易規則，允許在約旦河西岸以色列屯墾區生產的進口產品打上「以色列製造」的標籤。在我二〇二〇年第六次也是最後一次訪問以色列時，蘇珊和我參觀了一座以色列屯墾區的酒莊。有一名葡萄酒商感念我們的付出，送了我一瓶名為「龐培歐」的葡萄酒。我希望自己也能如同那佳釀一樣，愈陳愈香。

我們的成功，大多得歸功於納坦雅胡總理這位出色的合作夥伴，他年輕時在美國度過很長一段時間。他理解美國和我們對他祖國的特殊情感，因而我總會為他騰出時間來。二〇一九年十二月四日，我人在倫敦，得知他急著想和我碰面。於是我們約在葡萄牙里斯本碰頭，而我在當天晚上就飛了過去。他告訴我，他對賈瑞德樂於放棄耶路撒冷的態度感到憂慮，也擔心伊朗伊斯蘭什葉派領袖打算用真主黨的精準火箭迫使以色列接受阿薩德作為敘利亞的統治者。我們還討論了當時看到蘇雷曼尼的種種活動，以及阻止那些計畫的做法。

那次碰面後，納坦雅胡向媒體透露，說我已承諾美國接受正式的共同防禦條約簽署，讓兩國在遭受攻擊時互相提供援助。雖然這件事純屬無中生有，但對他卻是有好處的。在更正了紀錄以後，我們的夥伴關係並沒有受到任何的損害。相反地，那個時間點正是替本世紀最偉大的外交成就累積動能的時刻。要取得這項成就需要許多幫手、勇敢的領導者以及長期的關係，而不僅是臨時的共同利益而已。最重要的是，這需要選擇正確的盟友。

■《亞伯拉罕協議》：和平的新盟友

在深入探討《亞伯拉罕協議》這個故事前，我想先澄清一下：故事的核心不是以色列、阿拉伯國家甚至伊朗這些地方，而是整個中東地區。而且我要講述的，是以美國作為這個區域的一股積極力量為前提，以能大幅造福美國人民的諸般方式來締結同盟的故事。

在川普執政之前，陳腐的教條主導了美國對該地區的政策。兩黨的實權人物都認為，以色列在和巴勒斯坦人講和之前是永遠無法與鄰國和平共存的。這是一種信念。就拿約翰．凱瑞來說吧，他在二〇一六年堅決的表示：「聽說以色列有些知名的政治家有時會說：哎呀，阿拉伯世界現在的立場不一樣了。我們只要和他們接觸就可以和他們一起做些什麼，然後再來處理巴勒斯坦人的問題。他們千萬別這樣，想都不要想。」

事實證明，凱瑞狹隘的思維方式是大錯特錯，錯上加錯。

然而，認為以色列必須先解決巴勒斯坦問題才能夠和更多鄰國和平共存的想法，還不是歐巴馬政府在中東外交上最糟糕的。歐巴馬總統在開羅演講，其實就是替美國在九一一事件後對該地區帶來的影響道歉，向對手傳遞出我們既軟弱又優柔寡斷的訊號。二〇一三年阿薩德在敘利亞發動化武襲擊，他隨後就撤回了自己的「紅線」聲明，更讓對手證實了他早就知情*。然後我們就迎來了這個時代最愚蠢的外交政策決定：歐巴馬政府與伊朗簽署核協議。對巴拉克．歐巴馬、喬．拜登、約翰．凱瑞、班．羅德斯、約翰．布瑞南和所有其他的人來說，二〇一五年的核協議是與伊朗伊斯蘭什葉派領袖建立真正友好關係的開端。由於指望著和一個打著伊斯蘭革命旗號的嗜血政權共同合作，他們相信自己的綏靖政策將能重塑這個區域。

我們開始單獨和以色列與阿拉伯國家接觸時，馬上就看到他們對伊朗主導該地區的前景感到多麼恐懼。這種擔憂其來有自，因為伊朗得益於歐巴馬那糟糕透頂的協定而獲得了大量資金。即便在簽署協定之前，伊朗也是該地區麻煩的主要來源。它提供武器和資金給哈瑪斯、真主黨和巴勒斯坦伊斯蘭聖戰組織——這些全是和以色列勢不兩立的死敵。它透過什葉派恐怖組織對黎巴嫩和伊拉克的政治影響力，壓榨當地人民，搞垮當地經濟。伊朗對青年運動武裝組織的支持加劇了葉門的人權災難。在敘利亞，巴夏爾・阿薩德在真主黨與伊朗指揮的武裝分子協助下屠殺自己的人民。而這都還沒有提到伊朗還擁有投下毀滅陰影的核武幽靈呢。

我們的政府開始以一種全新的方式來構設中東地區。賈瑞德・庫許納、佛里曼大使和特別代表傑森・葛林布拉特（Jason Greenblatt）給該地區的問題帶來了全新思維。我們不把事情當作是猶太人對抗阿拉伯人，或是以色列對抗美國以外的所有人。我們可以用嶄新的眼光來看待這個地區如何做好重新調整的準備，以和平與穩定的力量（以色列和某些阿拉伯鄰國）來對抗極端主義和破壞的勢力（伊朗政權、它的代理人，以及像伊斯蘭國和蓋達組織這樣的遜尼派聖戰士）。

這樣的努力在我擔任國務卿之前就已開始，而一直到我們任期的最後一年才得以實現。很多人都該接受表揚，首先是賈瑞德、大衛和傑森，還有梅努欽部長。我們駐阿拉伯聯合大公國（阿聯酋）大使約翰・拉科塔（John Rakolta）和巴林大使賈斯汀・西貝雷爾（Justin Siberell），以及阿聯酋駐美大使優素福・阿爾・奧泰巴（Yousef Al Otaiba）和以色列駐美大使羅恩・德爾默（Ron Dermer）

*歐巴馬總統在二〇一二年八月二十日表示，在敘利亞內戰動用化武就是踩了美國的紅線。

同樣也發揮了重要作用。

改變的風並不總是強烈吹拂，有時你只需感受微風拂面即可。從執政之初，我們就看到一些可能發生重大變化的跡象。二〇一七年，川普總統成為史上第一位從利雅德直飛耶路撒冷的乘客——這是個小小的突破。二〇一八年，納坦雅胡總理訪問了堪稱中東瑞士的阿曼；這是以色列總理自一九九六年以來首次訪問該國。同年，阿聯酋允許在阿布達比（Abu Dhabi）舉行的一場柔道錦標賽播放以色列國歌。而在二〇一九年，在波蘭華沙舉行的一場中東安全會議上，阿拉伯高階領導人和以色列領導人一起參加了同一場安全事務會議，這還是一九九一年以來的第一次。那次在華沙的聚會並沒有引起太多關注，但阿拉伯和以色列領導人能夠公開會面而沒有引起所謂阿拉伯的街頭巷議，這讓我們得到了極大的鼓勵。

我們希望這是推動以色列與某些阿拉伯鄰國關係正常化的恰當時機，以符合我們建立對抗伊朗聯盟的策略。這樣的壯舉在以色列的歷史上只出現過兩次：分別是一九七九年與埃及、以及一九九四年與約旦。在外交上的阻擋與防守肯定困難重重，但也有幾個對我們有利的因素。像巴林和阿聯酋這樣的阿拉伯小國——各自隔著波斯灣和荷姆茲海峽與相距不遠的伊朗領土相望——攸關切身利益的就是保護自己免受伊朗情報活動侵害，而這些活動已在他們的國境內如膿瘡般滋長了許多年。這兩個國家也希望將自己的國家轉型成金融和旅遊強國，並認為強大的伊朗會摧毀他們的經濟收益。我們還知道，阿拉伯世界新一代的領導人並不像他們的上一任那樣懷有強硬的阿拉伯民族主義或反猶太主義觀點，這可能使他們對於和以色列建立正式關係抱持著更為開放的態度。

有遠見的領導者、大量的努力以及一系列事件，帶來了一個世界上沒有任何人能夠預測的結果。其中一位領導者就是阿聯酋的穆罕默德・本・扎耶德（Mohamed bin Zayed）、外交界大家都叫他MBZ。他本人堅決反對伊斯蘭主義。在他和已故兄長的領導下，阿聯酋始終致力於給自己的國民以及數百萬居住在境內的外籍人士更多自由。這是個天然資源豐富的國家，也是全球國際商業的重要樞紐，多年來一直樂於接受西方思想、高教制度和思想觀念——其中也包含宗教自由。

他這個人相當精明幹練、博學多聞，且對伊朗的勢力感到擔憂。他深愛家庭，經常談起自己的孩子。他知道阿聯酋的經濟實力很重要，但並不足以確保國家的繁榮昌盛和獨立自主。他常提醒我，他看到美國在這個地區有哪些地方沒做好，並告訴我他會如何避免。他明確表示自己指望著美國利用國家的力量來約束伊朗的邪惡行為。當蘇雷曼尼被擊斃、所有波斯灣阿拉伯國家（Gulf States）都擔心自己會成為伊朗報復的目標時，我提醒了他這一點。不管怎麼樣，我們都很努力來保障他們不會受到威脅。這些年來，我們之間的對話總是直截了當。他從沒要我去實現他認為我做不到的事情，而我也從沒做出無法兌現的承諾。他始終把阿聯酋放在第一位，這是他的責任所在。我很佩服這一點，而這也有助於我們的團隊日後在推動和平進程時能夠應對複雜的局面。

二〇一七年在中情局局長任內，我初次和阿聯酋另一位重要人物見了面。謝赫*塔赫努恩殿下（His Highness Sheikh Tahnoon）總是面帶微笑，但可別被表面給蒙蔽了：這位謝赫無時無刻都在思

*謝赫是阿拉伯語尊稱，指部落長老、伊斯蘭教教長、阿聯各酋長等。

考和評估各種狀況。在許多問題上，我們雙邊的機構都有著非常出色的合作。我們成了好夥伴和好朋友，彼此總會分享讓國家更加安全的各種工具。四年來，謝赫塔赫努恩和我始終保持聯繫、相互通話，因為我們都致力於同一個目標。

已經有別人寫過、也還會有其他人繼續書寫種種刻畫入微的外交手段，告訴我們《亞伯拉罕協議》最終是如何達成的。總的來說，我認為如果沒有「美國優先」、以色列作為盟友，以及大家普遍認為伊朗是該地區破壞穩定的主要力量支撐著，這些協議是不可能實現的。但在更細微的層面上，有兩個塑造了外交進程的因素就顯得格外突出。首先，我們是在一個脆弱的政治聯盟領導著以色列的背景下進行這些協議。以色列舉行了三次國會大選——二〇一九年兩次、二〇二〇年三月又舉行了一次——但卻沒有哪一次能產生出穩定的過半數聯盟。其實在民主國家裡，國內的政治往往讓領導人綁手綁腳——這本來就是它的運作方式——但以色列領導人在政治上幾乎沒有犯錯的餘地，這使得我們努力保持討論的機密性變得格外重要。我們外交洩密的新聞可能會成就或毀掉許多以色列政客的政治生涯，這得視他們的處境而定。而我們成功守住了祕密：二〇二〇年八月十三日，總統宣布與阿聯酋達成首份關係正常化協議，讓全世界大吃了一驚。

其次，巴勒斯坦自治政府竭盡全力反對我們的努力。他們知道，如果壩體崩潰——如果它身為和平障礙的能力下跌了——那它就沒有辦法利用發動起義和煽動全世界阿拉伯人的威脅來作為籌碼。巴勒斯坦自治政府不斷散布有關巴勒斯坦被併吞、波斯灣地區親猶背叛者背信棄義行為這類危言聳聽的故事。他們的獨裁統治者在伊斯蘭合作組織裡搗蛋，並訴諸年代久遠的仇恨。但是這四個國家的領導人——美國、以色列、阿聯酋和巴林——卻毫不動搖。他們堅持選擇正確的盟友，並實現了和平。

在阿聯酋率先宣布之後，其他國家也相繼加入。短短的二十九天後，巴林在王儲強勢領導下也參與進來，簽署了一項打擊反猶太主義和促進和平的協議。阿拉伯猶太復國主義者——誰敢相信呢？「美國優先」讓這一切得以實現。

在那之後，有更多的多米諾骨牌持續倒下。從二〇一九年十月以來，我們就一直想把蘇丹從支持恐怖主義國家的名單上摘下來，而這是我擔任中情局局長以來一直努力在做的事情。這就是做對的事情，因為蘇丹已成為可靠的反恐合作伙伴。但是把他們從名單上移除的想法，也讓我們有籌碼來說服蘇丹承認以色列。蘇丹總統和高階軍事將領間的爭執拖慢了整個進展，也因此我便成了十五年來第一個前往蘇丹鞏固協議的國務卿。布萊恩・霍克是《亞伯拉罕協議》團隊的核心成員，他在確保這項成就上也發揮了重要的作用。

然後，摩洛哥在二〇二〇年十二月加入了這個行列。即使任職中情局的時候，我也喜歡與摩洛哥人一起合作。他們是專注的反恐伙伴。讓他們同意的價碼是美國必須承認摩洛哥南部一個稱為西撒哈拉（Western Sahara）的地區。對美國來說，這開價很合理，而我們也幫以色列得到了另一個阿拉伯國家的正式承認。

時至今日，對於我們在《亞伯拉罕協議》取得的成就，我還是覺得非常欣慰。誰能相信，經常被外交政策主流派詆毀的川普團隊中東成員，竟然能讓阿聯酋與以色列戰機飛行員在天空中相遇，不為交戰，而是為了編隊飛行呢？這純然就是主的作為。只不過因為懦弱的斯堪地那維亞全球主義者的偏見，讓川普總統、納坦雅胡與穆罕默德．本．扎耶德沒能夠獲得諾貝爾和平獎。（倒不是說這獎項有多值錢——歐巴馬上任第一年在毫無建樹的情況下就獲了獎，而恐怖分子首腦阿拉法特（Yasar Arafat）也搶了一個。）我們的回報是把中東地區的敵意甩到一旁，就像推開攔路的巨石。我們的成就是讓各國認清自身的利益，並努力與正確的盟友和夥伴共同合作來獲取這些利益。我可以用瓦茨拉夫．哈維爾（Vaclav Havel）這位我心目中的英雄對東歐共產主義崩潰所做的評論，來對《亞伯拉罕協議》的驚人進展做出最棒的總結：「面具掉得如此之快，以至於在繁忙的工作中，我們甚至都還來不及感到驚訝。」

沙烏地阿拉伯：《亞伯拉罕協議》的下一個成員嗎？

我們很想把沙烏地阿拉伯也拉進協議裡。我們差一點就實現了這個目標，而這大半還得感謝沙烏地阿拉伯王穆罕默德．賓．沙爾曼的襄助。在我們執政期間，他的父親沙爾曼國王仍是國家大事最後拍板的人，但大多數的日常行政工作已經移交給他來處理。如果沒有他在暗中支持，《亞伯拉罕協議》永遠不可能會出現。世人應對他所做的一切心存感激。讓沙烏地阿拉伯的領導人來祝福以色列邁向和平並不是一件容易的事。沙烏地阿拉伯在伊斯蘭世界裡的地位相當特殊，尤其它不僅是穆斯林重大朝覲（Haji）*活動的東道主，同時也擁有伊斯蘭教的第一和第二聖地——麥加與麥地那

（Medina）。

儘管年紀很輕——成為王儲時只有三十一歲——可是他卻已經在複雜而殘酷的政治環境裡展現了自己是個幹練的操盤手。透過邏輯思維和其他比較沒那麼委婉的手段，他替自己為何應該立即接掌沙爾曼國王的王位提供了充分的理由，把接替父親權力的鬥爭變成了一個傳奇故事。身為領袖，他所展現的可不僅是自己在統治家族裡的辦事能力而已。他還表現出對子民的熱愛，並分享自己替王國所帶來現代化、繁榮與安全的願景。他一直都是「沙烏地阿拉伯二〇三〇年願景」（Saudi Vision 2030）計畫的幕後推手；這個計畫是要在一個以石油生產和強硬伊斯蘭價值觀主導的國家裡推動重要的經濟與社會改革。有人認為他的改革進展過於緩慢，但是從來還真沒有哪位沙國領導人能像他一樣行動如此迅速敏捷。而且我敢說的是，沒有別的領導人能做到這一點。有些人認為他的努力根本是天馬行空，從新未來城（Neom）的規劃、在利雅德打造世界級的學術機構，再到努力刪除世界各地伊斯蘭學校課程裡的瓦哈比主義（Wahhabism）。然而他的領導統御確實是有效的。

從美國的角度來看，這個王國將繼續發揮重要作用。穆罕默德・賓・沙爾曼是該國的領袖，而且如果阿拉伯願意的話，極有可能在接下來幾十年也是如此。在他的領導下，沙烏地阿拉伯一直努力維護伊拉克脆弱的民主體制，並讓它至少在某種程度上與西方保持聯繫。這個王國與我們攜手努力，為逃離敘利亞的難民提供食物。當他成為王儲時，首先努力去做的就是協助美國根除伊朗在葉門的

＊每年全球各地的穆斯林會到麥加朝觀，它也是伊斯蘭教的五功之一。

破壞性影響，而且還幫忙提供食物來避免當地出現饑荒。沙國也捐助了好幾百萬美元給我們去對抗伊斯蘭國。在我們主政期間，有沙國的石油生產在背後撐腰，讓我們能對伊朗進行制裁，同時又不會給美國民眾帶來龐大的燃料成本。與沙烏地阿拉伯這樣複雜的國家建立牢靠的夥伴關係殊為不易，而這份天大的功勞應歸於偉大的美國人約翰．阿比扎伊德（John Abizaid）大使；曾為美軍中東地區負責人的他，後來來到了利雅德帶領我們的外交團隊。

上述的溢美之詞，無疑會引發大量「龐培歐為哈紹吉案開脫」的報導。沒關係，就這樣吧。但是請注意報導的署名——許多文章的作者將會是那些提供幾十億金援給伊朗伊斯蘭什葉派領袖的人；這個人殺掉自己同胞的數量，遠超過曾經去過伊斯坦堡沙烏地阿拉伯領事館的人數。那些批評者要求沙國用一種沒有哪個國家能承受的步調進行變革，也因而天真地認為當地局勢不穩實屬應當；而這些情況顯然會帶來危險。對美國境內各地的美國人來說，美國與沙烏地阿拉伯王國的戰略夥伴關係是非常重要的。

我們已經從想知道《亞伯拉罕協議》到底行不行，轉變成猜想下一個加入的會是哪一個阿拉伯國家。我樂於見到這樣的猜測，因為這就假定了這些協議本身具有永久性、傳承性和重要性。我確信沙烏地阿拉伯總有一天會成為其中的一員。我也可以說，我們在卸任前差點兒就讓某個重要的亞洲國家也簽署了這份協議。許多美國人也許會驚訝地發現，在全球穆斯林人口最多的六個國家裡，波斯灣阿拉伯國家無一上榜。其中有四個國家位於東南亞——分別是印尼、巴基斯坦、印度和孟加拉；另外兩個國家——奈及利亞和埃及——則位於非洲。與猶太家園永保和平符合這些國家各自的利益考量。

雖然我不知道下一個會是誰，但我確實知道允許下一個國家加入的條件會是什麼。首先，必須承認以色列有權在所有正當的領土上，以猶太民族永恆家園的身分存在著。其次，它必須接受美國的領導。沒有美國的支持，我們幾乎無法想像有哪個穆斯林國家的領導人會做出這樣的決定。第三，全世界必須認清美國與以色列關係密切的事實。如果沒有那樣的認知，穆斯林國家會以為，也許有一天美國會與他們更親近，而不是跟以色列。第四，美國必須準備好保護可能加入《亞伯拉罕協議》的國家，使其免於來自伊朗政權的真正威脅。這四大支柱引領著傑出的領導人，讓他們和以色列的猶太兄弟姐妹達成了真正的和平協議。全世界將長期見證選擇正確盟友所帶來的成果。

Chapter 14

嘗試新的想法

路易斯安那購地案（Louisiana Purchase）；阿拉斯加購地案（Seward's Folly）*；買下格陵蘭（Greenland Gain）？二〇一九年八月。如往常一樣，媒體對自己不理解的事情總嗤之以鼻。《華爾街日報》剛剛報導了川普政府有意從丹麥手中買下格陵蘭。總統在不久後也確認了這個消息，他說：「從戰略上來說，這很有趣。而且，我們是感興趣的。我們會和他們稍微聊一下。」

丹麥人立刻在公開場合否定了這個想法，首相梅特・佛瑞德里克森（Mette Frederiksen）堅決表示：「格陵蘭是非賣品……它不是丹麥的。格陵蘭屬於格陵蘭。」好的，沒問題。但是，首相女士，如果格陵蘭屬於格陵蘭，妳怎麼知道它賣不賣呢？妳說的當然沒錯，格陵蘭不是丹麥的。那麼，為什麼妳要對它渴望透過收購而成為美國的一部分發表意見呢？更糟糕的是來自媒體的嘲笑。《政客》記者丹尼爾・利普曼（Daniel Lippman）說它是「一項不切實際的提議，但對在八月陷入低迷的媒體和政治階層來說卻極具誘惑力。」

其實，買下格陵蘭是川普政府最棒的構想之一。總統與他的團隊——包括他的經濟幕僚——都認為這樣的交易應該行得通。對丹麥這樣的小國來說，給這個在將近二千九百公里外的領土提供補貼是一種財政上的負擔。對於總人口五萬七千人的格陵蘭人來說，成為美國的一分子可能正是他們所需要的，因為這將給他們帶來更多的經濟機會和更高的生活水準。對於已經在那裡擁有軍事基地的美國來說，格陵蘭擁有大量重要的稀土礦藏，可用於建造F-35和其他防禦系統。在地球儀上從北極往下看，你會發現從美國到俄羅斯和中國的最短路徑就是橫穿過格陵蘭。毫無爭議的是：進出格陵蘭及其周邊水域是一件大事——因此之故，中國人在該地區也相當活躍。

雖然我們到頭來並沒有買下格陵蘭，但圍繞這項努力所展開的外交交涉對美國卻是有利的。二〇二〇年六月九日，川普政府宣布，美國終於決定要打造一支破冰艦隊，以協助北極地區的海軍艦艇遏止中國和俄羅斯的侵犯挑釁。第二天，我和烏利奇以及優秀的丹麥大使卡拉．桑德斯（Carla Sands）一起忙了好幾個月的計畫終於取得了成果。從艾森豪總統時代之後，美國將首度再次在格陵蘭設立領事館。有人輕描淡寫地說道：「誰在乎領事館和冰封的海洋呀？」甚至有人可能會問：「我們幹嘛要把時間浪費在格陵蘭上面？」然而，開設領事館是我們努力結交盟友、對抗中國共產黨，並建立持續數十年的威懾模式時的關鍵核心所在。

丹麥人對領事館重開也感到相當高興。引用跟我對接的丹麥外交大臣耶佩．科弗德（Jeppe Kofod）的話來說：「我樂見美國在努克（Nuuk）重開領事館……我們明確的當務之急，就是確保美國對格陵蘭的關注增加，好讓格陵蘭社會受益這件事。我們一直在為實現這個目標而積極努力著，而我也很欣慰現在我們開始看到具體成果了。」

二〇二〇年七月，我到丹麥去給這次的事情站臺造勢。丹麥外交部是世界上最漂亮的外交總部之一，坐落於哥本哈根港區內。然而部裡發生的事情才是更重要的。外交大臣科弗德和我進行了一場很棒的兩國雙邊會議，但我們也邀請了格陵蘭以及位於蘇格蘭北端與冰島之間的法羅群島（Faroe Islands）外交部長與會。那次的會議對美國發展長期關係來說非常重要。

＊前國務卿西華德（William H. Seward）力促詹森總統同意向俄國買下阿拉斯加，許多共和黨人嘲笑西華德愚蠢，稱阿拉斯加是西華德的大冰箱。

最後，川普團隊藉由提高我們在格陵蘭的存在感、進一步擱置格陵蘭人心裡的中國選項，並且讓丹麥政府相信我們想和格陵蘭建立互惠互利的關係，讓美國變得更加安全。有別於我們開設領事館時的報導，這個舉措並沒有「完全背離」買下格陵蘭的嘗試，而是個合乎邏輯的產物。要不是川普政府願意嘗試新的想法，這一切都將不會發生。

嘗試新事物，得到好結果

嘗試新的想法——並在過程裡挑戰外交政策的教條主義——並沒有讓我們受到媒體或華盛頓主流派的青睞。這種做法很少有討得了好的。一九八七年，雷根總統的一名文膽在總統發表著名的「布蘭登堡門演說」（Brandenburg Gate speech）前先一步到了西柏林，和一位美國外交官碰了面。彼得・羅賓遜（Peter Robinson）在回憶時說道：「這個外交官對雷根總統不該說什麼充滿了想法。」關於柏林圍牆，他力勸雷根總統在演講裡一個字都不要提起。羅賓遜回憶起這名外交官談到東柏林人以及阻擋他們走向自由的柏林圍牆時說道：「他們如今已經習慣它的存在了。」從那場著名演講登場的幾星期前到幾天前，國家安全會議和國務院一再向白宮傳送新的草稿，而這些草稿都刪掉了後來成就了雷根總統最偉大演說的那段話。最後，雷根總統相信了自己的直覺，講出被載入史冊的那句話：「戈巴契夫先生，推倒這堵牆！」

我們試圖保有同樣的開放心態，而且也不容教條主義成為一道不可摧的障壁。我們政府的最高層級是總統。他不受傳統意識形態框架的束縛；若能把美國放在首位，他對可能管用的政策也抱持著非常開放的態度。橢圓辦公室有時看起來就像是大學宿舍裡的聊天瞎扯一樣；我們總是提出想法，然後又否決掉。沒有什麼是不能討論的。而且總統還授權他的團隊，如果覺得某個想法行得通，就放手去做。這就是我們達成《亞伯拉罕協議》的方式；這就是我們將美國大使館遷至耶路撒冷的方式；這就是我們推動「留在墨西哥」政策的方式。重要的是，要能願意無視「這就是我們一直以來的做法」或「那行不通」這樣的反射性教條。讓人遺憾的是，華盛頓大部分的部門都受到這些反射性教條的制約，限制了他們的運作、甚至讓他們寧可無所作為。我們無視這些教條。我們嘗試了新的想法。

中東地區的新策略

在中東地區，我們在不同的關鍵時刻做出艱難的抉擇，有時也取得了巨大的成功。然而，伊拉克一直就是問題。邱吉爾（時任英國殖民地事務大臣）曾說過，經營伊拉克就像是「住在一座不知感激的火山上」。自從薩達姆．海珊倒臺以來，那座火山已經讓數以千計的美國士兵與外交官身處險境。我們想好好履行我們的義務，讓該國維持穩定，並防止它成為伊朗的附庸國。在許多情況下，我試圖用具有創意的方式來解決問題。

中央情報局的成功要素就在於它的獨創能力。在二〇一七年和二〇一八年，我們嘗試幫助伊拉克的「好人」，讓他們有機會競逐全國性選舉。伊朗一直在賄賂國會議員，好讓它極端反美的人選可以當選。我們不能用同樣的方式和他們競爭，但我的團隊和我卻對怎麼解決這個問題有了想法。我把構想提交給國會的監督委員會。雖然那個提案並不特別隱蔽，但大致說來是不用花錢的。

我對這個構想引起的爭執感到震驚。參議員賀錦麗說：「呃，伊朗不會喜歡那樣的。」嗯，當然，伊朗伊斯蘭什葉派領袖會恨死這樣的事情。眾議員謝安達——他當時正忙著謀劃俄羅斯騙局的罪行——說：「不行，你不能這麼做。」最令人憤怒的是伊利諾州參議員迪克・德賓（Richard "Dick" Durbin），我與他有過如下的對話：

德賓：你如何向《紐約時報》解釋這個情況？

我：先生，首先，我們並沒有做錯任何事情。我們試圖讓貪腐的速度與伊朗的腳步同時放慢下來。順帶提一句，天殺的這裡是美國。我不會向《紐約時報》解釋什麼，因為他們根本無法理解我們才是好人。

在建立一個更為獨立自主的伊拉克的使命裡，我確實結交了一些比某些美國國會議員更好的合作夥伴。伊拉克總統巴爾哈姆・沙勒就是其中一位。庫德族北方的巴爾扎尼家族（Barzanis）也是很好的合作夥伴。領導伊拉克內部的庫德族是一件極具挑戰性的事情。儘管庫德人長年飽受伊朗威脅，但他們和我們（往往在暗地裡默默進行的）合作結果卻非常出色。美國很難再找到比他們更出色的戰士或更要好的朋友了。當然，中東地區的事情從來都沒那麼容易。到頭來，我們在伊拉克內部和伊朗的爭鬥持續敗退；時至今日，為伊拉克人民的自由與獨立的戰鬥仍在持續進行中。

除了穆罕默德．賓．沙爾曼，在政治上最受鄙視的中東進步左派領導人，也許就是埃及總統塞西；然而，他卻成為川普政府極為重要的合作夥伴。埃及對於和平與穩定至關重要，擁有一億穆斯林人口，與以色列、地中海、利比亞和加薩走廊接壤，並且正好位於非洲恐怖分子的陸路通道上。美國曾經一度因為該國而面臨真正的危險。在二〇一一年總統穆巴拉克（Hosni Mubarak）被迫辭職與一段混亂的過渡時期之後，伊斯蘭穆斯林兄弟會在埃及執掌了幾個月的政權，直到二〇一三年也同樣遭到驅逐。取而代之的就是塞西政府；對美國極為有利的是，他們向來都不遺餘力地鎮壓伊斯蘭恐怖主義網絡。

我第一次見到塞西是在二〇一四年三月，當時他還是塞西將軍。我們一起和情報委員會另外兩位成員見了一面：委員會主席麥克．羅傑斯，他是出身於密西根州的共和黨員；以及民主黨的吉姆．希姆斯（Jim Himes）——他既聰明又善良，所代表的康乃狄克州選區是美國最富有的地區之一。當天塞西告訴了我們兩件重要的事情。首先，他將在隔天宣布競選總統。他還告訴我們，這個決定意味著我們如果在一年後來找他，只會有兩種情況：他如果不是正沐浴在埃及經濟成功的暖陽下，就是正在監獄裡待著，跟他前兩任被關進埃及監獄裡一樣。

他提到的第二件事是一項請求：「請告訴歐巴馬總統，讓我們使用自己買來的阿帕契直升機。他們連保鮮膜都不讓我們拆。跟他講，以色列人也想讓我們擁有它們。」我笑了，因為儘管塞西的英語並不完美，但他知道「保鮮膜」這個確切的詞彙。他不明白的是，歐巴馬政府才不在乎以色列想要什麼。當局極可能屈服於參議員派屈克・雷希（Patrick Leahy）的壓力，以人權問題為由而扣住直升機不放。羅傑斯和我都同意塞西應該獲得這些直升機，這樣他的部隊就可以用它們來消滅西奈半島上的恐怖分子。埃及曾經是也依然是個重要的反恐合作伙伴。拒絕提供工具給這個國家來協助我們，這種做法實在讓人無法理解。在我們主政期間，我們還找了埃及人來幫忙催生《亞伯拉罕協議》，因為他們已經和以色列達成了和平協議，並證明阿拉伯國家可以承認以色列，而且還活得好好的。他們嘗試了新的事物，並因此變得更好。

與土耳其的糾葛

當然，嘗試新的想法必然會擾亂現有的政治秩序和利益。但當美國的安全受到威脅時，領導者無論如何都必須勇往直前，即使這樣可能會得罪盟友和夥伴。我們與土耳其的關係就是用這樣子的互動方式推展開來，這個國家在中東地區許多重要決策裡扮演著關鍵的角色。

從一開始，我們的政府就沒有針對土耳其制定強而有力的經營策略。如果有的話，事情應該就會容易得多。土耳其有充分的動機與西方堅定結盟，而且人民也樂觀其成並將從中獲益。然而，自從二〇一六年發生所謂的「政變」以來，艾爾段總統就完全走向了伊斯蘭獨裁統治。我花了很多時間跟他以及他的國家安全顧問易卜拉欣・卡林（Ibrahim Kalin）和情報首腦哈坎・菲丹（Hakan

Fidan）一起合作。艾爾段經常打電話向川普總統抱怨，說我們給庫德族太多幫助或拒絕遣返流亡宗教人士法圖拉・居連（Fethullah Gülen）——艾爾段認為他是政變的幕後主謀。我認為他挺帶種的，看到歐巴馬政府在該地區的軟弱表現——比如從伊拉克撤軍讓伊斯蘭國壯大、不執行對敘利亞的紅線政策、給伊朗霸權大開方便之門等等，不一而足——居然敢占美國的便宜。

在我們執政初期，最迫切的中東問題就是對抗伊斯蘭國。我們完全沒有投入大量美軍地面部隊的打算，但我們也知道必須阻止與伊斯蘭國有關的恐怖主義擴散到歐洲、以色列和美國。於是國家安全顧問麥馬斯特、國防部長馬提斯、參謀長聯席會議主席約瑟夫・鄧福德（Joe Dunford）、國務卿提勒森和我，大家一起評估了兩種選擇。第一個選擇是和位於敘利亞的庫德族武裝部隊（即 Syrian Democratic Forces，敘利亞民主力量）合作，協助他們從西北部的伊德利卜省（Idlib Province）開始沿著幼發拉底河中游河谷向下，然後直達伊拉克邊境，重新奪回被伊斯蘭國控制的敘利亞領土。

第二個選項是支持土耳其以前提過的一個相當傳統的提案：讓他們來完成這項工作。身為北約盟國，土耳其聲稱自己擁有龐大的軍隊，能蕩平伊斯蘭國並恢復敘利亞的秩序。麥馬斯特和我都對此表示懷疑，因為他們的計畫看起來顯然就像是針對庫德族的種族清洗。艾爾段將利用這個機會遂行自己長期以來鎮壓敘利亞境內庫德族的目的並得到美國默許的額外好處。艾爾段和菲丹給我打了好多次電話，強調庫德斯坦工人黨（Kurdistan Workers' Party，PKK）——被美國認定為恐怖組織——與敘利亞民主力量沒什麼不同。他們揚言，如果美國支持敘利亞民主力量，那將會破壞我們與土耳其的關係。

馬提斯和鄧福德卻在擔心另一件事情：土耳其軍隊沒有能力擊敗伊斯蘭國。鄧福德要去訪視在土耳其境內接受訓練的「土耳其入侵部隊」。而土耳其人在一再推遲之後，終於准許他前去檢閱部隊。而他所看到的一切讓他確信，如果沒有美軍大規模的支援，土耳其人擊敗伊斯蘭國的機會為零。我們向川普總統提出了一個一致且相當新穎的建議：與敘利亞民主力量合作。他們已證明自己有能力和真正的動機來戰鬥，因為伊斯蘭國占領了他們的家園。他們熟悉當地的地形，也知道如何作戰。在美國的情報支援和空軍掩護下，他們是我們最有可能打敗伊斯蘭國的選擇。總統同意了我們的建議。

接著就是外交方面的事，把這個消息告訴土耳其人。把他們不想聽到的告訴他們的這項任務，就交給麥馬斯特和在下鄙人我來完成。會談進行得很不順利。在白宮羅斯福廳裡，我們告訴他們將繼續提供對抗庫德斯坦工人黨所需的一切，但我們將與敘利亞庫德族合作來消滅伊斯蘭國。我從沒在開會時見過如此突如其來的暴怒。卡林和菲丹人都氣炸了，接著便匆匆離開現場。這對兩國關係來說並不是件好事，但美國在選擇與誰合作以消滅哈里發國時做出了正確的決定。這個新的概念造就了一切改變。到了二〇一九年一月，敘利亞和伊拉克從伊斯蘭國的黑旗統治中解放了出來。我們沒有採取和其他國家軍隊合作的傳統路線，而是與庫德族合作——而美國人也從中得到了好處。

四方齊聚

沒有什麼挑戰比反制中國更需要運用更具創造性的外交手段和新的想法。我知道許多其他國家對中國的虛假訊息、知識財產盜竊、軍事挑釁等諸如此類的東西愈來愈感到厭倦。當我和大使們交談時，我告訴他們，他們的首要任務就是把美國放在第一位。再來的重點就是對抗中國。無論身在德國還是南非、加拿大還是馬來西亞，都要緊盯著中國共產黨、中國大使館、中國特務和中國的政策。

川普政府最重要的新成就之一，就是第一次召開外交部長級的「四方安全對話」。四方安全對話由印度—太平洋地區四個強大的民主國家組成，分別是澳洲、印度、日本和美國。就整體而言，我們約占全球人口的百分之二十三、全球GDP的百分之三十。我們擁有真正的經濟實力、軍事力量和外交影響力。四方安全對話最初始於二〇〇七年，但種種爭議讓我們在隨後這些年一直無法拉抬它的發展聲勢。川普團隊意識到，重振的四方安全對話會是直面習近平和中共的重要新工具。我們再次努力達成共識，以局部實現真正的「轉向亞洲」（Pivot to Asia）政策——有別於歐巴馬總統當年所提出且成了許多外交部長笑柄的空洞口號，這是個重新振興的戰略。

幸好美國已經與日本和澳洲建立了堅不可摧的同盟關係。跟我對接的兩任日本外務大臣曾和我一起花了很多時間來回應金正恩委員長的多次挑釁。日本外務省的表現始終理智而細緻，堪稱世界一流。

他們的老闆——首相安倍晉三是一位擁有非凡勇氣、高瞻遠矚且充滿智慧的全球領袖。他是美國的真正朋友，總花時間與我見面或通話，一起討論對他和他的國家很重要的事情，確保「美國理解」。他願意做正確的事情，把日本從歷史因素造就、眾人也可理解的和平主義轉變成能夠為該地區其他國家提供戰略支持的國家，這是相當令人佩服的。他被譽為四方安全對話的奠基者，展現了他視中共為威脅的先見之明。他還提出「自由開放的印太地區」（Free and Open Indo-Pacific）的概念——這個概念在外交圈子裡得到了廣泛的關注和流傳。值得我們一再提起的是：這位傑出領導人在二〇二二年遭人暗殺，是全世界的巨大損失。

在與中國抗衡的意願上，我們在南半球的盟友也許是和我最像的。澳洲總理史考特．莫里森是一位虔誠的基督徒領袖，在面對中國時表現得勇敢，而非膽怯；在上一任總理可能屈從於中國要求的情況下，他展現了堅定的態度。四方安全對話裡的日本和澳洲原本就很強大，且在我們的支持下將變得愈來愈強大。

然而，印度卻是個不可預測的因素。作為一個明確建立在社會主義意識形態上的國家，印度在冷戰時期的大部分時間裡，既不與美國也不與蘇聯結盟。這個國家一直在沒有加入哪個聯盟體系的情況下制定自己的路線，且至今也大致還是這個樣子。然而在過去幾年裡，中國的作為已經導致印度不得不改變本身的戰略姿態。中國與巴基斯坦——印度的主要競爭對手——建立了緊密的合作夥伴關係，踏出了「一帶一路」的第一步。二〇二〇年六月，中國士兵在一場小型邊境衝突裡用棍棒打死了二十名印度士兵。那起血腥事件讓印度民眾強烈要求改變中印兩國的關係。印度還禁掉了抖音海外版和數十款中國應用程式來作為部分回應。此外，一種中國病毒正奪走數十萬印度公民的生命。有時候會有人問我，為什麼印度已經和中國漸行漸遠，而我的回答則是直接從印度領導階層那兒聽來的：「難道你不會嗎？」時代在改變——這讓我們有機會去嘗試新的事物，並讓美國和印度彼此的關係比以往更密切地聯繫在一起。

而在印度方面，原本和我對接的人並不是印度外交政策團隊裡的重要人物。和我合作更加密切的反倒是印度國家安全顧問阿吉特・多瓦爾（Ajit Doval），他是印度總理納倫德拉・穆迪（Narendra Modi）的親信。第二位和我對接的印度同行是蘇傑生（Subrahmanyam Jaishankar）。二〇一九年五月，我們迎來了這位印度新任的外交部長——「老傑」。我實在沒法兒再另找一個比他更好的對接人選了。我喜歡這傢伙。英語是他會講的七種語言之一，而且講得還比我好那麼一些些。他專業、理性，而且強烈捍衛自己的老闆與國家，在本國外交事務領域裡度過了將近四十年的時間，也曾擔任印度駐美國大使。

我倆一拍即合。在第一次會面時，我非常外交辭令地抱怨著，說他的上一任並沒有提供什麼特別大的幫助。他說他能理解為什麼我對他的上一任感到困擾，因為那個人是一個既愚蠢又只會搞地方選舉的政治騙子。

「小心喔，我也是個只會搞地方選舉的政治騙子！」我玩笑式地回答著。

他笑著說，如果我所說為真，那我就是有史以來第一個在《哈佛法律評論》（*Harvard Law Review*）擔任編輯、只會搞地方選舉的政治騙子。這話接得高明，老傑！

美國的外交往往把東京放在自身亞洲政策的核心位置上，把首爾視為本身地緣戰略擴展的主要地點。美國對印度的忽視，是幾十年來兩黨共同造成的失敗。印度的人口與中國的不相上下。我們是天然的盟友，因為我們共同享有民主的歷史、共同的語言，以及在人員與技術上的交流與聯繫。印度也是個對美國知識財產和各類產品有著龐大需求的市場。這些因素再加上印度在南亞的戰略地位，使得印度成為我對抗中國挑釁的外交支點。在我看來，由美國、印度、日本、澳洲、南韓、英國和歐盟組成的抗中陣營，經濟實力至少是中國的三倍。我選擇投入大量的時間和精力來幫助印度成為美國下一個重要的盟友。

然而，深化美印關係並不是一件簡單的事情。除了避免結盟，印度還擁有一個深受保護主義和國家主導所影響的經濟體系。他們的武器多半來自俄羅斯，便宜又好用；與中國的貿易關係和漫長的國界則限制了本身的風險偏好。印度的領導人還無時無刻緊盯著他們最討厭的巴基斯坦。身為軍方與親伊斯蘭情報機構（而非民選政府）所執掌的核武國家，巴基斯坦對印度構成了重大的戰略和恐怖主義威脅。我對巴基斯坦所採取的任何行動——無論是訪問、打電話還是發表評論——肯定都會收到總理穆迪或外交部長蘇傑生想和我聊兩句的訊息。他們一直堅持不懈，而且也理當如此。

我認為全世界都沒弄清楚，印度和巴基斯坦在二〇一九年二月那次相互較勁差點擦槍走火、演變成核子大戰的真相到底是什麼。事實上，我也不知道確切答案，只知道他們真的差點就打起來了。我永遠忘不了事發當晚我在越南河內（參加第二次北韓－美國高峰會）——好像與北韓進行核武談判還不夠似的——印度和巴基斯坦因喀什米爾北部邊界地區長達數十年的爭端而開始相互威脅。在喀什米爾的一起伊斯蘭恐怖襲擊——部分原因可能源於巴基斯坦馬虎的反恐政策——造成四十名印度人喪生後，印度對巴基斯坦境內恐怖分子進行空襲來作為回應。巴基斯坦人在隨後的空戰中擊落了一架印度飛機，還扣留了印度飛行員。

在河內，我被叫起來和我的印度對接人員交談。他相信巴基斯坦人已經開始準備進行核武攻擊。他告訴我，印度正在考慮進一步升級。我要求他不要採取行動，給我們一點時間來解決問題。在飯店裡，我和波頓大使開始在加密保護的房間裡忙碌起來。我聯繫了巴基斯坦的實際領導人巴傑瓦將軍（General Bajwa），我曾和他打過幾次交道。我跟他講了印度人告訴我的事情。他說那並不是事實。而不出意外的是，他也認為印度正在準備部署核子武器。我們花了幾個小時——透過在新德里和伊斯蘭堡在地團隊的出色表現——才說服雙方相信對方並沒有準備進行核武戰爭。沒有別的國家能像我們那晚所做的那樣，免掉一場可怕的結果。

和所有外交活動一樣，解決問題的人是誰非常重要，至少從短期來看確實如此。我很慶幸自己在印度擁有一個出色的團隊，其中最傑出的莫過於肯・傑斯特（Ken Juster）這位非常能幹的大使。他喜愛印度與印度人民。而且最重要的是，他熱愛美國人民；為了我們，他每天都非常認真努力的工作著。我最高階的外交官大衛・海爾曾擔任美國駐巴基斯坦大使，他知道我們與印度的關係是優先事項。麥馬斯特將軍、以及後來更名為美國印太司令部（US Indo-Pacific Command）的司令海軍上將菲利普・戴維森（Admiral Philip Davidson）也都瞭解印度的重要性。儘管經常被印度人搞得很挫折，但美國貿易代表勞勃・萊特海澤——他是一位出色的貿易談判專家，也是鮑伯・杜爾以前的助手（這使他成了半個堪薩斯人）——確實是個很棒的合作夥伴，一直致力於加深彼此的經濟關係。我們都一致認為，美國必須做出大膽的戰略努力來加強與印度的關係，並用新的想法來打破陳規。

我們偉大的美國團隊與強大的印度領導人產生的綜效，就是我們迫切需要在國防和外交合作上達到新的層級。四方安全對話的重啟就證明了這一點。二〇一九年九月，在老闆穆迪總理陪同下，蘇傑生和我以及日本的茂木敏充和澳洲的瑪麗絲·佩恩在紐約的一個會議室裡見了面。這是四方安全對話成員的外交部長首次的歷史性會晤。二〇二〇年十月，我們在東京又舉行了一次會議——這也許是我這輩子唯一一次真正的日本一日遊。這次的短暫逗留正好是疫情最嚴重的時候，看到往常熙熙攘攘的東京街頭空無一人，感覺非常詭異。那些會議給世界主要民主國家對抗中國的協同行動奠定了重要基礎。

歐洲：在中國政策上深陷泥淖

至於美國的歐洲盟友，我鼓動他們對抗中國——這對他們來說肯定是個新的想法——但結果卻是好壞參半。我很欣賞北大西洋公約組織祕書長延斯·史托騰伯格的領導能力；他擁有真正的遠見，支持我們把中國置於北約關注焦點下的主張。我們在歐洲的其他真正盟友還有丹麥和捷克共和國；捷克國會裡有一群堅定的反共產主義議員。歐盟最終同意與美國就中國問題舉行首次戰略對話，而且成員國也確實對香港和新疆問題採取了一些行動，然而歐洲人對抗北京的熱情並不高。二〇二〇年底，德國總理梅克爾和法國總統馬克宏與習近平達成了一項大型貿易協定，儘管該協議目前仍卡在歐洲議會裡沒能通過。

跟歐盟打交道是我任內最不愉快的任務之一。我與兩位外交部長級的對接官員共事過。第一位是費德麗卡．墨格里尼（Federica Mogherini），她曾是義大利共產主義青年聯合會（Italian Communist Youth Federation）的成員。另一位是何塞普．波瑞爾（Josep Borrell），他是西班牙社會主義者。他們都討厭我，更憎惡川普總統。他們認為我們既粗魯又愚蠢，而我則認為他們是左派的天真代理人。或許這樣已經說得夠多了。他們抵制我們阻止伊朗核武計畫、反對中共崛起以及讓歐盟與美國間的貿易處於平等地位的努力。關於歐盟、它的組織形式以及它從諸如希臘、匈牙利、義大利和波蘭這些國家奪走的自主權，其實還有很多可以拿來說嘴的。德國和法國濫用了自己對這些國家的權力，而歐洲往往也因此變得愈來愈糟。

可悲的事實是，大多數歐洲領導人沒有把中國視為威脅的直覺。法國和德國依賴中國來販售路易威登箱包和大眾汽車。英國大學和資深議員被中國的銀彈攻勢腐蝕。義大利在阻止華為進入該國網路這件事情上，表現得相當軟弱。像立陶宛（人口不到三百萬）、捷克共和國（一千一百萬）和斯洛維尼亞（二百萬）這樣的小國，是歐洲對抗中國脅迫的真正道德領袖。而絕非巧合的是，這些國家都擁有共產主義統治的生活記憶，促使他們採取了令老歐洲應自愧不如、具有領導力的行動。遺憾的是，我沒有足夠的時間去訪問立陶宛、拉脫維亞和愛沙尼亞這三個波羅的海國家——他們是捍衛自由的傑出盟友；在他們在面對俄羅斯侵略的威脅時，美國的支持仍然是至關重要的。在歐洲大陸其他地方，我很高興在對伊朗實施「最大施壓策略」時，有波蘭在歐洲堅定地支持我們，即使他們必須採取更多行動來阻止中國對他們的經濟入侵。

對於西歐在中國、《聯合全面行動計畫》和北約防務支出問題上的固執態度，我決定不要花太多時間來修補關係和討好他們。相反地，我讓自己專注在某件新鮮的事務上：看看美國在歐洲哪裡有新機會向前推進，就在那兒推動業務的進展。我對如何加強我們與希臘的關係感到特別自豪，這個國家在一九七〇年代曾強烈反美，但現在將我們視為受歡迎的合作夥伴。我有個建立良好關係的內幕：總理基里亞科斯・米佐塔基斯（Kyriakos Mitsotakis）曾在哈佛商學院和布萊恩・布拉陶一起打過籃球，而我知道他是一位值得信賴的出色領導者。

我和他關注的焦點大多都著重在解決土耳其在地中海非法探勘能源的爭端。二〇一九年，首次有美國國務卿出席以色列─希臘─賽普勒斯三邊會議，討論該地區的能源探勘問題。二〇二〇年十一月，我還做了件好多年都沒做過的事，給希臘外交部長寫了封信，稱讚希臘是該地區的「穩定支柱」。我敦促我們的北約盟友土耳其「停止蓄意挑釁，並立即與希臘展開初步談判。」上一回有美國國務卿如此明確表達美國對希臘的支持，還是在一九七〇年代的季辛吉所發表的──而希臘人對我現在的言論也感到非常高興。兩次希臘之行也強化了這種關係對美國很重要的概念。第二次到訪真讓人備感榮幸：蘇珊和我入住米佐塔基斯總理位於克里特島（Crete）的家。我們和這個在重要的東地中海地區只會變得更加重要的盟友彼此間的關係，比馬歇爾計畫以來的任何時候都更加緊密。

請容我用我對某個來源意想不到的智慧語錄的想法來做個總結。奧薩瑪・賓・拉登是個邪惡的人。真高興他已經死了，可是有件事兒他還真說對了。他說：「當人們看到一匹強壯的馬和一匹虛弱的馬時，天性使然，他們會喜歡強壯的馬。」這不僅適用於伊斯蘭主義者和中東地區，也適用於國際政治的各個領域。美國是這世界上的一匹強壯的馬，健康的聯盟讓我們變得更加強壯。但當我們虛弱或順從時，我們就會看起來像是一匹虛弱的馬。美國必須始終以強壯馬匹的姿態來領跑。我們必須始終探索新的道路、嘗試新的方法，才能保持強大和引領世界。

Chapter 15

明白自己的極限

我從沒想過要關閉美國大使館。但在二〇一九年三月十四日，我們關閉了駐委內瑞拉的外交代表機構總部。

我們的愛國大使是一位名叫吉米・史都瑞（James "Jimmy" Story）的職業外交官，他希望留在自己的崗位上。在我們準備派一架外交包機來接回我們的人員時，史都瑞大使提出了無數次的要求，希望自己可以獨自留守在另一個地方。我跟他說不可以，但我確實承諾有一天會和他一起回到大使館，並在他身旁升起美國國旗。

那年一月，美國開始對尼古拉斯・馬杜洛政權施壓。這使得在委內瑞拉服務的美國外交官成為新的目標。然而，我並不是因為委內瑞拉政府軍的緣故才關閉加拉加斯（Caracas）的大使館——馬杜洛知道千萬別惹惱我們。但是那些野蠻的土匪集體黨（colectivos）卻是另外一回事。這些武裝犯罪集團在社區巡邏、管制進出、控制食物供應，並隨時準備執行馬杜洛要求他們去做的任何暴力行為。在委內瑞拉街頭的日常混亂和街上流竄的集體黨之間，我們的人員面臨著太大的風險。

於是，我們離開了。但正如吉米在大使館的委內瑞拉本地僱員面前嚴肅告別時所說的：「我們知道自己很快就會回到這個美麗的國家，因為你們和委內瑞拉人民為自己所走的道路是不可逆轉的。」我相信，總有一天我們將再次在加拉加斯升起美國國旗。在這段期間裡，我們必須瞭解自己的極限何在。

開國元勛明智地主張限制權力，我們遵循了他們的教誨。

美國開國元勛相信，謹慎是政治家的基本品德。在外交事務中，這通常意味著謹慎行事。建國元老提倡民主，但僅限於希望以美國的典範來激勵其他國家走向自由和民主的生活方式。喬治·華盛頓希望美國的民主實驗能夠贏得「每一個陌生國家的掌聲、喜愛與接納。」這正是拉丁美洲十九世紀革命時期和第二次世界大戰後所出現的情形，許多新生國家將我們的憲法視為他們憲法的典範。

建國元老知道，利用國家力量促使他人獲取自由將牽扯到許多支出成本。他們認為外交冒險主義對於一個新生國家來說，既不謹慎也不切實際。華盛頓的確在一七九六年寫道：「無論身在哪個國家，每當我看到一個被壓迫的國家舉起自由的旗幟時，我焦灼的回憶、同情的情緒和最好的祝願就無法抗拒地被激發了起來。」然而華盛頓政府——反映了當時廣泛的政治共識——卻拒絕在法國大革命中選邊站隊。而美國的第一場戰爭——對抗在地中海劫掠美國船隻的巴巴里海盜（Barbary pirates）——是捍衛蓬勃發展的商業共和國的國家利益，而不是一場意識形態的十字軍東征。建國元老的外交政策特點，就在於以現實主義面對世界、尊重自由和國家主權，以及最重要的——在採取過於雄心勃勃或代價過高的軍事行動時保持節制。

在川普的執政團隊裡，我們決定以類似的求實、尊重和節制的態度來行使美國的力量。我們實事求是地看待世界的真實面貌，而不是以我們所期望的方式看待它。我們的工作以尊重我們的首要原則為基礎。同時，我們在承諾將美國投入所費不貲的軍事行動方面會保持克制。有時候，我們採取了必要的、有針對性的軍事行動。但我們沒有挑起新戰爭。我們對北韓、伊朗和委內瑞拉的行動，都是以軍事威懾和經濟外交壓力為核心來進行的。

總統尤其反對採取武力推翻政權的想法。儘管有人希望看到伊朗伊斯蘭什葉派領袖和他的同夥下臺，但在他看來，除非是最緊急情況下的最後選擇，否則美國無權派遣第八十二空降師去啃下那根難啃的骨頭。從很多方面來說，這種謹慎的態度是來自從伊拉克和阿富汗身上學到的教訓。總統理所當然地抱怨著，說我們駐紮在那些地方的軍隊往往表現得像警察和社工人員，而不是戰士。我們流血犧牲、花費巨資，卻看不到明確的結果。總統認為這些衝突已陷入任務延宕的困境，讓持續進行「地面行動」缺乏明確的合理性。即使我們執政期間，在伊拉克只駐紮了一小支殘餘部隊，但總統仍經常對我抱怨說：「麥克，我們到底在那裡在做什麼？」因此，儘管我們總是在應急計畫中模擬政權更迭的情景，但川普政府從不曾把它當成首選或次選的行動本能（呃，約翰·波頓除外，正如總統也常抱怨的那樣）。我們運用美國的各種力量向敵對政權施壓，但我們也知道自己的極限何在。

在委內瑞拉謹慎行事

兩個世紀前，詹姆斯·門羅總統（James Monroe）和國務卿約翰·昆西·亞當斯（John Quincy Adams）提出「門羅主義」（Monroe Doctrine），警告其他世界強權，美國會「把他們將自己的體制擴展到西半球任何地方的嘗試，都視為對我們和平與安全的威脅。」門羅主義告訴歐洲的殖民帝國──包括英國、法國和西班牙──不要干涉北美洲和南美洲的政治制度。今天，美國並不介意各國尋求與美洲地區其他國家建立友好關係，甚至在公平的經濟競爭環境裡與我們競爭。但根據門羅主義的精神，我們不應允許中國、俄羅斯和伊朗去干涉其他主權國家的體制。而美國也不應容忍敵對的共產主義和社會主義政權──如古巴和委內瑞拉之流，把他們的國家變成美國敵人的海外基地。

在川普總統領導下，我們在委內瑞拉問題上恢復了門羅主義的本質，而該國曾是美國的民主盟友。幾十年來，由於擁有豐富的能源資源，委內瑞拉的人均GDP一直是南美洲最高的國家之一，有時甚至還名列第一。然而，到了二〇一八年我擔任國務卿的時候，委內瑞拉的父母因營養不良而埋葬自己的嬰兒、中產階級人民從垃圾桶裡翻找食物，而且湧入哥倫比亞和巴西的難民因絕望而搞起了賣淫。經濟學家亞當・斯密（Adam Smith）曾觀察到「一個國家能夠承受很大的損失而仍然生存下去」（there is a great deal of ruin in a nation），意味著一個國家可能需要很長時間才會衰敗下來。然而委內瑞拉卻展現了社會主義可以很迅速地造成危害。這是委內瑞拉秉持馬克思主義的前總統烏戈・查維茲（Hugo Chavez）和他的繼任者尼古拉斯・馬杜洛所留下來的腐敗遺產。

除了毀掉委內瑞拉的經濟，查維茲和馬杜洛政權還加強了跟美國對手的關係。伊朗把委內瑞拉當作自身核武計畫裡金屬與礦物的中轉點；伊朗伊斯蘭革命衛隊已經把該國變成了它在海外的主要全球樞紐。中國已在該國投資了六百七十億美元──成了該政權在經濟上的救命稻草──並協助委內瑞拉取得聯合國人權理事會的席位。俄羅斯與委內瑞拉曾進行聯合軍演，而且俄羅斯是委內瑞拉軍隊武器的主要來源。這個位在加拉加斯的政權也樂於把國家租借給販毒集團，給他們拿來當作把毒品走私到美國的中轉站。你大可說我想要打一場反毒戰爭的想法已經過時了，但幾乎所有美國人都知道自己有親人因非法（甚至合法）的毒品而喪生或受傷。將毒品拒於美國門外絕對符合「美國優先」的外交政策。

在川普政府裡，我們無法容忍一個距離佛州僅二千二百公里的國家向俄羅斯、中國、伊朗、古巴和販毒集團敞開大門，這違背了二十一世紀的門羅主義。我們的結論是，如果不解決委內瑞拉問題、讓它持續惡化，會給美國人民和我們西半球帶來可怕的安全後果。二〇一八年春，隨著委內瑞拉即將舉行新的選舉，我們相信我們有機會幫委內瑞拉人民從獨裁者手裡奪回自己的國家。藉由支持反對派和對馬杜洛施加經濟壓力，我們希望挽救委內瑞拉的局勢，並迫使他下臺。我們希望讓這個政權的日子過不下去，好讓馬杜洛和他的爪牙不得不與反對派達成協議。如果馬杜洛想要在瑞士的城堡裡度過餘生，只要委內瑞拉能夠回歸到正常的軌道上，我們也願意讓他得償所願。在不同的時點上，川普總統、約翰・波頓和我都提過對委內瑞拉用兵的建議。我們誰都不想公開排除某種重要的施壓手段。

二〇一八年五月，委內瑞拉人民參加了馬杜洛不合常規安排的總統大選投票。他竭盡所能地操縱選舉結果。選舉結束後，美國與西半球其他十一個民主國家組成的利馬集團（Lima Group）向馬杜洛施壓，要求他下臺。他拒絕時，美國面臨了一個艱難的抉擇：我們是否會在二〇一九年一月五日他舊的任期結束時，承認他為委內瑞拉新任的合法統治者？

我們的決定是：我們不能承認馬杜洛為委內瑞拉的合法總統。相反地，在一月二十三日，我們承認了一位相對不太出名的三十五歲反對派領導人胡安・瓜伊多（Juan Guaidó）為臨時總統；他也是委內瑞拉全國代表大會（Venezuelan National Assembly）議長。我們冒了個險。在改變我們承認人選前的幾個星期，大約有一半的政黨在全國代表大會裡並不承認瓜伊多為該國的合法領導人。值得慶幸的是，我們能幹的外交官吉米・史都瑞大使發揮了魔力讓他們在瓜伊多身後站隊，才讓我們做出了這個決定。

我最初對支持瓜伊多是持保留態度的。美國總是試圖在像委內瑞拉、伊拉克、黎巴嫩和索馬利亞等「困難」地區尋找有潛力的領導人。我認為我們該找的人選要願意並強大到足以懲罰其他菁英分子、要有能力避免貪腐，以及擁有足以和小奸小惡達成協議的街頭智慧。問題在於，任何國家的反對派領導人往往數量不詳，而且那些承諾進行最大改革的人一旦掌權，可能會成為最腐敗暴虐的壞傢伙。在這四年裡，數不清有多少次委內瑞拉流亡人士對我和我的團隊堅稱，他們——也就只有他們——擁有可以推翻馬杜洛的人馬，就差美國給他們提供的援助了。在某些情況下，他們告訴我們：「政變即將在幾小時內發生。」我們不可能支持他們所有的人，而且支持數量不詳的對象也不是什麼明智之舉。我們清楚自己的極限在哪裡。

對瓜伊多進行評估後，我們決定支持他。在接下來的幾個月裡，美國與盟友一起對馬杜洛政權發起一場施壓行動。我們對委內瑞拉國營石油公司實施制裁，並沒收了在華盛頓的外交財產（當時被反戰抗議團體粉紅程式碼（Code Pink）非法占據），把它移交給瓜伊多領導的合法政府。

二〇一九年一月和二〇二〇年一月，我在美洲國家組織（Organization of American States）發表演說，呼籲支持反對馬杜洛的行動。該組織在歷史上是個反美的左翼組織，但在時任祕書長路易斯・阿爾馬格羅（Luis Almagro）的出色領導下，美洲國家組織的成員支持了我們的努力。我還在二〇一九年一月二十六日在聯合國發表演說；我告訴大家：「現在是所有其他國家選邊站的時候了。別再拖延時間、別再耍什麼花招。要麼跟自由的力量站在一起，要麼跟馬杜洛和他造成的混亂為伍。」

與此同時，瓜伊多和其他委內瑞拉人還繼續在國內的政治體系裡下功夫。二〇一九年四月三十日凌晨四點半到五點左右，西半球事務助理國務卿金・布瑞爾打電話來，向我說明瓜伊多和他的團隊正在採取行動。包括幾名將軍在內的反對派成員告訴馬杜洛，是時候離開了。我們希望反對派有足夠的軍事力量來執行這項命令。這次未遂的罷黜行動，在時間安排上實在讓人大之一驚，因為原本計畫是在幾天後才進行的。後來我們得知，行動提前了幾天，很可能是因為馬杜洛政權已發現了這個計畫。

我們一整天都在追蹤最新的發展。在某個時間點上，馬杜洛似乎真打算要逃離這個國家，有架飛機正等著把他送去哈瓦那。我上電視呼籲他趕快登機，但俄羅斯人卻早已介入其中。我們的情報顯示，他們說服馬杜洛堅守在自己的位置上。而我們仍然希望他能以某種方式被逼下臺。

那天晚上，我本來就已答應要在「企業管理人支持國安」（Business Executives for National Security）主辦的正式晚宴上發表演講。在太陽下山、換好燕尾服時，我還焦慮地等著一通有關情勢進展如何的敏感電話。我所擔心的其中一點是，電話打來時，我可能正在臺上。當我起身在滿座的文華東方酒店宴會廳演講時，我完全心不在焉。我已經把一篇挺長的演講稿載入電子提詞機，演講的主題非常重要——敦促美國商界領袖在與中國的交易中尊重美國國家安全。前一位講者是小羅斯・佩羅（Ross Perot Jr.）——我見過最優秀的愛國人士之一——他的語速很快，會讓我顯得特別囉唆。

因此我決定快速完成這個演講，趕快離開講臺。我沒有去讀準備好的發言稿，差不多全憑即興發揮、幾乎不瞥一眼電子提詞機的螢幕，而那個可憐的電子提詞機操作員則手忙腳亂地拼湊著，試圖把我說的話與文稿串接起來。在這嚴肅的時刻，我看到講詞撰稿人驚恐萬狀的表情，我卻還得忍著不笑出來；他可能以為我被迫即興創作，因為設備發生了災難性故障所致。這可能是我講得比較好的演講之一——不是因為任何華麗的詞藻，而是因為我傳達了我衷心的信念；也就是，美國做的那些最棒的事情，都是藉由諸如當晚在場那些人的努力，在華盛頓特區以外的地方獲得實現的。

到頭來，委內瑞拉反對派還是沒能推翻馬杜洛，主要是因為委內瑞拉軍方沒有足夠的軍官願意參與這場捍衛委內瑞拉憲法的努力。儘管推翻馬杜洛的努力未能成功，我們仍對該政權施加壓力，並在剩下的任期內支持委內瑞拉的民主。我們削弱了馬杜洛政權最大利潤來源——石油與黃金的出口能力，同時也確保委內瑞拉國營石油公司旗下的雪鐵戈石油公司（Citgo）等重要資產歸合法政府所有。我們對馬杜洛本人實施制裁，甚至以販毒罪起訴他，因為他故意把大量古柯鹼如洪水般注入美國來作為對我們的報復手段。我也為我們能夠動員盟友來支持瓜伊多和合法委內瑞拉政府而感到自豪。多虧了諸如艾略特・亞伯拉罕斯、凱莉・菲利佩蒂（Carrie Filipetti）、麥克・科澤克（Mike

Kozak）和吉米·史都瑞等愛國人士的出色表現，到我們任期結束時，大約有六十個國家加入了我們的行列，承認胡安·瓜伊多為委內瑞拉的合法總統。這是川普政府願意發展同盟關係的另一個例子。我對我們在這方面的成功感到驚訝，但對媒體拒絕報導此事也並不意外。

二〇二〇年六月，身兼委內瑞拉與伊朗特使的艾略特·亞伯拉罕斯打電話給我，告訴我有些機靈的美國緝毒局官員有機會在亞歷克斯·薩博（Alex Saab）執行用委內瑞拉黃金換取伊朗石油的任務時將他逮捕；薩博被指控是替馬杜洛幹髒活的國際錢袋子。（社會主義竟然讓一個擁有世界最豐富石油儲量之一的國家需要進口石油，真是何其可悲！）薩博在美國面臨八項洗錢指控，而他的飛機剛好從伊朗返回，需要在維德角（Cape Verde）這個大西洋上的小島國補充燃料。我給司法部長威廉·巴爾打了電話，並安排我們駐維德角大使和司法部提交將薩博引渡到美國的文件。可以說，沒有其他國家擁有這等全球影響力，能夠即時阻止伊朗與委內瑞拉的陰謀，並說服一個小小島國扣留一名通緝犯。我們可能永遠不會知道自己從伊朗人手上截留了多少資金，也不知道阻止了多少石油流向馬杜洛——這得取決於薩博選擇與我們分享多少訊息；他正因洗錢的罪名被關在美國監獄。

我們也沒有忘記那些挨餓和受壓迫的委內瑞拉人民；在川普主政期間，他們從美國獲得了超過十億美元的人道援助。金錢只是我們支持的一種形式。二〇一九年四月，我與哥倫比亞總統伊萬·杜克（Iván Duque）一起造訪該國邊境城鎮庫庫塔（Cúcuta），以瞭解美國如何改進援助逃離馬杜洛暴虐政權的委內瑞拉難民。當天與那些做出艱難選擇、逃離家園的家庭見面，更加強了對抗馬杜洛這個可怕政權的必要性。年輕的母親帶著好幾個孩子，不知道何去何從；但他們知道，在委內瑞拉社會主義反烏托邦的環境下是喂不飽自己家人的。

二〇二〇年九月，我又去了一個離委內瑞拉邊境約二百四十公里、名為博阿維斯塔（Boa Vista，又稱美景鎮）的巴西城鎮。當地接近赤道，天氣酷熱難耐。但比天氣更令人壓抑的是那些令人心碎的悲慘場景。逃離委內瑞拉社會主義暴政的男女和兒童在難民接待中心備受煎熬。他們尋求醫療照護和已經逃離的家人團聚，甚至只是基本的食物與棲身之所。有位父親向我講述了他驚心動魄的逃亡故事；在他不斷感謝上帝把他的家人從委內瑞拉這個噩夢裡解救出來時，我與他一同祈禱。這次的旅行提醒了我，世人在絕望的時刻會把哪個國家當成他們的希望之源。

對抗古巴共產黨

馬杜洛政權能長久存在，很大程度上得歸功於其他專制政權的幫助。很少有像哈瓦那政權那樣對加拉加斯如此友好的政權，而且美國的政策制定者在處理古巴問題時缺乏創新思維，比起對其他政權來得少。古巴政府摧毀了自己的經濟、壓迫了自己的人民還嫌不夠，更提供工具給馬杜洛來鎮壓委內瑞拉平民。委內瑞拉安全部隊裡充斥著大量古巴特務。馬杜洛本人幾乎完全被古巴安全人員給包圍著。他信不過任何委內瑞拉人。

哈瓦那向馬杜洛政權灌輸了黑暗的征服藝術；從一九五九年新年元旦、斐代爾・卡斯楚（Fidel Castro）這個不合格的棒球選手掌握這個島國的控制權以來，這種藝術早已被他們完善到極致了。

儘管哈瓦那的霸主幾十年來一直嘲笑美國，但川普政府也從沒考慮過對他們採取強迫改朝換代的行動。我懷疑古巴軍隊是否能與美國軍隊匹敵，但美國在一九六一年搞砸的豬玀灣事件（Bay of Pigs Invasion）提醒了我，每一次軍事行動都存在著失敗的可能性。

儘管如此，古巴對美國的國家安全具有重要意義。它是美國敵人的另一個立足點，它的政權是世界上最殘酷的政權之一。我們想要讓他們付出代價——這跟歐巴馬政府想和解卻失敗了的做法恰恰相反。在歐巴馬政府解除制裁的地方，我們重新實施制裁，以阻止這個政權變得更加富有。我們支持立陶宛，拒絕批准歐盟提議與古巴的合作協議。我們允許美國公民提起訴訟，以收回在共產主義革命期間被沒收的財產。我們還把古巴列為支持恐怖主義的國家——例如，古巴政權拒絕遣返喬安・切西馬德（JoAnne Chesimard），一名在聯邦調查局「頭號通緝恐怖分子」（Most Wanted Terrorists）名單上的逃犯，她如今化名阿薩塔・奧盧格巴拉・夏庫爾（Assata Olugbala Shakur）。她因一九七三年謀殺紐澤西州警維爾納・弗斯特（Trooper Werner Foerster）而被定罪。

我也在美國職棒大聯盟的問題上採取了強硬的態度，這個問題涉及了想叛逃到美國的古巴天才棒球選手。一般來說，想來美國打球的古巴選手必須承受危險且在法律上受到質疑的旅程，並且還得與家人分離。大聯盟已經與古巴政府制定了一個計畫，要以一種更正常的方式把他們帶到這裡。我對渴望嘗試美國夢的天才運動員深表同情，但這個計畫在我這兒行不通，因為該協議將保證古巴政權從中獲得大筆財富。然而，財政部卻在考慮要不要豁免制裁。這花了很長時間，而我對這樣的延誤也感到惱怒，但最終我們提出了一個嚴密且基於證據的論點，說明了古巴政府將如何從中獲利。

制裁措施仍然有效，這個強大的政權被三振出局了。

我們還打掉了古巴自己在影響力與資金方面最喜愛的一項賽場攻防——向自己所在的區域輸出古巴醫生的計畫。這絕不是在執行某種親善醫療訪問團的計畫，而是哈瓦那強迫古巴醫生到國外工作，還把他們微薄的工資給沒收了九成。我們決定設法除掉這個陰謀，成功讓巴西和厄瓜多驅逐了數千名醫生。我們還譴責泛美衛生組織（Pan-American Health Organization，PAHO）透過巴西的「更多醫生」（Mais Médicos）計畫而助長了這種強迫勞動；據估計，已有大約一萬名醫生因該計畫而遭到人口販運。我並不是在不嚴謹的定義上使用「人口販運」這個術語——他們這是強迫勞動。這些醫生面臨著惡劣的工作條件。為了防止叛逃，他們必須在沒有家人陪同的情況下單身赴任。這些作為激起大家更強烈要求泛美衛生組織該對這場混亂負起責任；而在二〇二二年三月，美國聯邦上訴法院裁定，參與「更多醫生」計畫的醫生有資格對泛美衛生組織提起訴訟。我希望每個接收古巴醫生的國家都能很快認清這個邪惡計畫的真面目，並且把他們打包送走。

改革派人士常讚許這個腐敗的醫生計畫是一種符合人道主義的行為。他們的天真也適用於古巴政權另一個偉大的宣傳運動：操縱各地的自由主義者，讓他們反覆宣傳古巴擁有世界上最棒的醫療系統。然而事實則更加醜陋不堪。古巴大肆宣揚的低嬰兒死亡率是造假出來的；當局往往強迫婦女終止低存活率的妊娠，並將本應歸類於新生兒死亡的情形重新分類為胎內死亡。藥房經常缺乏最基本的物品。有位美國醫生談到他的古巴同事時說：「（古巴）醫生接受了相當良好的訓練，卻沒有工具可用。就好比要他們拿著刀子和湯匙去進行手術一樣。」外國人在參訪古巴時，或許會對展示給他們看的虛假醫療水準讚嘆不已，但這些精心安排的場景卻掩蓋了真相：這些受苦受難的古巴人民經常無法獲得基本的醫療服務與藥物。這個政權如此野蠻，讓我自豪於我們在美國對古巴政策上恢復了道德方面的明確性，並在我們的權力範圍內採取合理的行動來懲罰這個政權。

掣肘敘利亞

在敘利亞，我們拒絕在一個自知幾乎無法修復關係的地方過度擴張。這是個明確但令人不舒服的決定，因為那片土地上的人民長期以來一直遭受著苦難。甚至在阿薩德政權因阿拉伯之春（Arab Spring）而開始對自己的人民進行槍擊、使用毒氣和施以酷刑之前，敘利亞人就長期生活在對他們那位邪惡領導人的恐懼之中。二〇一一年爆發的反阿薩德示威活動，最終演變成全面內戰；到了二〇一七年，這場內戰已經造成大約五十萬人死亡，一千二百萬人在國內流離失所或成為海外難民。

完全退出敘利亞可能還更容易些，但它對美國的利益來說還是相當重要的。一方面，在伊斯蘭國占領整個中東、擴張它的量能來製造又一批被洗腦的恐怖分子之前，我們必須把它給擊敗。而敘利亞也因為伊朗這個阿薩德盟友的緣故而顯得相當重要。透過向伊拉克北部和敘利亞派遣什葉派戰士，伊朗占領了一條路地通道，從而可以橫跨伊拉克把人員和武器送進敘利亞，同時對伊拉克非什葉派的少數派進行殘酷打壓。因此，伊朗在敘利亞日漸茁壯的存在，一直是與敘利亞接壤的以色列最關心的問題。

川普總統從一開始就希望撤出敘利亞，在二〇一七年初就稱之為「沙漠、血腥與死亡」之地。但事情可沒那麼容易。二〇一七年四月四日，阿薩德的部隊對汗謝洪（Khan Shaykhun）動用了化學武器。總統看到這個消息後給我打了電話，並親自委派給我迄今為止最重要的一項任務：「麥克，弄清楚今天發生了什麼事。」為了阻止敘利亞可能針對在那裡執行任務的美軍使用化學武器，採取報復性的反擊行動已成為我們的一項選擇。中情局必須獲取完整的事實，找出誰應對此事負責。我們收集的情報都讓我們能滿懷信心地將責任歸咎於阿薩德政權，並避免任何指責我們情報蒐集草率或毫無根據的指控。我在要求嚴密分析方面毫不妥協。

總統下令攻擊那座派出敘利亞軍機投下化學武器的機場；於是三天後，來自羅斯號驅逐艦（USS Ross）和波特號驅逐艦（USS Porter）的五十九枚戰斧巡弋飛彈就猛烈轟擊了沙伊拉特空軍基地（Shayrat Airbase）。這既是一次暴力的行為，也是一次克制的行為：我們表明了假如未來再有化武攻擊，我們將嚴懲不貸。我們還在事前與該地區的俄羅斯軍隊進行協調，以減少附帶的損害。儘管我們討厭阿薩德，希望他失去政權，但這次襲擊並不是針對他或其他政權目標的升級打擊，否則可能會讓美國更深陷於混亂的衝突當中。

那年夏天稍晚，在我還執掌著中情局的時候，美國政府開始重新考慮是否還支持與阿薩德對抗的敘利亞反抗軍——這是我向總統提出的建議。其實，從俄羅斯和伊朗介入衝突來拯救阿薩德之後，華盛頓支持的反抗軍已逐漸喪失作為戰鬥力的作用。這些耗資巨大的計畫已成為吞噬納稅人金錢的黑洞。而美國的武器到最後落得落入基地組織和其他聖戰組織手中的下場。當然，就像任何自由派團體一樣，上一屆政府多年來推動了多項計畫，卻沒有看到任何實質性的結果。我終結了這一切。我們不得不承認這些努力都沒有起到作用。

當然，仍有些人繼續向總統施壓，要求他以他本人不感興趣的方式介入敘利亞。幾個月來，國防部長馬提斯都拒絕接受總統想在我們擊敗伊斯蘭國後完全撤軍的意願。隨著這個哈里發國徹底毀滅的時間日益逼近，總統在二〇一八年十二月十九日毫無預警地在推特發文表示，美國將從敘利亞撤軍。馬提斯指責他背叛了我們的庫德族盟友，但這不是事實，而馬提斯也很快就被解職了。到最後，總統讓了步，在敘利亞東北部保留了一支二千名士兵的部隊，而且理由充分——時至今日，敘利亞東北部仍有散落的小股伊斯蘭國戰鬥人員，我們不能容許他們再度凝聚成聖戰軍隊。

然而這並不是最終結局。二〇一九年十月，總統再次在推特上無預警宣布，美國現在真的要永遠離開敘利亞，而且土耳其軍隊將很快進入敘利亞北部。放任土耳其人脫韁野馬般的自由行動可能會引發人道災難。土耳其生活在對某些庫德族恐怖組織的長期恐懼中，而其中的部分成員還跟與伊斯蘭國作戰的庫德族部隊混在一起。由於不願仔細區分誰才是構成威脅的庫德族人，土耳其打算在敘利亞北部對庫德族進行全面屠殺。總統派遣副總統彭斯和我去向土耳其總統艾爾段傳達訊息，表示這種做法令人無法接受。

這趟旅程充滿了挑戰。在我們到達艾爾段的官邸的時候，他要求與副總統進行「幾分鐘時間」的一對一會談。過了大約半小時，我告訴東道主我需要見副總統一面。可惜沒門兒。又過了二十分鐘，我已經下定了決心。在沒有獲得許可的情況下，我走到走廊，試圖推開艾爾段和副總統正在會面的房門。門被鎖住了。然後我對和我對接的官員說，我們打算破門而入——我擔心彭斯副總統和我在二〇一七年以中情局局長身分首次到訪土耳其時一樣，正被迫觀看時長三個小時的二〇一六年政變影片。這段影片太長而且太討人厭了，讓我覺得它會造成心理健康的問題！我們還得討論正在實時發展的敏感問題，而這需要整個團隊共同討論才行。

我真想衝進這扇門的架勢，讓我的團隊擔心我是否得越過也許會激烈反應的土耳其衛兵才辦得到。但是衛兵當下就讓我和我的團隊進去了，而最後我們大家就一起坐在會議室裡進行談判。從那時候開始，一切的進展就順利了。我們會談了幾個小時，然後達成協議。艾爾段同意暫時停火。這讓美國軍隊和敘利亞平民能夠從土耳其邊境地區撤離，而土耳其得以進入大部分我們之前控制的敘利亞邊境地區。我們的庫德族夥伴在會議期間一直與我們保持密切聯繫，並勉強同意接受這個「停火」協議。這並不是我們最好的時刻，尤其是想到俄羅斯可能會獲得一座我們剛整修好的空軍基地的這個好處；但各方都瞭解到，在這種情況下的權力限度所在。

談判談著談著，談出了個挺有意義的時刻。在某個時點上，我們把地圖攤在桌面上，指出美國人所在的位置。艾爾段質疑我們是否確知自己的位置。當我們跟他確認時，他瞪著他的團隊，眼神彷彿在說：「你們騙了我。」隨即他的團隊就要求要休息片刻。這裡的教訓是，在獨裁者統治下的軍事將領往往會對自己的領導隱瞞真相。想到烏克蘭抵抗的激烈程度，我確信普丁會贊同我的結論。

儘管我們小心翼翼，不想深陷敘利亞這個泥沼，我們仍試圖迫使阿薩德下臺，幫助敘利亞人民的外交與人道援助也從未鬆懈。從二〇一八到二〇二〇年，我與吉姆・傑弗瑞（Jim Jeffrey）在敘利亞問題上密切合作；他是一位老練、經驗豐富的外交官和越戰老兵。他對中東地區的瞭解，一根手指頭就抵得過大多數專家的整個腦袋。他是外交界對阿薩德政權施加壓力的推手，而該政權是造成世界上最嚴重人道主義危機的主要原因。我們有一項重大的成就是《凱撒敘利亞平民保護法案》（Caesar Syria Civilian Protection Act），這是一個以代號為「凱撒」的敘利亞攝影師命名的制裁措施，他記錄了該國政權對本國人民的虐待行為。由於我們以戰爭罪對阿薩德和他政權的成員實施了制裁，各國在敘利亞境內從事商業活動就變得困難重重。這些制裁的目的，特別是要確保阿薩德無法從國家的重建中上下其手；而伊朗、中國、其他阿拉伯國家，尤其是俄羅斯，都急不可耐地想幫他達到這個目的。敘利亞仍將是我們的一大挑戰，而我們在全力保護美國利益的同時，也避免讓美國人員去面臨更大的風險。

身為美國國務卿，我一次又一次地面對這個殘酷的事實：在這個卑鄙、齷齪的世界，不是所有的問題都能夠馬上有辦法解決。對於我們介入干預這世界上最糟糕的地方所選擇的方式，我沒有太多遺憾。即使把美國的力量運用到極致也還是有其極限。我們交給歷史去評斷我們的選擇。

Chapter 16

致敬美國的犧牲者

我宣誓就任國會議員才沒兩天，有一位美國愛國人士在阿富汗喪生。陸軍上士艾瑞克・內特頓（Eric Nettleton）來自我的故鄉堪薩斯州威奇塔。作為一名新科議員，我對於各種規定和國防部的相關事宜並不熟悉。我只知道一件事：我想和他的家人聊一聊，讓他們知道我和蘇珊正在為他們祈禱，而且他們兒子投身軍旅是高尚、重要且美好的行為，是我國最優良傳統的體現。

他的家人要我和艾瑞克的父親吉姆聊一聊。「先生，我是麥克・龐培歐，」我開口說道。「我打電話是要告訴您，蘇珊和我為您和艾瑞克的妻子艾希莉以及所有家人痛失親人而哀悼。」而在我還沒能說完這句話之前，內特頓先生就告訴我說：「議員先生，我們也在為您和您的家人祈禱。」

這句話讓我驚訝不已。在這麼悲傷的時刻，在這個如此私人、如此深沉的情感重創時刻，內特頓一家人對上帝和美國的忠誠讓艾瑞克的父親擁有持續付出的力量。「麥克，您眼前還有許多工作要做。我們看著您競選，我們知道您和艾瑞克擁有和我們家一樣的價值觀。繼續去做正確的事情吧。」我打電話原本是要幫扶內特頓一家人的，而他們給我的回報卻超出了我的想像。

我永遠不會忘記這一刻。在接下來幾天裡，我瞭解到內特頓上士在陸軍的服役表現簡直堪稱典範：作為第二十八空降師的一員，他是真正的戰士。他想回到離家人比較近的地方，所以就回到堪薩斯州的萊利堡（Fort Riley），然後和艾希莉結婚。他先後在阿富汗和伊拉克服役，然後簽署了一份棄權聲明書，好讓自己可以和部隊一起返回阿富汗。這就是美國士兵的品格所在。

艾瑞克的服役表現和他家人的基督教恩典，至今仍然激勵著我。這些卓爾不凡的美國人讓我們的國家顯得如此出類拔萃。在國會和川普政府服務的這些年裡，我常想起內特頓上士，並在公開場合談起他。當我在多年後忙著把我們的部隊撤離阿富汗時，總會想起艾瑞克和他家人所付出的犧牲。每當阿富汗的事務出現在我的桌上，我都會堅定自己的立場，保護像艾瑞克這樣的男女為之獻身的事業。我仍然對九一一攻擊事件感到憤怒。我努力用讓內特頓一家人感到驕傲的風采、勇氣和奉獻精神來保護美國。我們必須尊重美國的犧牲，這確實是我們的職責。

美國建立於犧牲之上——我們必須予以尊重

在美國歷史中，服務的傳統根深蒂固。喬治・華盛頓先當將軍、後任總統，以謙遜而莊重的領導風範定下了基調。在一八〇〇年代，有一位名叫亞歷西斯・德・托克維爾（Alexis de Tocqueville）的法國人觀察到美國人如何為了同胞而辛勤工作，去「創辦神學院、建造旅館、興建教堂、分發書籍，以及派遣傳教士。」林肯曾說：「我自願承認自己是人民公僕，根據服務契約——《美國憲法》；而身為僕人，我對他們負有責任。」

沒有哪個機構能像美國軍隊那樣體現出美國的服務傳統。除了戰爭時期的一些例外，我們一直維持著全志願役的軍隊。我們的部隊不為征服而戰，而是為了守護而戰。他們作戰勇猛、遵守紀律，並且注重榮譽。綜觀美國歷史，有成千上萬的軍人在對外戰爭中犧牲了一切。

川普總統競選時反對發動新的戰爭。作為國務卿，我知道我的工作對於讓美國男女子弟兵遠離戰場有多麼重要。如果外交手段失敗，我們派遣戰鬥人員的機會就會增加。這件事每天都在我的腦海裡縈繞著。在過去的二十年裡，有七千多位像艾瑞克．內特頓這樣的美國人在伊拉克、阿富汗和其他地方獻出了自己的生命。還有數以千計的人遭受了永久性傷害或其他持續性的心理創傷。他們和他們家人犧牲所換來的成果就是一個更安全的美國。在我們按照總統的意圖、負責地撤離阿富汗時，我下定決心，千萬別浪費了那些成果，也別浪費為此所付出的犧牲。

改善阿富汗——「美國優先」的艱鉅挑戰

到了二〇一七年一月，美國自九一一事件以來在阿富汗的軍事介入模式已經不再能有效維護美國的利益。阿富汗也象徵著美國在九一一事件後的外交政策需要調整，而不能回到九月十日時的立場。就像我在中國問題上所推動的一樣，我也強烈主張對阿富汗的任務進行大規模調整。而這也是川普總統所要的。早在二〇一三年，他在推特貼文表示：「我們應該立即離開阿富汗。不要再浪費生命。如果我們必須回去，就要以強硬和快速的方式進入。先把美國重建好吧。」

在成為總統前的不同時點上，川普承認我們可能需要在那裡留下一些部隊。重要的情報與非常規兵力可以繼續存留，但必須具備適合的條件。在與他一起努力了四年之後，我非常相信他要從阿富汗撤出每一位穿著制服的士兵、水手、空軍人員和海軍陸戰隊員的直覺是正確的。我們並沒有在二〇二一年一月二十日前實現我們的目標。我想說的是，這是一個未竟之志，但是拜登總統卻以想像得到的最扯爛方式把它給辦了。

在阿富汗攪和了二十年，我們得到了什麼？我先說好的一面。最重要的是，在九一一事件後，美國鎮壓阿富汗蓋達組織的結果是成功的。從我在中情局任職到政府執政的最後一天，我都會向美國情報圈的人提出這個問題：「阿富汗還有多少蓋達組織的戰鬥人員？」這是一個很難回答的問題，而且沒有誰會想給出錯誤的數字。到最後，我得到了一個還不錯的估計數字：不到兩百人。這個數字比二〇〇一年我們剛到那兒的幾萬人要少得多。蓋達組織的領導人幾乎全都逃到伊朗，至今仍滯留在那裡。

二〇二〇年八月，我接到一通來電，傳達了一個好消息，說我們已經成功擊斃哈姆札・賓・拉登（Hamza bin Laden）；他是奧薩瑪・賓・拉登的兒子，曾一度被指定為接班人。從二〇一一年開始擔任蓋達組織首腦的艾曼・查瓦希里（Ayman al-Zawahiri）仍然逍遙法外——或許吧——但我們再次展示了我們能找到並消滅這個惡中之霸的能力。二〇二二年七月，美國發現並消滅了查瓦希里。我們去阿富汗是為了打垮那裡的蓋達組織，而我們也做到了。蓋達組織如今在葉門、非洲和其他地方的活動仍頻、規模較大，而我們跟他們的戰鬥也還沒有結束。

美國的存在還有一個正面效果，那就是喀布爾的「正常運作」。當然，這是一種阿富汗式的「正常運作」，但學校開門授課、商家販售商品，而且民生運作如常。在其他一些城市地區也是如此，儘管塔利班仍控制著大半的阿富汗農村地區。首都能這樣正常運作，讓美國更加安全。

最後而且也許最重要的是，我們讓阿富汗無法成為恐怖分子可以對美國或其他西方國家發動大規模襲擊的地方。在這二十年間，我們阻止了他們策劃、訓練和實施他們的陰謀。這非常重要。這是我們當初進入阿富汗時訴求「美國優先」的結果。

這陣子，我和參與過阿富汗戰爭的退伍軍人座談，他們覺得很鬱悶，甚至差點搞到憂鬱症都發作，就因為拜登把撤軍行動給搞砸了。他們目睹了自己在阿富汗部隊裡的戰友和美國士兵在撤離時喪生。他們看到了阿富汗人抓住軍機起落架的一幕。他們瞅著美國人跪地乞求塔利班放他們一條生路。他們氣到捉狂是有道理的。

我想告訴每一位曾在阿富汗接受指揮的戰士，如果你正閱讀這篇文章，請將政治因素排除在外、瞭解以下三件事情：首先，你在阿富汗的服務是崇高且值得讚許的。其次，你們的犧牲——與家人分離、受傷，以及那些生活永遠不一樣了的遺屬——都是史上最偉大國家的優良傳統所創造出來的。最後，你們拯救了無數美國人的生命。儘管許多細節仍屬機密，但完全可以肯定的是，你們的工作保護了我們的人民、瓦解了恐怖陰謀，並減少了對美國利益的威脅。美國永遠不應忘記你們、你們的犧牲和你們為我們國家所做的貢獻。向你們的工作致敬，一直是我心裡的首要事項。

★ ★ ★

至於對抗塔利班的戰鬥，在二〇一七年，中情局在當地仍有大量人員部署，同時約有一萬五千名美軍參與地面作戰行動。長達十六年的戰爭已經讓我們的武裝部隊筋疲力盡，美國陸軍和海軍陸戰隊的軍人在退役前都經歷過六次以上的派遣任務。俄羅斯、伊朗和中國都樂見美國繼續流血並投入龐大的財富——在搞定一切後，大約二兆美元——到這個荒蕪之地。對他們來說，這還給他們帶來了一個額外的好處：阿富汗不僅吸引了我們的地緣政治關注，而且我們還承擔起消滅他們邊境恐怖威脅的骯髒工作。

我們北約盟友的角色讓我想起了一句關於火腿蛋早餐的老話：雞只是參與其中，但豬則是全心投入。在這種情況下，北約就是那隻雞——主要派遣一些輔助人員；雖然有用，但在前線的人數卻遠不如美國軍隊。當然也有例外：法國、義大利和英國派出了一些特種部隊，而加拿大也有實質的貢獻。但是，真正參與突擊行動並支援阿富汗武裝部隊的特種作戰人員，大多來自佛羅里達，不是法國。

多年來，美國一直試圖轉變角色，不再成為對抗塔利班的主戰力，但都以失敗告終。美國的戰略核心是提供支援給阿富汗軍隊，讓他們能夠承擔最危險的重任——畢竟，這是他們自己的國家。阿富汗特種部隊是絕對的殺手，充滿了英勇的戰鬥精神。有一次，在我參訪賈拉拉巴德（Jalalabad）的時候，我的團隊向我介紹了一群最強悍的阿富汗戰士。我的一個手下開著玩笑說：「這些阿富汗特種兵就像中國的數學一樣難搞。」他們還真是如此。阿富汗國防安全部隊英勇戰鬥、犧牲無數。但是，如果沒有美國和北約的支持，他們就無法完全保衛自己的國家。正如總統經常說的：「紅色圈圈愈來愈大！」他指的是我們在地圖上標記塔利班控制區域的方式。

訓練阿富汗軍人在美國的支援下作戰時（特別是空中支援），美國犯了一個嚴重錯誤。我們應該訓練他們用嘴裡銜著的刀和手邊的小型武器來戰鬥，而不是讓他們依賴有F-16戰鬥機在頭頂上的戰鬥方式。我的塔利班對手嘲笑我們以為自己能用美國模式複製出一支阿富汗軍隊的想法。他們知道這需要大量的高科技武器、指揮和控制能力，以及大規模作戰的能力。而且，這還需要一群無法被賄賂的軍官和士官團隊才行。

如果阿富汗民政府能齊心協力，或許可以建立起一支更棒的專業軍隊。只可惜，美國多年來打造阿富汗民政機構的努力卻以失敗告終。阿富汗的治理可以說是矛盾重重。二〇一七年，監察機構「國際透明組織」（Transparency International）把阿富汗列為全球腐敗最嚴重國家的第三名。然而剷除腐敗也有其弊端，因為這種不正當的供養制度能幫忙撐起整個阿富汗政治體系。

二〇一八年，麥馬斯特在橢圓辦公室裡說道：「總統先生，我們必須留下來剷除貪汙腐敗。」他持有這樣的觀點實在不讓人意外。作為一名軍人，他曾經負責掃除阿富汗的貪腐問題，而且早在二〇一二年就接受過《華盛頓郵報》專訪，標題為〈麥馬斯特：阿富汗反腐行動取得成效〉。我和總統以及麥馬斯特開玩笑說，阿富汗的腐敗是一種「特色，而非錯誤」，因為那是政府維持團結的唯一因素。更嚴肅地說，我估計阿富汗的低層腐敗確保了一定程度的穩定，因為它讓國家免於完全崩潰，但同時也大大降低了政府在人民心中的可信度。無論我們誰是對的，事實上，甚至連阿富汗總統阿什拉夫・甘尼（Ashraf Ghani）和行政長官（Chief Executive）*阿布杜拉・阿布杜拉（Abdullah Abdullah）都是竊取美國數百萬金援的利益團體首腦。最高層的腐敗限制了我們成功撤離的能力。

甘尼第一次來找我是在二〇一七年八月。他想問的是：「川普是個什麼樣的人？」我能理解這種好奇心，但這是一個浪費時間的外國訪問理由。我發現甘尼完全符合你對一個受過自由學術訓練、後來成為世界銀行官僚的人的預期。他語氣輕柔、態度友好、擁有良好的西方禮儀，而且一直把感謝美國為他的國家與人民所做的犧牲掛在嘴邊。然而，儘管他口才流利、魅力十足，他卻不是個深陷戰火、分裂嚴重、渴望建立政府組織架構的部落國家所需要的領導人。他的政治直覺很不靈光；在這個要求具備極限格鬥冠軍心態的暴力大熔爐裡，他卻是個布魯塞爾風格的管理者。他在阿富汗領導人當中也沒多少公信力；幾乎所有領導人的整個成年生活都是在一場又一場的戰爭裡度過的。當我與部落領袖和塔利班會面時，他們都憤怒地提醒我，他們在一九八〇年代騎在馬背上、衝進蘇聯直升機的炮火裡解放了自己的國家，而甘尼卻舒舒服服地坐在約翰・霍普金斯大學（Johns Hopkins）和哥倫比亞大學的沙龍裡。

甘尼在西方的歲月，讓他能夠熟練地與美國立法者和非營利組織進行博弈。他還在遊說團體身上大量撒錢。毫不誇張地說，甘尼在華盛頓特區的朋友比他在阿富汗的朋友還多。我第一次見他時還在中情局任職，我就直截了當地告訴他：「你應當在赫拉特（Herat）和馬扎里沙里夫（Mazar-e-Sharif）為爭取盟友而奔波，但你卻把時間浪費在K街和國會山莊這邊。」他把獲取美國資金和朋友的能力視為繼續掌權和持續斂財的主要因素。這確實很重要：美國和其他外國援助大約占了該國政府預算的百分之八十。但他真正需要的是喀布爾部落領袖和政治掮客的支持，而不是美國外交政策機構和世界銀行那幫人的讚譽和金錢。這種對時間、精力和金錢的錯誤配置讓我感到極度不悅。

＊行政長官是阿富汗伊斯蘭共和國於二〇一四年至二〇二〇年設置的非法定政府職務，相當於其它國家的總理或政府首腦。

我知道我們必須對他施壓，讓他真正成為他的國家所需要的那種領導人。

「趕快他媽的撤離」

我仍然能夠聽到唐納．川普喊出他那句廣受歡迎的競選承諾：「我們要從阿富汗儘快撤離。」他經常以命令句向他的國家安全團隊重申這句口號。更重要的是，川普總統面對的不是戰術或軍事行動上的失敗，而是戰略上的失敗。十六年來，我們都沒調整過自己的戰略，即使美國在戰場上獲勝能力的侷限變得愈來愈明顯。總統認為我們目前的努力是一場曠日費時又所費不貲的敗局。儘管他希望撤離，但是他也漸漸理解到，這得用正確的方法來完成。「趕快他媽的撤離」是他的口號，但他都還會補充說：「但我們必須把我們所有的人都弄走，把所有的裝備都帶出來，一根釘子都不放過。」然後，他會講起他那房地產開發商父親在工地上撿釘子的故事，並重複這句口頭禪：「我不想看到任何人或任何東西被遺留下來。」

每當團隊提醒他，反恐的考量可能會阻礙從阿富汗全面撤軍時，他會說：「我知道了。就按我們早先的做法來辦：中情局和小規模部隊留下。如果塔利班做了什麼蠢事，他們可以叫轟炸機過來。」四年來，我們牢牢記著他三管齊下的目標：撤離、不留下任何人和任何物品，以及如有必要，保留一支小規模而低調的部隊來降低美國人遭受攻擊的風險。

如何在不損害美國國安的前提下履行總統的命令，有幾種不同的方案被提了出來。二〇一七年六月，史蒂芬・班農來中情局找我。他——或起碼他自以為——被委以推動政府兌現川普總統承諾的責任。他告訴我，他已經說服總統，把阿富汗交由中情局全權負責。他提出了一個不涉及地面軍事力量的方案。而基於現實考量，他要我擔任美軍在阿富汗的指揮官。前軍事承包商黑水國際（Blackwater Worldwide）的前負責人艾瑞克・普林斯（Erik Prince）也提出了一個很像班農提交給總統的新型參與模式。在他的設想中，承包商將提供軍用飛機，並訓練阿富汗軍隊。他聲稱這將降低成本、挽救生命，而且能讓國防部把注意力從阿富汗轉移到別的地方。川普總統對此很感興趣。然而，國防部和中央司令部的約瑟夫・沃特爾將軍（General Joseph Votel）對此並不感興趣，而且也讓我知道了這一點。我和我的團隊評估了可能的情況。我們的結論是，有幾個因素——包括對多重任務組合需要大量軍事支援的需求——讓普林斯的提議在當前威脅條件下不可能實現。總統對此感到失望，但我們必須誠實面對我們的極限。

這不是我們唯一一次遭遇誠實面對阿富汗問題這個挑戰。總統身邊有許多人——包括麥馬斯特和馬提斯——都在阿富汗嚐過戰爭的滋味，並失去了他們麾下的士兵。白宮幕僚長凱利也失去了自己的兒子。他們都是認真的人，用我未曾有過的方式承擔了個人的風險。他們一輩子都在好好地帶兵打仗。他們不斷敦促總統堅持到底、打死不退。我仍然非常尊重他們，但時間不斷推進，情勢也在變化。這一次也不例外。儘管他們反對，我和其他人還是強烈要求調整我們的阿富汗戰略，以符合總統所設定的三個條件。

到了二〇一七年夏天，辯論已經到了白熱化的程度。在一次會議上，總統開玩笑說：「你們一直在討論怎麼把阿富汗的開支從每年一百三十億美元降到五十億美元。而我只是想找到九億美元來建一堵牆！」他的顧問們並不覺得好笑。傷亡人數仍然過高，而我們戰鬥部隊士兵的損失也同樣不小。然而阿富汗承諾的成本很高，而且不僅只是在金錢方面。我們還有其他的戰略優先事項。我們需要軍方認真投入資源來對抗中國；而且一旦核協議破裂，我們可能還會與伊朗發生衝突。

辯論激烈進行了一整個夏天，川普總統的政治團隊主張「撤出！」而馬提斯、麥馬斯特和凱利則認為「我們正處於勝利的邊緣」。八月，總統召集內閣和軍事顧問進行最終決策。到那時，每個人的立場都已經十分明確。我在遊戲中的角色不僅僅是情報提供者——我還在地面上扮演著重要的作戰角色，與國防部的角色完全不同。馬提斯提出了增兵的建議，而總統聽取了他的意見。

二〇一七年八月二十一日，川普總統在維吉尼亞州的梅爾堡發表了令許多人震驚的演說。他的演講無關「趕快他媽的撤離」，而是談到了阿富汗新的致勝戰略。他闡明了要藉由「攻擊敵人、消滅伊斯蘭國、粉碎蓋達組織、防止塔利班接管阿富汗，以及在針對美國的大規模恐怖襲擊出現之前加以阻止」來爭取勝利。他沒有提到兵力規模或取得勝利的時間範圍，但他確實表示地面上的情況將指導我們戰略的走向。

演講後的早晨，他心情非常糟糕。他受到來自四面八方的攻擊。右派媒體有許多有關他未能遵守撤軍承諾的新聞報導。但他對主流勢力居高臨下的評論也同樣感到憤怒，說他實際上終於「表現得像個成年人」或「在總統任內成長了」。我在當天就知道，這次的演講不會是阿富汗問題的最後定論。

親眼看看阿富汗

要履行中情局的新阿富汗戰略，就意味著我得更常跑阿富汗去評估情況。我第一次訪問這個內陸國家是在二〇一三年的夏天，當時我是國會情報委員會的成員。那次的行程由德州眾議員麥克·康納威（Mike Conaway）帶團，他是一位非常受人尊敬的老好人，同行的還有我朋友眾議員米歇爾·巴赫曼（Michele Bachmann）。康納威原本預計國務院和中情局的官員會在我們下機時迎接我們，但在我們搭乘民航機抵達喀布爾國際機場時，沒有人來接機。我們心想：「呃，算了，我們就繼續往前走吧。」

通關離開航廈後，我們看到了幾個外表粗野的人。他們會說一點英語，要我們上他們的白色廂型車。巴赫曼議員正要上車時，康納威說：「等一下。」他注意到廂型車的車窗都被遮住，車裡有一大批看起來不像是美制的制式武器。就如同他事後跟我說的那樣：「這看起來像是一部糟糕透頂的驚悚片場景，一群蠢蛋美國人自願爬進一輛恐怖分子的車裡。」我們最後終於找到了國務院派來的助手，而他們也確認我們沒再上錯車。當我回想起這件事情，這一連串危險的混亂就是阿富汗當地的典型運作方式，儘管美國已經在那裡努力經營了十多年。當時沒有人能預料，沒等到十年後，那座機場將成為美國史上最糟糕的撤退現場之一。

我的第二次阿富汗之行是在我剛到中情局沒多久以後。當時我肩負重任，得緊盯著中情局在阿富汗的人員調度——這是我們在全球範圍內最大規模的部署行動，同時也是我們投入的最大準軍事力量。到了二〇一七年初，中情局在阿富汗已經經歷了很多事情。九一一事件後，第一個在阿富汗喪生的美國人是一個名叫強尼・斯潘（Johnny "Mike" Spann）的中情局幹員。中央情報局在鎮壓塔利班與建立阿富汗政府方面一直都起到了重要作用。在里昂・潘內塔的領導下，中情局一直是消滅奧薩瑪・賓・拉登的核心角色。美國已培養出一股最棒的力量，在賈拉拉巴德到霍斯特（Khost），以及坎達哈（Kandahar）到昆都士（Kunduz）的前哨基地訓練阿富汗的部隊，如此就能讓阿富汗人自己而不是由美國人去進行攻堅的任務。我們國家也已經擁有能從空中打擊高價值目標的致命能力。而這個作戰行動，現在有一部分是由我來領導的。

我的首要任務是讓團隊知道，他們在執行世界上最艱難的任務時，我會全力支持他們。在我到達的第一天，我就和駐紮在當地的男女幹員進行了「全體」會議。我要他們看到我本人親自來到了第一線，並確信我會給他們提供所需的工具和資源。我想讓他們知道，在我願意履行承諾的同時，也代表著川普總統的聲音。在參觀完武器訓練場之後，我整晚大部分的時間都在塔利吧（Talibar）裡握手、倒啤酒、交換故事，並在球帽和T恤上簽名；塔利吧是亞利安人（Ariana，也就是阿富汗人）巧妙命名的一個酒吧。

我永遠忘不了第一天遇到的那些愛國人士。這些人都是硬茬子，很多人都已經是第三、第四或第五次來到阿富汗了。他們喜歡唐納・川普，有的人還可以背誦他的推文。和總統本人一樣，他們當中沒有人自認為是菁英，許多人還有點兒不修邊幅。這些辛勤的中情局幹員就是該機構駐外人員的典型代表。他們工作辛苦、工時又長。有些人「走出圍牆」——離開基地的安全範圍——執行任務；有的人則在電腦終端前進行重要的工作。他們駕駛俄羅斯的直升機；他們熱愛美國。他們有可愛的孩子，而有些孩子還患有嚴重的發育障礙。他們修理壞掉的東西；他們讓通訊運作正常。他們保護自己的兄弟姐妹。他們瞭解地獄火飛彈的優點和限制。他們曾在佛羅里達的遊艇上端盤子，現在卻每天在阿富汗的廚房為數百人做出南亞地區最好的飯菜。他們知道恐懼。他們努力工作和訓練，確保自己能夠趕上所有前輩。他們的朋友已經犧牲了。他們有許多人支援了針對恐怖分子的行動。對個人來說，他們知道自己的使命為何，並決心為新任指揮官做好工作。他們認為駐阿富汗的外交官是一群軟弱又無效率的傢伙。親自見到這些活生生的傳奇人物激起了我的決心，想確保他們在這裡所做的一切將不會徒勞無功。

然而，最終的成功不僅單憑他們的力量而已——這得看總統和他的團隊是否能夠正確執行戰略才行。二〇一七年八月。在川普總統發表演講後，我第三次來到阿富汗。又一次，我想確認我們的團隊擁有完成任務所需的一切。除了進行盤點之外，我還去了霍斯特和巴格拉姆空軍基地（Bagram Airfield），向在當地陣亡的中情局官員獻上花圈。在那裡，我遇到了一個名叫皮特（Pete）的人；他是我還是年輕少尉時最出色的一名手下，現在用一種全然不同的身分為我工作。我還跟一個名叫丹（Dan）的同事共度了一段時間；他是一九九四年西點軍校畢業生，是第十三次來到阿富汗。我有幸給他頒發了英勇獎章；只有將來的作家才有那份榮幸在所有機密文件公開以後，講述他的故事。這些到訪的經歷讓我更加深切瞭解到我們在阿富汗的工作為何如此重要——多年來，我們的部隊一直與塔利班混戰而疲憊不堪，看不到哪裡才是個盡頭。像皮特和丹這樣的人要減少為國家的利益來到這裡的次數，而是多待在家裡陪伴家人才是。

我及時從阿富汗趕回來參加在大衛營（Camp David）舉行的國家安全會議；議題是再次重新審視我們的阿富汗戰略。總統對自己在邁爾堡演講的反應還在不開心，而更讓他不開心的是國防部長馬提斯和國務卿提勒森都沒有兌現承諾，不論是在戰場上，或與阿富汗政府和塔利班在談判桌上。馬提斯拖延了川普總統授權的額外三千名軍隊的部署。他和總統彼此缺乏信任的情況一再困擾著我們。

在我要離開會場時，幕僚長凱利和總統要我在那週晚些時候去紐澤西州的貝德敏斯特，向總統簡報中情局如何實現他的要求。我確認了馬提斯知道這個要求，但我也要他別讓國防部領導人出席我與總統的簡報會。值得讚揚的是，馬提斯信任我能在他不在場的情況下處理好這次會議。我帶了兩名中情局高級官員一同赴約。我們向總統同時提供了一份修正失敗戰略的詳盡計畫，以及我們情報機構可以用少量地面人員來做些什麼的實際評估。但是這次會議的重要之處還在於我的中情局團隊讓川普總統知道，中情局的支持將讓美國得以把正規軍事部署的人數削減到僅剩二千五百人，同時仍可實現他在邁爾堡所提出來的每一個目標。減少百分之八十的兵力將成為未來三年的主要目標。我們就是得用一種向所有在此地參與戰爭的人所做出來的犧牲致敬的方式，來執行這個方案。

與魔鬼外交

當我成為國務卿，我對阿富汗的焦點就從地面國家安全工作轉到了外交。二〇一八年五月初的午餐會上，總統告訴我：「雷克斯（前國務卿）他媽的搞我，既沒有制定外交計畫，也沒有和所有的部落人民交談過。」我向他承諾會制定一個推進和平談判的策略，就算和平只有千分之一的機會也要去做。他說：「麥克，你必須和這些人交談，他們會在我們離開後還一直待在那兒。」他說得一點兒沒錯。回顧起來，我那「千分之一」的機會可能還是太過於樂觀了。

接下來幾個月，我找尋合適的人選來協助領導我們的外交工作。大家都說：「你會選扎爾（Zal），」然後又補充說：「他對你來說會是個討厭鬼，但他是你最佳的選擇。」他們這兩點都沒說錯。扎勒米・哈利勒扎德（Zalmay Khalilzad）是前美國駐阿富汗大使和駐聯合國常任代表，出了名的獨斷專行和守口如瓶。而且他還是在阿富汗長大的，是塔利班成員裡占主導地位的普什圖族（Pashtun）。他和他們任何人都說得上話，而且和其中的大多數人都有長期的互動和交往。他的技能近乎無敵，能在談判過程中發揮最大的作用。正如外交政策專家所預言的那樣，我選擇了他。

在總統一眾國家安全領導人之間，和塔利班進行外交對話的意願也不一致。吉娜・哈斯柏最支持進行對話，並點出塔利班在阿富汗擁有巨大的影響力，「所以我們最好和他們聊一聊。」波頓則完全反對進行任何談判。每次川普總統要我們展開討論時，他就急得滿臉通紅。我也知道，一旦我們開始進行這些會談，甘尼將成為我們的對手。像是南卡羅萊納州的林德希・格拉漢姆和新罕布夏州的珍妮・沙欣（Jeanne Shaheen）這些參議員都會設法搞砸我們的工作；離霧谷不到十五分鐘的每個非政府組織都會對我們群起而攻之，以保護在阿富汗幫他們賺錢的合同。國防部長艾斯培和參謀長麥利的感受則更加複雜，但他們各自總結出來的結論都是，鑑於總統要我們減少在阿富汗的足跡，展開對話顯然是有利的。在歐布萊恩取代波頓成了國家安全顧問以後，他支持我們的努力，但也能感受到風險的存在。

在制定談判策略時，我們知道它必須與地面部隊的行動協調同步。最初，這意味著我們要和約翰・尼科爾森將軍（General John Nicholson）一起合作。他在二〇一六年接任「堅定支持特派團」（Resolute Support Mission）指揮官——基本上也就是北約部隊在阿富汗的指揮官——曾經是該特派團史上任職時間最長的指揮官，直到二〇二一年才被史考特・米勒將軍（General Austin Scott Miller）給超越。尼科爾森對阿富汗非常熟悉；幾乎在整個高級軍官生涯裡，他一直都在處理這些問題。和許多人一樣，他仍相信我們還在持續取得進展。但我可從來沒看到這樣的進展。尼科爾森是位令人讚嘆的愛國人士，但我認為他難以理解華盛頓特區的政治，也沒搞懂他那總統老闆對「趕快他媽的閃人」的重視有多麼認真。據我所知，馬提斯從未允許尼科爾森與川普會面或交談。這對於忙著執行具有重大地緣戰略與政治影響軍事任務的尼科爾森來說，非常地不公平。到頭來，川普對他失去了信心。

二〇一八年九月，史考特・米勒將軍成為新任堅定支持特派團指揮官。在我剛進西點軍校讀大一的時候，他是我大四的學長。我們相信彼此曾在校園裡照面，但也許只是因為我一些微不足道的違規行為被他嚴厲斥責過而已。我知道米勒將軍是這個任務的完美領導者。作為一名前三角洲部隊（Delta Force）指揮官、聯合特種作戰司令部（Joint Special Operations Command）指揮官，以及一個從索馬利亞摩加迪休（Mogadishua）到伊拉克、阿富汗都有參戰經驗的人，他知道如何領導。我靠他幫我制定我們的談判計畫。而在我們設法執行這個戰略時，他指望我在橢圓辦公室裡給他提供空中支援。

我們都知道，在美國要結束長達二十年大規模介入阿富汗的過渡時期，我們必須保持警戒、負責監督。我們開玩笑說，交到我們手上的問題比電影院的地板還要黏（棘手）。我們會爭論退休是到布拉格堡（Fort Bragg）還是諾克斯堡（Fort Knox）才能讓我們擁有更好的生活品質。更嚴重的是，我們知道我們必須實現川普總統的目標，而我們能這麼做的時機相當有限，而且這麼做得承擔重大的風險。我們也知道，我們在條件成熟之前是無法完全撤離的。

國務卿與戰區四星上將直接合作的情況還滿不尋常的。但如果這本書你都一路讀到這裡了，你就會知道我們的執政團隊從不受制於常規的做事方式。我們確保從史考特的老闆、中央司令部指揮官法蘭克・麥肯錫將軍開始，每個人都能得到與級別相符的消息和權限；而他總是聽取完整的簡報。我會永遠愛著法蘭克這個人，就因為我在他佛羅里達家裡見到他時，他對我說的第一句話：「如果你想對蘇雷曼尼下手，我會支持。」我知道他在中央司令部的上一任約瑟夫・沃特爾將軍不會這麼說。米勒將軍和我試著去做的，是美國往往沒能做好的事：邊打邊談、齊頭並進。我們的歷史向來就是，一旦和平談判開始，我們在地面上的軍事投入就會減少，而「回家」的計畫就開始主導整場對話。在戰術層面上，我們失去了保護我們男女戰士的威懾力。米勒將軍和我決心實現川普總統的目標，同時又能充分壓制塔利班以保護我們的軍隊，並維持阿富汗政治軍事結構的穩定。這麼做的話，我們知道，這才能向為國家奉獻了一切的好幾代戰士致上我們的敬意。

扎爾和我開始制定外交方案時，我告訴他，任何協議的關鍵目標都必須尊重將近二十年來的犧牲，並保護美國免受恐怖主義的威脅。策略最終有四個主要假設，而我們也知道每個假設只有部分屬實：首先，極少數塔利班的重要成員出於私利，對和解協議感興趣。其次，阿富汗政府可以保留，我們可以將政府重組、把塔利班納入其中。第三，巴基斯坦不會對和解過程造成致命的破壞，因為美國的胡蘿蔔與棍棒措施將確保他們的利益（以及印度的利益）在任何協議裡都得到照顧。第四，美國將公開強調自己在阿富汗的軍事存在是有條件的；這就意味著，在我們確信塔利班履行了協議之前，我們不會撤軍。

這是在高空走鋼索。每次川普總統談到撤軍，塔利班就有連槍都不用開的膽氣等著我們離開。甘尼總統認為任何協議都會讓他失去權力，而這還可能成為事實，所以他帶頭大力破壞我們的談判。有一次我在喀布爾與他會面，當時他拒絕真誠地進行談判。我警告他，如果他拒絕參與和解調停，我將停止十億美元的美援撥款。在我離開喀布爾的飛機發動引擎之前，我至少接到了五位美國參議員的來電，表示這樣的舉動將毀滅全世界。我知道參議員格拉漢姆早先接到了甘尼的電話；他這個人已經完全對美國的施捨上了癮了。我也相信，這是我們自己國務院某些不支持我們對甘尼施壓的官員向國會山莊通風報信的結果。

在談判過程中，我們還提出了另外兩個想法；事實證明，這些想法對達成協議是非常有效的。第一個是利用我們的軍事力量，讓塔利班明白我們不能接受談判期間出現猖獗的暴力行為。米勒將軍和我知道，如果我們能夠實時地根據談判情況增減壓力，我們就能實現西方從未做到的事情：一邊打仗、一邊談判。舉個例子來說：當塔利班已經太靠近某個重要的地點時，米勒將軍會讓我們知道。那麼札爾或是我就會找上塔利班最高政治領袖穆拉巴拉達爾（Mullah Baradar），給他兩個小時的時間解決問題。如果他不照辦，我們就會對他和在場的人員猛烈轟炸，直到他明白我們的意思為止。只需要幾次這樣的對話和示範就可以清楚表明，我們以緊密協調的方式展開行動，以迫使塔利班給出我們想要的結果。

我們還有第二個用來威懾塔利班的重要手段。川普總統告訴塔利班，如果他們在和談過程中傷害到美國人，他會「用核武把你們轟回石器時代」。這是種典型的誇大之詞，但確實也表明了我們的嚴肅態度。當塔利班二〇一九年九月在喀布爾引爆一枚炸彈，造成一名美國人和十一名阿富汗人死亡時，我們中斷了數週的談判過程。在那幾個星期當中，我們在阿富汗擴大地面攻擊的力度。塔利班這才開始明白，我們和他們的談判直接關係到他們的行動方式以及我們會殺死多少塔利班成員。每當我想到美國是如何在短短幾個月內從一萬五千人撤離到僅僅二千五百多人，沒有任何美國人傷亡，也沒有塔利班占領我們撤出的地方時，答案就在於這種精心策劃的外交與軍事力量的運用。我們撤除了大量的兵力，同時又保持戰術上的威懾力。

與此同時，我們與各方合作尋找一條前進的道路，以完成任何一個政府都沒能做到的事情：讓阿富汗政府和塔利班進行真正的和平談判。任何理性的國務卿都知道，這樣重大的和平協議需要花費數年甚至數十年的時間才能完全實現，而前進的道路從來都不是康莊大道。我當然接受了這兩個事實。但我們也知道，如果我們能夠最起碼和甘尼總統達成協議，讓他派出談判代表，而且也讓塔利班做出同樣承諾，那麼我們將邁向和平，而且減少對美國人的威脅。

在談判緊鑼密鼓的進行過程中，甘尼始終是個麻煩。我見過許多世界領袖，他是我最不喜歡的一個。在來往名單裡有金正恩、習近平和普丁這些人的情況下，這就透露很多東西了。而甘尼就是個徹頭徹尾的騙子，他浪費了美國人的生命，而且只關注自己繼續掌權的欲望。我從來就沒有感覺到他有準備為國家去承擔可能危及他權力的危險。這讓我感到噁心。

因此，儘管甘尼和華盛頓特區的大部分當權派都反對，我最後還是在二〇二〇年二月二十九日前往卡達的杜哈（Doha），親眼見證了「不被美國承認為國家而是被稱為塔利班的阿富汗伊斯蘭酋長國與美利堅合眾國的《阿富汗和平協議》（Agreement for Bringing Peace to Afghanistan，或稱Doha Accord）」的簽署。是的，這是個相當冗長的名稱，也是這份協議的真正標題。國防部長艾斯培當時也簽署了一份類似的文件，雖然經常被忽視但卻同樣重要；它是美國和阿富汗政府之間的協議。這些協議所提供的，與其說是和平的基礎，不如說是試圖實現和平的正式框架。

那天，我經歷了作為國務卿以來最奇怪的經歷。從華盛頓特區長途飛行過來以後，我走進一家看起來像在托拉波拉舉辦什麼大會的喜來登酒店。我眼前有幾十名塔利班成員，身上穿著傳統服裝。他們當中有許多人——都是根據外交協議合法進入該國的代表團部分成員——穿戴著白色長袍、黑色坎肩和頭巾；這讓我想起了奧薩瑪・賓・拉登的模樣。我想知道，在阿富汗南部塵土飛揚的磚瓦小屋中出生和長大的他們，如何解讀杜哈閃亮璀璨的天際線；透過伊斯蘭律法的鬆綁和噴湧的天然氣，使得這座穆斯林占多數的城市變得富裕起來。我想知道，他們是怎麼在仇恨所有西方事物和使用手機並享受有漂亮拋光地板的空調大廳之間，找到讓自己心安理得的理由。而且我還想知道，在這些蓄著鬍鬚的暴徒當中，有多少人曾經殺害美國的男男女女？

我的安全團隊對於讓我進到這樣的環境感到擔心。這個景象確實令人不安，但我並不擔心自己的人身安全。塔利班渴望實現他們前來這裡的目的：扎勒米・哈利勒扎德在一張紙上簽名，實質宣告了在塔利班履行協議承諾的情況下，所有外國軍隊在近二十年的犧牲後，將逐步從阿富汗撤離。

在儀式開始之前，我必須和穆拉巴拉達爾見上一面。我讀過大量有關他的資料。我曾與他通過電話。然而，跟他還有他的團隊在一起——我確信其中有個人害死了我朋友——這是我在政府服務期間最感噁心的時刻之一。

幾個小時後，在鋪滿紅毯的金字塔形飯店宴會廳裡、在全世界媒體和一大群塔利班高級幹部目睹下，扎爾簽了這份協議，讓美國以負責任的態度結束了我們在阿富汗的軍事存在。

我支持簽署這份協議，而且依然認為這是正確的前進方向。但我仍對九一一事件感到憤怒；當我看到國務院的外交團隊向塔利班代表握手祝賀時，我內心有些不忿。但這份協議對拯救美國年輕人的生命至關重要。它確認了反恐戰爭不必以阿富汗永無休止的戰爭來加以定義，同時也承認了我們過往的戰略在那裡能取得的成果相當有限。我祈求和平來臨，也知道可能性不大，但我決心完成我確信我們能夠做到的事情：兌現川普總統將我們的孩子帶回家的承諾，而且還是在能讓曾在那裡服役過的美國人讚一聲「幹得好」的情況下來完成。我們原本是辦得到的。但我們沒有機會這麼做。

儀式結束後，雙方都發了新聞稿，各自宣稱自己的勝利和對方的屈服。麥馬斯特在稍後說我簽署了一份「投降協議」。請自己去讀一下協議的內容：我們沒有被迫交出任何美國的利益。事實是，麥馬斯特和那些與他觀點相同的人已經無法對阿富汗進展的前景進行客觀判斷，而那樣的失敗正在收割美國人的生命，還讓我們不把當今這個重大的戰略風險當一回事。

在三月三日，川普總統創造了歷史，也激怒了許多人——他打電話給穆拉巴拉達爾施壓，要他履行這項協議。他們確實有個共通之處：他們都憎恨甘尼。巴拉達爾感謝總統承諾撤出阿富汗，而總統馬上回覆他說：「你必須履行協議中的承諾！」川普總統告訴巴拉達爾，如果他們不能兌現有關蓋達組織和恐怖主義的承諾，我們將「讓他們過得淒慘無比」。外交政策的當權派堅信，即使與這個劊子手交談也等同於叛國。但是四十年來對於和平最終如何實現的研究教會了我，在沒有徹底殲滅敵人的情況下——在各種限制下，沒有人相信美國可以對塔利班做些什麼——你遲早還是得跟他進行談判的。所以我們睜大了眼睛、槍裡裝滿了彈藥，就這樣去談判了。

★ ★ ★

這聽起可能很瘋狂，但是讓美國和塔利班達成和平協議，只不過是這個過程裡比較容易的部分。

要讓阿富汗政府、塔利班和阿富汗境內各個派別來實現和平，那就更加困難了。事情從一開始就出現了我們預料中的困難。首先，阿富汗政府仍然無法確定是誰贏得了二〇一九年九月的總統選舉。根據最終名義上的計票結果，甘尼擊敗了該國行政長官阿布杜拉．阿布杜拉。但事實上，甘尼只是比其他候選人賄賂了更多的選民和計票員。這時，甘尼和阿布杜拉正在為誰來擔任下一任總統打得不可開交，根本顧不了是不是還有一個政府可以來領導。在米勒將軍的要求下，我在二〇二〇年三月二十三日搭機前往阿富汗，告知他倆需要達成協議，否則我將建議川普總統馬上退出該國，而且會先從砍掉每年大約五十到六十億美元的外國援助開始。

這是個貨真價實的威脅。雖然大眾關注的焦點幾乎總放在我們的援助如何協助維護安全，但它更大的目的其實是在於維護社會秩序。它給學校和醫療保健提供資金，但同時也意味著給地方領導人派發「零花錢」。這是賄賂的委婉說法，也是美援如何運用與阿富汗社會如何運作的悲哀現實。我的放話引起了他們的注意。最後，我們削減了十億美元的援助來顯示我們並不是虛張聲勢。五月的時候，阿布杜拉基本上把控制權交給了甘尼，那麼，最起碼我們就有一位阿富汗政府的領導人了。

二〇二〇年四月，根據美國和塔利班的協議，米勒將軍制定了一條明確路線，將我們的軍隊削減到八千六百人，然後再減到七千人。這個數量足以讓我們安全地停下來，看看塔利班是否計劃發動大規模的春季攻勢。我們知道，假使塔利班履行承諾，接下來的兩個縮編步驟會讓我們在二〇二〇年的秋末前把兵力減少到四千八百人、然後是二千五百人。隨著美國總統大選逼近，總統希望能宣布他已經兌現了「趕快他媽的離開阿富汗」的承諾。儘管還沒有完全達到目標，但到年底時，我們的軍隊規模將達到有史以來最少的人數。從我的角度來看，同樣重要的是，我們建立了一個永續的模式，讓美國人的生命得到了保護、阿富汗軍隊的凝聚力得以維繫，並讓還不完善的政治進程有機會出現。雖然阿富汗內部和平談判陷入僵局，但我們已經建立了對重大襲擊的有效威懾機制。塔利班已經一年多沒有對美國人發起嚴重襲擊。我們也不再看到裝著英雄們的棺木運抵多佛空軍基地（Dover Air Force Base）。

但川普總統並不滿足於此。每次他向國防部長——最後是代理國防部長克里斯多夫・米勒（Christopher Miller）——要求進一步縮編時，都會得到與他期待的狀況和目標不符的答案。我們知道喀布爾政權有可能迅速垮臺，而且我們也向總統提到「西貢」的鬼影*，以提醒他真正攸關利害的是什麼，以及潛在的崩潰速度會有多快。

我們卸任的那天，在阿富汗還有二千多名美軍。我們從未完全滿足「趕快他媽的撤離」的指令。我們無法告訴總統我們可以把最後一名軍人帶回家，同時仍然能夠保護美國免於受到那個地方的襲擊，所以我們從沒跟他說我們辦得到。這個失敗是我的責任。與此同時，我們從沒讓阿富汗陷入混亂；我們也從沒拋下任何美國人或裝備；我們還減少了美國的人員傷亡和開支。我把這樣的成就歸功於那些在這麼多年的過程裡，冒著生命危險守護我們的男男女女。

二十年來的經驗教訓

川普政府處理阿富汗問題的方式帶給大家許多經驗教訓。首先，我們展現了「地面部隊」的數量並不是衡量一個國家內部權力和影響力的唯一標準。我們總共減少了百分之八十以上的兵力，但透過外交、情報、空襲和北約的支持，仍然保持了對局勢的影響力。然而——主要是因為我們自身宣傳不力——我們沒能夠改變美國「地面部隊」是形塑阿富汗事件最重要變數的論述。對我來說，更持久的教訓是，在投入大量資源後，改變方向雖然困難但還是有必要的。且讓我用自己人生裡的一個故事來闡明我的觀點。

在和即將對我能否擔任中情局局長進行確認投票的參議員會面時，參議員范士丹告訴我：「我本來不想支持你的，麥克，可是鮑伯·杜爾打電話給我、說我應該給你一個機會。我為什麼應該投票支持你的提名呢？」坦白說，我不怪她傾向對我投下反對票的態度。我們以前就有過衝突。

參議員范士丹長期力挺情報界，一直是參議院情報委員會堅定的領導者。但在二〇一四年，她的委員會發布了一份報告，詳細介紹了中央情報局的增強型審訊計畫。雖然中情局所有的行動都是合法的，而且也拯救了美國人的生命，但是參議員的一名左派工作人員丹·瓊斯（Dan Jones）卻決心要破壞這個計畫。這份報告甚至還點名了好幾位參與其中的中情局愛國人士。我認為范士丹和瓊

*指西貢淪陷；美國政府和軍方因此受到批評，美國的全球影響力也受到削弱。

斯對布希時代國家交辦的計畫提出事後批評，是犯了根本性錯誤。但讓我完全無法接受的，是他們對執行總統交辦艱難任務的中情局戰士近乎騷擾的舉動。范士丹和瓊斯無法理解，各級領導者必須做出艱難的決策。這就是為什麼我仍然喜愛小布希總統、喜歡他的強悍，以及那些——像荷西・羅德里奎（Jose Rodriguez）這樣——在戰時為保護我家人而做出了既艱難又複雜決定的人。報告發布時，我正任職於眾議院情報委員會。我努力釐清參議員對中情局增強型審訊計畫的錯誤認知。但是我並沒有根據實際情況來回應她的行動，而是投書媒體發起了一次不負責任的人身攻擊：

參議員范士丹今天已經讓美國人的生命陷於危險之中。我們那些在九一一事件後負責保護我們安全的男男女女——我們的軍隊和情報戰士——各個都是英雄，而不是被美國公民自由聯盟（ACLU）和參議員范士丹玩弄的棋子。

報告中描述的情報收集計畫，多年來一直是新聞和討論的熱門話題。

我繼續往下說，但我應該收手的：

令人遺憾的結論是，她公開發表這份報告是出於一種自我清白的自戀行為，這與她對國家的責任完全背道而馳。

我是對的，水刑確實有效。中情局的男女幹員奉命以最尊重法律的方式，從那些曾經在我們領土上殺害美國人的最壞惡棍身上收集情報。但是我也錯了，我不該攻擊參議員范士丹，說她的表現不夠真誠。無論錯得多離譜，我也沒有證據說她的決定並非出於自己如何才能好好保衛我們國家的最佳判斷。

所以，在和她見面討論我的中情局提名任命時，我把這個問題給解決了。我告訴她，我基本上就不應該指控她叛國，而我也樂意公開承認這一點。她認為這樣私底下認錯就已經夠了，而且最後她也投下支持的一票。我並不需要她那一票，也並非為了獲得她那一票才道歉。我道歉，是因為優秀的領導者會在事實需要時改變主意、在犯錯時修正錯誤。這正是川普政府在阿富汗所做的。這從來就不是件容易的事，尤其是在沉沒成本就跟在阿富汗一樣龐大的情況下。然而，這件事還是必須去做。

第三點，川普政府展示了良好規劃的重要性。這一點在拜登總統那可怕的阿富汗撤軍行動中悲哀地得到了證實。當我們交出權力的鑰匙，川普政府已經展示了我們有依情況變化調整撤軍步調、不讓塔利班趁虛而入的能力。我們的目標是不留下任何人和任何東西。拜登政府拋棄了因時制宜的框架，倉促地完成美國撤軍行動，以迎合九月十一日這個愚蠢的最後期限。原則上，設定日期就是個愚蠢的行為，而且還蠢到設定在這個具有這麼強烈象徵意義的日子。日期一旦公開，塵埃就已落定。這好比拜登總統給塔利班發了電報，告訴他們可以開始採取暴力手段來逼迫阿富汗指揮官放下武器了，因為美國已經宣布撤離的日期。這就導致了席捲整個國家的混亂，給阿富汗公民帶來不幸，也給美國帶來恥辱。

特殊移民簽證相關的混亂讓人感到更加不幸與屈辱；這些簽證原本應該是勇敢的阿富汗人在最需要時的一股助力。拜登政府打開了巨大的權力真空，然後就袖手旁觀；他們沒完沒了地開著跨部會會議，而不是制定計畫來確保我們的阿富汗夥伴和他們家人能夠安全撤離。到最後，喀布爾機場變成像《價格猜猜猜》（*The Price Is Right*）遊戲節目一樣的混亂場面，僅靠抽籤的運氣來決定哪些觀眾會從人群裡被拉出來，成為下一個幸運的參賽者。隨之而來的混亂，讓伊斯蘭國一個自殺炸彈客殺死了十三名年輕的美國士兵。

可以肯定的是，如果我們連任而且我還擔任國務卿的話，我們會提前幾個月建立一套核發簽證和撤離盟友的系統。然而，美國的東征十字軍在阿富汗的最後那幾天過得相當屈辱，國務院的一名官員就評論道：「官僚主義害死的人比塔利班殺掉的還多。」

拜登團隊試圖歸咎於川普政府，說是我們給推動的強制撤軍。拜登總統，沒有人強迫你做任何事情。我們簽署的協議規範了撤離的條件。這些條件從未得到履行，因此我們的國家安全團隊從未建議川普總統完全撤出。因為塔利班仍持續違反《杜哈協議》（Doha Accord），我們就繼續往他們頭上發射飛彈，並且支持阿富汗軍隊屠殺他們的士兵。你撕毀了那個計畫。你向世界發出了這樣的訊息：美國的撤軍計畫——一個與歐洲各國都已協調好，而且他們也都信賴的計畫——已經不再有效。相反地，你鐵了心要扯動降落傘的開傘索。你拋棄了我們的朋友。你拋棄了美國人。諷刺的是，全世界都擔心川普總統會魯莽行事；而你，作為經驗豐富的前副總統和參議院外交關係委員會主席——應該表現出負責任的樣子。規劃與威懾原本可以避免十三名美國士兵的死亡。你並沒有被迫做出這些事情。這都是你自己選擇的。

拜登政府在阿富汗的最後幾個月搞得一團糟，以最醜陋的方式結束了美國史上的這個漫長篇章。我們必須把所有在阿富汗服役、英勇執勤與無懼犧牲的人和那些缺乏避免這場災難的領導力與遠見、膽小又躊躇的政治領導人加以區隔。

在中央情報局和國務院，我看到我們在阿富汗的駐軍如何讓我們減少來自該國內部和世界其他地方的威脅。如果沒有那麼多出色的美國年輕男女投身軍旅，無論是制服或是便衣，我們就不可能實現這一切。我祈禱，我們的工作能夠充分尊重他們為了保衛美國所付出的每一分力量和犧牲。

Chapter 17
為美國挺身而出

在越南河內的北韓－美國高峰會後四個月，對北韓的外交進程仍陷入僵局。雖然制裁仍然有效，朝鮮事務特使史蒂芬・畢根也在努力讓北韓履行承諾，但我們過了這麼長的時間卻根本都沒有收到他們的消息。而就算有消息，他們也沒有提出什麼實質性的提案。

然後，在二〇一九年六月的某個時候，金委員長寄來了一封信。信裡的內容讓我們燃起了希望，認為協議依然有達成的可能。而此時全球最富有的二十個國家領導人的年度聚會——G20高峰會——即將在日本大阪舉行。這讓川普總統有了一個想法。我們決定看看是否能透過另一次面對面的會晤打破僵局。在日本的時候，總統發了一條推文：「如果北韓金正恩委員長有看到這條推文，我想在邊境／非軍事區與他碰個面，就是握握手、打聲招呼（？）！」幾個小時後，美國發布了正式的通知表明我們的意圖。不久之後，金正恩回了消息，基本上是說：「很高興見面」。

高峰會通常要好幾個月的籌備時間；要是趕一點，也要幾個星期。我們有幾個小時的時間。白宮副幕僚長丹尼爾・沃爾什（Daniel Walsh）開始和我的團隊一起研究後勤事宜。對於那些沒去過南北韓非軍事區的人來說，那個地方除了是地球上軍事化程度最高的地區之一這一點，其他實在沒什麼特別的。我們必須弄清楚誰和誰見面、在哪個房間、用什麼照明、用什麼椅子，以及其他所有的一切細節。

大夥兒呼朋引伴，都想參與這個歷史性盛會，但約翰・波頓除外；他一得知此事後，立即不辭而別，偷偷溜到蒙古去了。美國總統踏足北韓——即使只是踱個幾步——是前所未見的事情。我們決定只有我們四個人進行會面——川普總統、金正恩委員長、我本人，以及我的老朋友金英哲。這讓總統團隊裡的好多人大感失望。

然而，最大的挑戰就是我們知道自己會面對的那一個：南韓總統文在寅會提出要求，想共同參與這個歷史性活動。讓事情變得更複雜的是，我們在往返非軍事區的時候都會置身於他的國家。文在寅總統直接給我打了好幾次電話，而我給他的答案早已經過精心排練：金正恩委員長比較想單獨和川普總統會面。文在寅對自己得到的對待並不滿意、但我們的決定是正確的，因為金正恩委員長懶得理睬也毫不尊重文在寅總統。

第二天，我陪同總統前往非軍事區地帶，這裡是光明和黑暗完全對立的邊界。在全球矚目下，他成為第一位踏足北韓的美國總統。沃爾什安全完成了這一次的後勤奇蹟。他甚至用自己的身體幫我阻擋，讓我可以穿過擁堵的北韓記者，進到我們四個人即將會面的房間。

進入房間以後，川普總統和金正恩把彼此的底牌攤在桌上。遺憾的是，還是沒有任何突破。金正恩當天就和在河內一樣堅持己見。我們至少可以利用這次機會來確認，情報體系可以從北韓方面的這場爭奪來進行觀察與學習，而他們也確實這麼做了。

事實上，我們沒有從北韓身上獲得我們原本想要的。但是在非軍事區亮相的個人接觸鞏固了川普和金正恩之間的關係，以至於在川普政府接下來的任期內，北韓沒有進行任何核武試爆，也沒有試射過任何一枚長程導彈。考慮到歐巴馬總統在政權交接期間告訴總統當選人川普的話，說北韓將是他最大的國家安全挑戰，這個結果相當不錯。結果並不完美，但我認為大多數美國人都能接受。而部分的原因是我們知道亮相有多麼重要。

亮相讓一切得到改善

外交旅程可能在電視上看起來相當稱心如意，但那可不是讓你去度假的。這些旅程涵蓋了跨越多個時區的繁重行程安排、大氣壓力不足的政府專機以及非常高的風險。在大部分的情況下，你要不是在前往某地的路上去討論一個嚴重的問題，不然就是剛從某地回來。但這些旅行非常重要。它們建構起關係、信任與尊重。沒有什麼能代替接受邀請、努力讓旅行成行，並且讓他們在家裡歡迎你。用ZOOM進行視訊會議是握不了手的。

我有一個遠大的目標，就是前往那些美國國務卿有好一陣子沒去或從未到訪過的地方進行布建。這麼做並不是為了自我滿足，而是為了在我們這個大國競爭的時代裡為美國贏得勝利。中國和俄羅斯正在各個大洲努力拚搏——往往都以協調配合的方式——想把美國從全球領導的地位上拉下來，並損害我們的利益。這些旅程讓我把注意力以及我那些東道主的注意力集中到了這個問題上面。我可能一整天都在閱讀有關華為的資料，但真正吸引我注意力的，舉例來說，還是我在哥倫比亞和烏茲別克的機場外看到巨大的華為廣告看板，讓遊客馬上知道中國就在城裡的時候。它們和中國共產黨的黨旗沒有什麼兩樣。同樣地，習近平主席也知道高階領導人的訪問是非常重要的，能顯示出誰才是一個國家真正的朋友。他過去十年一直像任何世界領導人一樣活躍，到中國以外的地方出訪、和每個人結識交好；這些人從非洲獨裁者到阿拉斯加州安克拉治市長都有。在我們這個大國競爭復甦的時代，亮相比以往任何時候都來得更加重要。

在中情局的時候，我經常出差，但不常公開。我永遠忘不了深夜乘直升機降落在沙漠裡的情景——我從來沒見過夜晚最真實的黑暗樣貌，直到在這個偏遠的沙漠中才領略到。我的座標離最近的人造光源有數英哩之遙。我需要去見一支六人左右的菁英團隊，他們在惡劣的環境下從事重要工作。他們的隊伍裡有一位電氣工程師、一位物理學家和四名成員；他們告訴我：「報告長官，我們剛剛完成任務。」雖然我無法討論他們所完成的任務，但那對我們的國家安全利益非常重要。

那次的停留也是個難忘的體驗，因為在我一腳踩進沙漠的沙地時，第一個過來迎接我的人對我說了一句：「Rock Chalk，局長好！」對於狀況外的人來說，Rock Chalk是堪薩斯大學畢業生之間的問候語。但因為我們家是堪薩斯州威奇塔州立大學俠客隊（Wichita State Shockers）的球迷，和堪薩斯大學傑鷹隊（Kansas Jayhawks）是競爭對手，所以雖然我認為這種問候是出於友好，但可能還是有點嘲弄的意味。不管怎樣，這應該提醒了我們，那些在暗處服務的男男女女都是一般的美國人。他們沒沒無聞的卓越工作，以一種我們多數人永遠不知道的方式守護著我們的安全。事實上，我當晚的亮相——純粹就是感謝他們的辛勞、並傾聽他們的困難——這舉動傳遍了蘭利和整個中央情報局。亮相，確實是重要的。

☆ ☆ ☆

在總部，有時我會出現在用餐區吃午餐。我已經成了中情局的英雄，只因在我推動下，大樓裡延宕許久的五兄弟快餐（Five Guys）終於開始營業。俗話說，吃飽才有力氣打仗；這句話擱在我們間諜身上也沒毛病。我不會告訴你我團隊裡有多少人會說：「局長大人，謝謝你讓五兄弟快餐開張。」我這麼做是因為我喜歡漢堡，同時也想表達我們領導階層對大家的關懷。那麼個簡單的作為，替我帶來了比記憶中任何其他政策逆轉更多的好感！

為了瞭解團隊真實的想法，除了定期舉行讓局裡的同仁可以任意出席和有問必答的「與麥克有約」之外，我還會出現在沒人預期我會出席的會議上。蘇珊和我一起出差時，她會出現在醫療機構、日照中心和家庭聚會，只是去聆聽大家的意見。她的亮相也很重要——情報官員可以看到，正如他們的整個家庭都為美國而奮鬥一樣，局長的家庭也是如此。

我還有幾次陪同總統一起亮相的經歷。二〇一七年，他前往巴黎慶祝巴士底日（Bastille Day）和美國參加第一次世界大戰百週年紀念。沒有什麼大的議程，但法國總統馬克宏希望我們都能在場。這對他來說很重要，而我們加深彼此關係的方式就是亮相。節目開始前，總統的工作人員在附近等了好幾個小時，我們就閒聊了幾句。我永遠不會忘記川普的推特小編丹．史卡維諾（Dan Scavino）跟我說：「您知道嗎，國務卿先生，您會寫出一本有趣的書，但我的書銷量會更好。我打算把書名定為《你該看看我沒發送的那些推文》。」想到這本馬上大賣的暢銷書，總統的團隊都大笑不止。我告訴他我會用原始定價把書買下來。

在巴黎現場，川普總統坐在馬克宏總統旁邊，欣賞了法國軍隊在香榭麗舍大道的閱兵表演。這場表演令人印象深刻，展示了一九一七年和二〇一七年裝備混搭的特色。儘管法軍在《辛普森家庭》

（*The Simpsons*）裡被戲稱為「吃乳酪的投降猴子」，但如今的法國擁有歐洲訓練最佳、活力最強的軍隊之一。他們在非洲薩赫勒（Sahel）地區打擊恐怖分子的工作，讓美國能夠將資源用於其他地方。我們那趟旅行與法國人見了面、討論了重大的議題，但真正的價值還是在於我們的團隊在此現身向法國軍隊的犧牲致敬。這讓我和法國對接官員的關係更加深厚，而這是對美國有益的。

行色匆匆的國務卿

在成為國務院真正的「公路戰士」之前，我得到霧谷去亮一亮相，並且在那裡站穩腳跟。提勒森國務卿離職後，國務院士氣低迷；由於他在人事決策上的糟糕表現，對士氣造成了嚴重傷害。我還得努力解決那些需要參議院點頭的職缺。我必須組建團隊，他們要能勝任當時空缺的職位。對我來說，選擇前往哪裡出差也是尊重美國人民的一種重要態度，所以我花時間認真思考，哪些地方才是最重要的出訪目的地。我還真希望自己能相信我的前任約翰・凱瑞在他自己的旅行計畫上有把握好優先順序，但很難解釋他為什麼要去法國三十四次、英國二十八次和瑞士二十次。毫無疑問地，其中一些行程涉及了他認為重要的外交事務，即使是為了諸如簽署《伊朗核協議》和《巴黎協議》這種愚蠢的目標。但我認為，他同樣感興趣的還有和環球旅行菁英以及氣候活動家，例如李奧納多・狄卡皮歐（Leonardo DiCaprio）這樣的社會名流交際往來，正如同他在二〇一五年的法國之行所做的一樣。國務院裡還流傳著其他許多離奇的海外遠足故事；這些遠足似乎只是為了滿足他自娛的目的，比如他和世界知名的外交政策專家詹姆士・泰勒（James Taylor）共度了好幾個小時這件事。每個月在歐洲的沙龍露臉也許比待在越南、印尼或太平洋島嶼更有趣，但是這種目的地的偏好卻展現了他對美國面臨的真正挑戰缺乏嚴肅態度。這貶低了亮相的價值。

這種批評不是要忽視我們與西方盟友關係的重要性——不建立這些關係就是外交上的瀆職。我永遠忘不了在柏林參加柏林圍牆倒塌三十週年紀念活動的情景。停下來紀念這個重要的歷史事件提醒了我們，共產主義政權很脆弱，而美國的力量可以終結它們。這趟旅程對我個人來說也很特別，因為我和曾在那堵牆依然矗立時一起服役的老戰友重聚了。我們穿過莫德拉羅斯（Mödlareuth）這個德國小鎮；以前曾有一道牆貫穿而過，成了把家庭和社區劃分成民主與邪惡的分野。

在一趟前往義大利的旅程中，我擠出幾個小時到阿布魯佐（Abruzzo）的帕琴特羅（Pacentro）小鎮探訪我家族的根源。義大利政府樂於讓我去那兒旅行，而那個小社區的居民則把我當成歸來的英雄。有幾戶人家打開家門，讓我看看我曾祖父曾經生活的地方——蘇珊和我開著玩笑，說他一定經常搬家！另一件趣事是，有個小店老闆遞給蘇珊和我一個盒子，要我們轉交給路易絲・西科尼（Louise Ciccone），她就是以瑪丹娜（Madonna）為藝名而更為人所知的美國女歌手。老闆們認為瑪丹娜和我的家族都是同一個村子走出去的，那麼我們肯定很親近。我們接過包裹，允諾盡力把它交到她手上，並笑稱自己在與帕琴特羅有關係的美國名人裡排名第二。當然，是遙遙落後的第二名。

然而，我差旅行程的安排主要還是集中在最迫切需要美國外交存在的地方。除了其他優先事項外，我的飛行里程反映了對我們中東戰略的戮力付出，讓以色列與波斯灣那些君主國家建立起更緊密的夥伴關係。我造訪過沙烏地阿拉伯七次——跟比利時並列造訪最多次的國家；而我只是為了北約會議而去，不是為了品嚐淡菜和啤酒。我六次前往以色列和阿拉伯聯合酋長國，這些國家是《亞伯拉罕協議》下浮現的新中東地區裡極為重要的美國盟友。

我很錯愕地得知，希拉蕊．柯林頓和約翰．凱瑞這兩位國務卿竟沒能去訪問那些受中國和俄羅斯掠奪性發展威脅最嚴重的國家。我必須糾正這個不足。二〇一九年二月，我展開首次在歐洲部分地區真正的巡迴訪問——最先的目的地是東歐，而不是西歐。我安排在匈牙利、斯洛伐克和波蘭進行短暫停留。稍後我飛往冰島。中國認為美國不關心這些地方，讓他們更有膽量在這裡下功夫。從一九九九年以來就沒有美國國務卿訪問過斯洛伐克；從二〇〇八年以後也沒有美國國務卿到訪過冰島。那麼，我把這樣的情況給改正了過來。同年稍晚，我成為蒙特內哥羅（Montenegro）自二〇〇六年獨立以來首位訪問該國的美國國務卿。這個深受貪腐困擾的巴爾幹小國，當時正因讓中國人以高昂成本建造了一條鮮少使用的高速公路的糟糕決策而陷入困境。

至於匈牙利，歐巴馬政府避開了我們這個北約盟友，待它差不多就像對北韓一樣，幾乎沒有什麼接觸。上一次國務卿到訪還是二〇一一年；而在官員真正接觸時，還開課教他們什麼是民主和人權。俄羅斯和中國利用了這種不友好的關係，而且悲哀的是，匈牙利是當今歐盟國家裡和這兩個政權關係最友好的國家。二〇一九年元旦，我與維克多．奧班（Viktor Orbán）總理一起參加巴西總統雅伊爾．波索納洛（Jair Bolsonaro）的就職典禮。我們和以色列總理納坦雅胡一起待在一間休息室裡好幾個小時。我們大夥兒聊得，嗯，很熱鬧。奧班決心以他國家的歷史和基督教信仰作為任職期間的基石。他向我詳盡闡述了歐洲社會主義政黨的內部運作以及導致歐洲衰落的失敗——包括法國和德國在允許伊斯蘭國家大規模移民後可能面臨的風險。我在巴西的就職典禮亮了相，與一個被忽略了的民主國家建立了關係、並且能和我們的以色列朋友共度時光。亮相確實很重要。

二〇二〇年一月，我成了二十五年來首位訪問白俄羅斯（Belarus）的美國國務卿；白俄羅斯是由獨裁者領導了近三十年的國家，如今的處境有如普丁的契約奴工。接連幾個月，我們一直收到亞歷山大·盧卡申科總統試圖與俄羅斯保持一定距離的訊號。我並不喜歡與暴君會面這樣的想法，但承認起來也不丟臉，原始的地緣政治利益比讓盧卡申科這類人取得正當性的外交恐懼更加重要。從某種意義上說，我和盧卡申科的會面還算有成效。我告訴他，美國願意給他的國家提供天然氣，以結束他們對俄羅斯的依賴。我們計劃任命自二〇〇八年以來的首位駐白俄羅斯大使——此舉還有助於強化明斯克美國大使館裡勇敢的留守人員的力量；他們一直遭受白俄羅斯與俄羅斯的監控盯梢。然後事情就變得瘋狂起來。在他那座自吹自擂的宮殿裡，他怒氣沖沖地叫嚷著。我的下屬認為我們閉門會議開得這麼久是因為事情進展得相當順利。但事實上，他在我耳邊喋喋不休地談論各種想像中的敵人和陰謀論。幾個月過後，盧卡申科證明了他從來就沒有把任何改革當一回事，而至今他仍然不公不義地掌握著權力。或許亮相沒有發生什麼作用，可是不願意承擔冒一點風險的國務卿是不會獲得太大的成功的。

歐洲以外的世界也是個戰場。幾乎我每次出訪都涉及到中國共產黨的威脅。無論我去哪裡，從英國到阿拉伯聯合酋長國再到韓國，我都尋求他們對我們各種反中共計畫的支持。中國挑戰的迫切性，有時就意味著必須前往遙遠的地方。安哥拉（Angola）因為對中國的不良貸款而導致財務狀況日趨緊張，我鼓勵他們擺脫中國，別和他們打交道。密克羅尼西亞（Micronesia）這個小小的太平洋島國擁有大約二千四百公里的領海，而中國渴望能主宰這片海域。我成了第一位訪問這個國家的國務卿。我們的飛機降落在該國機場時，場面非常壯觀，因為機場的停機坪只容納得下一架同尺寸的飛機。步下飛機階梯時，我低頭看到對接官員穿著短袖島民衫。這絕對不是一次嚴肅拘謹的倫敦訪問。

南美洲也非常重要。作為自一九六五年以來首位訪問巴拉圭的國務卿，我希望當地人知道我們讚揚他們是南美洲唯一勇敢選擇與臺灣維持外交關係的國家。委內瑞拉那個小小的鄰國蘇利南（Suriname），也許看起來不是那麼的重要，但我出訪該國——也是第一次有美國國務卿到訪——對於美國與西半球的新領導人建立關係而言卻是至關重要的；中國人如果還沒前來登門拜訪，也很快就會上門來。

我比我前幾任更重視巴西。北美洲和南美洲之間的貿易關係並不發達，但是對美國的安全和繁榮卻至關重要。波索納洛總統在競選時，主要是以川普總統為榜樣，所以我們知道要是我們給他的政府在一開始就留下好印象，我們可以做好很多事情。我在二〇一九年元旦出席波索納洛的就職典禮，這表明了我們與這個南美洲人口最多國家的關係極其重要。他的外交部長埃內斯托・阿勞約（Ernesto Araújo）是出色的作家和思想家；他和我一樣瞭解美國的建國歷史，經常把它當成自己國家的典範來討論。

阿勞約同樣也瞭解來自中國的挑戰。我們兩國對大豆市場擁有巨大的影響力。中國需要獲得我們農民種植的作物，並試圖讓我們兩國對立。我們相信如果我們攜手合作，就能真正擁有供應商的議價能力，可以利用它造福我們的兩個國家。川普總統和波索納洛總統兩人意氣相投，替我們取得了好幾項重要成就：我們擴大並改革了彼此的貿易關係，而巴西也成為美國的主要非北約盟友（Major Non-NATO Ally）。經過二十年的談判，我們也同意以一種能防止中國竊取美國導彈技術的方式在巴西合作太空發射事宜。

有人也許想知道：「麥克，我為什麼要關心蒙特內哥羅、密克羅尼西亞和蘇利南這樣的小國？花時間在這些地方如何符合『美國優先』的外交政策？」這是個好問題，川普總統也經常這麼問我。首先，美國企業應該有機會在全球尋求商機，而我們在這些國家的外交工作也為我們的人民創造了成功的機會。其次，美國面臨來自中國的挑戰，其規模是巨大無比的。中國共產黨希望把這些國家納入他們的勢力範圍，好讓中國能在全球擴大自身的軍事和經濟影響力。我們需要願意讓我們使用水域、空域和土地來駐紮和調動軍隊的友好國家。從經濟上來看，中共希望對這些國家施以足夠的影響力，讓他們最終只和中國打交道，從而把美國排除在全球貿易之外，讓我們的經濟陷入困境。第三，支持其他國家，尤其是小國的主權和獨立，符合美國人的特質和對自由的熱愛。美國國務卿一亮相，就代表了美國的強大，以及我們力挺的立場。

亮相有助於美國在經濟上取得勝利

美國的經濟是我們取得地緣戰略勝利的最大資產。我最強大的工具是美國的創新科技、資本市場以及民營企業在解決複雜問題方面的能力，這是其他國家的政府和私營企業無法比擬的。

美國的經濟實力在歷史上已經多次發揮巨大作用。在第二次世界大戰期間，美國的民主兵工廠用比軸心國更快的速度生產出飛機、坦克與船艦，這對贏得這場戰爭起到了關鍵作用。一九八〇年代，雷根知道美國創新與創造財富的能力最終會把蘇聯掃進歷史的垃圾堆。在川普總統領導下，美國成為全球最大原油生產國，並維持領先全球的天然氣生產國地位，這讓我在幾乎任何外交活動中都手握強大的經濟籌碼。在拚命削減石油和天然氣產量的過程裡，拜登不僅縮減了美國工人致富的來源，而且還在全球能源短缺之際削弱了美國的力量和善意。

從歷史上來看，美國並沒有充分利用本身的外交力量來為本國公司的生意保駕護航。這種官方沒能亮相的情況讓我們的國家處於劣勢。中國龐大的國有企業驅動了中國的經濟崛起。在這個過程裡，北京方面在其他國家行賄與放貸，還拿他們的國家主權來作為未支付的抵押品。

比較沒那麼無法無天的是德國和法國；他們從不羞於讓國家領導人幫本國企業打電話給客戶。這樣的力挺不僅讓這些國家比美國更具優勢——還可能增強我們這些競爭對手的能力。事實上，德國的企業界——例如大眾、西門子和巴斯夫（BASF）等巨頭企業——藉由遊說爭取對中國市場的無限制進入權，把歐洲對中國的外交政策推入了困境。多年來，由於對優先事項的認識不足，或擔心替美國企業兜攬生意是不道德的，國務院對於應該幫到什麼程度來協助本國企業並不熱衷。

我們改變了這種情形，並且獲得成功。川普總統明白，美國的經濟實力對於外交政策能否取得良好的結果是十分重要的。我腦海裡一次又一次縈繞著川普總統對於財富支撐起權力的原則：「麥克，誰掌握了金錢？」我們知道，貧窮的美國就是不安全的美國——無法提供資金撐起強大的國防體系，並且很容易被中國人打敗。因此，我們重新制定了貿易協定，把經濟協議也納入《亞伯拉罕協議》當中，並加快對沙烏地阿拉伯與臺灣等合作夥伴數千億美元的軍售程序。軍火銷售滿足了支持美國就業與加強防衛關係的雙重目的。

在我的外交生涯裡，其他領導人跟我開會最常問我的問題是：「為什麼美國企業不在我國開展更多業務？」這問題最常見的答案大概是這樣的：「你們的法律體系必須要能更有辦法好好維護法治規範和智慧財產權才行。」但這個問題頻繁的出現也讓我明白，我們需要比以往更努力幫美國企業爭取商機。我讓充滿活力的基思・克拉奇和他的團隊補上經濟事務國務次卿這個往往令人昏昏欲睡的職位。財政部長史蒂芬・梅努欽和商務部長威爾伯・羅斯（Wilbur Ross）都是傑出的商界領袖，他們不明白為什麼國務院需要經濟官員。然而國務院擁有獨特的量能，在將近兩百個國家裡設有常駐機構，而且官員與各國的民營企業都有互動。對於希望在全球替本國人民爭取財富的政府來說，在主辦國的商務事業和商務聚會裡亮相是非常重要的。

我們的努力得到了回報。除了徹底擊垮華為之外，基思在他所到之處都全力以赴為美國推銷產品。整個經濟暨商業事務局的領導層——包括法蘭克・范農（Frank Fannon）和瑪妮莎・辛格

（Manisha Singh）都明白，為美國企業爭取勝利才是當務之急。局裡委派了具開創力的丹·內格利亞（Dan Negrea）幫我們的海外使團創建了一百五十個交易團隊（Deal Team）——團隊由來自聯邦各政府機構的人員組成，致力於協助美國公司在世界各地尋找機會。在不到一年的時間裡，交易團隊完成價值超過七百六十五億美元的交易。除此之外，他們還發現了大約一千四百個現有與潛在的出口和投資機會，估計價值超過一兆美元。這就是亮相所展現的經濟價值。

我也為了讓我們的企業贏得勝利而亮相；我也常打電話表態對他們的支持。美國領導人以前經常迴避進行這些推銷，認為這麼做讓政府領導人「拉低身分」。我們可以從著名戰略專家喬治·凱南（George Kennan）在一九三〇年代以年輕外交官身分派駐莫斯科時的談話裡看出這種態度的端倪。當時有一家威斯康辛州的機械製造商找上他，希望他能幫忙搞定一份蘇聯的合約時，凱南對此嗤之以鼻，認為「促成個別的交易」可不是政府的職責。

我的態度則截然不同，我喜歡打電話協助促成交易。舉個絕佳的例子，就是某個曾讓許多美國人戰鬥與犧牲的國家裡有一個重大電力工程。我提醒該國領導人，他的國家之所以存在是美國做出犧牲的結果，我當然希望在審視一家優秀美國公司的最佳投標時能考慮到這一點。我想這講得並不含蓄，但那家美國公司得到了這筆生意。（我想，合適的報價也有一定的關係。）

能源是我參與這麼多活動當中不可缺少的部分。這幾年，南美洲小國蓋亞那（Guyana）在沿海發現了數十億桶的能源儲量。蓋亞那需要我們的協助來開發這個能永遠改變這個貧困國家的機遇。我南下蓋亞那和總統伊爾凡·阿里（Irfaan Ali）簽署協議，加強美國在能源和基礎設施方面的投資與合作。這些石油礦藏帶來的繁榮對美國人民是非常重要的：增加的石油供應會降低全球價格、增強我們的區域穩定性，並給開發這些礦藏的埃克森美孚公司數千名美國員工提供薪水。當小國知道美國站在他們的背後時，他們就有信心在其他領域採取必要的立場。雖然蓋亞那與委內瑞拉接壤，阿里仍在我訪問期間公開表示：「我們支持並尊重在我們西半球舉行自由與公平選舉的必要性。我們也迫切希望委內瑞拉能尊重民主的價值與原則。」

作為美國代表，一路走來起起伏伏

儘管代表美國亮相是正確而且必要的，但有些訪問卻是徹頭徹尾的浪費，而我們也別無選擇地只能忍受。從二〇一一年國務卿希拉蕊・柯林頓帶頭除掉格達費以來，利比亞混亂的局勢就一直像是個著了火的垃圾箱，讓世界面臨了更大的極端主義風險。執政團隊裡對利比亞問題的辯論十分地激烈。約翰・波頓希望介入干預並支持哈利法・哈夫塔（Khalifa Haftar）將軍；而我則不願意捲入內戰。好消息是，川普總統大多都同意我的意見。唉，關鍵詞就在於「大多」。二〇二〇年一月，梅克爾和馬克宏要求一大票領導人來柏林參加利比亞和平進程會議。我的建議是不派人去。但在梅克爾要求下，總統在最後一刻還是叫我去走一趟。更糟糕的是，我必須在計劃訪問哥倫比亞前立刻擠出時間來參加這個會議；兩地相隔了大約九千三百公里。

對於在場的每位領導人來說，這次聚會毫無意義。首先，利比亞交戰各方甚至都沒有出席這場會議。其次，許多呼籲和平與克制的國家——在我們坐在會議室的同時——卻正在違反聯合國對利比亞武器出口的禁令。他們誰都沒有退讓的打算。我們是當時沒有向利比亞運送武器的少數國家之一。大多數其他國家都已糟蹋掉了提出建設性解決方案的可信度。

會議即將結束時，梅克爾要求私下跟我和英國首相強生碰個面。她說哈夫塔將軍已同意公報中提出的一系列和平條件。我大膽地問她是否有書面記錄或者她是否直接與哈夫塔交談過。她說沒有，兩樣都沒有，但埃及總統塞西曾和一個與哈夫塔交談的人談過。波里斯笑得差點從椅子上摔下來。這裡的教訓是，外交官不能活在幻想世界。如果會議不會有任何成果，那就不要舉行。而且，不要吹噓虛假的協議。

有時候，亮相讓我們完全顆粒無收，不管多麼努力都是徒勞。多年來，衣索比亞人一直在尼羅河主要支流之一的藍尼羅河（Blue Nile）興建衣索比亞復興大壩（Grand Ethiopian Renaissance Dam）。這個名稱著實匪夷所思，因為這座水壩既不能保證衣索比亞的復興，也沒那麼龐大壯觀，大半是中國建築公司使用中國勞動力來建造完成的。但這座水壩的規模相當龐大，旨在為衣索比亞提供大量能源，並將該國帶入一個嶄新的電氣化時代。毫不讓人意外的是，依賴尼羅河穩定水量的蘇丹和埃及對減少水流量的前景感到不安。當塞西總統要求美國調解爭端時，一場大規模的法律、外交和商業鬥爭業已醞釀多年。財政部長梅努欽帶領我們努力斡旋，但最終仍然失敗了。三方協議的癥結在於大壩上游水庫的注水速度。這顯示了水資源與能源對外交的重要性：整整十三個月，無論與這三個國家的哪一方對話，「衣索比亞復興大壩」都是他們抱怨的首要問題。至於這場爭端是否、何時或如何結束，任誰也說不準。

然而，這些經歷跟在真正最艱難的地方——德拉瓦州多佛空軍基地——亮相露臉相比，幾乎不值一提。這裡是美國軍方收容在戰場為美國奉獻一切的英雄國旗覆蓋靈柩的地方。只要有機會，我就會去那裡表彰他們的犧牲，並向他們的丈夫與妻子、父親與母親、兒子與女兒表示哀悼。除了表達我們的感激之情和祈禱之外，別無二話。當然也沒有什麼可以做的。但是，沒有什麼方式比代表國家前往基地向家屬致意更有意義的了。

★ ★ ★

擔任國務卿的這段時間也是我與蘇珊婚姻裡的一段特別時光。自從我們結婚以來，無論我在哪個職位上，她對於我想完成的事情都一直扮演著增力器的角色，總讓我覺得自己何其有幸能夠擁有她。她出生於愛荷華州，幼年時搬到了堪薩斯州。在我擔任中情局局長之前，她從沒有在別的地方定居過。在幕後，她默默努力支持著我、我的團隊和美國，並增進我們的外交手腕。

有時她會陪我一起出差。儘管倫理律師總對此表示不滿，但我們所做的一切完全合法合規，而且還促進了美國的利益。她協助評估了我們中情局和外事家庭的生活與工作條件，並向我匯報如何讓這些人過得更好。她遭受媒體鋪天蓋地的謾罵批評。這個女人——優雅、謙遜、聰明，且忠於自己的造物主——走訪了奈及利亞阿布賈（Abuja）這一類條件那麼困難的地方，完全無償也沒有任何個人利益，卻面臨著行為違法和有違道德的指控。我那些前任國務卿的配偶做這樣的事情時，則受到讚揚。毋需再多說什麼，蘇珊還是持續替美國亮相站臺並做出貢獻。

我也盡量在更多國家亮相露臉，並會見大使館全體成員。我會把會面的場合公之於眾，並回答任何問題。外交人員向我提出了許多關於人事凍結、薪資標準、職務任免升遷標準等晦澀難懂的問題——但我一點也不怪他們如此關心自己的薪水。我給他們加油打氣，並和他們的子女拍了一大堆照片。我希望他們永遠不要忘記這麼個事實：他們正在替美國做著有意義的工作——而且也應該以自豪的態度和卓越能力來完成任務。

國務院最好的時光

新冠疫情降臨全球後，我知道我的出訪將暫停一段時間。而事實上，在二〇二〇年三月二十三日到七月二十日之間，我只進行了一次短暫的海外出訪，前往以色列。但是美國還是得亮相露臉，而我們也做到了。

國務院有件事做得非常出色，那就是對美國人的海外急難救助——無論遺失了護照，還是遇到法律或醫療方面的問題。這次的疫情讓整個部門展現出最佳的狀態。在各國紛紛展開鎖國和取消航班的時候，我們必須以飛快的速度把美國人撤回國內，就從美國駐中國武漢領事館的工作人員開始。這項工作由行動副首席醫務官威爾．沃爾特斯（Will Walters）醫師領銜執行。出身於泥水工匠家庭，威爾從部隊和社區大學開始了他的職業生涯；他是個犀利的醫生與後勤人員——也是本世紀最偉大的美國公務員之一。二〇二〇年一月，他向布萊恩·布拉陶發出警訊、報告了疫情的現況，並請求允許在中國封鎖之前把我們的人員從武漢撤離。布萊恩同意了他的請求，回覆就是典型的布拉陶風格：「那你還站在這裡幹嘛？」

武漢在一月二十三日開始封城。到了第二天，沃爾特斯與他的團隊制定好計畫，準備派遣一架配有生物隔離艙的飛機前往武漢接回美國人。我們所需要的只是讓飛機飛入武漢疫區——夠簡單的，不是嗎？和許多極其愛國的美國民間人士一樣，有個名叫肯·格里芬（Ken Griffin）的人投入了相當的氣力來協助我們找尋與疫情相關問題的解決方案。他有一位同事在中國開始封城時沒來得及走掉；而我們也有外交人員和其他美國人民被困在那裡。肯同意提供一架飛機去把他們接回來。經過大量的外交爭論與美國當局的龐大阻力（「你打算把這些曝險的人帶回哪裡？」），以及在一群對付世界各地傳染病爆發擁有豐富經驗的愛國醫護人員協助下，我們把第一架飛機送進中國，然後返回加州的馬奇空軍基地（March Air Force Base）。因為沒辦法在那次首趟航班帶走所有的人，我向他表示我們得再回去一趟。他毫不猶豫地說：「只要能讓美國人回家，幹啥都行。」持平而論，倘若沒有他的支持，我們是沒辦法及時完成撤僑行動的。

當時，帶著哭鬧嬰兒的美國公民在停機坪等著離開的時候，中共官員阻撓了他們的行動。但是我們在場的團隊與中共進行談判，並且和遠在華盛頓高級官員緊密協調，最後美國人民才獲准登機。我們在短短的七十二小時內從武漢撤離了八百名美國人民。二〇二〇年一月二十八日到二月六日之間，國務院執行了史上最大規模的非軍事撤僑行動，從武漢與日本鑽石公主號（Princess Diamond）郵輪撤回了一千一百七十四名美國人民。此時已擔任副國務卿的史蒂芬·畢根也該加以表揚，因為他在疫情初期的撤僑工作也出力不少。

這只是一場全球性艱鉅任務的開始。我們馬上成立了一個由伊恩·布朗利（Ian Brownlee）領導的撤僑任務小組。他們的作為將被視為史上為美國人民而做、最了不起的工作之一。他們日以繼夜地協調航班、與外國政府談判，並確保美國人民能夠安全前往任何他們要去的地方。身處秘魯亞馬遜叢林深處的數十名美國人民及時趕到最近的機場；宏都拉斯一名雙肺移植美國病患需要回家，而我們也做到了；睡眠嚴重不足的駐摩洛哥外交人員幫一名帶著嬰兒的母親安排了一架飛機。而在可能是史上最複雜的醫療後送行動中，一名在不丹喜馬拉雅山深處使用呼吸器的新冠確診患者被送回美國，歷經了三十多個小時後才返回國門。這種協調的水準實在令人難以置信。為了把六十四名美國人民從塞爾維亞撤回國內，撤僑小組曾在早上四點鐘與貝爾格勒大使館（Embassy Belgrade）、塞爾維亞航空（Air Serbia）、美國海關暨邊境保護局以及美國運輸安全管理局（Transportation Security Administration）進行會談，以確保一架滿載著乘客、準備從貝爾格勒起飛的飛機能擁有洛杉磯國際機場的降落權。我們取得了授權。到最後，在五個月內，國務院從一百三十九個國家撤離了超過十萬名美國人民。現場與華盛頓團隊把美國人民放在首位的做法，會讓我驕傲一輩子。後來，沃爾特斯和行動醫療團隊才得以將十九萬劑輝瑞-BNT疫苗（Pfizer-BioNTech vaccine）——必須保存在攝氏零度以下的溫度——交付給全球二百五十六個大使館和領事館。這是個美國人民實際參與、為美國挺身而出的偉大故事。

在疫情高峰展現善良的力量

疫情爆發之初，我們的首要任務是照顧好自己的人民。但病毒的蔓延也為我們帶來了一個不容錯過的外交機會。中共正對自己巧妙處理疫情的作為四處討拍——這真是荒唐至極。對美國來說的好消息是，全世界都看穿了中國無恥而狡猾、可笑而拙劣的宣傳手法。到了二〇二〇年春末夏初，世界各國對於中國逼迫他們的外交部門去重複轉述北京巧妙應對疫情爆發的謊言這件事，紛紛呼籲展開調查並加以譴責。美國駐利雅德大使館的報告指出，葉門的社交媒體用戶——葉門耶！——嘲諷中國一萬個N95口罩的捐贈，並譴責中國在疫情中扮演的角色。北京經年累月的不誠實作為，讓世界各國開始重組供應鏈、拒絕中國的審查和虛假資訊，並喚醒了對中共真實本質的認知。

對我來說，光是看著中共遭受數十年來最嚴重的公關打擊是不夠的。我想用美國的善良與慷慨來進行反駁。更實際的是，全世界必然會看到美國帶頭幫忙清理這場災難——而且我們也沒有興趣把這個當成什麼交換條件。這只不過是延續了美國人民聞名遐邇的慷慨罷了。從二〇〇〇年到二〇二〇年，美國提供了將近五千億美元各種形式的對外援助，遠超過任何其他國家。更不用說來自宗教團體、非政府組織和民間人士數十億美元的捐助了。我們的執政團隊在疫情期間延續了這個傳承，透過國務院和美國國際開發署的資金，在二〇二〇年八月一整個月質借了超過十六億美元來幫助一百二十多個國家對抗病毒並恢復重建。我很慶幸能和值得信賴的顧問一起處理人道援助的分配事宜。前國會山莊辦公室主任吉姆・理查森當時負責國務院外國援助辦公室；我對他提出的任何建議都充滿了信心。這就讓我們能夠迅速地提供援助；我們這一亮相，也讓全世界看見了美國在這場災難中的身影。

美國在疫情期間造福全世界的另一個重大方式，是人道援助常態分布所望塵莫及的。「曲速行動」（Operation Warp Speed）將被譽為有史以來最成功的科學任務之一——正因為它的運作方式並不像是個典型的政府計畫。新冠疫情爆發時，疫苗顯然是減少住院和死亡的最佳手段。問題是，美國和全世界都等不起聯邦政府按標準時間表來開發疫苗和通過監管程序。在正常情況下，開發與批准可能需要長達十年的時間。川普總統的本能反應是大膽行動、動作要快，而且拋棄官僚主義。政府與美國獨步全球的生物技術公司合作生產疫苗。賈瑞德・庫許納、亞歷克斯・阿扎爾、亞當・博勒（Adam Boehler）和其他人開始面試計畫領導候選人時，只有蒙瑟夫・史勞維博士（Dr. Moncef Slaoui）認為有可能在不到一年的時間裡創造出疫苗來。我們做到了，而且也沒有降低安全性和有效性的標準。由於這一項成就，讓數百萬人到今天仍然得以存活著。

與此同時，美國在二〇二〇年仍持續提供正常的人道援助。在貝魯特港口倉庫大爆炸後，我們立即向黎巴嫩提供救生食品與醫療援助。我們捐贈二千五百萬美元協助索馬利亞、衣索比亞、肯亞、蘇丹和烏干達避免蝗災引發的饑荒。二〇二〇年，我們提供世界糧食計畫署（World Food Programme）預算百分之四十三的資金，而中國只提供了百分之〇・〇六。我非常自豪的是，在川普執政即將結束時，總統下令所有美國對外援助都使用單一標誌，從而終結了在外援形式上出現萬花筒般的美國政府徽章。單一的識別標誌將提升美國的「品牌」形象，讓全世界更清楚認識到是誰出面滿足了他們的需求。

任務完成，功德圓滿

令人遺憾的是，我再也不能以國務卿身分亮相的那一天還是來了。歷經好幾個月的法律爭議後，川普總統沒能夠成功挑戰二〇二〇年的大選結果。塵埃已然落定，但我仍決定在最後幾天內盡可能通過更多好的政策。我們迅速採取了一系列行動，包括對委內瑞拉、伊朗、古巴以及中共在香港的暴行進行制裁。而且我們在任期倒數的前兩天譴責新疆的種族滅絕，正如我在前幾章所描述的那樣。我還進行了一場自己一直渴望發表的演講；演講詳細描述了德黑蘭如何成為蓋達組織高層領導人的庇護所。世人必須知道的是，伊朗的威脅可不只是核子武器而已。在德黑蘭的許可下，伊朗在九一一事件之後已成為蓋達組織的大本營。只需看看阿卜杜拉・艾哈邁德・阿卜杜拉（Abdullah Ahmed Abdullah），別名阿布・穆罕默德・馬斯里（Abu Muhammad al-Masri），這個蓋達組織二號人物；他在二〇二〇年八月被槍殺的那天，正在伊朗境內過著愜意的生活。他死在德黑蘭的窮街陋巷，而不是巴基斯坦的聯邦直轄部落地區（Federally Administered Tribal Area）或阿富汗東部。我要再次提醒全世界：殺害三千名美國人民的凶手不再是從阿富汗領土發起反美的對外圖謀。他們在伊朗。

正如媒體懷疑我聲稱美國握有情報顯示蘇雷曼尼正在策劃更多針對美國人民的襲擊一樣，許多針對這次演講回應的新聞標題也傳達了同樣的訊息。《紐約時報》下的標題是〈龐培歐稱伊朗成為蓋達組織新基地，但證據很少〉；路透社（Reuters）是〈龐培歐稱伊朗成為蓋達組織新「總部」，分析人士表示懷疑〉；而半島電視臺（Al-Jazeera）則是〈龐培歐稱基地組織「新總部」在伊朗，但沒有證據〉。

我曾以為記者知道怎麼使用谷歌搜尋功能。他們只需要查閱國務院的《各國反恐怖主義報告》（Country Reports on Terrorism）就能知道我不是在虛張聲勢。二〇二〇年發布的版本裡寫道：「伊朗仍不願將居住在該國境內的蓋達組織高級成員繩之以法，並拒絕公開其羈押成員的身分。」在拜登總統執政下，二〇二一年發布的版本用字幾乎完全相同，只有一個細微的改變：「伊朗仍不願將居住在該國境內的蓋達組織高級成員繩之以法，並拒絕公開『已知居住在伊朗』成員的身分」（引號是我加上的）。那個微小的差異並不是因為拜登政府認為我的事實有誤。他們不能承認我認為伊朗積極庇護蓋達組織成員的主張是正確的，也許是因為拜登政府想重返核協議。他們在反恐問題上玩弄政治手段。

另一件我要做的事情，就是把我們所有做過的出色工作全部記錄下來，並且用我國務卿的官方推特帳號發起了為期三週的推文風暴。瑪麗・基塞爾和全球公共事務局（Bureau of Global Public Affairs）的團隊寫了數百條推文來紀念我們的成就。就如同往常一樣，媒體抱怨我用這個帳號來遂行政治目的。可是到了任期的最後，對於我們執政團隊的立場和成就存在著太多的誤解，而這是個引起大家關注我們成功紀錄的好辦法。

卸任那一天，也就是二〇二一年一月二十日，我以當初步入國務院的方式退出這個公共服務領域——布列克布爾和布萊恩・布拉陶兩人就站在我身邊。大衛・海爾早前也要求和我們一起步行離開——這對我來說也意義非凡。傳統上，卸任的國務卿會在國務院正廳接受數百名國務院員工的掌聲歡送。我不想要那種號角齊鳴的場面，而且新冠疫情也限制了國務院內人員的實體聚會。相反地，我就只讓最要好的朋友烏利奇和布萊恩與我一起走出大門。我最後一次爬入平日座駕的後座：一輛裝甲凱迪拉克轎車正等著帶我回家去見蘇珊。我感到疲憊、悲傷、欣慰與自豪。最重要的是，我確信自己已經竭盡全力為美國奉獻了一切。我們絕不讓步。

結語

今日與明日

在國務卿任期即將結束時，我收到了一張便箋，是我不認識的一對夫婦史蒂芬（Steven）與安娜・楚（Anna Chu，音譯）寄來的。他們是美國人，從共產主義中國合法移民到美國來。他們附上的一份資料讓我大吃一驚——他們新生兒的美國社會安全卡副本。他的名字是：崔斯坦・龐培歐・楚（Tristan Pompeo Chu）。

信裡讚揚了我們對抗中共與保衛他們的國家美利堅合眾國所付出的努力。然後他們還補充說，會在十八年後寫信給我，請我幫崔斯坦申請西點軍校時撰寫推薦函。這點倒是沒啥問題。

楚氏一家明白，我們必須準備好，繼續為我們所熱愛的美國而戰。他們知道，在捍衛核心的憲法原則上，我們堅決寸步不讓。在領導全球最佳間諜機構與全世界最重要外交團體（儘管有著種種缺陷）的過程裡，我對這個目標的投入又近一步地加深。從新的角度，我看到遵守我們的憲政秩序仍然是我們國內無與倫比的自由與繁榮的基礎；我看到遵守這些規範如何惠及全球人民；我看到我們的官僚機構容或遲緩而繁瑣，但必須在法律範圍內運作。我也看到這些機構裡自稱無黨無派的公職人員濫用權力、從而威脅到美國的核心理念時會發生什麼事情。

當然，有時候妥協不僅可能而且是必要的。但是，對美國的核心理念、對那些真正重要的事情，我們絕不能退縮：按上帝形象創造的所有人類的尊嚴、享受我們自身勞動成果的權利、家庭是所有偉大文明的核心組織單位，以及政府治理需獲得被治者的同意。

我們每個人都有責任履行這些建國理念，並讓我們的國家每天都更接近這些理念。貝瑞・滝本（Barry Takimoto）是加州科斯塔梅薩（Costa Mesa）31冰淇淋的老闆，那裡是我後來晉升成為管理幹部、擔任副理的地方。在我還是個正式實習生的時候，有一次他看到我下班後往店外走去。他問了我一個至今仍深深印在我腦海中的問題：「麥克，你今天做了什麼讓這個地方變得更好的事情？」

打從那時候開始，我對自己做過的每件事都會問自己這個問題，從在軍中服役、到擁有一家小企業，再到在國會工作。直到最近，我對自己在川普執政團隊裡的服務品質也問過同樣的問題。我們建立了穩健的經濟，並且為每個願意努力工作的美國人帶來希望。我們和準備捍衛西方價值並使美國變得更好、更安全、更繁榮的國家建立了友誼；在某些情況下，這情誼在此刻要比在當時更受到珍視。我們帶領了我們的朋友，也威懾了我們的對手。

我們奉行美國優先，而我有傷疤可以證明這一點：我受到三個國家制裁——俄羅斯、中國和伊朗，而最後一個國家至今仍試圖殺掉我。另一個國家已發出傳票要我出庭作證，說我涉嫌一宗刺殺未遂案。如果沒有安全人員陪同，我甚至連去買一瓶牛奶都辦不到。也許這就是我們的對手認為我讓美國變得更強大的證據。我覺得這些制裁反映了他們的觀點，也就是我的工作講究原則、不論交易，是源自於對美國深刻的信仰，而不是對他們人民的敵意；而且我在規劃美國路線時是講究策略的，不是胡來瞎搞的。

我們也認清了自己在這卑鄙骯髒的世界裡所面臨的威脅。說實在的，我前幾天看到的一份研究顯示，美國人民對中國的好感度比對梅毒還來得低（好吧，那只是個玩笑話）。我很自傲我們引領了美國（與全球）輿論發生戲劇性的轉變，因為中國共產黨比任何性病都還危險得多。在接下來的許多年，我們還會繼續目睹該政黨展現它究竟有多麼邪惡。

我也充分意識到，與一般常識相反的是，選舉政治對我們外交政策的影響是我們國家的一項資產。專家擔心美國的外交政策每四到八年就會劇烈變動，讓盟友懷疑我們的政策是否具有持久性或連續性。有一則語錄，也許是虛構的，但常常被認為是英國經濟學家凱因斯（John Maynard Keynes）所說：「當事實改變時，我改變我的想法。」當地緣戰略的現實發生變化時，美國也必須調整自己的戰略方法。二〇一六年，美國不再採行布希－歐巴馬的外交政策。在多邊機構裡，我們不再怯懦地把美國的利益置於次要地位。我們終結了阿富汗無休止的戰爭。我們不再容忍中國挑釁、欺騙與背信棄義。美國人民賦予我們權力，讓我們以不同方式來替美國謀取利益；而我們也確實做到了。

在美國，我們可以修正自己的錯誤，因為我們有選舉。這是我們讓領導人承擔責任的方式。美國人擁有驚人的自我更新能力。用金融概念來說，這正是為什麼我對我們國家抱有長期樂觀的看法。

★ ★ ★

我常被問到，為什麼我認為自己在川普政府裡有這麼大的能力來推動政策並落實執行。

首先，這是因為我和川普總統的關係很好。這沒有什麼神奇的公式：我跟他實話實說；尊重總統的職位，從不洩露我們的談話內容，無論是出於個人或是政策目的；執行他交辦的事項。在白宮開完會回到國務院以後，我從來沒有告訴我的團隊說：「我們必須這麼做，因為那是川普交代的。」即使那不是我的想法或我有不同的看法，我還是跟團隊說：「這是我們的任務，讓我們開始行動吧。」我並沒有像許多其他自稱是我們團隊成員的人那樣跟他對著幹。我為美國而戰。

其次，我能取得良好的結果，是因為我工作總是全力以赴。我被提名為中央情報局局長時，媒體為了挖醜聞，還找上了我的幾個高中同學。現在全世界都知道我參加過利奧．卡里略小學（Leo Carrillo Elementary）的逃學日（但我是在我媽媽允許下才這麼做的）。然而最值得獲得普利茲獎的報導裡出現了一個人；他是我在洛斯阿米戈斯籃球隊的隊友。他願意與大家分享一個重要的祕密。記者問他我是不是一個好球員。我那老隊友的回答讓我兒子尼克到現在還是笑得合不攏嘴：「他充分利用了自己所擁有的一切。」

他說得沒錯。我動作遲緩，身高才一百八十一公分，跳投更有可能打破籃板而不是進球，我不是球隊裡最有才華的人。但即使那時候是那個樣子，我仍然極其專注於利用上帝所賦予我的一切去做我能做的事情。我從來都沒有改變過。在川普的執政團隊裡，我工作起來就像個瘋子。

第三，我能完成工作，是因為我給重要的事情提供了充分論據。請容我引用我最喜歡的托比．凱思（Toby Keith）的一首歌，我更喜歡「少說話、多行動」。我專注於最優先的事項。在建立在合理原則與任務明確的強大團隊協助下，我完成了這一切。

最後，我能在川普總統手下做滿四年的時間，是因為這從來都不是關乎我個人。絕不讓步的目的不是為了保護你在歷史上的地位或個人的聲譽。絕不讓步之所以重要，是因為你有千載難逢的機會來負責任地行使中情局局長和國務卿所擁有的巨大權力。因此，我在最優先的事項上充滿惡意、冷酷無情、狂躁不安、堅定不移——要怎麼形容我，由你決定。絕不讓步並不需要我把同事或下屬當成敵人。事實上，我樂於分享功勞、努力解決他們最關心的事情，甚至在他們受到攻擊時給他們發短訊慰問。這麼做的時候，我認為川普總統能夠明白，我每天都以他團隊一分子的身分在為美國打拚奮鬥。

當然，《紐約時報》或《華盛頓郵報》廣為流傳的故事道出了我能倖存下來的不同原因：「他就是個馬屁精，阿諛奉承、以前討厭川普、渴望權力的政客。」這是我幫他們總結他們對我的評價。但他們也明確表示，只要我能出賣川普，馬上成為「房間裡的成年人」，他們就會改變對我的看法並給我寫好評。川普執政大戲裡的小角色，如邁爾斯．泰勒、妮姬．海利、戈登．桑德蘭（Gordon Sondland）和史蒂芬妮．格里沙姆（Stephanie Grisham）都知道我在說什麼。東岸自由主義當權派的交換條件就在那兒明擺著：一旦你背叛川普，我們這些菁英將賜給你榮耀與金錢。當然，當權派的相反訊息是，如果你留下來並兌現承諾，那你必定是個唯命是從、意圖破壞我們合眾國的人。我對他們來說有點神祕，因為他們無法輕易地將我歸到某個類別。當然，他們也在推測，這個上過哈佛法學院並以第一名成績畢業於西點軍校的傢伙該不會是在耍大家吧？他們認為「他肯定是對那個笨蛋川普玩了一手策略性手段。」其實並沒有。我的效力讓他們深感困惑，而我留在團隊裡的意願讓他們大為憤怒。他們為有線電視臺製作的電視劇（就是字面上的意思）無法刻劃的是，一個成年人可以在房間裡、在房間外、在世界各地，在川普政府裡與他的團隊為我們的國家貢獻出一己之力。

卸任之後，我仍然非常關注如何確保美國人民的安全。一如既往，美國領導人必須做好保護每一個人的準備。無論願意與否，都會傳遞出自己特定的訊息。可悲的是，在這本書付梓之際，白宮現任領導團隊在這方面卻做得很失敗。

★　★　★

在剛過去的這個夏天裡，數不清由伊朗主導或支持的事件就證明了這一點。二〇二二年七月，一個伊朗指使的車臣歹徒手持上膛的AK-47，差一點就殺死了同為伊朗裔的美國公民；該名受害者住在布魯克林，過去曾是伊朗伊斯蘭革命衛隊綁架計畫的目標。八月的時候，一名什葉派極端主義者、伊朗伊斯蘭革命衛隊的狂熱支持者襲擊作家薩爾曼・魯西迪（Salman Rushdie），當時他正在進行公開演講。這起謀殺未遂事件的目的是，在美國境內實現什葉派宗教領袖在一九八九年頒布處死魯西迪的伊斯蘭教令。

同樣在那個月，美國司法部揭露了一份起訴書，指控一個伊朗特務在伊朗伊斯蘭革命衛隊的指使下進行僱傭殺人，目標是一百萬美元除掉我、三十萬美元幹掉約翰・波頓大使。他們的計畫可不是倒霉的威利狼（Wile E. Coyote，華納卡通角色）圖謀的詭計——這些潛在襲擊者已對住宅與辦公室進行了踩點探路，隨時都能把計畫付諸行動。從我卸任以來到現在撰寫這本書的十九個月裡，這樣的威脅只不過是我與家人所經歷的眾多威脅之一。雖然無法在此透露詳細的消息，但是其他的美國人——包括前川普政府官員、美國高級軍事將領和普通的美國人民——仍然在伊朗的刺殺名單上。

最讓我們和家人感到不安的是，伊朗的刺殺行動沒有截止日期。只要看看伊朗企圖且成功刺殺的紀錄就能明白這一點；該紀錄可以回溯到一九七九年前沙阿（shah，古代君主頭銜）的侄子在巴黎遭到槍殺遇害。多年來，美國和以色列的人員都是眾多國籍當中最常遭到刺殺的對象，從阿根廷到亞塞拜然、保加利亞、賽普勒斯、肯亞再到泰國，他們無處不在。美國反情報小組揭露了二〇一一年刺殺沙烏地阿拉伯駐美國大使的一宗陰謀；當時大使正在華盛頓特區的一家義大利餐廳用餐。如今，伊朗這個民族國家行為體竟如此大膽地密謀在美國國土上殺害美國人民。這就是二〇二二年伊斯蘭革命蔓延的境況。

拜登政府的回應應該是展現強烈的威懾姿態——正如柯林頓政府在一九九三年所採取的立場一樣。美國領導人發現伊拉克密謀在前總統小布希訪問科威特時刺殺他，他們在混亂發生前就讓對方付出代價，而不是在混亂發生後才做出反應。一九九三年六月，美國海軍艦艇向伊拉克情報機構總部發射了二十三枚戰斧巡弋飛彈。用柯林頓總統的話來說，這傳達了一個訊息：「我們將打擊恐怖主義。我們將威懾侵略行為。我們將保護我們的人民……從我們建國革命伊始，美國的安全就仰仗這個明確的訊息：不要踐踏我們。」

拜登總統卻愚蠢地反其道而行。把柯林頓總統對伊拉克密謀的回應與傑克·蘇利文在司法部起訴書公布後發表的聲明作個對比：

> 我們以前說過、現在再說一次：拜登政府將不會放棄保護與捍衛所有美國人民免受暴力和恐怖

主義的威脅。「假使伊朗攻擊我們任何一位公民，包括那些持續為美國服務或曾經為美國服務的人，伊朗將面臨嚴重的後果」（引號是我加上的）。我們將繼續動用美國政府的所有資源來保護美國人民。

拜登政府的政策是讓美國人先去死，然後再來作回應。

更糟糕的是，拜登政府幾乎什麼都沒做，因為他們渴望重返《伊朗核協議》。伊朗事務特使羅伯特．馬利（Robert Malley）仍繼續支持提供伊朗數十億美元的財政救濟，讓它免於制裁的做法。就連約翰．凱瑞也承認，這些錢最後都流入伊朗伊斯蘭革命衛隊手中，用於資助他們全球恐怖與刺殺行動。羅伯特，你究竟為什麼要獎勵這些試著要殺掉你上一任的殺人犯呢？就像我與我的家人，偉大的愛國人士布萊恩．霍克與他的家人現在也面臨著風險，因為你與你們政府試圖恢復與伊朗進行協議的個人聖戰將使美國人民喪命。

對我來說，這筆提供給伊朗的血腥資金當然是個政策問題，也是個非常個人的問題。我很感謝國務卿布林肯與國務院安全團隊已提供並持續提供給我的安全協助。這種終身的威脅將需要我與我的家人以及身邊所有的人持續保持警惕。我深知自己和一大群人會面、在我們偉大的國家四處旅行時，一枚隱藏的爆炸裝置或一名伊朗贊助的狂徒就可能讓數百人受到傷害。

採行一種讓敵人在你有所行動前殺掉一名美國前高級官員的政策，對美國來說是個既駭人又危險的做法。事實上，這和烏克蘭人死後烏克蘭才有所回應的情況非常相似。拜登那先死後應的政策增加了國人在自己國家街頭遭受伊朗伊斯蘭革命衛隊暴徒威脅的風險。美國值得更好的對待。

優先處理正確的議程項目將是美國在二十一世紀保持主導地位的關鍵。我就不列出每項挑戰和相應行動的詳盡清單了。未來的幾個月會有更多和這些相關的內容。但我要說的是，所有其他外交政策的挑戰都必須服膺制止中國共產黨這個目標。中共是我們合眾國單一最大的外部威脅（其實對美國整體最大的威脅是美國教師聯盟主席蘭迪・溫加頓（Randi Weingarten）和教師工會）。中共對任何形式的協議都不當一回事——他們要的是整碗端走，而且還得按他們的條件來做才行。他們在我們面臨的任何問題上都不會讓步。在南中國海與香港問題上毀約棄諾，對他們而言是中國共產黨的特色、而不是缺陷。我們也可以來看看，中國承諾根據川普總統二〇二〇年《第一階段貿易協議》額外採購二千億美元商品，但他們卻幾乎什麼都沒有買，一分錢都沒有掏出來。與中國相關的威脅網路是無窮無盡的。美國戰略司令部的負責人表示，中國的意圖是「在二〇二七年或更早以前實現武力統一臺灣的軍事能力。」每天都有幾十億位元組的美國數據資料暴露在北京當局眼前。中國合法與非法的賄賂收買在世界各地泛濫成災。我們必須持續在各個領域與中國競爭——把我們的關鍵供應鏈從他們的土地上分離出來、保護我們的科技與資料免受中共的掌控，並確保美國及我們的盟友擁有充足而先進的武器來自衛。

我們的各個機構也必須適當調整，以專注於贏得與中國的競爭。這就意味著，國務院尤其應表現得更加積極、更能承擔風險。令我非常尷尬的是，在我的任期內，我們沒辦法對外務體系進行有意義的重組。國務院並沒有人手不足的苦惱，它的困擾是在於洩密、組織碎片化、疊床架屋的官僚體系，以及遏制了外交人員冒險精神與創新能力的事業晉升模式。國務院需要的是根本性的結構改革，而我相信這得花上八年的時間才能好好地完成。

最後，捍衛我們的首要原則與我們在世界上的地位不僅是國會選民、軍人、中情局或國務院員工的責任。這是各行各業所有美國人的責任。正如《雅各書》（Epistle of James）提醒我們「信心沒有行為也是死的」；同樣地，對美國的讚揚若沒有行動來捍衛，也是空洞虛偽的。現在比以往任何時候都更迫切需要我們來進行防禦。有些新勢力已經對美國的傳統造成了災難性的破壞。有些馬克思主義「知識分子」教導我們的孩子，說什麼整部美國歷史就是個充滿種族壓迫的悲慘故事。滲透美國政府機構的意識形態理論家正在抹煞上帝賦予的性別概念與我們不容剝奪的言論自由權。大型科技巨頭樂於協助這些文化自殺行動，並堵住那些持不同意見的人的嘴。在外交政策方面，有太多人對我們面臨的挑戰抱有幻想，常常給我們的問題提出假設性的解決方案，要我們以某中方是放棄美國的領導地位。

時間十分緊迫、挑戰仍然很多。但我相信像史蒂芬與安娜·楚夫婦那樣的愛國人士仍大有人在——我也相信崔斯坦·龐培歐·楚長大以後也會成為一位偉大的美國人。前進的道路就是堅守我們的價值觀、尊重人民的意願，而且絕不退讓。我相信，如果大家都這麼做——如果所有人都利用上帝賦予的才能為美國而努力——我們將迎來另一個屬於美國的世紀。

謝辭

我這輩子做過很多事、也讀過很多書，但這是我第一次寫書。進行研究、逐漸形成篇章結構與敘事框架並講出一個好故事，是一個複雜費力且高度協作的過程。我希望我都做對了。

我衷心感謝所有幫助過我的人。

我心愛的妻子蘇珊從一開始就鼓勵我進行這項嘗試。就像從我們初次相遇以來她就在各方面打磨我一樣，她也用敏銳的目光審視了這份手稿，讓它變得更好。

我兒子尼克從來不吝給我讚美和有建設性的批評。我感激他一直以來對我的支持。

大衛・維勒佐是我寫作的最佳拍檔。他是我國務院的同事，幫我寫過我最棒的演講稿。壞的講稿都算在我頭上。他把我零散的想法變成了一本書。沒有他，就不可能有這本書。謝謝你啊，大衛。

約翰・米勒（John J. Miller）出色地幫我潤飾了初稿。

我的經紀人大衛・維格利亞諾（David Vigliano）非常專業，他幫我制定了一份非常好的提案，並找到了合適的出版商。

哈潑柯林斯（HarperCollins）的艾瑞克・尼爾森（Eric Nelson）是聰明又有耐心的編輯，他幫我加強了這些寫作材料。

我的兩個好兄弟—烏利奇和布萊恩，以及蜜雪兒（Michelle）和艾波（April）——一直支持著蘇珊、尼克和我。我很感激能讓他們來幫忙進行事實查核的工作。祝我們的友誼長存，一起邁入下一個四十年。

瑪麗·安·格蘭登教授在雅加達回程的航班上直視著蘇珊和我說：「你們得把這經歷寫下來。」我希望這部作品能向我這位朋友兼導師表達我的敬意。

彼得·博爾考維茨、金·布瑞爾、安迪·金、瑪麗·基塞爾、基思·克拉奇、史達偉以及余茂春等，在中央情報局或國務院任職期間證明了自己才是真正為美國而奮鬥的冠軍。他們當中一些人對那些旋風般日日夜夜的仔細回憶，讓這個故事變得更加栩栩如生。

羅尼·普里蘇查（Ronny Przysucha）在關鍵時刻提供了照片。

在過去的十多年裡，吉姆·理查森一直讓我保持井然有序，隨時準備應對一切。

當然，如果沒有多年來眾多朋友在公共服務方面的鼓勵與指導，這本書就不會送達你的手中。

作者簡介

麥克・龐培歐（Michael Richard Pompeo）從二〇一八年到二〇二一年擔任美國第七十任國務卿。在擔任這項美國最高外交職位前，龐培歐從二〇一七年到二〇一八年擔任中央情報局局長。他也很自豪能在二〇一一年到二〇一七年間在美國眾議院擔任堪薩斯州第四國會選區的眾議員。他目前是哈德遜研究所的特聘研究員。

龐培歐是南加州人，一九八六年以全班第一名的成績畢業於西點軍校。他曾擔任美國陸軍騎兵軍官，第一個任務是領導小部隊在蘇聯集團與熱愛自由的西方人民之間的邊界巡邏。龐培歐在一九九一年離開部隊。他從哈佛法學院畢業，曾擔任《哈佛法律評論》（*Harvard Law Review*）編輯。

龐培歐在短暫從事執業律師後，前往堪薩斯州中南部，他的家人在威靈頓（Wellington）、溫菲爾德（Winfield）和威奇塔有深厚的根基。他在當地兩家製造業擔任執行長——先是航空航太工業，接著是油田服務設備業——並以製造美國人需要的產品以及為數百名勤勞的堪薩斯人提供就業機會感到自豪。

二〇一〇年，龐培歐一時迷了心竅，決定競選國會議員。他不但當選而且三度獲得連任，代表堪薩斯州中南部——美國的心臟地帶。除了眾議院能源和商業委員會外，龐培歐還曾服務於眾議院班加西特設委員會和眾議院情報常設委員會，致力於保護美國士兵、外交官和美國人民的安全。

龐培歐和他的妻子蘇珊養育了讓他們感到自豪的兒子尼克，他們認為尼克和他可愛的妻子瑞秋是他們一生中最大的祝福。龐培歐夫婦花很多時間擔任志工，把精力奉獻給他們在威奇塔的家庭教會伊斯特敏斯特長老教會，龐培歐在那裡擔任執事。他在那裡與蘇珊以及另外兩對基督徒夫婦一起教授五年級的主日學，並被說服擔當美國國務卿的重任。龐培歐總是安排出時間，參加陸軍足球隊和威奇塔俠客隊、洛杉磯公羊隊和加州大學洛杉磯分校棕熊隊的比賽。

姬兒・圖本（Kir Tuben）攝／龐培歐家族提供

全球視野
絕不讓步：龐培歐回憶錄

2024年4月初版　　定價：新臺幣650元

著者　Mike Pompeo
譯者　季晶晶
　　　吳國卿
　　　王惟芬
　　　拾已安
叢書編輯　連玉佳
特約編輯　林佳慧
校對　鄭碧君
內文排版　A-HAO
封面設計　許晉維

出版者　聯經出版事業股份有限公司
地址　新北市汐止區大同路一段369號1樓
叢書編輯電話　(02)86925588轉5315
台北聯經書房　台北市新生南路三段94號
電話　(02)23620308
郵政劃撥帳戶第0100559-3號
郵撥電話　(02)23620308
印刷者　文聯彩色製版印刷有限公司
總經銷　聯合發行股份有限公司
發行所　新北市新店區寶橋路235巷6弄6號2樓
電話　(02)29178022

副總編輯　陳逸華
總編輯　涂豐恩
總經理　陳芝宇
社長　羅國俊
發行人　林載爵

行政院新聞局出版事業登記證局版臺業字第0130號

本書如有缺頁，破損，倒裝請寄回台北聯經書房更換。　ISBN 978-957-08-7299-6 (平裝)
聯經網址：www.linkingbooks.com.tw
電子信箱：linking@udngroup.com

國家圖書館出版品預行編目資料

絕不讓步：龐培歐回憶錄/ Mike Pompeo著．季晶晶、吳國卿、
王惟芬、拾已安譯．初版．新北市．聯經．2024年4月．544面＋16面彩色．
14.8×21公分（全球視野）
譯自：Never give an inch: fighting for the America I love
ISBN 978-957-08-7299-6（平裝）

1.CST：龐培歐（Pompio, Mike, 1963- ）　2.CST：政治　3.CST：外交政策
4.CST：傳記　5.CST：美國

785.28　　113002100